Bernd Saitz/Frank Braun (Hrsg.)
Das Kontroll- und Transparenzgesetz

Bernd Saitz/Frank Braun (Hrsg.)

Das Kontroll- und Transparenzgesetz

Herausforderungen und Chancen
für das Risikomanagement

GABLER

Die Deutsche Bibliothek – CIP-Einheitsaufnahme

Das **Kontroll und Transparenzgesetz** : Herausforderungen und Chancen für das Risikomanagement / Bernd Saitz/Frank Braun (Hrsg.). – Wiesbaden : Gabler, 1999
  ISBN 978-3-322-82783-8

Mitglieder des VDT (Verband Deutscher Treasurer e.V.) erhalten unter Vorlage des aktuellen Mitgliedernachweises einen Nachlaß in Höhe von 20 Prozent auf den vom Verlag festgesetzten Ladenpreis.

1. Auflage 1999
Korrigierter Nachdruck 1999

Alle Rechte vorbehalten
© Betriebswirtschaftlicher Verlag Dr. Th. Gabler GmbH, Wiesbaden 1999
Softcover reprint of the hardcover 1st edition 1999

Der Gabler Verlag ist ein Unternehmen der Bertelsmann Fachinformation GmbH.

Das Werk einschließlich aller seiner Teile ist urheberrechtlich geschützt. Jede Verwertung außerhalb der engen Grenzen des Urheberrechtsgesetzes ist ohne Zustimmung des Verlages unzulässig und strafbar. Das gilt insbesondere für Vervielfältigungen, Übersetzungen, Mikroverfilmungen und die Einspeicherung und Verarbeitung in elektronischen Systemen.

www.gabler.de

Die Wiedergabe von Gebrauchsnamen, Handelsnamen, Warenbezeichnungen usw. in diesem Werk berechtigt auch ohne besondere Kennzeichnung nicht zu der Annahme, daß solche Namen im Sinne der Warenzeichen- und Markenschutz-Gesetzgebung als frei zu betrachten wären und daher von jedermann benutzt werden dürften.

Höchste inhaltliche und technische Qualität unserer Produkte ist unser Ziel. Bei der Produktion und Verbreitung unserer Werke wollen wir die Umwelt schonen: Dieses Werk ist auf säurefreiem und chlorfrei gebleichtem Papier gedruckt. Die Einschweißfolie besteht aus Polyäthylen und damit aus organischen Grundstoffen, die weder bei der Herstellung noch bei der Verbrennung Schadstoffe freisetzen

ISBN-13: 978-3-322-82783-8   e-ISBN-13: 978-3-322-82782-1
DOI: 10.1007/ 978-3-322-82782-1

Geleitwort

Unternehmenskrisen der Vergangenheit waren Auslöser für die Corporate-Governance-Diskussion in Deutschland, aber nicht alleiniger, hinreichender Grund. Ausschlaggebend war vielmehr folgende Entwicklung:

Unsere Publikumsgesellschaften finanzieren sich international, und deutsche Emittenten stehen im unmittelbaren, weltweiten Wettbewerb mit Risikokapitalnachfragern. Die Portfolios und damit die Aktionärsstruktur werden internationaler; die nationalen Kapitalmärkte sind nicht mehr isoliert. Der Einfluß ausländischer institutioneller Anleger und ihrer Erwartungen nimmt zu. Unser Aktien-, Börsen- und Rechnungslegungsrecht gerät im institutionellen Wettbewerb unter einen zunehmenden Anpassungs- und Modernisierungsdruck.

Die durch die Asienkrise Ende 1997 ausgelösten Turbulenzen auf den Finanzmärkten rund um den Erdball haben uns nur noch deutlicher vor Augen geführt, in welchem Maße die globale Integration der Finanzmärkte mittlerweile fortgeschritten ist, und die weiteren Krisen in den Emerging Markets haben demonstriert, welch verheerende Wirkungen ein Vertrauensverlust auf die nationalen Kapitalmärkte hat.

Für die rechtlichen und politischen Rahmenbedingungen folgt daraus: Die Unternehmen brauchen eine Leitungs- und Überwachungsstruktur, die von den Anlegern als effizient und verläßlich verstanden wird. International übliche Finanz- und Vergütungsinstrumente müssen wir übernehmen. Angesichts des globalen Harmonisierungsdrucks ist es illusorisch zu glauben, im Bereich des Rechts der börsennotierten Gesellschaften, des Kapitalmarkt- und des Rechnungslegungsrechts auf Dauer einen Sonderweg zu gehen.

Nach umfassender Erörterung mit den beteiligten Kreisen und der Wissenschaft ist das Gesetz zur Kontrolle und Transparenz im Unternehmensbereich (KonTraG) am 1. Mai 1998 in Kraft getreten. Zuletzt war auch die Zustimmung in der Wirtschaft erstaunlich hoch. Hier hat in wenigen Jahren ein erheblicher Umdenkungsprozeß und ein grundlegender Mentalitätswandel stattgefunden, der beweist, daß in Deutschland Reformwille und -fähigkeit vorhanden sind. Dies wird mit dazu beitragen, daß der Finanzplatz Deutschland auch in international schwierigen Zeiten als sicherer Hafen gilt.

Der Gesetzgeber hat sich von den Grundsätzen leiten lassen,

- daß eine weitere Regulierung unseres Unternehmensrechts weitestgehend vermieden werden sollte,
- daß gegenüber zwingenden gesetzlichen Verboten vielmehr der Selbstorganisation der Unternehmen sowie der Kontrolle durch die vorhandenen Überwachungsebenen und die Märkte der Vorzug zu geben ist, wozu das Gesetz allerdings vor allem durch mehr Transparenz Anreize schaffen kann,

- und daß die Ausrichtung unserer Publikumsgesellschaften auf die Bedürfnisse und Erwartungen der internationalen Finanzmärkte gesetzlich aktiv begleitet werden soll.

Das Maßnahmenpaket des KonTraG betrifft die Themenkomplexe Aufsichtsrat, Stimmrechtsdifferenzierungen, Eigenerwerb von Aktien, Stock-Options-Programme und Vollmachtsstimmrecht der Banken. Daneben enthält das Gesetz eine ganze Reihe von Vorschriften, mit deren Hilfe die Qualität der Abschlußprüfung gesteigert und die Zusammenarbeit zwischen Aufsichtsrat und Abschlußprüfer verbessert werden soll. So sind die Anforderungen an Prüfungsinhalt und -bericht wesentlich erhöht worden. Die Prüfung soll problemorientierter sein, insbesondere soll der Abschlußprüfer die Stellungnahmen des Vorstands zur künftigen Entwicklung des Unternehmens beurteilen. Daneben werden die rechtlichen Rahmenbedingungen für die Errichtung eines privaten Rechnungslegungsgremiums gelegt und damit für die weitere Entwicklung des deutschen Bilanzrechts ganz neue Möglichkeiten geschaffen.

Das KonTraG steht in einem inneren Zusammenhang mit einer ganzen Reihe weiterer Reformen des Unternehmens- und Kapitalmarktrechts:

- der Zulassung nennwertloser Aktien (Stückaktien),

- dem Gesetz für kleine Aktiengesellschaften und zur Deregulierung des Aktienrechts,

- der Zulassung international anerkannter Rechnungslegungsstandards für die Konzernbilanzen (Kapitalaufnahmeerleichterungsgesetz),

- dem Zweiten und dem Dritten Finanzmarktförderungsgesetz,

- sowie dem Gesetz zur Umsetzung der Wertpapierdienstleistungsrichtlinie.

Zentraler Gegenstand dieses Buches ist eine Vorschrift im KonTraG, die schon im Gesetzgebungsverfahren diskutiert worden war, die aber besonders nach Inkrafttreten ein unerwartet lebhaftes literarisches Echo ausgelöst hat. Im Rahmen der interministeriellen Arbeitsgruppe „Verbesserung der Qualität der Abschlußprüfung" (interner Abschlußbericht vom 8. September 1995) war erstmals eine – damals noch sehr umfassende und in der Arbeitsgruppe umstrittene – Entwurfsregelung für einen neuen § 264 Abs. 7 HGB angedacht worden: *„Die gesetzlichen Vertreter haben unter Berücksichtigung der Größe ihrer Gesellschaft und bei Mutterunternehmen ihres Konzerns geeignete Maßnahmen zu treffen, die gewährleisten, daß (1.) den Fortbestand des Unternehmens gefährdende Entwicklungen möglichst früh erkannt werden, (2.) risikobehaftete Geschäfte durch Verhaltensregelungen so begrenzt werden, daß solche Geschäfte den Fortbestand des Unternehmens nicht gefährden können, und (3.) Fehler und Fehleinschätzungen, die sich auf die Vermögens-, Finanz- und Ertragslage der Gesellschaft oder des Konzerns wesentlich auswirken, möglichst erkannt werden. Dazu gehört auch die Einrichtung eines personell und mit Sachmitteln ausreichend ausgestatteten Überwachungssystems,* *das den gesetzlichen Vertretern unmittelbar untersteht, mit der Aufgabe, die Einhaltung der nach Satz 1 zu treffenden Maßnahmen zu überwachen."* Im Referentenentwurf zum KonTraG vom 22. November 1996 war die Regelung – dann schon sehr viel schlanker – in § 93 Abs 1 AktG eingestellt und hatte folgenden Wortlaut: *„Sie (das heißt: die Vorstandsmitglieder) haben insbesondere unter Berücksichtigung der Art und Größe ihrer Gesellschaft und bei Mutterunternehmen im Sinne des § 290 des Handelsgesetzbuchs ihres Konzerns geeignete Maßnahmen zu treffen, um zu gewährleisten, daß den Fortbestand der Gesellschaft gefährdende Entwicklungen, insbesondere risikobehaftete Geschäfte, Unrichtigkeiten der Rechnungslegung und Verstöße gegen gesetzliche Vorschriften, die sich auf die Vermögens-, Finanz- und Ertragslage der Gesellschaft oder des Konzerns wesentlich auswirken, früh erkannt werden. Dazu gehört auch die Einrichtung eines Überwachungssystems mit der Aufgabe, die Einhaltung der nach Satz 2 zu treffenden Maßnahmen zu überwachen."* Diese Formulierung war in den Stellungnahmen als immer noch viel zu weitgehend, zu lang, zu unklar und in sich widersprüchlich scharf kritisiert worden. Und man wird sagen müssen: zu Recht. Die zuletzt Gesetz gewordene Fassung (jetzt: § 91 Abs. 2 AktG) ist noch weiter gestrafft und lautet nur noch lapidar: *„Der Vorstand hat geeignete Maßnahmen zu treffen, insbesondere ein Überwachungssystem einzurichten, damit den Fortbestand der Gesellschaft gefährdende Entwicklungen früh erkannt werden"* Im Grunde ist dies eine Selbstverständlichkeit und lediglich eine Konkretisierung der bereits nach altem Recht bestehenden Geschäftsführungspflicht des Vorstands, vor allem aber: rechtlich nichts Neues, wenn man sich die Mühe macht, Literatur und Rechtsprechung vor Einführung des KonTraG zu analysieren. Es geht schließlich nicht darum, existenzgefährdende Risiken auszuschließen, sondern nur darum, sicherzustellen, daß der Vorstand sie kennt. Die meisten gut geführten Gesellschaften werden keine Änderungen vornehmen müssen. Die Vorschrift hat aber die Funktion eines Merk- und Erinnerungspostens: Welche Risiken gibt es für unser Unternehmen? Was haben wir bisher getan? Reicht das, entspricht es noch unserer gewandelten Risikostruktur und dem heutigen Stand betriebswirtschaftlicher Erkenntnis?

Eine entsprechende Regelung ist nicht in das GmbHG eingearbeitet worden. Aber auch bei der GmbH – freilich stark abhängig von Größe, Branche usw. – gehört ein Risikomanagement selbstverständlich schon immer zu den allgemeinen Sorgfaltspflichten der Geschäftsführung, wie dies im übrigen auch von der einschlägigen Rechtsprechung stets betont wurde.

Die Regelung im AktG ist durch die Abschlußprüfung flankiert, die sich bei amtlich notierten Unternehmen auch auf diese Überwachungssysteme erstreckt (§ 317 Abs. 4 HGB). Gegenstand der Prüfung ist natürlich nur deren Eignung zur Risikoerkennung, nicht aber die Richtigkeit getroffener Maßnahmen zur Risikobewältigung. Es obliegt der unternehmerischen Entscheidung, wie und ob auf ein erkanntes Risiko reagiert wird. Der mit dem „amtlichen Handel" angesprochene Kreis von Gesellschaften ist also noch kleiner als der der „börsennotierten" (§ 3 Abs. 2 AktG). Eine weitere Belastung der kleineren Unternehmen (Prüfer-Honorar) sollte vermieden werden; bei diesen wird die Frage

VIII Geleitwort

nach dem Zustand des Risikomanagements folglich nur in dem äußerst seltenen Haftungsfall relevant.

Es ist sehr zu wünschen, daß dieses Buch mit seinen zahlreichen Einzelbeiträgen von erfahrenen Praktikern dazu beiträgt, die Diskussion um das Risikomanagement zu versachlichen, Mißverständnisse und unberechtigte Bedenken auszuräumen und zugleich ein vertieftes Fundament für das Verständnis von Risikomanagement in der Unternehmenspraxis zu geben.

Bonn, im Februar 1999   Ulrich Seibert
                                    Bundesministerium der Justiz

Vorbemerkungen der Herausgeber

Zum 1. Mai 1998 wurde das Gesetz zur Kontrolle und Transparenz im Unternehmensbereich („KonTraG") in Kraft gesetzt. Das KonTraG ist im Zusammenhang mit zahlreichen anderen Gesetzen (Kapitalaufnahmeerleichterungsgesetz, Stückaktiengesetz, Euro-Einführungsgesetz) zu sehen, mit denen der Gesetzgeber das deutsche Aktien- und Handelsrecht zum einen an die aus der Einführung des Euro resultierenden Veränderungen anpaßt. Zum anderen wird aber insbesondere durch das KonTraG das Thema Corporate Governance angegangen und durch das KapAEG ein Schritt zur Annäherung des deutschen Rechts an internationale Gepflogenheiten unternommen.

Nach dem KapAEG können Unternehmen, deren Aktien an Börsen im In- und/oder Ausland notiert sind, ihren Konzernabschluß künftig mit befreiender Wirkung nach internationalen Regeln aufstellen. Damit entfällt die parallele Erstellung eines Konzernabschlusses sowohl nach den Vorschriften des deutschen Handelsgesetzbuches als auch z. B. nach US-GAAP oder IAS. Diese Erleichterung wirkt sich unmittelbar auf den mit der Rechnungslegung verbundenen Aufwand aus und vereinfacht deutschen Unternehmen den Zugang zu internationalen Börsen. Daher stand das KapAEG verständlicherweise stark im Blickpunkt der Wirtschaft und wurde bis zu seiner Einführung mit großem Interesse verfolgt.

Das Gesetzgebungsverfahren zum KonTraG hingegen fand nur vergleichsweise geringe Aufmerksamkeit in der Wirtschaft. Das Gesetz wurde im April 1998 fast unbemerkt und ohne größere Publizität in Kraft gesetzt. Viele Unternehmen stellten allerdings bei näherer Beschäftigung mit diesem Gesetz fest, daß auch das KonTraG einige Regelungen enthält, die sehr weitreichenden Charakter haben. Die in diesem Zusammenhang wohl am meisten zitierte Vorschrift ist § 91 Abs. II AktG, der vom Vorstand geeignete Maßnahmen zur Risikofrüherkennung und Überwachung fordert. Diese Verpflichtung kann durch die Einrichtung eines umfassenden Risikomanagementsystems erfüllt werden, das bei börsennotierten Aktiengesellschaften zum Gegenstand der Abschlußprüfung wird. Die Unternehmen werden damit zur kritischen Bestandsaufnahme gezwungen, ob die bestehenden Systeme den Anforderungen des KonTraG entsprechen.

Die gesetzliche Forderung nach einem Risikomanagement resultiert aus einem wesentlichen Grundgedanken des KonTraG: Es soll sichergestellt werden, daß insbesondere bei Publikumsgesellschaften ein organisatorischer Rahmen vorhanden ist, der Unternehmenskrisen und mögliche Zusammenbrüche so rechtzeitig aufzeigt, daß die Unternehmensleitung noch Zeit zur Krisenbewältigung hat. Letztlich steht damit die Erhaltung und Steigerung des Unternehmenswertes im Mittelpunkt. Allerdings konkretisiert das KonTraG nicht, wie die praktische Umsetzung dieser gesetzlichen Vorgabe zu erfolgen hat.

Entsprechendes gilt auch für einige andere Regelungen, wie z. B. die Verpflichtung, entwicklungsgefährdende Risiken im Lagebericht offenzulegen. Solche Fragen zur Rechnungslegung sowie zur Abschlußprüfung nach KonTraG werden vom Institut der Wirtschaftsprüfer durch verbindliche Standards geregelt. Nach wie vor nicht explizit geregelt ist die Ausgestaltung des Risikomanagements.

Zur Beantwortung der aufgeworfenen Fragen finden seit 1998 zahlreiche Seminare und Kongresse statt. Die Beiträge der Referenten aus Theorie und Praxis, aber insbesondere auch die teils einvernehmlich, teils kontrovers geführte Diskussion mit den Teilnehmern hat dazu beigetragen, daß einige allgemein akzeptierte Grundsätze zur Umsetzung des KonTraG im Hinblick auf das Risikomanagementsystem formuliert werden konnten – soweit dies bei dieser komplexen Materie überhaupt möglich ist.

Aus diesen Seminaren und Kongressen wurde die Idee geboren, den gegenwärtigen Diskussionsstand in einem Buch festzuhalten. Ein solcher Versuch kann weder sämtliche Einzelaspekte abdecken noch eine allgemein verbindliche Norm für Risikomanagement bzw. die konkrete Umsetzung des KonTraG im Unternehmen vorgeben. Allerdings berichten hier erfahrene Praktiker aus Unternehmen sowie der Wirtschaftsprüfung und Beratung. Insofern soll dem Leser mit diesem Buch ein Leitfaden gegeben werden, der bei der Umsetzung des KonTraG bzw. der Gestaltung des Risikomanagementsystems herangezogen werden kann.

Das Buch gliedert sich in vier Teile: Im ersten Teil werden die Entstehung und die rechtlichen Auswirkungen des KonTraG dargestellt. Aufbauend darauf werden im zweiten Teil die Struktur und die Ausgestaltung des Risikomanagementsystems diskutiert. Der dritte Teil geht auf die Konsequenzen des KonTraG für die externe Prüfung des Unternehmens durch den Abschlußprüfer und dessen Zusammenarbeit mit der Internen Revision ein. Durch die unterschiedlichen Betrachtungsweisen aus rechtlicher, unternehmerischer und prüferischer Sicht lassen sich Wiederholungen in der Darstellung nicht immer vermeiden, wurden aber bewußt in Kauf genommen, um für die einzelnen Beiträge jeweils eine vollständige Darstellung der Zusammenhänge zu ermöglichen. Abschließend werden im vierten Teil ausgewählte Spezialthemen aufgegriffen, die sich aus aktuellen Entwicklungen sowie aus der Sicht bestimmter Branchen ergeben.

Durch diese verschiedenen Betrachtungsweisen resultieren gerade im Zusammenhang mit der Definition von einzelnen Komponenten des Risikomanagementsystems unterschiedliche Begriffe für identische Sachverhalte. Wir haben in diesem Buch durchgängige und praxisbezogene Definitionen zugrunde gelegt. Einzelne Ausnahmen resultieren auch hier aus der individuellen Sicht des jeweiligen Autors.

Der erste Teil stellt die Hintergründe für die Entstehung des KonTraG und den Gesamtzusammenhang der Reform des Unternehmens- und Kapitalmarktrechts dar, mit der der Gesetzgeber auf den Harmonisierungsdruck der internationalen Kapitalmärkte reagiert hat. Anschließend werden die Neuregelungen des KonTraG im einzelnen erläutert. Im wesentlichen wird dabei die neue Rechtslage aus Sicht von Vorstand und Aufsichtsrat sowie im Hinblick auf die Hauptversammlung dargestellt. Ein wesentlicher Schwerpunkt liegt auf dem Anwendungsbereich des KonTraG. Das KonTraG ändert als Artikelgesetz eine Vielzahl von Einzelgesetzen, deren Neuerungen zum 1. Mai 1998 bzw. für Geschäftsjahre, die nach dem 31. Dezember 1998 beginnen, in Kraft treten und je nach Rechtsform der Gesellschaft in unterschiedlicher Ausprägung zur Anwendung kommen. Eine ausführliche Übersicht verdeutlicht die Anwendbarkeit der einzelnen Regelungen. Der erste Teil wird abgeschlossen durch Ausführungen über die Entwicklung der Möglichkeiten zum Erwerb eigener Aktien und die damit verbundenen, neuen Gestaltungsmöglichkeiten, z. B. durch Optionspläne.

Der zweite Teil behandelt die Umsetzung der Vorschriften zum Risikomanagement im Unternehmen. Aufbauend auf der aus dem rechtlichen Teil abgeleiteten Aufgabenstellung für die Unternehmensleitung wird ein konzeptionelles Modell für die einzelnen Komponenten des Risikomanagementsystems entwickelt. Auf dieser Basis folgt eine Beschreibung der einzelnen Schritte des Risikomanagementprozesses. Anschließend wird ein Lösungsvorschlag für ein Früherkennungssystem vorgestellt, ein wesentlicher Aspekt des KonTraG. Im Hinblick auf die Ausrichtung am langfristigen Unternehmenswert erfolgt hierbei eine Zugrundelegung der Prinzipien der wertorientierten Unternehmensführung. Als weiterer wichtiger Teilaspekt des Risikomanagements werden anschließend Thesen zum Management der Finanzrisiken dargestellt, die vom Verband Deutscher Treasurer e. V. als Reaktion auf das KonTraG entwickelt wurden. Nach der funktionalen Ausgestaltung des Risikomanagements behandeln die Autoren dessen organisatorische Einbindung, was sich in der Praxis als kritischer Erfolgsfaktor herausgestellt hat. Der abschließende Beitrag des zweiten Teils stellt den wettbewerblichen Vorteil eines umfassend und konsequent betriebenen Chancen- und Risikomanagements heraus. Gleichzeitig wird nochmals verdeutlicht, welche aufbau- und ablauforganisatorischen Konsequenzen mit einer rigorosen Umsetzung dieses Gedankens im Unternehmen verbunden sind.

Die Auswirkungen des KonTraG auf die Prüfung des Unternehmens sind Gegenstand des dritten Teils, und zwar zunächst aus der Sicht des Wirtschaftsprüfers, der künftig mit einer erweiterten Aufgabenstellung betraut wird. Anschließend werden die Konsequenzen für die Interne Revision untersucht, die sich aus der veränderten Aufgabenstellung und Rolle des Wirtschaftsprüfers für das Zusammenwirken von externer und interner Prüfung ergeben.

Im letzten Teil werden aktuelle Entwicklungen und branchenspezifische Besonderheiten aufgegriffen, so z. B. der Value-at-Risk-Ansatz, der für moderne statistische Methoden des Risikomanagements steht und bei Banken im Bereich der Marktrisiken längst etabliert ist, in anderen Branchen aber bisher noch keine durchgängige Anwendung gefunden hat. Hier wird neben dem methodischen Ansatz auch seine Anwendbarkeit im Industrieunternehmen untersucht.

Es folgt die branchenspezifische Behandlung des Risikomanagements aus der Sicht von Versicherungsunternehmen und Energieversorgern. Versicherungsunternehmen sind in zweierlei Hinsicht betroffen: Einerseits müssen auch sie Sorge für ein angemessenes Management der eigenen Risiken tragen, andererseits bleibt eine Optimierung des Risikomanagements bei ihren Kunden wahrscheinlich nicht ohne Einfluß auf den Versicherungsmarkt. Für die Energiewirtschaft bietet die Liberalisierung des Energiemarktes große Chancen, ist aber auch mit sehr hohen Risiken verbunden, insbesondere durch den Einsatz von derivativen Instrumenten im Energiehandel.

Ein für Deutschland ebenfalls immer mehr an Bedeutung gewinnendes Instrument sind Aktienoptionen als Teil des Vergütungsmodells für Führungskräfte. Optionspläne als eine wichtige Gestaltungsmöglichkeit aus dem Erwerb eigener Aktien und ihre praktische Ausgestaltung werden im Detail dargestellt.

Der vierte Teil schließt mit einem Thema ab, das gleichzeitig einen Ausblick auf die künftige Entwicklung von Risikoszenarien gibt. Electronic Commerce wird die Abläufe im Geschäftsverkehr der Zukunft radikal verändern. Zusätzlich zu den ohnehin mit jeder Geschäftstätigkeit verbundenen Chancen und Risiken resultieren aus der durch Electronic Commerce entstehenden weltweiten Vernetzung besondere neue Aspekte, die hier am Beispiel von drei Szenarien erläutert werden.

Der besseren Übersicht wegen haben wir uns entschlossen, dem Buch statt eines ausführlichen Inhaltsverzeichnisses lediglich eine Übersicht mit den Hauptpunkten der Beiträge voranzustellen und statt dessen vor jedem Beitrag eine ausführliche Gliederung aufzunehmen.

Unser Dank gilt den Autoren, die die Arbeiten an diesem Buch neben ihrer Tagesarbeit übernommen haben. Ohne diese Zusammenarbeit und die rege Diskussion um die sachliche Aufbereitung des Themas wäre das Buch nicht möglich gewesen. Ein besonderes Dankeschön sprechen wir Christiane Lorch aus, die die Sisyphusarbeit übernommen hat, 22 Autoren von zehn Unternehmen an zehn Standorten zu koordinieren und insbesondere dafür zu sorgen, daß trotz Arbeitsbelastung und Reisetätigkeit sämtliche Beiträge pünktlich verfügbar waren. Einen wesentlichen Beitrag leistete Andrea Braun, die sämtliche Manuskripte zum Endprodukt zusammenführte.

Nicht vergessen werden sollen die zahlreichen Kollegen, Projektteams, Seminar- und Kongreßteilnehmer und von der Einführung des KonTraG betroffenen Mitarbeiter, deren Feedback wesentlich zur Meinungsbildung und damit zu diesem Buch beigetragen hat.

Frankfurt / Düsseldorf, im Februar 1999　　　　　　　　　　　　　　Bernd Saitz / Frank Braun

Inhaltsübersicht

Geleitwort	I
Vorbemerkungen der Herausgeber	V

I Entstehung des KonTraG und rechtliche Auswirkungen — 1

Neuregelungen durch das KonTraG und Tendenzen in der Rechtsprechung — 3
THOMAS MEYDING UND ROLAND MÖRSDORF,
SOZIETÄT CSM HASCHE SIGLE ESCHENLOHR PELTZER, STUTTGART

1	Übersicht	5
2	Vorstand	5
3	Aufsichtsrat	11
4	Hauptversammlung	18
5	Geltendmachung von Ersatzansprüchen gegen Mitglieder des Vorstands und des Aufsichtsrats	24
6	Anwendungsbereich	27
	Anhang: Auswirkung des KonTraG auf Kapitalgesellschaften	31

Der Erwerb eigener Aktien und die Einführung von Aktienoptionsplänen vor dem Hintergrund der aktuellen Aktienrechtsreform und des KonTraG — 47
PÄR JOHANSSON,
SOZIETÄT HEUKING KÜHN LÜER HEUSSEN WOJTEK, KÖLN

1	Einleitung	48
2	Erwerb eigener Aktien	48
3	Optionspläne	57
4	Fazit	62

II Grundlagen eines ganzheitlichen und unternehmensweiten Risikomanagements   67

Risikomanagement als umfassende Aufgabe der Unternehmensleitung   69

BERND SAITZ, PWC DEUTSCHE REVISION AG, FRANKFURT/MAIN

1	Ausgangslage	70
2	Aufgabenstellung für die Unternehmensleitung	71
3	Der konzeptionelle Ansatz für ein Überwachungssystem	75
4	Die fünf Schritte im Risikomanagement	80
5	Abschließende Fragen an die Unternehmensleitung	96

Die Früherkennung von Risiken mit Hilfe wertorientierter Unternehmensführung   99

JOACHIM WOLBERT, PWC DEUTSCHE REVISION AG, FRANKFURT/MAIN

1	Ausgangslage	100
2	Definition und Aufgaben des Früherkennungssystems	101
3	Wertorientierte Unternehmensführung als Früherkennungssystem	105
4	Prüfung des Früherkennungssystems	111
5	Schlußbemerkung	112

Management finanzieller Risiken   115

VERBAND DEUTSCHER TREASURER E.V., FRANKFURT/MAIN

	Vorbemerkungen der Herausgeber	116
1	Einleitung	116
2	Grundsätze	117
3	Organisation	118
4	Handel	120
5	Abwicklung	121
6	Risikocontrolling	124
7	Einbindung in das Interne Überwachungssystem	127

Organisatorische Einbindung des Risikomanagements 129

EDGAR WITTMANN, SIEMENS AG, MÜNCHEN

1	Gestaltung der Risikomanagementorganisation als Ausgangspunkt des Risikomanagements	130
2	Elemente einer Risikomanagementorganisation	131
3	Mehr-Ebenen-Modell des Risikomanagements	133
4	Verbindung zur vorhandenen Organisation	141
5	Risiko- und Kontrollkultur	142

Risikomanagement als wettbewerbliche Notwendigkeit 145

BERND PRITZER, DEUTSCHE TELEKOM AG, BONN

1	Veränderte Geschäftsbedingungen	146
2	Risikomanagement – eine Definition	148
3	Notwendigkeit, Bedeutung und Ziele	150
4	Risikomanagement-Konzept	151
5	Organisation des Risikomanagements	154
6	Risikomanagement-Prozeß	156
7	Risikofrüherkennung	164
8	Ausblick	166

III Auswirkungen auf die Abschlußprüfung und die Interne Revision 169

Gegenstand und Umfang der Abschlußprüfung nach Inkrafttreten des KonTraG 171

FRANK BREBECK UND GERHART FÖRSCHLE,
PWC DEUTSCHE REVISION AG, DÜSSELDORF UND FRANKFURT/MAIN

1	Problemstellung	172
2	Auswirkungen auf den Aufsichtsrat	172
3	Auswirkungen auf die Tätigkeit des Wirtschaftsprüfers	177
4	Teilnahme an Aufsichtsratssitzungen	192
5	Ausblick	193

Der Einfluß des KonTraG auf das Wechselspiel zwischen Interner Revision und Abschlußprüfer — 195

REINER SOLL UND HUBERTUS W. LABES,
CHILTINGTON INTERNATIONAL GMBH, RELLINGEN BEI HAMBURG

1	Problemstellung	196
2	Interne Revision als Risikomanagement	196
3	Veränderungen im Aufgabenfeld des Abschlußprüfers	199
4	Wechselspiel zwischen Interner Revision und Abschlußprüfung	200
5	Zusammenfassung und Ausblick	203

IV Ausgewählte Einzelthemen — 207

Unternehmensweites Value-at-Risk als Möglichkeit, globales Risiko mit einer einzigen Kennzahl zu steuern — 209

HANS GISBERT ULMKE UND STEFAN SCHMALE, VIAG AG, MÜNCHEN

1	Einleitung	210
2	Der Value-at-Risk Ansatz	212
3	Value-at-Risk in Industrieunternehmen	220
4	Fazit und Ausblick	228

Risikomanagement in Versicherungsgesellschaften — 231

FRANK BRAUN*, MARIE-LOUISE GÄNGER** UND PETER SCHMID**,
* PWC DEUTSCHE REVISION AG, DÜSSELDORF,
**SWISS RE, ZÜRICH

1	Problemstellung und Vorgehensweise	232
2	Risikobegriffe	233
3	Risikomanagementsystem	238
4	Risikomanagementprozeß	240
5	Erfassung, Bewertung und Behandlung von Einzelrisiken	247
6	Risikopräferenz	249
7	Kapitalbedarf aufgrund der Risikopräferenz	250
8	Rückversicherung als Risikomanagementinstrument für Versicherungsgesellschaften	254
9	Zusammenfassung und Ausblick	258

Risikomanagement im liberalisierten Energiemarkt 263

KLAUS-MICHAEL BURGER UND KLAUS GRELLMANN,
PwC DEUTSCHE REVISION AG, LEIPZIG UND BERLIN

1	Auswirkung der Liberalisierung der Energiewirtschft auf die Marktstruktur	264
2	Spot- und Futuresmärkte im liberalisierten Energiemarkt – eine Vision?	267
3	Die Entwicklung von Spot- und Futuresmärkten in der Energiewirtschaft	268
4	Handels- und Finanzderivate zur innovativen Erweiterung der Angebotsmöglichkeiten für die Kunden	269
5	Neue Instrumente und Techniken zur Absicherung vor Marktpreisrisiken	270
6	Risikomanagement bei Einsatz von Handels- und Finanzderivaten	276
7	Ausblick	281

Neue Gestaltungsmöglichkeiten durch den Erwerb eigener Aktien und Optionspläne 283

ROLF SCHMIDT-DIEMITZ UND EVA-KATRIN BRAUN,
SOZIETÄT CSM HASCHE SIGLE ESCHENLOHR PELTZER, STUTTGART

1	Übersicht	285
2	Erwerb eigener Aktien	285
3	Optionspläne	290

Neue Herausforderungen an das Risikomanagement durch Electronic Commerce 313

BURKHARD PETIN* UND ANGELO TOSI**,
*PwC DEUTSCHE REVISION AG, FRANKFURT/MAIN
**PRICEWATERHOUSE COOPERS, ZÜRICH

1	Die zukünftige Bedeutung von Electronic Commerce im Geschäftsverkehr	314
2	Neue Chancen bergen auch neue Risiken	317
3	Zukünftige Anforderungen an ein ganzheitliches Risikomanagement	324

Herausgeber und Autoren 325

I Entstehung des KonTraG und rechtliche Auswirkungen

Neuregelungen durch das KonTraG und Tendenzen in der Rechtsprechung

Thomas Meyding und Roland Mörsdorf
Sozietät CMS Hasche Sigle Eschenlohr Peltzer, Stuttgart

1	Übersicht	5
2	Vorstand	5
	2.1 Lagebericht	5
	2.1.1 Aufgabe und Inhalt des Lageberichts	6
	2.1.2 Prüfung des Lageberichts durch den Abschlußprüfer	7
	2.2 Überwachungssystem	8
	2.2.1 Anforderungen an das Überwachungssystem	8
	2.2.2 Prüfung des Überwachungssystems durch den Abschlußprüfer	10
	2.3 Bericht des Vorstands an den Aufsichtsrat über die Unternehmensplanung	10
3	Aufsichtsrat	11
	3.1 Begrenzung der Höchstzahl von Aufsichtsratsmandaten	11
	3.2 Ausschüsse des Aufsichtsrats	12
	3.3 Anzahl der Aufsichtsratssitzungen	12
	3.4 Zusammenarbeit zwischen Aufsichtsrat und Abschlußprüfer	13
	3.4.1 Inhalt des Prüfungsauftrags	13
	3.4.2 Übertragung vorbereitender Arbeiten auf den Vorstand oder einen Ausschuß	13
	3.4.3 Vorlage des Prüfungsberichts an den Aufsichtsrat	15
	3.4.4 Recht der Aufsichtsratsmitglieder auf Aushändigung des Prüfungsberichts	15
	3.4.5 Teilnahme des Abschlußprüfers an den Bilanzsitzungen	16
	3.4.6 Kündigung des Prüfungsauftrags durch den Abschlußprüfer	16
	3.5 Prüfung des Konzernabschlusses und -lageberichts durch den Aufsichtsrat	17
	3.6 Bericht des Aufsichtsrats an die Hauptversammlung	17
	3.7 Angaben zu Aufsichtsratsmitgliedern im Anhang zum Jahresabschluß	17

4 Neuregelungen durch das KonTraG und Tendenzen in der Rechtssprechung

4	Hauptversammlung	18
	4.1 Mitteilungen für die Aktionäre nach Bekanntmachung der Einberufung der Hauptversammlung	18
	4.1.1 Möglichkeit der Ausübung des Stimmrechts durch einen Bevollmächtigten	19
	4.1.2 Angaben bei einem Vorschlag zur Wahl von Aufsichtsratsmitgliedern	19
	4.1.3 Verstöße gegen die Mitteilungspflichten	19
	4.2 Durchführung der Hauptversammlung	20
	4.2.1 Geschäftsordnung	20
	4.2.2 Pflichten und Einschränkungen der Kreditinstitute bei der Ausübung von Stimmrechten	21
	4.2.3 Organisations- und Überwachungspflichten	21
	4.2.4 Hinweispflichten	22
	4.2.5 Einschränkungen der Stimmrechtsausübung	23
5	Geltendmachung von Ersatzansprüchen gegen Mitglieder des Vorstands und des Aufsichtsrats	24
	5.1 Geltendmachung von Ersatzansprüchen gemäß § 147 AktG	24
	5.1.1 Erleichterung der Geltendmachung bei Unredlichkeit und grober Pflichtverletzung	24
	5.1.2 Beschränkungen der Kostenerstattungspflicht der Minderheit	25
	5.2 Geltendmachung von Ersatzansprüchen gegen Mitglieder des Vorstands – ARAG/Garmenbeck-Entscheidung des BGH	25
6	Anwendungsbereich	27
	6.1 Anwendungsbereich der durch das KonTraG herbeigeführten Gesetzesänderungen auf die nichtbörsennotierte Aktiengesellschaft und die GmbH	27
	6.1.1 Anwendungsbereich auf die nichtbörsennotierte Aktiengesellschaft	27
	6.1.2 Anwendungsbereich auf die GmbH	28
	6.2 Anwendungszeitpunkt des durch das KonTraG geänderten Rechts	29
	6.2.1 Doppelzählung von Aufsichtsratsvorsitzmandanten	30
	6.2.2 Jahresabschluß- und prüfungsbezogene Regelungen	30
Anhang: Auswirkung des KonTraG auf Kapitalgesellschaften		31

1 Übersicht

Am 5. März 1998 hat der Bundestag zur Reform des Aktienrechts das „Gesetz zur Kontrolle und Transparenz im Unternehmensbereich" (KonTraG) verabschiedet.[1] Gesetzestechnisch ist das KonTraG kein einheitliches Gesetz, sondern ein Rahmengesetz, das verschiedene Gesetze ändert. Die im KonTraG enthaltenen Änderungen betreffen in erster Linie[2] das Aktiengesetz (AktG)[3] und das Handelsgesetzbuch (HGB)[4], darüber hinaus auch das Publizitätsgesetz[5], das Genossenschaftsgesetz[6], das Wertpapierhandelsgesetz[7], die Börsenzulassungs-Verordnung[8], die Wirtschaftsprüferordnung[9], das Gesetz über die Angelegenheiten der freiwilligen Gerichtsbarkeit[10], das Gesetz über Kapitalanlagegesellschaften[11], das GmbH-Gesetz[12], das Einführungsgesetz zum AktG[13] und das Einführungsgesetz zum HGB[14]. Eine Übersicht über die Änderungen und die sich daraus ergebenden Konsequenzen ist diesem Beitrag als Anlage beigefügt. Dieser Beitrag soll einen Überblick über die durch das KonTraG bewirkten Änderungen des AktG und die damit einhergehenden Änderungen des HGB geben. Der Schwerpunkt liegt auf den Auswirkungen, die sich für den Vorstand, den Aufsichtsrat und die Hauptversammlung einer Aktiengesellschaft sowie deren Abschlußprüfer ergeben. Nicht eingegangen wird auf Änderungen in den Bereichen der Mehrstimmrechtsaktien (§ 12 AktG), des Eigenerwerbs von Aktien (§ 71 AktG) und des Höchststimmrechts (§ 134 AktG) sowie der Aktienoptionen (§§ 192 und 193 AktG).[15]

2 Vorstand

2.1 Lagebericht

Nach § 264 Abs. 1 Satz 1 HGB haben die gesetzlichen Vertreter einer Kapitalgesellschaft, bei einer Aktiengesellschaft gemäß § 78 Abs. 1 AktG der Vorstand, neben der Erweiterung des Jahresabschlusses um einen Anhang grundsätzlich auch einen Lagebericht aufzustellen.[16] Nach der bisherigen Regelung des § 289 Abs. 1 HGB war in diesem Lagebericht „zumindest der Geschäftsverlauf und die Lage der Kapitalgesellschaft so darzustellen, daß ein den tatsächlichen Verhältnissen entsprechendes Bild vermittelt wird". Diese Bestimmung wurde durch das KonTraG um den Zusatz ergänzt, daß nunmehr „auch auf die Risiken der künftigen Entwicklung einzugehen" ist.

2.1.1 Aufgabe und Inhalt des Lageberichts

Die Aufgabe des Lageberichts besteht darin, die gesamte wirtschaftliche Situation des Unternehmens darzulegen und hierbei die aus dem Jahresabschluß ableitbaren Erkenntnisse über die wirtschaftliche Situation des Unternehmens und seine Beziehungen zu den Absatz- und Beschaffungsmärkten, zum Personalbereich und zu weiteren Umfeld- und Umweltfaktoren zu verdeutlichen und zu ergänzen.[17] In § 289 Abs. 2 HGB wird eine inhaltliche Konkretisierung des Lageberichts dahingehend vorgenommen, daß dieser auch auf Vorgänge von besonderer Bedeutung, die nach Ablauf des Geschäftsjahrs eingetreten sind, auf die voraussichtliche Entwicklung der Kapitalgesellschaft, auf den Bereich Forschung und Entwicklung und auf bestehende Zweigniederlassungen der Gesellschaft eingehen soll.

Im Rahmen dieser Darstellung der wirtschaftlichen Situation eines Unternehmens war es auch nach dem bisherigen Recht bereits erforderlich, die Risiken für die Betätigung des Unternehmens aufzuzeigen.[18] Durch die Ergänzung des § 289 Abs. 1 HGB wird klargestellt, daß es nicht ausreichend ist, konkret absehbare Risiken in die Einschätzung der Lage einzubeziehen, diese aber nicht ausdrücklich darzustellen. Vielmehr muß der Lagebericht konkrete Angaben zu konkreten Risikoursachen machen, um den Adressaten eine eigene Einschätzung der Art, Eintrittswahrscheinlichkeit und Auswirkungen derartiger Risiken des Lageberichts zu ermöglichen.[19] Dabei hat der Lagebericht insbesondere die „Risiken der künftigen Entwicklung" des Unternehmens zu berücksichtigen.[20] Denn nur auf diese Weise kann eine Darstellung der Lage des Unternehmens gegeben werden, die das den tatsächlichen Verhältnissen entsprechende Bild auch wirklich vermittelt.[21]

Im Lagebericht müssen somit alle Risiken aufgezeigt werden, die einen wesentlichen Einfluß auf die Vermögens-, Finanz- oder Ertragslage der Gesellschaft haben[22] und ihre Entwicklung insgesamt oder in Teilbereichen belasten können, auch wenn ihr Eintreten das Weiterbestehen des Unternehmens im ganzen nicht beeinträchtigen würde.[23] Insbesondere bestandsgefährdende Risiken sind im Lagebericht darzustellen.[24] Außerdem sind nicht nur solche Risiken aufzuzeigen, die ihren Ursprung in wirtschaftlichen Aktivitäten oder Entscheidungen des Unternehmens selbst finden, sondern gleichfalls solche, die sich ohne Zutun des Unternehmens ergeben haben. Ferner ist auch auf Risiken einzugehen, die bereits im Jahresabschluß berücksichtigt sind, da dem Lagebericht insoweit eine wichtige Ergänzungsfunktion zu dem Zahlenwert des Jahresabschlusses zukommt.[25] Darüber hinaus sind Risiken aufzuzeigen, die erst im Zeitraum der Erstellung des Lageberichts entstehen. Bei der Darstellung eines Risikos reicht es nicht aus, daß das bestehende Risiko lediglich benannt wird. Vielmehr ist eine weitergehende Beschreibung erforderlich, die insbesondere auch eine Einschätzung der Auswirkungen eines Risikoeintritts umfassen muß. Daneben muß deutlich gemacht werden, ob von seiten des Vorstands damit gerechnet oder dieser Eintritt für eher unwahrscheinlich gehalten wird.

Die sich aus diesen Anforderungen an den Lagebericht ergebende umfassende Darstellung der Risiken der künftigen Unternehmensentwicklung birgt die Gefahr in sich, daß dem berichtenden Unternehmen Nachteile entstehen. Im Rahmen des KonTraG wurde jedoch auf die Einführung einer der Regelung des § 286 Abs. 2 HGB ähnlichen Schutzklausel in § 289 HGB verzichtet, nach der die Darstellung bestimmter Risiken unterbleiben kann, falls dem Unternehmen dadurch Nachteile entstehen können. Daraus ergibt sich, daß die Gefahr, die einem Unternehmen durch die Darstellung von Risiken entstehen kann, die Pflicht und den Umfang dieser Darstellung im Lagebericht im Grundsatz nicht einzuschränken vermag. Lediglich in den Fällen, in denen die Risikodarstellung zu eindeutigen[26] oder nach objektiver Beurteilung unmittelbar drohenden Nachteilen[27] für das Unternehmen führen würde, können in Einzelfällen gewisse Abstriche gemacht werden.[28]

2.1.2 Prüfung des Lageberichts durch den Abschlußprüfer

Mit der Ergänzung des § 289 Abs. 1 HGB geht die ebenfalls durch das KonTraG eingeführte Neufassung der Vorschrift des § 317 HGB einher. § 317 Abs. 2 HGB sieht nunmehr eine intensivere, auf künftige Risiken abgestellte Lageberichtsprüfung durch den Abschlußprüfer vor, welche die Erkenntnisse einzubeziehen hat, die über die Rechnungslegung hinaus im Rahmen der Abschlußprüfung gewonnen wurden.[29]

In § 317 Abs. 2 Satz 1 HGB wird zunächst geregelt, daß der Lagebericht und der Konzernlagebericht darauf zu prüfen sind, „ob der Lagebericht mit dem Jahresabschluß und der Konzernlagebericht mit dem Konzernabschluß sowie mit den bei der Prüfung gewonnenen Erkenntnissen des Abschlußprüfers in Einklang stehen und ob der Lagebericht insgesamt eine zutreffende Vorstellung von der Lage des Unternehmens und der Konzernbericht insgesamt eine zutreffende Vorstellung von der Lage des Konzerns vermittelt". Während nach der bisherigen Regelung des § 317 HGB in negativer Formulierung zu prüfen war, ob der Lagebericht „eine falsche Vorstellung von der Lage des Unternehmens" erweckt, soll künftig auf der Grundlage eines positiven Prüfungsansatzes geprüft werden, ob er „eine zutreffende Vorstellung von der Lage des Unternehmens" gibt.[30] Darüber hinaus wird der Maßstab der Prüfung nicht mehr allein durch den Inhalt des Jahresabschlusses, sondern auch durch die „bei der Prüfung gewonnenen Erkenntnisse des Abschlußprüfers" gebildet. Die Prüfung des Lageberichts kann sich daher nicht mehr auf ein zu Beginn der Prüfung festgelegtes Prüfungsschema beschränken, sondern muß mit den „bei der Prüfung gewonnenen Erkenntnissen" ständig aus sich selbst heraus weiterentwickelt werden.

In § 317 Abs. 2 Satz 2 HGB wird bestimmt, daß der Abschlußprüfer nunmehr auch zu prüfen hat, „ob die Risiken der künftigen Entwicklung zutreffend dargestellt sind". Damit korrespondiert der Prüfungsumfang des Abschlußprüfers hinsichtlich des Lageberichts insoweit mit der inhaltlichen Pflicht des Vorstands, im Lagebericht auch „auf die Risiken der künftigen Entwicklung einzugehen" und erweitert diesbezüglich den Prüfungsumfang des Abschlußprüfers gegenüber der früheren Rechtslage.[31] Der Abschluß-

8   Neuregelungen durch das KonTraG und Tendenzen in der Rechtssprechung

prüfer hat jedoch keine eigene Risikoeinschätzung an die Stelle der Einschätzung des Vorstands zu setzen. Vielmehr hat er nur darüber zu urteilen, ob die Darstellung der Risiken durch den Vorstand die durch § 289 HGB vorgegebenen Anforderungen erfüllt.[32]

2.2 Überwachungssystem

Nach der durch das KonTraG in das AktG neu eingeführten Vorschrift des § 91 Abs. 2 AktG hat der Vorstand „geeignete Maßnahmen zu treffen, insbesondere ein Überwachungssystem einzurichten, damit den Fortbestand der Gesellschaft gefährdende Entwicklungen früh erkannt werden". Bereits vor der Einführung dieser Vorschrift in das Aktiengesetz gehörte es zu den Pflichten des Vorstands, organisatorische Maßnahmen und Vorkehrungen zu treffen, durch die bestandsgefährdende Entwicklungen erkannt werden können.[33] Aus der umfassenden Leitungspflicht des Vorstands gemäß § 76 Abs. 1 AktG folgt nämlich dessen Verpflichtung, für die Einrichtung eines funktionsfähigen Kontrollsystems zu sorgen, um auf diese Weise das gesamte Geschehen in der Gesellschaft steuern und insbesondere Schaden von ihr abwenden zu können.[34]

2.2.1 Anforderungen an das Überwachungssystem

§ 91 Abs. 2 AktG konkretisiert die in § 76 Abs. 1 AktG festgeschriebene umfassende Leitungspflicht des Vorstands. Darüber hinaus begründet die nunmehr ausdrückliche Bestimmung des § 91 Abs. 2 AktG, nach der der Vorstand „insbesondere ein Überwachungssystem einzurichten hat", eine besondere Sorgfaltspflicht des Vorstands.[35] In deren Rahmen hat der Vorstand ein auf das Unternehmen abgestimmtes System des angemessenen Risikomanagements und der angemessenen Internen Revision einzurichten.[36] Um die Wirksamkeit eines derartigen Überwachungssystems zu gewährleisten, ist es trotz des Wortlauts des § 91 Abs. 2 AktG nicht ausreichend, daß Entwicklungen, die den Fortbestand der Gesellschaft gefährden, „früh" erkannt werden.[37] Vielmehr muß das Überwachungssystem so eingerichtet werden, daß bestandsgefährdende Entwicklungen so rechtzeitig erkannt werden, daß noch geeignete Maßnahmen zur Sicherung des Fortbestands der Gesellschaft ergriffen werden können[38]. Da derartige Entwicklungen grundsätzlich in sämtlichen Geschäftsbereichen auftreten können, muß das Überwachungssystem auf das gesamte Unternehmen ausgedehnt werden. Dabei müssen alle betrieblichen Prozesse und Funktionsbereiche einschließlich aller Hierarchiestufen und Stabsfunktionen darauf untersucht werden, ob sich aus ihnen bestandsgefährdende Risiken ergeben können.[39] Soweit es sich bei dem Unternehmen um ein Mutterunternehmen im Sinne von § 290 HBG handelt, erstreckt sich die Verpflichtung zur Einrichtung eines Überwachungssystems auch auf die Tochterunternehmen, sofern von ihnen Entwicklungen ausgehen können, die möglicherweise den Bestand des Mutterunternehmens gefährden.[40]

Zur Errichtung eines Überwachungssystems, das den Anforderungen des § 91 Abs. 2 AktG gerecht wird, kommen u. a. folgende Maßnahmen in Betracht:[41]

- die Einrichtung fest eingebauter Kontrollen, beispielsweise einer Überwachung der Einhaltung von Meldegrenzen, einer EDV-gestützten Überwachung der Einhaltung von Terminen und eines Vergleichs interner Daten mit externen Quellen,
- die Ausdehnung der Internen Revision auf die vollständige Erfassung aller Risikofelder der Gesellschaft, auf die Angemessenheit der eingerichteten Maßnahmen zur Risikoerfassung und auf die kontinuierliche Anwendung dieser Maßnahmen,
- die Dokumentation der einzelnen Maßnahmen, u. a. durch die Erstellung eines Risikohandbuchs, in das die organisatorischen Regelungen und Maßnahmen zur Errichtung des Überwachungssystems aufgenommen werden, beispielsweise:
  - Aussagen zur Bedeutung der frühzeitigen Erkennung von Risiken für die Gesellschaft,
  - Definition von Risikofeldern, die zu bestandsgefährdenden Entwicklungen führen können,
  - Grundsätze für die Risikoerkennung und Risikoanalyse,
  - Festlegung von Verantwortlichkeiten und Aufgaben für die Risikoerkennung und Risikoanalyse,
  - Regelungen zur Berichterstattung über erkannte und nicht bewältigte Risiken an die zuständigen Stellen sowie zur Risikoverfolgung und
  - Zusammenstellung der wesentlichen integrierten Kontrollen und der Aufgaben der Internen Revision.

Die Dokumentation der einzelnen Maßnahmen, die im Rahmen der Einrichtung des Überwachungssystems getroffen werden, ist eine wesentliche Voraussetzung für den dauerhaften Erfolg des Überwachungssystems.[42] Für den Vorstand ist diese Dokumentation auch im Hinblick auf seine eigene Haftung wegen (angeblicher) Lücken im Überwachungssystem von großer Bedeutung, da sie dem Vorstand den Nachweis ermöglicht, daß er seiner Pflicht zur Einrichtung eines auf das Unternehmen abgestimmten Risikomanagements nachgekommen ist. Daher sollten zum Nachweis der getroffenen Maßnahmen und ihrer Anwendung die laufenden Unterlagen aus dem Überwachungssystem über einen längeren Zeitraum aufbewahrt und archiviert werden.[43]

Die durch das KonTraG in § 91 Abs. 2 AktG eingeführte Pflicht zur Einrichtung eines Überwachungssystems ändert indes nichts daran, daß der Vorstand wie bisher grundsätzlich auch risikobehaftete Geschäfte abschließen kann und darf, wenn sie mit entsprechender Sorgfalt als vertretbar eingestuft werden. Er darf solche Geschäfte jedoch dann nicht abschließen, wenn das Risiko besteht, daß sie den Fortbestand der Gesellschaft gefährden. Vom Vorstand ist insoweit eine pflichtgemäße Ermessensentscheidung zu treffen.[44] Vor diesem Hintergrund liegt die Aufgabe des Überwachungssystems darin,

10 Neuregelungen durch das KonTraG und Tendenzen in der Rechtssprechung

daß die Weiterentwicklung der Geschäfte im Rahmen eines geeigneten Risikomanagements laufend überprüft wird, damit man rechtzeitig erkennen kann, ob das mögliche Risiko einen nicht mehr tragbaren Umfang annimmt und deswegen neue, das Risiko beendende oder einschränkende Maßnahmen erforderlich werden.[45]

2.2.2 Prüfung des Überwachungssystems durch den Abschlußprüfer

Die Abschlußprüfung soll nach der Neufassung des § 317 Abs. 4 HGB bei Aktiengesellschaften, die Aktien mit amtlicher Notierung ausgegeben haben („börsennotierte Aktiengesellschaften"), auf das Überwachungssystem ausgedehnt werden. Der Abschlußprüfer hat zu beurteilen, „ob der Vorstand die ihm nach § 91 Abs. 2 AktG obliegenden Maßnahmen in einer geeigneten Form getroffen hat und ob das danach einzurichtende Überwachungssystem seine Aufgaben erfüllen kann". Er hat also zu beurteilen, ob die erforderlichen Maßnahmen getroffen und ausgeführt wurden, ob diese zweckentsprechend sind und ob das Überwachungssystem während des gesamten zu prüfenden Zeitraums bestanden hat.[46] Darüber hinaus muß der Abschlußprüfer in seinem Prüfungsbericht gemäß § 321 Abs. 4 HGB darauf eingehen, ob weitere Maßnahmen erforderlich sind, um das Überwachungssystem zu verbessern.[47] Konkrete Verbesserungsvorschläge hat er jedoch nicht zu unterbreiten.[48] Eine Bewertung der Effizienz der durch den Vorstand getroffenen Maßnahmen muß der Abschlußprüfer ebenfalls nicht vornehmen.[49]

2.3 Bericht des Vorstands an den Aufsichtsrat über die Unternehmensplanung

Durch das KonTraG wurde die Vorschrift des § 90 Abs. 1 Satz 1 Nr.1 AktG dahingehend abgeändert, daß der Vorstand dem Aufsichtsrat über „die beabsichtigte Geschäftspolitik und andere grundsätzliche Fragen der Unternehmensplanung (insbesondere die Finanz-, Investitions- und Personalplanung)" zu berichten hat. Bislang beschränkte sich die Regelung des § 90 Abs. 1 Satz 1 Nr. 1 auf „die beabsichtigte Geschäftspolitik und andere grundsätzliche Fragen der künftigen Geschäftsführung".

Eine inhaltliche Neuregelung wird hierdurch nicht getroffen. Die Vorschrift hat vornehmlich einen klarstellenden Charakter.[50] Daneben ist die Änderung des § 90 Abs. 1 Satz 1 Nr. 1 AktG insoweit von Bedeutung als der Vorstand auf eine zukunftsorientierte planerische Berichterstattung gegenüber dem Aufsichtsrat hingelenkt, und damit deutlich gemacht wird, daß eine Beschränkung der Berichterstattung auf unternehmerische Ist-Werte nicht ausreicht.[51] Der Vorstand hat über die kurzfristige Planung, den Jahresplan und, soweit derartige Planungen im Unternehmen vorhanden sind[52], über die mittelfristige Planung, den Mehrjahresplan sowie die langfristige Planung, den Unternehmensplan, zu berichten.[53] Der Vorstand ist in der Gestaltung und dem Inhalt dieses Zukunftsberichts unter Berücksichtigung der unternehmensspezifischen Faktoren im einzelnen frei.[54] Die Neuregelung erwähnt beispielhaft die „Finanz-, Investitions- und Personalplanung"[55], denen das Gesetz eine besondere Bedeutung zumißt. Dem Vorstand steht es frei, darüber hinaus über die Produktions-, Absatz-, Beschaffungs-, Entwicklungs-, Kosten- oder Produktionsplanung und andere Planungen zu berichten, soweit dies nach Bedarf, Größe oder Branche des Unternehmens erforderlich ist, um dem Aufsichtsrat die Überwachung der Geschäftsführung auf der Grundlage der Berichterstattung durch den Vorstand zu ermöglichen.[56]

3 Aufsichtsrat

3.1 Begrenzung der Höchstzahl von Aufsichtsratsmandaten

§ 100 Abs. 2 Satz 1 Nr. 1 AktG regelt, daß Mitglied des Aufsichtsrats nicht sein kann, wer „bereits in zehn Handelsgesellschaften, die gesetzlich einen Aufsichtsrat zu bilden haben, Aufsichtsratsmitglied ist". Hierdurch wird die Höchstzahl der Aufsichtsratsmandate auf grundsätzlich zehn Mandate begrenzt.[57] Als „Handelsgesellschaften" im Sinne dieser Vorschrift, die gesetzlich einen Aufsichtsrat zu bilden haben, kommen nur die GmbH und die Aktiengesellschaft sowie die Kommanditgesellschaft auf Aktien in Betracht. Aufsichtsratsmandate in Genossenschaften und Versicherungsvereinen auf Gegenseitigkeit sowie Verwaltungsratsmandate in öffentlich-rechtlich organisierten Unternehmen sind bei der Berechnung der Höchstzahl der Aufsichtsratsmandate nicht mitzuzählen.[58] Ebenfalls nicht zu berücksichtigen sind Aufsichtsratsmandate in ausländischen Gesellschaften.[59]

Die Begrenzung der Höchstzahl der Aufsichtsratsmandate auf grundsätzlich zehn Mandate hat das KonTraG durch die neue Regelung des § 100 Abs. 2 Satz 3 AktG dahingehend konkretisiert, daß auf „die Höchstzahl nach Satz 1 Nr. 1 Aufsichtsratsämter im Sinne der Nr. 1 doppelt anzurechnen sind, für die das Mitglied zum Vorsitzenden gewählt worden ist".

Die Doppelzählung der Vorsitzmandate soll dem Umstand Rechnung tragen, daß der Zeitaufwand des Aufsichtsratsvorsitzenden erheblich über dem der anderen Aufsichtsratsmitglieder liegt.[60] Durch die Doppelzählung des Vorsitzmandats wird das Amt des Aufsichtsratsvorsitzenden aufgewertet und hierdurch ein Beitrag zu einer Professionalisierung dieses Amts geleistet.[61] Dies korrespondiert mit der Erwartung, daß der Aufsichtsratsvorsitzende sich besonders engagiert.[62]

12　Neuregelungen durch das KonTraG und Tendenzen in der Rechtssprechung

3.2 Ausschüsse des Aufsichtsrats

Trotz der Anerkennung der Vorteile von Ausschüssen für die Arbeit des Aufsichtsrats[63] hat das KonTraG bewußt darauf verzichtet, Vorschriften über die Bildung bestimmter Ausschüsse und deren Aufgaben in das Aktiengesetz einzuführen.[64] Vielmehr beschränkt sich das KonTraG auf die Ergänzung der Vorschrift des § 171 Abs. 2 Satz 2 AktG. Danach hat der Aufsichtsrat bei börsennotierten Gesellschaften in seinem Bericht an die Hauptversammlung nunmehr „insbesondere anzugeben, welche Ausschüsse gebildet worden sind, sowie die Zahl seiner Sitzungen und die der Ausschüsse mitzuteilen." Dieser Verzicht, Ausschüsse gesetzlich vorzuschreiben, erklärt sich damit, daß die Ausschußbildung in der Praxis auch ohne gesetzliche Verpflichtung in der Vergangenheit erheblich zugenommen hat.[65] Denn im Vergleich zur Arbeit des Aufsichtsratsgremiums ist die Arbeit der Aufsichtsratsausschüsse häufiger und zeitnaher, effizienter und direkter und erlaubt die Beiziehung externen Sachverstands.[66] So gibt es bereits in mehr als der Hälfte aller gesetzlich vorgeschriebenen Aufsichtsräte einen Personalausschuß zur Regelung der Vertragsangelegenheiten der Vorstandsmitglieder.[67] Darüber hinaus gibt es in der Praxis Finanz- und Investitionsausschüsse, die über zustimmungspflichtige Finanzierungsmaßnahmen und Investitionen entscheiden.[68]

3.3 Anzahl der Aufsichtsratssitzungen

Nach der durch das KonTraG eingeführten Neuregelung des § 110 Abs. 3 AktG soll der Aufsichtsrat „einmal im Kalendervierteljahr und muß einmal und bei börsennotierten Gesellschaften zweimal im Kalenderhalbjahr zusammentreten". Diese Neuregelung basiert auf der vielfach geäußerten Kritik, daß zwei Aufsichtsratssitzungen im Jahr als zwingende Mindestregelung zu wenig seien.[69] Dennoch hat das KonTraG auf eine generelle Heraufsetzung der Sitzungsfrequenz verzichtet, weil eine starre Regelung nur den großen Publikumsaktiengesellschaften Rechnung tragen und die zahlreichen anderen Aufsichtsratskonstellationen in mittelständischen Unternehmen übersehen würden, bei denen häufig die maßgeblichen Anteilseigner selbst die Geschäftsführung wahrnehmen.[70] Da die neuen Bestimmungen des § 110 Abs. 3 AktG nur Mindestanforderungen an die Sitzungsfrequenz des Aufsichtsrats enthalten, steht es dem Aufsichtsrat frei, sich häufiger als nur ein- oder zweimal im Kalenderhalbjahr zu einer Sitzung zusammenzufinden.

Schließlich wird durch die Neufassung des § 110 Abs. 3 AktG, die auf das „Zusammentreten" des Aufsichtsrats abstellt, redaktionell klargestellt, daß es nicht lediglich auf die Einberufung einer Aufsichtsratssitzung, sondern auf das tatsächliche Stattfinden der Sitzung ankommt.[71]

3.4 Zusammenarbeit zwischen Aufsichtsrat und Abschlußprüfer

Durch das KonTraG wurde auch die Vorschrift des § 111 AktG ergänzt, welche die Aufgaben und Rechte des Aufsichtsrats regelt. Nach der neuen Regelung des § 111 Abs. 2 Satz 3 AktG erteilt der Aufsichtsrat „dem Abschlußprüfer den Prüfungsauftrag für den Jahres- und den Konzernabschluß gemäß § 290 des HGB". Mit dieser Neuregelung geht die Neufassung des § 318 Abs. 1 Satz 4 HGB einher, nach der die gesetzlichen Vertreter, „bei Zuständigkeit des Aufsichtsrats dieser", unverzüglich nach der Wahl des Abschlußprüfers durch die Gesellschafter dem Abschlußprüfer den Prüfungsauftrag zu erteilen haben.

Nach der bisherigen Regelung des § 318 Abs. 1 Satz 4 HGB hatte der Vorstand den Prüfungsauftrag zu erteilen. Durch die Neuregelung des § 111 Abs. 2 Satz 3 AktG und des § 318 Abs. 1 Satz 4 HGB sollen dem durch die bisherige Regelung entstandenen Eindruck einer zu großen Nähe des Prüfers zum Vorstand entgegengetreten und die Hilfsfunktion des Abschlußprüfers für den Aufsichtsrat[72] bei der Bewältigung seiner Kontrolltätigkeit sowie die Unabhängigkeit des Abschlußprüfers vom Management unterstrichen werden.[73]

3.4.1 Inhalt des Prüfungsauftrags

Im Rahmen der Auftragserteilung hat der Aufsichtsrat die Vergütung des Prüfers zu vereinbaren und kann eigene Prüfungsschwerpunkte mit dem Prüfer vereinbaren.[74] Der Aufsichtsrat muß beachten, daß die Bestimmung des Mindestinhalts der Prüfung Sache des Abschlußprüfers bleiben muß, da dem Abschlußprüfer diese Bestimmung im Hinblick auf seine berufs- und haftungsrechtliche Verantwortung auch durch ausdrückliche Vereinbarungen mit dem Aufsichtsrat nicht abgenommen werden kann. Der Aufsichtsrat kann daher mit dem Abschlußprüfer nur Erweiterungen der Prüfung über das erforderliche Mindestmaß hinaus vereinbaren.[75] Im Rahmen des prüferischen Mindeststandards, der insbesondere durch das Fachgutachten 1/1998 des Hauptfachausschusses des Instituts der Wirtschaftsprüfer festgelegt wird[76], muß damit die Entscheidungsautonomie des Abschlußprüfers gewahrt bleiben.[77] Dem Aufsichtsrat bleibt es jedoch unbenommen, den Prüfungsauftrag des Abschlußprüfers, beispielsweise in bezug auf verschiedene Sonderberichte, zu erweitern.

3.4.2 Übertragung vorbereitender Arbeiten auf den Vorstand oder einen Ausschuß

Nach der gesetzlichen Regelung des § 111 Abs. 2 Satz 3 AktG hat der Aufsichtsrat als Gesamtgremium den Prüfungsauftrag zu erteilen und damit vorab auch über die Ertei-

14   Neuregelungen durch das KonTraG und Tendenzen in der Rechtssprechung

lung des Prüfungsauftrags als Gesamtgremium Beschluß zu fassen.[78] Die vorbereitenden Arbeiten hierzu kann der Aufsichtsrat an den Vorstand oder einen Aufsichtsratsausschuß delegieren.[79] Welcher Ausschuß mit dieser Aufgabe der vorbereitenden Arbeiten betraut werden soll, bleibt dem Aufsichtsrat überlassen.[80] Über die vorbereitenden Arbeiten hinaus kann der Aufsichtsrat jedoch weder dem Vorstand noch einem Ausschuß weitere Aufgaben hinsichtlich der Erteilung des Prüfungsauftrags übertragen. Insbesondere hat der Aufsichtsrat als Gesamtgremium den Prüfungsauftrag zu erteilen und hierüber vorab zu entscheiden.[81] Im Verhältnis zum Vorstand hat der Aufsichtsrat im übrigen darauf zu achten, daß er die Bestimmung des wesentlichen Inhalts des Prüfungsauftrags nicht auf den Vorstand übertragen kann, da dies der Zielsetzung des KonTraG widersprechen würde. Danach ist nämlich nicht mehr der Vorstand, sondern der Aufsichtsrat für die Erteilung des Prüfungsauftrags und damit auch für die Bestimmung des wesentlichen Inhalts dieses Auftrags zuständig.[82]

Hat der Vorstand oder ein Ausschuß des Aufsichtsrats den Prüfungsauftrag trotz der Zuständigkeit des Aufsichtsrats erteilt, so fehlt es an einem wirksam erteilten Prüfungsauftrag[83], was folgende Konsequenzen nach sich zieht:
- Zum einen kann der Abschlußprüfer aus dem Prüfungsauftrag keine Rechte und Ansprüche, beispielsweise auf Zahlung des Honorars, gegen die Gesellschaft geltend machen, da diese insoweit durch den Vorstand und einen Ausschuß des Aufsichtsrats nicht wirksam vertreten wird, und damit ein Prüfungsauftrag nicht wirksam erteilt werden kann. Wird der Abschlußprüfer dennoch tätig, so ist ein Anspruch auf das Honorar grundsätzlich ausgeschlossen.[84]
- Zum anderen kann der Jahresabschluß gemäß § 256 Abs. 1 Nr. 3 AktG nicht wirksam festgestellt werden, da er „von einer Person geprüft wurde, die nicht zum Abschlußprüfer bestellt" worden ist.[85] Die Bestellung zum Abschlußprüfer setzt nämlich neben der Wahl durch die Gesellschafter gemäß § 318 Abs. 1 Satz 1 HGB die wirksame Erteilung des Prüfungsauftrages durch das zuständige Organ voraus[86], bei der Aktiengesellschaft nach der neuen Regelung des § 111 Abs. 2 Satz 3 AktG also durch den Aufsichtsrat.[87]

Um diese Folgen zu vermeiden und zu einer wirksamen Beauftragung des Abschlußprüfers zu gelangen, muß der Aufsichtsrat einer an ihm vorbeigegangenen Auftragserteilung durch den Vorstand oder durch einen Ausschuß inhaltlich nachträglich zustimmen und sie sich damit zu eigen machen. Eine solche Zustimmung ist auch in der Billigung des geprüften Jahresabschlusses durch den Aufsichtsrats gemäß § 172 Satz 1 AktG zu sehen.[88]

3.4.3 Vorlage des Prüfungsberichts an den Aufsichtsrat

Im Zuge der Einführung der neuen Regelung des § 111 Abs. 2 Satz 3 AktG durch das KonTraG wurde auch die Vorschrift des § 321 Abs. 5 HGB ergänzt. § 321 Abs. 5 Satz 1 HGB sieht vor, daß der Abschlußprüfer „den Bericht zu unterzeichnen und den gesetzlichen Vertretern vorzulegen" hat. In § 321 Abs. 5 Satz 2 HGB wird nunmehr bestimmt, daß der Bericht dem Aufsichtsrat vorzulegen und „dem Vorstand vor Zuleitung Gelegenheit zur Stellungnahme zu geben" ist, wenn der Aufsichtsrat den Auftrag erteilt hat. Auch nach der neuen Regelung des § 321 Abs. 5 Satz 2 HGB soll der Prüfungsbericht vor dessen endgültiger Abfassung entsprechend der bislang gängigen Praxis als Vorwegexemplar dem Vorstand zugeleitet werden, da der Vorstand nur auf diese Weise die Gelegenheit zur Stellungnahme hat.[89] Außerdem ermöglicht diese Vorgehensweise dem Abschlußprüfer, die richtige und vollständige Erfassung der Sachverhalte im Prüfungsbericht im Sinne eines letzten Auskunftsersuchens sicherzustellen.[90]

Die Stellungnahme des Vorstands zu dem Vorwegexemplar des Prüfungsberichts ist dem Aufsichtsrat spätestens mit der Endfassung des Prüfungsberichts zuzuleiten, so daß die Aufsichtsratsmitglieder die Möglichkeit haben, den Eindruck, den sie aus der Lektüre des Prüfungsberichts gewonnen haben, anhand der Stellungnahme des Vorstands zu verifizieren.[91] Auf diese Weise wird auch weitestgehend sichergestellt, daß Informationen, die in dem Vorwegexemplar des Prüfungsberichts enthalten sind, nach der Überarbeitung des Prüfungsberichts auf der Grundlage der Stellungnahme des Vorstands nicht verlorengehen[92], sondern dem Aufsichtsrat zur Kenntnis gebracht werden.

3.4.4 Recht der Aufsichtsratsmitglieder auf Aushändigung des Prüfungsberichts

Neben den bereits angesprochenen Neuregelungen hat das KonTraG auch die Vorschrift des § 170 Abs. 3 AktG geändert. Nach § 170 Abs. 3 Satz 1 AktG hat nunmehr jedes Aufsichtsratsmitglied das Recht, „von den Vorlagen und Prüfungsberichten Kenntnis zu nehmen". Nach § 170 Abs. 3 Satz 2 AktG sind die „Vorlagen und Prüfungsberichte auch jedem Aufsichtsratsmitglied oder, soweit der Aufsichtsrat dies beschlossen hat, den Mitgliedern eines Ausschusses auszuhändigen". Durch diese Neuregelung soll sichergestellt werden, daß der Prüfungsbericht allen Aufsichtsratsmitgliedern zur Verfügung gestellt wird, nachdem es in der Vergangenheit Vorbehalte gegen die Aushändigung des Prüfungsberichts an einzelne Aufsichtsratsmitglieder, insbesondere an die Vertreter der Arbeitnehmerbank, gegeben hatte.[93] Als „Prüfungsbericht" sind der Bericht zum Jahresabschluß und zum Konzernabschluß sowie die Stellungnahme zum Lagebericht und – soweit relevant[94] – zum Überwachungssystem auszuhändigen.[95] Der Aufsichtsratsvorsitzende hat diese Unterlagen den einzelnen Aufsichtsratsmitgliedern oder, soweit der Aufsichtsrat dies beschlossen hat, den Ausschußmitgliedern unverzüglich und unaufgefordert auszuhändigen. Dabei reicht es nicht aus, daß die Unterlagen lediglich zur

16 Neuregelungen durch das KonTraG und Tendenzen in der Rechtssprechung

kurzfristigen Einsichtnahme ausgelegt werden. Vielmehr sind die Unterlagen den Aufsichtsrats- oder Ausschußmitgliedern so lange zu überlassen, wie ein gewissenhaftes Aufsichtsrats- oder Ausschußmitglied benötigt, um zu den Unterlagen und den darin enthaltenen Informationen im einzelnen Stellung nehmen zu können.

3.4.5 Teilnahme des Abschlußprüfers an den Bilanzsitzungen

§ 171 Abs. 1 Satz 2 AktG sieht nunmehr vor, daß der Abschlußprüfer, der einen Jahresabschluß geprüft hat, an den Verhandlungen des Aufsichtsrats oder eines Ausschusses über den Jahresabschluß, den Lagebericht und den Vorschlag für die Verwendung des Bilanzgewinnes sowie über den Konzernabschluß und den Konzernlagebericht teilzunehmen und über die wesentlichen Ergebnisse seiner Prüfung zu berichten hat. Nach der bisherigen Regelung gemäß § 171 Abs. 1 Satz 2 AktG hatte der Abschlußprüfer nur „auf Verlangen des Aufsichtsrats an dessen Verhandlungen" teilzunehmen. Nach der Neufassung dieser Vorschrift ist der Abschlußprüfer zur Teilnahme an den Bilanzsitzungen des Aufsichtsrats oder eines Ausschusses verpflichtet, soweit der Aufsichtsrat nicht ausdrücklich anders entscheidet.[96] Insoweit bleibt dem Aufsichtsrat die Autonomie über die Frage, ob der Abschlußprüfer überhaupt an den Bilanzsitzungen teilnehmen soll, erhalten.[97] Außerdem kann der Aufsichtsrat nach seinem Ermessen darüber entscheiden, ob der Abschlußprüfer an den Verhandlungen des Aufsichtsrats oder an den Verhandlungen eines Ausschusses teilzunehmen hat. In letzterem Fall hat der Aufsichtsrat auch den Ausschuß festzulegen, an dessen Sitzungen der Abschlußprüfer teilnehmen soll. Dabei hat der Aufsichtsrat die sachlichen Zuständigkeiten der einzelnen Ausschüsse zu beachten. Soweit der Aufsichtsrat einen Bilanzausschuß gebildet hat, hat der Abschlußprüfer an dessen Sitzungen teilzunehmen.[98]

Der Abschlußprüfer hat seinerseits unabhängig davon, ob er an Verhandlungen des Aufsichtsrats oder eines von diesem gebildeten Ausschusses teilnimmt, über die „wesentlichen Ergebnisse seiner Prüfung zu berichten". Der Abschlußprüfer hat also auf den Sitzungen des Aufsichtsrats oder eines Ausschusses die wesentlichen Ergebnisse seiner Prüfung darzulegen und diese auf Fragen der Aufsichtsrats- oder Ausschußmitglieder im einzelnen zu erläutern.[99]

3.4.6 Kündigung des Prüfungsauftrags durch den Abschlußprüfer

Schließlich wird in der durch das KonTraG neugefaßten Regelung des § 318 Abs. 7 Satz 4 HGB für den Fall der Kündigung des Prüfungsauftrags durch den Abschlußprüfer bestimmt, daß der Bericht des bisherigen Abschlußprüfers jedem Aufsichtsratsmitglied oder, soweit der Aufsichtsrat dies beschlossen hat, den Mitgliedern eines Ausschusses auszuhändigen ist. Nach der durch das KonTraG neu eingeführten Vorschrift des § 318

Abs. 7 Satz 5 HGB hat der Aufsichtsrat außerdem die Kündigung der nächsten Hauptversammlung mitzuteilen und den Vorstand zu unterrichten.

3.5 Prüfung des Konzernabschlusses und des -lageberichts durch den Aufsichtsrat

Das KonTraG hat die Aufgabe des Aufsichtsrats zur Prüfung von Abschlüssen durch die Ergänzung der Vorschrift des § 171 Abs. 1 Satz 1 AktG erweitert. Danach hat der Aufsichtsrat eines Mutterunternehmens im Sinne von § 290 HGB neben der Prüfung des Einzelabschlusses, des Einzellageberichts und des Vorschlags für die Verwendung des Bilanzgewinns des Mutterunternehmens auch den Konzernabschluß und den Konzernlagebericht zu prüfen. Diese Ergänzung entspricht dem Ziel des KonTraG, die Kontrollaufgabe des Aufsichtsrats im Rahmen der im Konzern zur Verfügung stehenden gesellschaftsrechtlichen Möglichkeiten den praktischen Bedürfnissen anzupassen. Der Konzernabschluß ist in der Praxis für den Aufsichtsrat von entscheidender Bedeutung.[100]

3.6 Bericht des Aufsichtsrats an die Hauptversammlung

Gemäß § 171 Abs. 2 Satz 1 AktG hat der Aufsichtsrat über das Ergebnis der Prüfung des Einzel- und Konzernabschlusses sowie des Einzel- und Konzernlageberichts schriftlich an die Hauptversammlung zu berichten. Nach § 171 Abs. 2 Satz 2 AktG hat der Aufsichtsrat in seinem Bericht auch mitzuteilen, in welcher Art und in welchem Umfang er die Geschäftsführung der Gesellschaft während des Geschäftsjahrs geprüft hat. Diese Vorschrift wurde durch das KonTraG dahingehend ergänzt, daß der Aufsichtsrat „bei börsennotierten Gesellschaften insbesondere anzugeben, welche Ausschüsse gebildet worden sind, sowie die Zahl seiner Sitzung und die der Ausschüsse mitzuteilen" hat. Hierdurch wird eine Anzahl von Pflichtangaben festgelegt, die der Bericht des Aufsichtsrats an die Hauptversammlung enthalten muß. Das Recht der Aktionäre, weitere Auskünfte zu verlangen, bleibt bestehen und wird durch die Neuregelung des § 171 Abs. 2 Satz 2 AktG nicht eingeschränkt.[101]

3.7 Angaben zu Aufsichtsratsmitgliedern im Anhang zum Jahresabschluß

Nach der durch das KonTraG neu gefaßten Vorschrift des § 285 Nr. 10 HGB sind im Anhang neben den Vorstandsmitgliedern auch alle Mitglieder des Aufsichtsrats, selbst wenn sie im Geschäftsjahr oder später ausgeschieden sind, „mit dem Familiennamen und mindestens einem ausgeschriebenen Vornamen, einschließlich des ausgeübten Berufs

18   Neuregelungen durch das KonTraG und Tendenzen in der Rechtssprechung

und bei börsennotierten Gesellschaften auch der Mitgliedschaft in Aufsichtsräten und anderen Kontrollgremien im Sinne des § 125 Abs. 1 Satz 3 des Aktiengesetzes" anzugeben. Nach der bisherigen Regelung mußte nur der Familienname und mindestens ein ausgeschriebener Vorname angegeben werden. Durch die Erweiterung der Angaben im Anhang zu den einzelnen Aufsichtsratsmitgliedern sollen deren individuelle Belastungssituation und mögliche Interessenkonflikte, die aus einer Tätigkeit in anderen, konkurrierenden Unternehmen herrühren, offengelegt[102] und die Transparenz des Aufsichtsrats und seiner Mitglieder erhöht werden.[103]

Hinsichtlich der Angaben zum „ausgeübten Beruf" sind allgemeine Beschreibungen des erlernten Berufs nicht ausreichend. Vielmehr ist darüber hinaus das betreffende Unternehmen anzugeben, in dem die hauptsächliche berufliche Tätigkeit ausgeübt wird. Im Rahmen dieser Angaben zum „ausgeübten Beruf" sind auch geschäftsführende Tätigkeiten zu nennen.[104]

Auf die „Mitgliedschaft in Aufsichtsräten und anderen Kontrollgremien" bezieht sich die Vorschrift des § 285 Nr. 10 HGB die Regelung des § 125 Abs. 1 Satz 3 AktG betreffend. Dort werden bei börsennotierten Gesellschaften in einem Vorschlag zur Wahl von Aufsichtsratsmitgliedern „Angaben zu deren Mitgliedschaft in anderen gesetzlich zu bildenden Aufsichtsräten" verlangt. Außerdem sollen „Angaben zu ihrer Mitgliedschaft in vergleichbaren in- und ausländischen Kontrollgremien von Wirtschaftsunternehmen" gemacht werden. Demzufolge sind all diese Angaben zu den einzelnen Aufsichtsratsmitgliedern auch im Anhang zum Jahresabschluß zu nennen. Hierunter fallen auch Verwaltungsratsmandate in öffentlich-rechtlichen Unternehmen, während Tätigkeiten in Kontrollgremien von karitativen, wissenschaftlichen u. ä. Institutionen grundsätzlich nicht zu nennen sind.[105]

4   Hauptversammlung

4.1 Mitteilungen für die Aktionäre nach Bekanntmachung der Einberufung der Hauptversammlung

Nach § 125 Abs. 1 Satz 1 AktG hat der Vorstand binnen zwölf Tagen, nachdem die Einberufung der Hauptversammlung im Bundesanzeiger bekanntgemacht wurde, den Kreditinstituten und den Vereinigungen von Aktionären, die in der letzten Hauptversammlung Stimmrechte für Aktionäre ausgeübt oder die Mitteilung verlangt haben, die Einberufung der Hauptversammlung mitzuteilen. Dies gilt ebenso für die Bekanntmachung der Tagesordnung und etwaiger Anträge und Wahlvorschläge von Aktionären einschließlich des Namens des Aktionärs, der Begründung und einer etwaigen Stellungnahme der Verwaltung. Diese Mitteilungspflichten des Vorstands hat das KonTraG in zweierlei Hinsicht erweitert.

4.1.1 Möglichkeit der Ausübung des Stimmrechts durch einen Bevollmächtigten

Nach der neuen Vorschrift des § 125 Abs. 1 Satz 2 AktG ist in der Mitteilung des Vorstands „auf die Möglichkeiten der Ausübung des Stimmrechts durch einen Bevollmächtigten, auch durch eine Vereinigung von Aktionären, hinzuweisen". In der Mitteilung ist ausdrücklich darauf aufmerksam zu machen, daß das Stimmrecht auch durch eine Aktionärsvereinigung ausgeübt werden kann. Auf diese Weise wird die Stellung der Aktionärsvereinigungen aufgewertet, die in der Vergangenheit zwar auf nahezu jeder Hauptversammlung durch Redner vertreten waren, deren eingebrachte Stimmrechte aber minimal ausfielen, weil sie nicht an die Vollmachten der einzelnen Aktionäre gelangten.[106]

4.1.2 Angaben bei einem Vorschlag zur Wahl von Aufsichtsratsmitgliedern

Durch die ebenfalls neue Vorschrift des § 125 Abs. 1 Satz 3 AktG wird bestimmt, daß bei „börsennotierten Gesellschaften ein Vorschlag zur Wahl von Aufsichtsratsmitgliedern Angaben zu deren Mitgliedschaft in anderen gesetzlich zu bildenden Aufsichtsräten beizufügen" sind und „Angaben zu ihrer Mitgliedschaft in vergleichbaren in- und ausländischen Kontrollgremien von Wirtschaftsunternehmen beigefügt werden" sollen. Inhaltlich entsprechen die Angaben in dem Wahlvorschlag den Angaben im Anhang zum Jahresabschluß.[107] Maßgeblicher Zeitpunkt für diese Angaben ist die Bekleidung des Amts zum Zeitpunkt der Abgabe des Wahlvorschlags. Nachträgliche Änderungen können bis zur Abfassung der Mitteilung oder, falls dies nicht möglich ist, mündlich in der Hauptversammlung nachgeholt werden.[108]

Die Vorschrift des § 125 Abs. 1 Satz 3 AktG wird durch die ebenfalls durch das KonTraG erweiterte Bestimmung des § 124 Abs. 3 Satz 3 AktG ergänzt. Danach sind in der Bekanntmachung der Tagesordnung bei dem Vorschlag zur Wahl von Aufsichtsratsmitgliedern oder Prüfern neben deren Namen und Wohnort auch deren „ausgeübter Beruf" anzugeben. Insoweit gelten die gleichen Anforderungen wie für die Angaben im Anhang zum Jahresabschluß.[109]

4.1.3 Verstöße gegen die Mitteilungspflichten

Verstöße gegen die Mitteilungspflichten aus § 125 Abs. 1 und § 124 Abs. 3 AktG führen grundsätzlich zur Anfechtbarkeit der Beschlüsse der Hauptversammlung.[110] Unterlassene Angaben zu der Mitgliedschaft in „vergleichbaren in- und ausländischen Kontrollgremien von Wirtschaftsunternehmen" begründen jedoch keine Anfechtbarkeit der entsprechenden Hauptversammlungsbeschlüsse. Diese Bestimmung wurde nämlich wegen

20   Neuregelungen durch das KonTraG und Tendenzen in der Rechtssprechung

der Abgrenzungsschwierigkeiten bei der Frage nach der Vergleichbarkeit der in- und ausländischen Kontrollgremien bewußt nur als Sollvorschrift ausgestaltet.[111]

4.2 Durchführung der Hauptversammlung

4.2.1 Geschäftsordnung

Nach der durch das KonTraG neu eingeführten Vorschrift des § 129 Abs. 1 Satz 1 AktG kann sich die Hauptversammlung „mit einer Mehrheit, die mindestens drei Viertel des bei der Beschlußfassung vertretenen Grundkapitals umfaßt, eine Geschäftsordnung mit Regeln für die Vorbereitung und die Durchführung der Hauptversammlung geben". In dieser Geschäftsordnung können insbesondere folgende Gegenstände geregelt werden: Die Einrichtung von Sicherheitskontrollen, die Bestimmung der Person des Versammlungsleiters und seiner Leitungs- und Ordnungsbefugnisse, das Anwesenheitsrecht des Abschlußprüfers und anderer Dritter, die Anfertigung eines Tonbandmitschnitts und das Recht einzelner Redner auf Unterbrechung der Aufzeichnung, die Aushändigung eines stenographischen Protokolls verbunden mit dem Recht auf Einsichtnahme, die Erteilung von Abschriften, die Redezeiten und das Fragerecht, der Zeitpunkt der Meldung von Redebeiträgen und die Behandlung von Rednerlisten sowie die Voraussetzungen für den Schluß der Rednerlisten, das Verfahren der Stimmenauszählung und die Notwendigkeit der Verlesung von Beschlußvorschlägen. Aktionärsrechte können in ihrem Kern durch die Geschäftsordnung nicht beschränkt werden.[112] Auch im übrigen hat die Hauptversammlung bei der Ausgestaltung ihrer Geschäftsordnung die Rechte von Minderheitsbeteiligungen im Rahmen eines Bemühens um einen effizienten und straffen Hauptversammlungsverlauf und eine gehaltvolle Auseinandersetzung soweit wie möglich und sinnvoll zu wahren.[113]

Bereits nach dem bisherigen Recht konnte sich die Hauptversammlung eine Geschäftsordnung geben, um die Rechtsunsicherheiten insbesondere bei neu an die Börse gegangenen Gesellschaften zu beseitigen, die bei der Vorbereitung, dem Ablauf, der Durchführung und der Leitung von Hauptversammlungen bestanden haben.[114] Nachdem von dieser Möglichkeit allerdings in der Praxis kaum Gebrauch gemacht worden war, weil das AktG dies nicht ausdrücklich vorsah, wurde durch das KonTraG nunmehr die ausdrückliche Befugnis der Hauptversammlung zum Erlaß einer Geschäftsordnung in § 129 Abs. 1 Satz 1 AktG festgeschrieben. Die neue Bestimmung regelt lediglich ausdrücklich die schon nach der bisherigen Fassung des AktG bestehenden Befugnisse der Hauptversammlung.

4.2.2 Pflichten und Einschränkungen der Kreditinstitute bei der Ausübung von Stimmrechten

Beabsichtigt ein Kreditinstitut, das für Aktionäre Aktien einer Gesellschaft verwahrt, in der Hauptversammlung der Gesellschaft das Stimmrecht für diese Aktionäre auszuüben oder ausüben zu lassen, so hat es gemäß § 128 Abs. 2 Satz 1 AktG dem Aktionär eigene Vorschläge für die Ausübung des Stimmrechts zu den einzelnen Gegenständen der Tagesordnung mitzuteilen. Nach der Vorschrift des § 128 Abs. 2 Satz 2 AktG, die durch das KonTraG ergänzt wurde, hat sich das Kreditinstitut bei den Vorschlägen vom Interesse des Aktionärs leiten zu lassen und „organisatorische Vorkehrungen dafür zu treffen, daß Eigeninteressen aus anderen Geschäftsbereichen nicht einfließen; es hat ein Mitglied der Geschäftsleitung zu benennen, das die Einhaltung dieser Pflichten sowie die ordnungsgemäße Ausübung des Stimmrechts und deren Dokumentation zu überwachen hat".

4.2.3 Organisations- und Überwachungspflichten

Schon nach dem bisherigen Recht hatte sich das Kreditinstitut bei den Abstimmungsvorschlägen vom Interesse des Aktionärs, also von der durchschnittlichen Interessenlage eines Anlegers leiten zu lassen, die auf eine langfristige Wertsteigerung der Anlage ausgerichtet ist. Individualinteressen von Aktionären (z. B. aufgrund der steuerlichen Situation und der Einkommensverhältnisse sowie der politischen und weltanschaulichen Ausrichtung der einzelnen Aktionäre) sollten nicht berücksichtigt werden.[115] Derartige Sonderinteressen waren von den Aktionären vielmehr im Wege der Einzelweisung zur Geltung zu bringen. Hieran hat das KonTraG nichts geändert.

Darüber hinaus hat das Kreditinstitut durch organisatorische Vorkehrungen sicherzustellen, daß Eigeninteressen aus anderen Geschäftsbereichen des Kreditinstituts, beispielsweise aus dem Kreditgeschäft, dem Beteiligungsbesitz und dem Emissionsgeschäft, nicht in die Formulierung von Abstimmungsvorschlägen einfließen.[116] Damit ist keine völlige Abschottung gemeint. Wesentlich ist die Weisungsunabhängigkeit unterhalb der Geschäftsleitungsebene von anderen Arbeitsbereichen und die Vermeidung von Personenidentitäten.[117] Ferner hat das Kreditinstitut ein Mitglied der Geschäftsleitung zur Überwachung der Pflichten aus § 125 Abs. 1 AktG und der ordnungsgemäßen Ausübung des Stimmrechts sowie deren Dokumentation zu benennen. Dieses Mitglied der Geschäftsleitung hat dafür zu sorgen, daß die organisatorischen und personellen Voraussetzungen dafür gegeben sind, daß die Abstimmungsvorschläge im Interesse der Aktionäre erfolgen, daß Eigeninteressen des Kreditinstituts nicht in die Entscheidung über die Abstimmungsvorschläge einfließen und daß je nach Größe und Ressourcen des Kreditinstituts vorhandene Sachkompetenzen genutzt werden. Weiterhin hat das verantwortliche Mitglied sicherzustellen, daß das Stimmrecht auf der Hauptversammlung ordnungsgemäß ausgeübt wird. Es hat schließlich dafür Sorge zu tragen, daß die Erwägungen, die zu den Abstimmungsvorschlägen geführt haben, aktenkundig gemacht und auch die Pflichten der Depotprüfungsrichtlinien im übrigen erfüllt werden.[118]

Insgesamt geht es um eine Organisations- und Überwachungspflicht[119], in deren Rahmen eine inhaltliche Kontrolle der einzelnen Abstimmungsvorschläge durch das verantwortliche Mitglied der Geschäftsleitung nicht zu erfolgen hat.[120] Trotz der Benennung eines für die Organisations- und Überwachungspflicht verantwortlichen Mitglieds bleibt die Gesamtverantwortung des Vorstands bestehen. Der Vorstand hat seinerseits dafür zu sorgen, daß die in § 128 Abs. 2 Satz 2 AktG festgelegten Pflichten von dem hierfür zuständigen Mitglied der Geschäftsleitung ordnungsgemäß erfüllt werden.

4.2.4 Hinweispflichten

Neben der Einführung dieser Organisations- und Überwachungspflichten hat das KonTraG die Hinweispflichten des Kreditinstituts erweitert. Nach der durch das KonTraG ergänzten Bestimmung des § 128 Abs. 2 Satz 5 AktG hat das Kreditinstitut dem Aktionär mitzuteilen, ob „ein Vorstandsmitglied oder ein Mitarbeiter des Kreditinstituts dem Aufsichtsrat der Gesellschaft oder ein Vorstandsmitglied oder ein Mitarbeiter der Gesellschaft dem Aufsichtsrat des Kreditinstituts" angehört. Zukünftig hat das Kreditinstitut daher nicht nur die Mitgliedschaft eines Vorstandsmitglieds des Kreditinstituts im Aufsichtsrat der Gesellschaft oder umgekehrt der Gesellschaft im Aufsichtsrat des Kreditinstituts mitzuteilen, wie dies nach dem bislang geltenden Recht ausreichend war. Vielmehr hat es die Aktionäre nunmehr über solche Mitgliedschaften eines *jeden* Mitarbeiters zu informieren. Diese Neuregelung trägt dem Umstand Rechnung, daß die Kreditinstitute wegen der Begrenzung der Zahl der Aufsichtsratsmandate aufgrund der Doppelzählung der Vorsitzmandate[121] dazu neigen könnten, Mitarbeiter anstelle von Vorstandsmitgliedern in die Aufsichtsräte der Gesellschaften wählen zu lassen, um auf diese Weise ihre Position zu halten.[122]

Darüber hinaus hat das KonTraG die Vorschrift des § 128 Abs. 2 Satz 6 AktG neu in das AktG eingeführt. Danach hat das Kreditinstitut den Aktionären mitzuteilen, ob es „an der Gesellschaft eine Beteiligung, die nach § 21 des Wertpapierhandelsgesetzes meldepflichtig ist", hält oder „einem Konsortium, das die innerhalb von fünf Jahren zeitlich letzte Emission von Wertpapieren der Gesellschaft übernommen hat", angehört. Auf der Grundlage dieser Mitteilung können die Aktionäre mögliche Interessenkonflikte bei der Stimmrechtsabgabe besser beurteilen und in Kenntnis dieser Umstände entscheiden, ob sie einem Abstimmungsvorschlag folgen wollen, während für die Kreditinstitute ein zusätzlicher Anreiz zur sauberen Trennung ihrer eigenen Interessen und der Formulierung eines Abstimmungsvorschlags im Interesse der Aktionäre geschaffen wird.[123]

4.2.5 Einschränkungen der Stimmrechtsausübung

Neben diesen neuen Regelungen, die in erster Linie die Organisations-, Überwachungs- und Hinweispflichten der Kreditinstitute betreffen, hat das KonTraG auch die Vorschriften über die Ausübung des Stimmrechts durch Kreditinstitute ergänzt.

Nach der neuen Regelung des § 135 Abs. 1 Satz 3 AktG darf das Kreditinstitut in „der Hauptversammlung einer Gesellschaft, an der es mit mehr als 5 von 100 des Grundkapitals unmittelbar oder über eine Mehrheitsbeteiligung mittelbar beteiligt ist, das Stimmrecht nur ausüben oder ausüben lassen, soweit der Aktionär eine ausdrückliche Weisung zu den einzelnen Gegenständen der Tagesordnung erteilt hat; dies gilt nicht, wenn es eigene Stimmrechte weder ausübt noch ausüben läßt".[124] Nach dieser Regelung darf ein Kreditinstitut das Stimmrecht aus einer fünfzehnmonatigen Dauervollmacht nach § 135 Abs. 2 Satz 1 AktG in der Hauptversammlung einer Gesellschaft also dann nicht ausüben, wenn es dort gleichzeitig Stimmen aus einer Eigenbeteiligung von mehr als fünf Prozent abgibt. Diese Einschränkung betrifft jedoch nur die Dauervollmacht. Die Stimmrechtsausübung aufgrund einer Einzelweisung bleibt möglich. Verzichtet das Kreditinstitut auf die Abgabe der eigenen Stimmen, so kann es das Stimmrecht aus der Dauervollmacht wahrnehmen. Greift das Verbot der Stimmrechtsausübung, so kann das Kreditinstitut keine Untervollmacht erteilen, dem Aktionär aber eine Aktionärsvereinigung oder ein anderes, nicht stimmrechtsbeschränktes Kreditinstitut, das nicht zum Verbund des Kreditinstituts gehören darf, konkret benennen.[125] Ein Verstoß gegen das in § 135 Abs. 1 Satz 3 AktG festgeschriebene Verbot der Stimmrechtsausübung begründet gemäß § 405 Abs. 3 Nr. 5 AktG eine Ordnungswidrigkeit, die mit einer Geldbuße bis zu DM 50 000,-- geahndet werden kann. Außerdem führt ein Verstoß gegen dieses Verbot zur Unwirksamkeit der Stimmabgabe.[126]

Das KonTraG hat nicht zu Beschränkungen oder Verboten für Kreditinstitute geführt, Beteiligungen an anderen Unternehmen zu erwerben. Es schränkt lediglich die Möglichkeiten der Kreditinstitute zur Stimmrechtsausübung ein.

Neben der Neuregelung des § 135 Abs. 1 Satz 3 AktG wurde durch das KonTraG auch die Vorschrift des § 135 Abs. 2 Satz 6 AktG neu in das AktG eingeführt. Danach hat das Kreditinstitut „auf andere Vertretungsmöglichkeiten" (§ 125 Abs. 1 Satz 2), also insbesondere auf die Möglichkeit der Stimmrechtsausübung durch eine Aktionärsvereinigung hinzuweisen, wenn es sich zur Übernahme einer Vollmacht anbietet.

Eine Erleichterung für die Kreditinstitute bringt demgegenüber die durch das KonTraG neu gefaßte Bestimmung des § 135 Abs. 3 Satz 1 AktG.[127] Nach dieser Vorschrift darf das bevollmächtigte Kreditinstitut Personen, die nicht seine Angestellten sind, dann unterbevollmächtigen, wenn die Vollmacht eine Unterbevollmächtigung ausdrücklich gestattet. Nach der bisherigen Regelung des § 135 Abs. 3 Satz 1 AktG durfte das Kreditinstitut Dritte nur dann unterbevollmächtigen, wenn die Unterbevollmächtigung in der Vollmacht ausdrücklich gestattet war und das Kreditinstitut am Ort der Haupt-

24 Neuregelungen durch das KonTraG und Tendenzen in der Rechtssprechung

versammlung keine Niederlassung hatte. Nachdem diese Regelung durch das KonTraG weggefallen ist, darf das Kreditinstitut Dritte nunmehr selbst dann unterbevollmächtigen, wenn es am Ort der Hauptversammlung eine Niederlassung hat.

5 Geltendmachung von Ersatzansprüchen gegen Mitglieder des Vorstands und des Aufsichtsrats

5.1 Geltendmachung von Ersatzansprüchen gemäß § 147 AktG

Gemäß § 147 Abs. 1 Satz 1 AktG müssen Ersatzansprüche der Gesellschaft aus der Geschäftsführung gegen Mitglieder des Vorstands und des Aufsichtsrats[128] dann geltend gemacht werden, wenn es die Hauptversammlung mit einfacher Mehrheit beschließt oder wenn es eine Minderheit, deren Anteile zusammen zehn Prozent des Grundkapitals bilden, verlangt. An dieser grundsätzlichen Regelung zur Geltendmachung von Ersatzansprüchen hat das KonTraG nichts geändert. Insbesondere wurde das Minderheitsquorum von zehn Prozent des Grundkapitals nicht generell abgesenkt oder durch einen bestimmten Nennbetrag[129] ersetzt, da eine derartige generelle Abänderung zu pauschal erschien.[130]

5.1.1 Erleichterung der Geltendmachung bei Unredlichkeit und grober Pflichtverletzung

Das KonTraG beschränkt sich darauf, das in § 147 Abs. 1 Satz 1 AktG festgeschriebene Klageerzwingungsrecht nur für die Fälle von Unredlichkeit und grober Pflichtverletzung zu erleichtern. Nach der neuen Regelung des § 147 Abs. 3 AktG hat das Gericht in dem Fall, in dem der Ersatzanspruch nicht nach § 147 Abs. 1 AktG geltend gemacht wird, „auf Antrag von Aktionären, deren Anteile zusammen den zwanzigsten Teil des Grundkapitals oder den anteiligen Betrag von einer Million Deutsche Mark erreichen, besondere Vertreter zu bestellen, wenn Tatsachen vorliegen, die den dringenden Verdacht rechtfertigen, daß der Gesellschaft durch Unredlichkeiten oder grobe Verletzungen des Gesetzes oder der Satzung Schaden zugefügt wurde". Dieser gerichtlich bestellte Vertreter „hat den Ersatzanspruch geltend zu machen, soweit nach seiner pflichtgemäßen Beurteilung die Rechtsverfolgung eine hinreichende Aussicht auf Erfolg bietet".

Damit wird das für die Ausübung des Klageerzwingungsrechts erforderliche Minderheitsquorum für die Fälle von Unredlichkeiten und „groben Verletzungen des Gesetzes oder der Satzung" auf fünf Prozent des Grundkapitals oder auf den anteiligen Betrag von 1 Million DM Nennkapital[131] herabgesetzt. Als „grobe Verletzungen des Gesetzes oder der Satzung" kommen nur grobe Pflichtverletzungen, beispielsweise grobe Treuepflichtverletzungen, nicht aber unternehmerische Fehlentscheidungen in Betracht. Dem Vorstand und dem Aufsichtsrat soll nämlich im Bereich der unternehmerischen Entscheidungen ein weiter Ermessensspielraum bleiben.[132]

Falls das für den Sitz der Gesellschaft[133] zuständige Amtsgericht[134] zu der Überzeugung gelangt, daß Tatsachen vorliegen, die den dringenden Verdacht rechtfertigen, daß der Gesellschaft durch Unredlichkeiten oder grobe Pflichtverletzungen Schaden zugefügt wurde, bestellt es einen besonderen Vertreter, dem es dann obliegt, die Prozeßaussichten auch unter prozeßökonomischen Gesichtspunkten einschließlich effektiver Vollstreckungsmöglichkeiten[135] zu prüfen. Die Aktionäre, die den Antrag auf Erstellung eines besonderen Vertreters stellen, haben dabei die Möglichkeit, eine Person ihres Vertrauens zu benennen. Diesem Vorschlag hat das Amtsgericht in der Regel zu folgen, wenn nicht ganz besondere Umstände gegen die Qualifikation der vorgeschlagenen Person sprechen oder eine grob unsachgemäße Anspruchsverfolgung vermuten lassen.[136]

5.1.2 Beschränkungen der Kostenerstattungspflicht der Minderheit

Neben der Einführung des § 147 Abs. 3 AktG hat das KonTraG auch die Vorschrift des § 147 Abs. 4 Satz 1 AktG ergänzt. Dort wird nunmehr bestimmt, daß in dem Fall, in dem eine Minderheit die Geltendmachung des Ersatzanspruchs verlangt und die Gesellschaft, weil sie im Rechtsstreit ganz oder teilweise unterlegen ist, die Kosten des Rechtsstreits zu tragen hat, die Minderheit der Gesellschaft zur Erstattung dieser Kosten verpflichtet ist, „soweit sie das aufgrund der Klage Erlangte übersteigen". Damit wird die bisherige Kostentragungsregelung des § 147 Abs. 4 AktG a. F. dahingehend modifiziert, daß sich die Gesellschaft auf den Kostenerstattungsanspruch gegen die Minderheit das anrechnen lassen muß, was sie bei (teilweisem) Erfolg der Schadensersatzklage oder bei vergleichsweiser Beilegung von dem beklagten Mitglied des Vorstands oder des Aufsichtsrats erhält. Auf diese Weise wird die früher weitergehende Verpflichtung der antragsstellenden Minderheit, der Gesellschaft die gegen sie festgesetzte Kosten zu erstatten, beschränkt: Hat die Gesellschaft aufgrund des Antrags der Minderheit Schadensersatz erhalten, so sind nur noch die Kosten zu ersetzen, die diesen Schadensersatz übersteigen und insoweit einen echten Schaden der Gesellschaft darstellen.[137]

5.2 Geltendmachung von Ersatzansprüchen gegen Mitglieder des Vorstands – ARAG/Garmenbeck-Entscheidung des BGH[138]

Trotz der in § 147 AktG vorgesehenen Möglichkeit, Ersatzansprüche der Gesellschaft gegen Mitglieder des Vorstands auf der Grundlage eines Beschlusses der Hauptversammlung oder eines Minderheitsverlangens durch einen besonderen Vertreter geltend zu machen, hat der Aufsichtsrat die Pflicht, eigenverantwortlich das Bestehen von Schadensersatzansprüchen der Gesellschaft gegenüber Vorstandsmitgliedern aus deren organschaftlichen Tätigkeiten zu prüfen und, soweit die gesetzlichen Voraussetzungen dafür vorliegen, solche unter Beachtung des Gesetzes- und Satzungsrechts und der darin festgelegten Maßstäbe zu verfolgen. Diese Verpflichtung ergibt sich aus der in § 111 Abs. 1 AktG festgeschriebenen Aufgabe des Aufsichtsrats, die Geschäftsführung des Vorstands zu überwachen. Sie erfaßt auch abgeschlossene Geschäftsvorgänge, und zwar unabhängig davon, daß die Hauptversammlung oder eine Minderheit gemäß § 147 AktG die Möglichkeit hat, von sich aus eine Rechtsverfolgung zu beschließen.[139]

Der Aufsichtsrats hat zunächst den zum Schadensersatz verpflichtenden Tatbestand in tatsächlicher wie rechtlicher Hinsicht festzustellen und das Prozeßrisiko und die Beitreibbarkeit der Forderung abzuschätzen. Bei der Beurteilung, ob der festgestellte Sachverhalt den Vorwurf eines schuldhaft pflichtwidrigen Vorstandsverhaltens rechtfertigt, hat der Aufsichtsrat zu berücksichtigen, daß dem Vorstand ein weiter Handlungsspielraum zugebilligt werden muß. Demzufolge kann einem Vorstandsmitglied ein schuldhaft pflichtwidriges Verhalten, aus dem eine Schadensersatzpflicht des Vorstandsmitglieds hergeleitet werden kann, erst dann zur Last gelegt werden, wenn die Grenzen, in denen sich ein von Verantwortungsbewußtsein getragenes, ausschließlich am Unternehmenswohl orientiertes und auf sorgfältige Ermittlung der Entscheidungsgrundlagen beruhendes unternehmerisches Handeln bewegen muß, deutlich überschritten sind, wenn die Bereitschaft, unternehmerische Risiken einzugehen, in unverantwortlicher Weise überspannt worden ist oder wenn das Verhalten des Vorstands aus anderen Gründen als pflichtwidrig gelten muß.[140]

Hinsichtlich dieser Entscheidung des Aufsichtsrats, ob ein Vorstandsmitglied auf Schadensersatz in Anspruch genommen werden soll, hat der BGH nunmehr in der Sache ARAG/Garmenbeck festgestellt, daß der Aufsichtsrat für seine Entscheidung insoweit keine „Entscheidungsprärogative", die zur Beschränkung der gerichtlichen Nachprüfbarkeit führen könnte, in Anspruch nehmen kann.[141] Vielmehr sei es vom Gericht grundsätzlich voll nachprüfbar, ob die Erfolgsaussichten einer gerichtlichen Anspruchsverfolgung durch den Aufsichtsrat korrekt beurteilt worden sind.[142]

Falls die Entscheidung des Aufsichtsrats zu dem Ergebnis führt, daß der Gesellschaft voraussichtlich Schadensersatzansprüche gegen eines ihrer Vorstandsmitglieder zustehen, stellt sich nach Ansicht des BGH auf der nächsten Stufe die Frage, ob der Aufsichtsrat gleichwohl von einer Verfolgung des Anspruchs absehen kann.

Auch bezüglich dieser Entscheidung hat der BGH nunmehr ausdrücklich festgestellt, daß dem Aufsichtsrat insoweit ebenfalls kein autonomer unternehmerischer Ermessensspielraum zustehe.[143] Für seine Entscheidung über die Geltendmachung von Schadensersatzansprüchen gegen pflichtwidrig handelnde Vorstandsmitglieder könne der Aufsichtsrat ein unternehmerisches Ermessen grundsätzlich nicht in Anspruch nehmen. Da diese Entscheidung allein dem Unternehmenswohl verpflichtet sei, das grundsätzlich die Wiederherstellung des geschädigten Gesellschaftervermögens verlange, dürfe der Aufsichtsrat von der Geltendmachung voraussichtlich begründeter Schadensersatzansprüche nur dann absehen, wenn gewichtige Interessen und Belange der Gesellschaft dafür sprechen, den ihr entstandenen Schaden hinzunehmen. Vor diesem Hintergrund seien derartige Schadensersatzansprüche gegen ein Vorstandsmitglied in der Regel zu verfolgen.[144]

6 Anwendungsbereich

6.1 Anwendungsbereich der durch das KonTraG herbeigeführten Gesetzesänderungen auf die nichtbörsennotierte Aktiengesellschaft und die GmbH

Obwohl das KonTraG in erster Linie eine Reform des deutschen Aktienrechts zum Ziel hat[145], wird aufgrund der Änderungen des HGB und der Verweisungen im GmbH-Gesetz (GmbHG), im Mitbestimmungsgesetz (MitbestG) sowie im Betriebsverfassungsgesetz 1952 (BetrVG) auf das AktG auch die GmbH von den durch das KonTraG herbeigeführten Gesetzesänderungen betroffen. Demgegenüber hat das KonTraG hinsichtlich der Aktiengesellschaften bewußt zwischen kapitalmarktorientierten und börsenfernen Gesellschaften differenziert[146], so daß einzelne durch das KonTraG geänderte und ergänzte Vorschriften des AktG und des HGB auf sogenannte nichtbörsennotierte Aktiengesellschaften gerade nicht anwendbar sind. Hiervon sind auch verschiedene in diesem Beitrag behandelte, durch das KonTraG reformierte Bestimmungen betroffen.

6.1.1 Anwendungsbereich auf die nichtbörsennotierte Aktiengesellschaft

Durch das KonTraG wurde die Vorschrift des § 3 Abs. 2 AktG neu in das AktG eingeführt. Nach dieser Vorschrift sind „börsennotiert" im Sinne des Aktiengesetzes solche Gesellschaften, „deren Aktien an einem Markt gehandelt werden, der von staatlich anerkannten Stellen geregelt und überwacht wird, regelmäßig stattfindet und für das Publikum mittelbar oder unmittelbar zugänglich ist". Nachdem bereits mit dem Gesetz für kleine Aktiengesellschaften und zur Deregulierung des Aktienrechts vom 2. August 1994[147] eine Differenzierung zwischen Gesellschaften, deren Aktien zum Handel an einer Börse zugelassen sind, und den übrigen „kleinen" Aktiengesellschaften getroffen worden war, hat das KonTraG diese kapitalmarktorientierte Trennlinie fortgeführt und dabei zur sprachlichen Vereinfachung eine allgemeine Legaldefinition der „börsennotierten" Gesellschaft in das Aktiengesetz aufgenommen. Das Aktiengesetz versteht darunter nur die Notierung der Aktien im geregelten Markt und im amtlichen Handel.[148] Alle anderen Aktiengesellschaften sind nichtbörsennotierte Gesellschaften.

Auf diese nichtbörsennotierten Gesellschaften sind folgende, durch das KonTraG geänderten und ergänzten Vorschriften des AktG und des HGB *nicht* anwendbar:

28 Neuregelungen durch das KonTraG und Tendenzen in der Rechtssprechung

- § 110 Abs. 3 AktG, soweit dort bestimmt wird, daß der Aufsichtsrat bei börsennotierten Gesellschaften zweimal im Kalenderhalbjahr zusammentreten muß,
- § 125 Abs. 1 Satz 3 AktG, in dem geregelt wird, daß bei börsennotierten Gesellschaften einem Vorschlag zur Wahl von Aufsichtsratsmitgliedern Angaben zu deren Mitgliedschaft in anderen gesetzlich zu bildenden Aufsichtsräten beizufügen sind und Angaben zu ihrer Mitgliedschaft in vergleichbaren in- und ausländischen Kontrollgremien von Wirtschaftsunternehmen beigefügt werden sollen,
- § 171 Abs. 2 Satz 2 AktG, soweit dort bestimmt wird, daß in dem Bericht des Aufsichtsrats an die Hauptversammlung bei börsennotierten Gesellschaften insbesondere anzugeben ist, welche Ausschüsse der Aufsichtsrat gebildet hat sowie die Zahl seiner Sitzungen und die der Ausschüsse mitzuteilen sind,
- § 285 Nr. 10 HGB, soweit dort festgelegt wird, daß im Anhang zum Jahresabschluß bei börsennotierten Gesellschaften die Mitglieder eines Aufsichtsrats einschließlich der Mitgliedschaft in Aufsichtsräten und anderen Kontrollgremien im Sinne des § 125 Abs. 1 Satz 3 AktG anzugeben sind.

6.1.2 Anwendungsbereich auf die GmbH

Die durch das KonTraG zur Reform des deutschen Aktienrechts herbeigeführten Gesetzesänderungen sind in zweierlei Hinsicht in Teilbereichen auch auf die GmbH anwendbar. Zum einen hat das KonTraG einzelne Vorschriften des zweiten Abschnitts des HGB geändert und ergänzt, die grundsätzlich auf alle Kapitalgesellschaften und damit neben der Aktiengesellschaft auch auf die GmbH anwendbar sind. Zum anderen wird in den Bestimmungen des § 52 GmbHG, der §§ 6 Abs. 2 Satz 1 und 25 Abs. 1 Satz 1 Nr. 2 MitbestG und des § 77 Abs. 1 Satz 2 BetrVG auf verschiedene Vorschriften des AktG über den Aufsichtsrat verwiesen, die damit über diese Verweisung auch auf eine GmbH Anwendung finden.

Anwendung der Vorschriften des AktG

Aufgrund der Verweisung in § 52 GmbHG[149], §§ 6 Abs. 2 Satz 1 und 25 Abs. 1 Satz 1 Nr. 2 MitbestG und § 77 Abs. 2 BetrVG finden folgende aufsichtsratsrechtlichen Bestimmungen des AktG auch auf die GmbH Anwendung:

- § 111 Abs. 2 Satz 3 AktG, in dem geregelt wird, daß der Aufsichtsrat dem Abschlußprüfer den Prüfungsauftrag für den Jahres- und den Konzernabschluß erteilt, sowie die damit einhergehenden Bestimmungen des § 318 Abs. 1 Satz 4 sowie 7 Satz 4 und 5 und des § 321 Abs. 5 HGB,
- § 171 Abs. 1 Satz 1 AktG, in dem bestimmt wird, daß der Aufsichtsrat neben der Prüfung des Einzelabschlusses und des Einzellageberichts nunmehr auch den Konzernabschluß und den Konzernlagebericht zu prüfen hat,
- § 171 Abs. 1 Satz 2 AktG, in dem bestimmt wird, daß der Abschlußprüfer an den Bilanzsitzungen des Aufsichtsrats oder eines Ausschusses teilzunehmen und über die wesentlichen Ergebnisse seiner Prüfung zu berichten hat,

- nur auf die mitbestimmte GmbH nach § 6 Abs. 2 Satz 1 MitbestG und § 77 Abs. 1 Satz 2 BetrVG ist § 100 Abs. 2 Satz 3 AktG anwendbar, in dem die Doppelzählung der Aufsichtsratsvorsitzmandate festgeschrieben wird,
- nur auf die GmbH mit einem fakultativen Aufsichtsrat gemäß § 52 GmbHG ist § 170 Abs. 3 AktG anwendbar, nach dem jedes Aufsichtsratsmitglied das Recht hat, von den Prüfungsberichten Kenntnis zu nehmen und die Prüfungsberichte auch jedem Aufsichtsratsmitglied oder Ausschußmitglied auszuhändigen sind.

Nicht anwendbar auf die GmbH sind demgegenüber die Neuregelungen des § 110 Abs. 3 AktG, nach der der Aufsichtsrat „bei börsennotierten Gesellschaften" zweimal im Kalenderhalbjahr zusammentreten muß, und des § 171 Abs. 2 Satz 2 AktG, nach der im Bericht des Aufsichtsrats an die Hauptversammlung „bei börsennotierten Gesellschaften" die Bildung der Ausschüsse und die Anzahl der Sitzungen anzugeben sind, da in diesen Neuregelungen ausdrücklich auf „börsennotierte" Gesellschaften Bezug genommen wird.

Anwendung der Vorschriften des HGB

Folgende durch das KonTraG geänderten und ergänzten Vorschriften des HGB gelten auch für die GmbH:
- § 285 Nr. 10 HGB, soweit dort festgelegt wird, daß im Anhang zum Jahresabschluß die Mitglieder eines Aufsichtsrats einschließlich des ausgeübten Berufs anzugeben sind,
- § 289 Abs. 1 HGB, der bestimmt, daß in dem Lagebericht auch auf die Risiken der künftigen Entwicklung einzugehen ist,
- § 317 Abs. 2 HGB, in dem der Inhalt der Prüfung des Lageberichts und des Konzernlageberichts durch den Abschlußprüfer geregelt wird.

6.2 Anwendungszeitpunkt des durch das KonTraG geänderten Rechts

Nachdem das KonTraG im Bundesgesetzblatt vom 30. April 1998[150] verkündet worden ist, ist es gemäß Art. 14 KonTraG am 1. Mai 1998 in Kraft getreten. Damit gelten die durch das KonTraG abgeänderten Vorschriften grundsätzlich ab dem 1. Mai 1998 in der durch das KonTraG abgeänderten Fassung.

Für verschiedene Bestimmungen hat das KonTraG durch die Ergänzung des Einführungsgesetzes zum AktG und des Einführungsgesetzes zum HGB Übergangsvorschriften vorgesehen, in denen ein späterer Anwendungszeitpunkt festgelegt wird. Diese Übergangsvorschriften betreffen auch einzelne in diesem Beitrag besprochene Bestimmungen.

6.2.1 Doppelzählung von Aufsichtsratsvorsitzmandaten

Falls ein Aufsichtsratsmitglied am 1. Mai 1998 eine höhere Zahl von Aufsichtsratsmandaten hat, als nach § 100 Abs. 2 Satz 1 Nr. 1 in Verbindung mit Satz 3 des AktG in der ab dem 1. Mai 1998 geltenden Fassung zulässig ist, so gilt nach § 12 Abs. 3 Einführungsgesetz zum AktG „für diese Mandate § 100 Abs. 2 AktG in der bis zum 30. April 1998 geltenden Fassung bis zum Ablauf der jeweils für das Mandat geltenden Amtszeit fort". Bekleidet also ein Aufsichtsratsmitglied mehr Aufsichtsratsmandate, als dies nunmehr aufgrund der Doppelzählung von Vorsitzmandaten nach der neuen Vorschrift des § 100 Abs. 2 Satz 3 AktG zulässig ist, so muß es diese Mandate nicht aufgeben, sondern kann sie bis zum Ablauf der jeweiligen Amtszeit fortführen.

6.2.2 Jahresabschluß- und prüfungsbezogene Regelungen

Art. 46 Einführungsgesetzbuch zum HGB bestimmt, daß u. a. die §§ 285, 289, 317 und 321 HGB „in der Fassung des Gesetzes zur Kontrolle und Transparenz im Unternehmensbereich spätestens auf das nach dem 31. Dezember 1998 beginnende Geschäftsjahr anzuwenden" sind. Falls diese Vorschriften auf ein früheres Geschäftsjahr nicht anzuwenden sind und auch nicht freiwillig angewendet werden, „so ist für das Geschäftsjahr die am 30. April 1998 geltende Fassung der geänderten Vorschriften anzuwenden". Damit können die Vorschriften der §§ 285, 289, 317 und 321 HGB in ihrer alten Fassung auf alle Geschäftsjahre angewendet werden, die noch bis zum 31.12.1998 beginnen. Sie sind in der durch das KonTraG abgeänderten Fassung erst auf solche Geschäftsjahre zwingend anzuwenden, die nach dem 31. Dezember 1998 beginnen.

Anhang: Auswirkungen auf Kapitalgesellschaften

Gesetzesänderung	Börsennotierte AG	Nichtbörsennotierte AG	GmbH
1. § 3 Abs. 2 AktG - Definition des Merkmals „börsennotiert"	X		
2. § 10 Abs. 5 AktG - Möglichkeit zum Ausschluß des Aktionärsanspruchs auf Verbriefung seines Anteils wird im Zusammenhang mit der Umstellung der Aktiennennbeträge auf den Euro erweitert.	X	X	
3. § 12 Abs. 2 Satz 2 AktG - Ausnahmenvorbehalt für Mehrstimmrechte entfällt.	X	X	
4. § 58 Abs. 2 Satz 2 AktG - Folgeänderung zur Änderung des § 3 AktG.	X		
5. § 71 Abs. 1 bis Abs. 3 AktG - Möglichkeit der Gesellschaft zum Eigenerwerb von Aktien wird erweitert.	X	X	
6. § 71 d Satz 1 AktG - Folgeänderung zur Änderung des § 71 AktG.	X	X	
7. § 73 Abs. 3 AktG - Folgeänderung zur Änderung des § 10 AktG.	X	X	
8. § 90 Abs. 1 Nr. 1 AktG - Umfang der Berichtspflicht des Vorstandes an den Aufsichtsrat wird erweitert.	X	X	
9. § 91 Abs. 1 AktG - Einführung eines Frühwarnsystems.	X	X	

32   Neuregelungen durch das KonTraG und Tendenzen in der Rechtssprechung

Gesetzesänderung	Börsennotierte AG	Nichtbörsennotierte AG	GmbH
10. § 100 Abs. 2 AktG			
- Einschränkung der Zahl der Aufsichtsratsmandate im Hinblick auf Mitgliedschaft in bergrechtlicher Gewerkschaft entfällt;	X	X	(X)
- Vorsitzmandate werden innerhalb der zulässigen zehn Mandate doppelt angerechnet.	X	X	(X)
11. § 110 Abs. 3 AktG			
- Pflicht zum			
* halbjährlichen,		X	X
* bei börsennotierten AGs zum zweimaligen Zusammentreten des Aufsichtsrats pro Kalenderhalbjahr.	X		
12. § 111 Abs. 2 AktG			
- Aufsichtsrat erteilt dem Abschlußprüfer Prüfungsauftrag für Jahres- und Konzernabschluß.	X	X	(X)
13. § 122 Abs. 1 AktG			
- Einschränkung des Rechts einer Aktionärsminderheit zur Einberufung der Hauptversammlung.	X	X	
14. § 124 Abs. 3 AktG			
- Ausdehnung der Mindestangaben auf die tatsächlich ausgeübte berufliche Tätigkeit bei der Bekanntmachung der Tagesordnung im Hinblick auf Vorschläge zur Wahl von Aufsichtsratsmitgliedern, bei börsennotierten Gesellschaften sind zusätzlich Mitgliedschaften in anderen gesetzlich zu bildenden Aufsichtsräten anzugeben.	X	X	

Gesetzesänderung	Börsen-notierte AG	Nicht-börsen-notierte AG	GmbH
15. § 125 Abs. 1 AktG - Erweiterte Mitteilungspflicht im Hinblick auf verschiedene Möglichkeiten der Stimmrechtsausübung. - Bei börsennotierten AGs Ausdehnung der Mindestangaben bei der Wahl von Aufsichtsratsmitgliedern hinsichtlich weiterer Aufsichtsratsmitgliedschaften.	X X	X	
16. § 127 AktG - Folgeänderung zur Änderung des § 125 AktG.	X	X	
17. § 128 AktG - Erweiterter Schutz des Aktionärs bei Stimmrechtsausübung durch Kreditinstitut.	X	X	
18. § 129 Abs. 1 AktG - Möglichkeit der Regelung der Vorbereitung und Durchführung der Hauptversammlung durch Geschäftsordnung, sofern in der Satzung vorgesehen.	X	X	
19. § 130 Abs. 1 Satz 3 AktG - Folgeänderung zur Änderung des § 3 AktG.		X	
20. § 134 Abs. 1 Satz 2 AktG - Aufhebung der Höchststimmrechte.		X	
21. § 135 AktG - Änderungen bei Ausübung des Stimmrechts durch Kreditinstitute.	X	X	
22. § 147 AktG - Erleichterung der Klageerzwingung unter bestimmten Voraussetzungen durch eine qualifizierte Minderheit von Aktionären im Hinblick auf Ersatzansprüche gegen Organmitglieder.	X	X	

34 Neuregelungen durch das KonTraG und Tendenzen in der Rechtssprechung

Gesetzesänderung	Börsen-notierte AG	Nicht-börsen-notierte AG	GmbH
23. § 160 Abs. 1 Nr. 5 AktG - Folgeänderung zur Änderung des § 192 AktG.	X	X	
24. § 170 AktG - Vorlage von Jahresabschluß, Lagebericht und Prüfungsbericht an den Aufsichtsrat oder Ausschuß, falls Aufsichtsrat dies beschließt.	X	X	(X)
25. § 171 AktG - Pflicht des Abschlußprüfers zum Bericht über wesentliche Ergebnisse seiner Prüfung bei Verhandlungen des Aufsichtsrates oder eines Ausschusses,	X	X	(X)
- Erweiterung der Pflicht des Aufsichtsrats zur Prüfung eines Konzernabschlusses,	X	X	X
- erweiterte Mitteilungspflicht des Aufsichtsrats über Ausschüsse und Sitzungen.	X		
26. § 192 Abs. 2 Nr. 3 - Erweiterte Möglichkeit zur bedingten Kapitalerhöhung (Aktienoptionsprogramme für Geschäftsführung und Mitarbeiter).	X	X	
27. § 193 Abs. 2 AktG - Erweiterung des notwendigen Inhalts von Beschlüssen zur bedingten Kapitalerhöhung nach dem neu eingefügten § 192 Abs. 2 Nr. 3 im Hinblick auf die wesentlichen Bedingungen eines Bezugsrechts.	X	X	
28. § 209 Abs. 4 Satz 2 AktG - Folgeänderung zur Änderung des § 322 HGB.	X	X	

Neuregelungen durch das KonTraG und Tendenzen in der Rechtsprechung 35

Gesetzesänderung	Börsen-notierte AG	Nicht-börsen-notierte AG	GmbH
29. § 293 b Abs. 1 AktG - Redaktionelle Folgeänderung im Zusammenhang mit der Umwandlungsrechtsreform.	X	X	
30. § 293 c Abs. 1 Satz 3 AktG - Entscheidungszuständigkeit bei Bestellung von Prüfern von Unternehmensverträgen.	X	X	(X)
31. § 315 AktG - Erweiterung des Antragsrechts einer qualifizierten Minderheit von Aktionären auf Sonderprüfung der geschäftlichen Beziehung der Gesellschaft zu einem herrschenden oder einem verbundenen Unternehmen.	X	X	
32. § 320 Abs. 3 Satz 1 AktG - Redaktionelle Folgeänderung im Zusammenhang mit der Umwandlungsrechtsreform.	X	X	
33. § 328 Abs. 3 AktG - Wechselseitige Beteiligung und Verbot der Stimmrechtsausübung bei Aufsichtsratswahl.	X		
34. § 337 Abs. 1 AktG - Folgeänderung zur Änderung der §§ 170, 171 AktG.	X	X	(X)
35. § 272 Abs. 1 HGB - Folgeänderung zur Änderung des § 71 AktG mit redaktioneller Anpassung an das Stückaktiengesetz.	X	X	
36. § 285 Nr. 9, 10 und 11 HGB - Pflichtangaben im Anhang zu Aufsichtsratsmitgliedern werden erweitert,	X	X	X

36 Neuregelungen durch das KonTraG und Tendenzen in der Rechtssprechung

Gesetzesänderung	Börsen-notierte AG	Nicht-börsen-notierte AG	GmbH
noch § 285 Nr. 9, 10 und 11 HGB			
- insbesondere Erweiterung der Pflichtangaben auf Mitgliedschaften in Aufsichtsräten und anderen Kontrollgremien (§ 124 Abs. 3 AktG)	X		
- sowie im Hinblick auf Beteiligungen an großen Kapitalgesellschaften.	X		
37. § 289 Abs. 1 HGB			
- Ergänzung der Angaben im Lagebericht um Risiken künftiger Entwicklung.	X	X	X
38. § 297 Abs. 1 Satz 2 HGB			
- Erweiterung des Konzernabschlusses um			
- Kapitalflußrechnung			
- Segmentberichterstattung	X		
39. § 315 Abs. 1 HGB			
- Ergänzung der Angaben im Konzernlagebericht um Risiken künftiger Entwicklung.	X	X	X
40. § 317 HGB			
- Neufassung von Gegenstand und Umfang der Prüfung des Jahresabschlusses.	X	X	(X)
- Gegenstand der Prüfung auch Einrichtung Überwachungssystem.	X		
41. § 318 HGB			
- Folgeänderung zur Änderung des § 111 AktG.	X	X	(X)
42. § 319 HGB			
- Verstärkte Sicherung der Unabhängigkeit des Abschlußprüfers,	X	X	(X)
- Anwendbarkeit der Neuregelung über den Prüferwechsel auch auf Einzelprüfer.	X	X	(X)

Gesetzesänderung	Börsen-notierte AG	Nicht-börsen-notierte AG	GmbH
43. § 321 HGB - Neuregelung des Prüfungsberichtsinhalts.	X	X	(X)
44. § 322 HGB - Neuregelung des Bestätigungsvermerksinhalts.	X	X	(X)
45. § 323 Abs. 2 HGB - Erhöhung der Haftungsgrenze des Abschluß-prüfers auf * 2 Mio. DM * 8 Mio. DM.	X	X	(X)
46. § 340 a Abs. 4 HGB - Erweiterte Angabenpflicht von Kreditinstituten im Anhang zum Jahresabschluß	Kreditinstitute, unabhängig von ihrer Rechtsform		
47. § 341 k Abs. 3 HGB - Folgeänderung zur Änderung des § 321 HGB.	Sparkassen		
48. §§ 342, 342 a HGB - Anerkennung eines Rechnungslegungs-gremiums in privater Trägerschaft und - Errichtung eines Rechnungslegungsbeirates.	Alle Branchen, unabhängig von der Rechtsform		
49. § 6 Abs. 1 PublG - Folgeänderung zur Änderung des § 317 HGB.	Mitbestimmte Unternehmen und Konzerne		
50. § 53 Abs. 2 Satz 2 GenG - Folgeänderung zur Änderung des § 317 HGB.	Genossenschaften		
51. § 58 Abs. 1 Satz 2 GenG - Folgeänderung zur Änderung des § 321 HGB.	Genossenschaften		

38 Neuregelungen durch das KonTraG und Tendenzen in der Rechtssprechung

Gesetzesänderung	Börsen-notierte AG	Nicht-börsen-notierte AG	GmbH
52. § 62 Abs. 2 Satz 1 GenG - Erhöhung der Haftungsgrenze für Personen, die bei einer Prüfung fahrlässig gehandelt haben, auf 2 Mio. DM.	Genossenschaften		
53. § 25 Abs. 1 WpHG - Veröffentlichungspflichten beim Erwerb eigener Aktien.	X		
54. § 39 Abs. 1 Nr. 2 b WpHG - Folgeänderung zur Änderung des § 25 WpHG.	X		
55. § 55 BörsZulV - Erläuterung zu eigenen Aktien und Bezugsrechten von Organmitgliedern und Arbeitnehmern entsprechend § 160 Abs.1 Nr. 2 und 5 AktG.	X		
56. § 54 a Abs. 1 Nr. 1 und 2 WirtschaftsprüferO - Folgeänderung zur Änderung des § 323 Abs. 2 HGB. (Haftungsbeschränkung durch AGB.)	Wirtschaftsprüfer		
57. § 145 Abs. 1 FGG - Folgeänderung zur Änderung des § 147 AktG.	X	X	
58. § 10 Abs. 1 a KAGG - Keine Zurechnung nach § 135 Abs. 1 Satz 1 AktG.	Kapitalanlagegesellschaften		
59. § 32 a GmbHG - Einführung eines Sanierungsprivilegs in das Eigenkapitalersatzrecht.			X
60. § 5 EG AktG - Übergangsregelung im Zusammenhang mit der Abschaffung von Höchst- und Mehrfachstimmrechten.	X	X	

Gesetzesänderung	Börsen-notierte AG	Nicht-börsen-notierte AG	GmbH
61. § 12 Abs. 3 EG AktG - Übergangsregelung im Zusammenhang mit der Änderung des § 100 AktG.	X	X	
62. Artikel 46 EGHGB - Übergangsregelung für die im Dritten Buch des HGB geänderten Vorschriften.	Zum Anwendungsbereich vgl. die Ausführungen oben zu den im einzelnen geänderten Bestimmungen		

X   Vorschrift ist generell anwendbar.

(X) Vorschrift ist im Einzelfall anwendbar, abhängig davon, ob es sich um
- eine prüfungspflichtige GmbH,
- eine GmbH mit einem fakultativen Aufsichtsrat
- oder mit einem nach dem BetrVG oder dem MitbestG mitbestimmten Aufsichtsrat

handelt.

---

[1] Bundesratsdrucksache 203/98 vom 6. März 1998.
[2] Böcking/Orth: „Neue Vorschriften zur Rechnungslegung und Prüfung durch das KonTraG und das KapAEG", DB 1998, S. 1241.
[3] Artikel 1 KonTraG, Bundesgesetzblatt 1998/I, S. 786-789.
[4] Artikel 2 KonTraG, Bundesgesetzblatt 1998/I, S. 789-792.
[5] Ariktel 3 KonTraG, Bundesgesetzblatt 1998/I, S. 792.
[6] Artikel 4 KonTraG, Bundesgesetzblatt 1998/I, S. 792.
[7] Ariktel 5 KonTraG, Bundesgesetzblatt 1998/I, S. 792.
[8] Artikel 6, KonTraG, Bundesgesetzblatt 1998/I, S. 792.
[9] Artikel 7, KonTraG, Bundesgesetzblatt 1998/I, S. 792.
[10] Artikel 8, KonTraG, Bundesgesetzblatt 1998/I, S. 792.
[11] Artikel 9, KonTraG, Bundesgesetzblatt 1998/I, S. 792.
[12] Artikel 10, KonTraG, Bundesgesetzblatt 1998/I, S. 793.
[13] Artikel 11, KonTraG, Bundesgesetzblatt 1998/I, S. 793.
[14] Artikel 12, KonTraG, Bundesgesetzblatt 1998/I, S. 793.
[15] Insoweit wird auf den Beitrag „Neue Gestaltungsmöglichkeiten durch den Erwerb eigener Aktien und Optionspläne" verwiesen.
[16] Von der Pflicht zur Aufstellung eines Lageberichts sind gemäß § 264 Abs. 1 Satz 3 HGB nur die kleinen Kapitalgesellschaften nach § 267 Abs. 1 HGB befreit.

[17] Dörner/Schwegler: „Anstehende Änderungen der externen Rechnungslegung sowie deren Prüfung durch den Wirtschaftsprüfer", DB 1997, S. 285.
[18] Gelhausen: „Reform der externen Rechnungslegung und ihrer Prüfung durch den Wirtschaftsprüfer", AG Sonderheft 1997, S. 73f.
[19] ebenda.
[20] Moxter: „Die Vorschriften zur Rechnungslegung und Abschlußprüfung im Referentenentwurf eines Gesetzes zur Kontrolle und Transparenz im Unternehmensbereich", BB 1997, S. 722f.
[21] So die Begründung zu § 289 Abs. 1 HGB im Gesetzentwurf der Bundesregierung vom 28. Januar 1998, Bundestagsdrucksache 13/9712, S. 26; dies wird auch betont im IDW Rechnungslegungsstandard: Aufstellung des Lageberichts (IDW RS HFA 1; Stand 26.6.1998), Die Wirtschaftsprüfung 1998, S. 653f.
[22] IDW Rechnungslegungsstandard: Aufstellung des Lageberichts (IDW RS HFA 1; Stand 26.6.1998), Die Wirtschaftsprüfung 1998, S. 653f.
[23] Küting/Hütten: „Die Lageberichterstattung über Risiken der künftigen Entwicklung", AG 1997, S. 250, 252f.
[24] IDW Rechnungslegungsstandard: Aufstellung des Lageberichts (IDW RS HFA 1; Stand 26.6.1998), Die Wirtschaftsprüfung 1998, S. 653f.
[25] Vgl. hierzu Dörner/Schwegler: „Anstehende Änderungen der externen Rechnungslegung sowie deren Prüfung durch den Wirtschaftsprüfer", DB 1997, S. 285.
[26] Gelhausen: „Reform der externen Rechnungslegung und ihrer Prüfung durch den Wirtschaftsprüfer", AG Sonderheft 1997, S. 73f.
[27] Küting/Hütten: „Die Lageberichterstattung über Risiken der künftigen Entwicklung", AG, 1997, S. 250, 256.
[28] Nach dem IDW Rechnungslegungsstandard: Aufstellung des Lageberichts (IDW RS HFA 1; Stand 26.6.1998), Die Wirtschaftsprüfung 1998, S. 653f., sollen alle Angaben von der Berichtspflicht ausgenommen sein, die gemäß § 131 Abs. 3 AktG in der Hauptversammlung vom Auskunftsrecht des Aktionärs ausgenommen sind. Ob eine derart umfassende und generelle Beschränkung des Inhalts des Lageberichts zulässig ist, erscheint zumindest fraglich, da der Gesetzgeber auch auf die Aufnahme eines § 131 Abs. 3 AktG entsprechenden Katalogs in § 289 HGB verzichtet hat. Als Maßstab für Grenzfälle wird § 131 Abs. 3 AktG aber sicherlich herangezogen werden können.
[29] Böcking/Orth: „Kann das Gesetz zur Kontrolle und Transparenz im Unternehmensbereich (KonTraG) einen Beitrag zur Verringerung der Erwartungslücke leisten? – Eine Würdigung auf Basis von Rechnungslegung und Kapitalmarkt", Die Wirtschaftsprüfung 1998, S. 351, 358.
[30] Gelhausen: „Reform der externen Rechnungslegung und ihrer Prüfung durch den Wirtschaftsprüfer", AG Sonderheft 1997, S. 73, 79.
[31] Hierauf weisen auch Dörner/Schwegler: „Anstehende Änderungen der externen Rechnungslegung sowie deren Prüfung durch den Wirtschaftsprüfer", DB 1997, S. 285f., hin.
[32] Ähnlich Gelhausen: „Reform der externen Rechnungslegung und ihrer Prüfung durch den Wirtschaftsprüfer, AG Sonderheft 1997, S. 73, 80, der jedoch darauf abstellt, daß sich die Darstellung im „Rahmen des nach dem Gesetz vertretbaren Spielraums hält".
[33] Thümmel: „Manager- und Aufsichtsratshaftung nach dem Referentenentwurf zur Änderung des AktG und des HGB", DB 1997, S. 261f.
[34] Hommelhoff/Mattheus: „Corporate Governance nach dem KonTraG", AG 1998, S. 249, 251; vgl. auch Thümmel: ebenda, S. 261f., der insoweit auf die aus der Generalklausel des § 93 Abs. 1 AktG folgende allgemeine Organisationspflicht abstellt.

[35] Vgl. insoweit die Begründung zu § 91 Abs. 2 AktG im Gesetzentwurf der Bundesregierung vom 28. Januar 1998, Bundestagsdrucksache 13/9712, S. 15, die von einer „gesetzlichen Hervorhebung" spricht.
[36] Begründung zu § 317 HGB im Gesetzentwurf der Bundesregierung vom 28. Januar 1998, Bundestagsdrucksache 13/9712, S. 27; Dörner: „Ändert das KonTraG die Anforderungen an den Abschlußprüfer?", DB 1998, S. 1f.
[37] Stellungnahme des DAV zum Referentenentwurf vom 22. November 1996, ZIP 1997, S. 163, 165.
[38] Vgl. die Begründung zu § 317 HGB im Gesetzentwurf der Bundesregierung vom 28. Januar 1998, Bundestagsdrucksache 13/9712, S. 27, die insoweit selbst darauf abstellt, daß Risiken und Fehlentwicklungen „möglichst frühzeitig" erkannt werden sollen, um Gefährdungen des Fortbestands des Unternehmens zu vermeiden.
[39] Entwurf IDW Prüfungsstandard: Die Prüfung des Risikofrüherkennungssystems nach § 317 Absatz 4 HGB (IDW EPS 340) in: IDW-Fachnachrichten vom 8. Oktober 1998, S. 485f.
[40] Vgl. die Begründung zu § 91 Abs. 2 AktG im Gesetzentwurf der Bundesregierung vom 28. Januar 1998, Bundestagsdrucksache 13/9712, S. 15.
[41] Vgl. zum folgenden den Entwurf IDW Prüfungsstandard: „Die Prüfung des Risikofrüherkennungssystems nach § 317 Absatz 4 HGB (IDW EPS 340)", in: IDW-Fachnachrichten vom 8. Oktober 1998, S. 485, 488.
[42] ebenda.
[43] ebenda.
[44] Reese: „Die Haftung von Managern im Innenverhältnis", DStR 1995, S. 532: „Unverhältnismäßig" risikante Geschäfte sind zu unterlassen.
[45] Hierauf weist ausdrücklich die Stellungnahme des DAV zum Referentenentwurf vom 22. November 1996, ZIP 1997, S. 163, 166, hin.
[46] So die Begründung zu § 317 Abs. 4 HGB im Gesetzentwurf der Bundesregierung vom 28. Januar 1998, Bundestagsdrucksache 13/9712, S. 27.
[47] Entwurf IDW Prüfungsstandard: „Die Prüfung des Risikofrüherkennungssystems nach § 317 Absatz 4 HGB (IDW EPS 340)", in: IDW-Fachnachrichten vom 8. Oktober 1998, S. 485.
[48] Entwurf IDW Prüfungsstandard: „Grundsätze ordnungsmäßiger Berichterstattung bei Abschlußprüfungen (IDW EPS 450)", in: IDW-Fachnachrichten vom 8. Oktober 1998, S. 491, 502.
[49] Dies war noch in der Begründung zu § 317 Abs. 4 HGB im Referentenentwurf vom 22. November 1996, ZIP 1996, S. 2193f., vorgesehen.
[50] So ausdrücklich die Begründung zu § 90 Abs. 1 Nr. 1 AktG im Gesetzentwurf der Bundesregierung vom 28. Januar 1998, Bundestagsdrucksache 13/9712, S. 15. So auch Lingemann/Wasmann: „Mehrkontrolle und Transparenz im Aktienrecht: Das KonTraG tritt in Kraft", BB 1998, S. 853, 857.
[51] Hommelhoff/Mattheus: „Corporate Governance nach dem KonTraG", AG 1998, S. 249, 253.
[52] Die Begründung zu § 90 Abs. 1 Nr. 1 AktG im Gesetzentwurf der Bundesregierung vom 28. Januar 1998, Bundestagsdrucksache 13/9712, S. 15, geht lediglich davon aus, daß ein Unternehmen „in der Regel" jedenfalls über eine kurzfristige Planung (Jahresplan) verfügt. Vgl. hierzu auch die in der Stellungnahme des DAV zum Referentenentwurf vom 22. November 1996, ZIP 1997, S. 163f., geäußerte Kritik an der Begründung zu § 90 Abs. 1 Nr. 1 AktG.
[53] Begründung zu § 90 Abs. 1 Nr. 1 AktG im Gesetzentwurf der Bundesregierung vom 28. Januar 1998, Bundestagsdrucksache 13/9712, S. 15.

[54] Hommelhoff/Mattheus: „Corporate Governance nach dem KonTraG", AG 1998, S. 249, 253.
[55] Begründung zu § 90 Abs. 1 Nr. 1 AktG im Gesetzentwurf der Bundesregierung vom 28. Januar 1998, Bundestagsdrucksache 13/9712, S. 15.
[56] ebenda.
[57] Wobei es bei der bisherigen Regelung des § 100 Abs. 2 Satz 2 bleibt, nach der auf die Höchstzahl von zehn Mandaten bis zu fünf Aufsichtsratssitze nicht anzurechnen sind, die ein gesetzlicher Vertreter (beim Einzelkaufman der Inhaber) des herrschenden Unternehmens eines Konzerns in zum Konzern gehörenden Handelsgesellschaften, die gesetzlich einen Aufsichtsrat zu bilden haben, innehat.
[58] Mertens in Kölner Kommentar zum AktG, 2. Auflage, § 100, Rdnr. 14.
[59] Hüffer: AktG (3. Auflage), § 100, Rdnr. 3.
[60] Begründung zu § 100 AktG im Gesetzentwurf der Bundesregierung vom 28. Januar 1998, Bundestagsdrucksache 13/9712, S. 16.
[61] ebenda; Seibert: „Kontrolle und Transparenz im Unternehmensbereich (KonTraG) – der Referenten-Entwurf zur Aktienrechtsnovelle", WM 1997, S. 1, 3, spricht insoweit von dem erklärten politischen Ziel des Gesetzgebers.
[62] Ähnlich auch Seibert: „Kontrolle und Transparenz im Unternehmensbereich (KonTraG) – der Refentenen-Entwurf zur Aktienrechtsnovelle", WM 1997, S. 1, 3; die Begründung zu § 110 AktG im Gesetzentwurf der Bundesregierung vom 28. Januar 1998, Bundestagsdrucksache 13/9712, S. 16, formuliert gar, daß es wünschenswert wäre und im Einzelfall sogar geboten sein könne, daß sich der Aufsichtsratsvorsitzende zumindest bei börsennotierten Gesellschaften diesem Amt hauptberuflich widme.
[63] Vgl. die Begründung zu § 171 Abs. 2 AktG in dem Gesetzentwurf der Bundesregierung vom 28. Januar 1998, Bundestagsdrucksache 13/9712, S. 23; ausführlich Deckert: „Effektive Überwachung der AG-Geschäftsführung durch Ausschüsse des Aufsichtsrates", ZIP 1996, S. 985ff.
[64] Vgl. die Begründung zu § 110 Abs. 3 AktG in dem Gesetzentwurf der Bundesregierung vom 28. Januar 1998, Bundestagsdrucksache 13/9712, S. 16.
[65] Stellungnahme des DAV zum Referentenentwurf vom 22. November 1996, ZIP 1997, S. 163, 165; vgl. aber auch Deckert: „Effektive Überwachung der AG-Geschäftsführung durch Ausschüsse des Aufsichtsrates", ZIP 1996, S. 985, die beklagt, daß es nach wie vor zu wenig Ausschüsse gebe.
[66] Hommelhoff/Mattheus: „Corporate Governance nach dem KonTraG", AG 1998, S. 249, 254.
[67] Stellungnahme des DAV zum Referentenentwurf vom 22. November 1996, ZIP 1997, S. 163, 165.
[68] Deckert: „Effektive Überwachung der AG-Geschäftsführung durch Ausschüsse des Aufsichtsrates", ZIP 1996, S. 985.
[69] Begründung zu § 110 Abs. 3 AktG im Gesetzentwurf der Bundesregierung vom 28. Januar 1998, Bundestagsdrucksache 13/9712, S. 16.
[70] ebenda.
[71] ebenda; hierauf hat auch die Stellungnahme des DAV zum Referentenentwurf vom 22. November 1996, ZIP 1997, S. 163, 165, hingewiesen.
[72] Dies war nach der ursprünglichen gesetzlichen Intention neben der Funktion des Abschlußprüfers als Garant der öffentlichen Rechnungslegung dessen wesentliche Aufgabe, vgl. Hommelhoff/Mattheus: „Corporate Governance nach dem KonTraG", S. 249, 251.
[73] Begründung zu § 111 Abs. 2 AktG im Gesetzentwurf der Bundesregierung vom 28. Januar 1998, Bundestagsdrucksache 13/9712, S. 16.

[74] Vgl. ebenda, S. 16f.
[75] Gelhausen: „Reform der externen Rechnungslegung und ihrer Prüfung durch den Wirtschaftsprüfer", AG Sonderheft 1997, S. 73, 77.
[76] FG/IDW 1/1988, WPG 1989, 9 (12ff.) sub D.
[77] Gelhausen: „Reform der externen Rechnungslegung und ihrer Prüfung durch den Wirtschaftsprüfer", AG Sonderheft 1997, S. 73, 77.
[78] Forster: „Abschlußprüfung nach dem Regierungsentwurf des KonTraG", Wirtschaftsprüfung 1998, S. 41f.
[79] Begründung zu § 111 Abs. 2 AktG im Gesetzentwurf der Bundesregierung vom 28. Januar 1998, Bundestagsdrucksache 13/9712, S. 16.
[80] Forster: „Abschlußprüfung nach dem Regierungsentwurf des KonTraG", Wirtschaftsprüfung 1998, S. 41f.
[81] Lenz/Ostrowski: „Kontrolle und Transparenz im Unternehmensbereich durch die Institution Abschlußprüfung", BB 1997, S. 1523, die der Ansicht sind, daß der Aufsichtsrat die Aufgabe zur Erteilung des Prüfungsauftrags an seinen Bilanzausschuß delegieren könne; diese Ansicht steht jedoch im Widerspruch zur eindeutigen Begründung zu § 111 Abs. 2 AktG, nach der nur „vorbereitende Arbeiten" auf einen Ausschuß delegiert werden können.
[82] Ähnlich Forster: „Abschlußprüfung nach dem Regierungsentwurf des KonTraG", Wirtschaftsprüfung 1998, S. 41, 42.
[83] Vgl. bzgl. der Auftragserteilung durch den Ausschuß Geßler in Geßler/Hefermehl/Eckardt/Kropff: „Aktiengesetz", § 108, Rdnr. 70: Der Beschluß eines Aufsichtsratsausschusses ist nichtig, wenn der Ausschuß für die Beschlußfassung nicht zuständig war. Vgl. auch BGHZ 122, 342, 351, zu Beschlüssen des Aufsichtsrats: Aufsichtsratsbeschlüsse, die in verfahrensmäßiger oder inhaltlicher Beziehung gegen zwingendes Gesetz – oder Satzungsrecht verstoßen, sind im Grundsatz nichtig und nicht nur anfechtbar. Zum gleichen Ergebnis gelangt die Auffassung, nach der zwischen nichtigen und lediglich vernichtbaren Beschlüssen zu unterscheiden ist: Nach dieser Ansicht reicht die Vernichtbarkeit nämlich nur dann als Sanktion aus, wenn ein Beschluß gegen solche Regeln verstößt, die zur Disposition des Aufsichtsrats oder bestimmter vom Regelverstoß betroffener Mitglieder stehen, vgl. Mertens in Kölner Kommentar zum Aktiengesetz, § 108, Rdnr. 82; die Regel des § 111 Abs. 2 Satz 3 steht nach der Gesetzesbegründung aber gerade nicht zur Disposition des Aufsichtsrats oder einzelner Mitglieder, so daß ein Verstoß nicht zur Vernichtbarkeit, sondern zur Nichtigkeit führt.
[84] Vgl. Urteil vom 27.10.1994 – 93 O 98/94 – des LG Berlin, nach dem der nicht rechtswirksam gewählte Abschlußprüfer keinen Anspruch auf ein Honorar für seine Tätigkeit besitzt, zitiert nach Forster, Abschlußprüfung nach dem Regierungsentwurf des KonTraG, Wirtschaftsprüfung 1998, S. 41, 43.
[85] Vgl. Forster: „Abschlußprüfung nach dem Regierungsentwurf des KonTraG", Wirtschaftsprüfung 1998, S. 41, 43, zur Erteilung des Prüfungsauftrags durch den Vorstand.
[86] Adler/Düring/Schmaltz: „Rechnungslegung und Prüfung der Unternehmen", 5. Auflage, § 318 Rdnr. 10.
[87] und dessen Annahme durch den Abschlußprüfer.
[88] Forster: „Abschlußprüfung nach dem Regierungsentwurf des KonTraG", Wirtschaftsprüfung 1998, S. 41, 44, zur Erteilung des Prüfungsauftrags durch den Vorstand.
[89] Gelhausen: „Reform der externen Rechnungslegung und ihrer Prüfung durch den Wirtschaftsprüfer", AG Sonderheft 1997, S. 73, 78.
[90] Dörner: „Ändert das KonTraG die Anforderungen an den Abschlußprüfer?" BB 1998, S. 1, 5.
[91] Hommelhoff/Mattheus: „Corporate Governance nach dem KonTraG", AG 1998, S. 249, 258.

[92] So die Befürchtung von Lenz/Ostrowski: „Kontrolle und Transparenz im Unternehmensbereich durch die Institution Abschlußprüfung", BB 1997, S. 1523, 1525.
[93] So die Begründung zu § 170 AktG im Gesetzentwurf der Bundesregierung vom 28. Januar 1998, Bundestagsdrucksache 13/9712, S. 22.
[94] Siehe hierzu oben unter 2.2.2.
[95] Vgl. hierzu und zum folgenden Begründung zu § 170 AktG im Gesetzentwurf der Bundesregierung vom 28. Januar 1998, Bundestagsdrucksache 13/9712, S. 22.
[96] Begründung zu § 171 AktG im Gesetzentwurf der Bundesregierung vom 28. Januar 1998, Bundestagsdrucksache 13/9712, S. 22.
[97] Hierauf verweist Gelhausen: „Reform der externen Rechnungslegung und ihrer Prüfung durch den Wirtschaftsprüfer", AG Sonderheft 1997, S. 73, 79.
[98] Vgl. die Begründung zu § 171 AktG im Gesetzentwurf der Bundesregierung vom 28. Januar 1998, Bundestagsdrucksache 13/9712, S. 22.
[99] Vgl. die Begründung zu § 170 AktG im Gesetzentwurf der Bundesregierung vom 28. Januar 1998, Bundestagsdrucksache 13/9712, S. 22.
[100] So die Begründung zu § 171 AktG im Gesetzentwurf der Bundesregierung vom 28. Januar 1998, Bundestagsdrucksache 13/9712, S. 22; kritisch hierzu Hommelhoff/Mattheus: „Corporate Governance nach dem KonTraG", AG 1998, S. 249, 252: Inhaltlich und systematisch seien die gesetzlichen Überwachungsaufgaben für den Aufsichtsrat hierdurch nicht wirklich verändert worden.
[101] Vgl. die Begründung zu § 171 AktG im Gesetzentwurf der Bundesregierung vom 28. Januar 1998, Bundestagsdrucksache 13/9712, S. 22, die darauf verweist, daß auch weitere Auskünfte zu den in § 171 Abs. 2 Satz 2 AktG angeführten Pflichtangaben, etwa zur Anwesenheit einzelner Aufsichtsratsmitglieder bei den Sitzungen, verlangt werden können.
[102] Begründung zu § 285 Nr. 9 Buchstabe a, Nr. 10 HGB und § 124 Abs. 3, § 125 Abs. 1, § 127 Satz 3 AktG im Gesetzentwurf der Bundesregierung vom 28. Januar 1998, Bundestagsdrucksache 13/9712, S. 17, 26.
[103] Dörner/Schwegler: „Anstehende Änderungen der externen Rechnungslegung sowie deren Prüfung durch den Wirtschaftsprüfer", DB 1997, S. 285f.
[104] Begründung zu § 285 Nr. 9 Buchstabe a, Nr. 10 HGB und § 124 Abs. 3, § 125 Abs. 1, § 127 Satz 3 AktG im Gesetzentwurf der Bundesregierung vom 28. Januar 1998, Bundestagsdrucksache 13/9712, S. 17 und 26.
[105] ebenda.
[106] Claussen: „Wie ändert das KonTraG das Aktiengesetz?", DB 1998, S. 177, 184.
[107] Vgl. bereits oben unter 3.7.
[108] Begründung zu § 124 Abs. 3, § 125 Abs. 1, § 127 Satz 3 AktG im Gesetzentwurf der Bundesregierung vom 28. Januar 1998, Bundestagsdrucksache 13/9712, S. 17.
[109] Vgl. Begründung zu § 285 Nr. 9 Buchstabe a, Nr. 10 HGB im Gesetzentwurf der Bundesregierung vom 28. Januar 1998, Bundestagsdrucksache 13/9712, S. 26; siehe im einzelnen bereits oben unter 3.7.
[110] Vgl. Hüffer, AktG (3. Auflage), § 124, Rdnr. 18, und § 125, Rdnr. 9.
[111] So ausdrücklich die Begründung zu § 124 Abs. 3, § 125 Abs. 1, § 127 Satz 3 AktG im Gesetzentwurf der Bundesregierung vom 28. Januar 1998, Bundestagsdrucksache 13/9712, S. 17.
[112] Begründung zu § 129 Abs. 1 AktG im Gesetzentwurf der Bundesregierung vom 28. Januar 1998, Bundestagsdrucksache 13/9712, S. 19.
[113] Seibert: „Kontrolle und Transparenz im Unternehmensbereich (KonTraG) – Der Referentenentwurf zur Aktienrechtsnovelle", WM 1997, S. 1, 9.

[114] Vgl. die Stellungnahme des DAV zum Referentenentwurf vom 22. November 1996, ZIP 1997, S. 163, 167.
[115] Begründung zu § 128 AktG im Gesetzentwurf der Bundesregierung vom 28. Januar 1998, Bundestagsdrucksache 13/9712, S. 19.
[116] Claussen: „Wie ändert das KonTraG das Aktiengesetz?", DB 1998, S. 177, 184.
[117] Begründung zu § 128 AktG im Gesetzentwurf der Bundesregierung vom 28. Januar 1998, Bundestagsdrucksache 13/9712, S. 18.
[118] ebenda.
[119] Also um eine Organisations- und Verfahrenskontrolle, so Seibert: „Kontrolle und Transparenz im Unternehmensbereich (KonTraG) – Der Referentenentwurf zur Aktienrechtsnovelle", WM 1997, S. 1, 8.
[120] Begründung zu § 128 AktG im Gesetzentwurf der Bundesregierung vom 28. Januar 1998, Bundestagsdrucksache 13/9712, S. 18.
[121] Siehe hierzu oben unter 3.1.
[122] Claussen: „Wie ändert das KonTraG das Aktiengesetz?" DB 1998, S. 177, 184; ähnlich auch die Begründung zu § 128 Abs. 2 Satz 5 AktG im Gesetzentwurf der Bundesregierung vom 28. Januar 1998, Bundestagsdrucksache 13/9712, S. 19.
[123] So die Begründung zu § 128 Abs. 2 Satz 6 AktG im Gesetzentwurf der Bundesregierung vom 28. Januar 1998, Bundestagsdrucksache 13/9712, S. 19.
[124] Diese Regelung wird vielfach als das Herzstück der Reform des Vollmachtsstimmrechts bezeichnet, da sie den weitreichendsten Eingriff in das System des Bankenvollmachtsstimmrechts darstelle, so Assmann: „Zur Reform des Vollmachtsstimmrechts der Banken nach dem Referentenentwurf eines Gesetzes zur Kontrolle und Transparenz im Unternehmensbereich (KonTraG-E)", AG Sonderheft 1997, S. 100, 105, und Claussen: „Wie ändert das KonTraG das Aktiengesetz?", DB 1998, S. 177, 184.
[125] Begründung zu § 135 AktG im Gesetzentwurf der Bundesregierung vom 28. Januar 1997, Bundestagsdrucksache 13/9712, S. 20.
[126] Claussen: „Wie ändert das KonTraG das Aktiengesetz?", DB 1998, S. 177, 184.
[127] Lingemann/Wasmann: „Mehr Kontrolle und Transparenz im Aktienrecht: Das KonTraG tritt in Kraft", BB 1998, S. 853, 856.
[128] Dies gilt auch für Ersatzansprüche der Gesellschaft aus der Gründung gegen die nach den §§ 46 bis 48 und 53 AktG verpflichteten Personen und aus § 117 AktG.
[129] Wie dies in dem Entwurf eines Transparenz- und Wettbewerbsgesetzes der SPD-Fraktion vorgeschlagen wurde.
[130] So die Begründung zu § 147 im Gesetzentwurf der Bundesregierung vom 28. Januar 1997, Bundestagsdrucksache 13/9712, S. 21.
[131] Nachdem im Gesetzentwurf der Bundesregierung vom 28. Januar 1998, Bundestagsdrucksache 13/9712, S. 5, noch ein Nennkapital von DM 2 Mio. vorgesehen war.
[132] Begründung zu § 147 im Gesetzentwurf der Bundesregierung vom 28. Januar 1997, Bundestagsdrucksache 13/9712, S. 21.
[133] § 14 AktG.
[134] § 145 FGG.
[135] Hommelhoff/Mattheus: „Corporate Governance nach dem KonTraG", AG 1998, S. 249, 258.
[136] Insoweit ist die Kritik an der Neuregelung des § 147 Abs. 3 AktG, soweit sie sich an der Einsetzung eines besonderen Vertreters entzündet, unbegründet. Kritisch hierzu Thümmel: „Manager und Aufsichtsratshaftung nach dem Referentenentwurf zur Änderung des AktG und des HGB", DB 1997, S. 261, 263.

[137] Lingemann/Wasmann: „Mehr Kontrolle und Transparenz im Aktienrecht: Das KonTraG tritt in Kraft", BB 1998, S. 853, 859.
[138] Abgedruckt in DB 1997, S. 1068ff.
[139] So auch BGH, DB 1997, S. 1068ff.
[140] BGH, DB 1997. S. 1068, 1070.
[141] A.A. OLG Düsseldorf in seinem Urteil vom 22. Juni 1995, DB 1995, S. 1500, 1502ff., das Gegenstand der Revision zum BGH war.
[142] BGH, DB 1997, S. 1068, 1070.
[143] A.A. OLG Düsseldorf in seinem Urteil vom 22. Juni 1995, DB 1995, S. 1500, 1503.
[144] BGH, DB 1997, S. 1068, 1070f.
[145] Vgl. Klar: „Auswirkungen des Gesetzesvorhabens zur Kontrolle und Transparenz im Unternehmensbereich (KonTraG) auf die Prüfung von Nicht-Aktiengesellschaften", DB 1997, S. 685.
[146] Vgl. die allgemeine Begründung im Gesetzentwurf der Bundesregierung vom 28. Januar 1998, Bundestagsdrucksache 13/9712, S. 11.
[147] Bundesgesetzblatt 1994/I, S. 1961.
[148] Nicht aber die Einführung in den Freiverkehr, vgl. die Begründung zu § 3 Abs. 2 AktG im Gesetzentwurf der Bundesregierung vom 28. Januar 1998, Bundestagsdrucksache 13/9712, S. 12.
[149] Bzgl. des fakultativen Aufsichtsrats gemäß § 52 GmbHG aber nur, soweit im Gesellschaftsvertrag nichts anderes bestimmt wird, siehe § 52 Abs. 1 letzter Halbsatz GmbHG.
[150] Bundesgesetzblatt 1998/I, S. 786ff.

Der Erwerb eigener Aktien und die Einführung von Aktienoptionsplänen vor dem Hintergrund der aktuellen Aktienrechtsreform und des KonTraG

PÄR JOHANSSON

SOZIETÄT HEUKING KÜHN LÜER HEUSSEN WOJTEK, KÖLN

1	Einleitung	48
2	Erwerb eigener Aktien	48
	2.1 Historische Entwicklung	48
	2.1.1 Entwicklung vor der Novelle vom 13. Dezember 1978	48
	2.1.2 Die Novelle vom 13. Dezember 1978	49
	2.2 Neue Gestaltungsmöglichkeiten durch das KonTraG	50
	2.2.1 Gestaltungsraum im Hinblick auf den Erwerbszweck	51
	2.2.2 Beschluß der Hauptversammlung	54
	2.2.3 Gleichbehandlung der Aktionäre	54
	2.2.4 Kapitalschutz	55
	2.2.5 Transparenz	56
3	Optionspläne	57
	3.1 Arten der Optionspläne	58
	3.1.1 Echte Optionen auf Anteilsrechte	58
	3.1.2 Virtuelle Optionen	59
	3.2 Gestaltungsmöglichkeiten	59
	3.2.1 Bedingte Kapitalerhöhung	59
	3.2.2 Eigene Aktien	62
	3.2.3 Wandel- und Optionsanleihen	62
4	Fazit	62

1 Einleitung

Das KonTraG zielt auf die Verbesserung der Kontrollmechanismen und der Transparenz der Aktiengesellschaften. Der Blick des Gesetzgebers richtet sich dabei auch auf die internationalen Kapitalmärkte.

Die Neuregelungen des KonTraG im Zusammenhang mit dem Erwerb eigener Aktien und mit Aktienoptionsplänen sind Teil der Bestrebung, die deutschen Bedingungen an internationale Gepflogenheiten anzupassen. Mit der Lockerung des Verbots des Erwerbs eigener Aktien sowie der Verbesserung der Rahmenbedingungen für Aktienoptionspläne schafft das KonTraG einen größeren Gestaltungsraum für international übliche Finanzierungs- und Vergütungsmethoden. Diese sollen dazu beitragen, die Orientierung am Shareholder Value zu fördern und indirekt die Wettbewerbsfähigkeit der deutschen Unternehmen zu stärken.

2 Erwerb eigener Aktien

Die vor dem Inkrafttreten des KonTraG am 01. Mai 1998 geltenden Vorschriften des Aktiengesetzes regelten den Erwerb eigener Aktien sehr restriktiv. Insbesondere aufgrund der Erfahrungen im Zusammenhang mit der Weltwirtschaftskrise Ende der zwanziger Jahre dieses Jahrhunderts galt in Deutschland ein grundsätzliches Verbot des Erwerbs eigener Aktien. Die §§ 71ff. AktG ließen nur einige Ausnahmen zu, so daß Aktienrückkäufe in der deutschen Unternehmenspraxis sehr viel seltener waren als in anderen Ländern, beispielsweise den USA. Zunächst wird ein kurzer Überblick über die Entwicklung des deutschen Rechts des Erwerbs eigener Aktien bis zu dem Inkrafttreten des KonTraG gegeben. Sodann werden die im KonTraG vorgesehenen Änderungen und die sich hieraus ergebenden Gestaltungsmöglichkeiten hinsichtlich des Erwerbs eigener Aktien erläutert.

2.1 Historische Entwicklung

2.1.1 Entwicklung vor der Novelle vom 13. Dezember 1978

Das Kommanditgesellschaften auf Aktien und Aktiengesellschaften betreffende Bundesgesetz vom 11. Juni 1870 enthielt die erste gesetzliche Regelung über den Erwerb eigener Aktien. Gemäß Artikel 215 Abs. 3 dieses Gesetzes durfte eine Aktiengesellschaft keine eigenen Aktien erwerben. Ein Verstoß gegen das Verbot des Erwerbs eigener Aktien hatte die Nichtigkeit des Erwerbsgeschäfts zur Folge.[1]

Nachdem diese Vorschrift als zu streng kritisiert worden war, traf der Gesetzgeber in § 215 c des Kommanditgesellschaften auf Aktien und Aktiengesellschaften betreffenden Gesetzes vom 18. Juli 1884 eine weniger strikte Regelung, die auch Eingang in die §§ 226, 227 des Handelsgesetzbuches von 1897 fand.[2] Der Erwerb eigener Aktien war fortan außerhalb des „regelmäßigen Geschäftsbetriebes" erlaubt. Das Verbot des Erwerbs eigener Aktien wurde in eine Sollvorschrift geändert. Ein Verstoß hatte nicht mehr die Nichtigkeit des Erwerbsgeschäfts, sondern eine Schadensersatzpflicht der Organe der Gesellschaft zur Folge.

Die weite Fassung der Vorschrift und der Charakter einer Sollvorschrift führten dazu, daß sich die Unternehmen des Erwerbs eigener Aktien in erheblichem Umfang bedienten, auch zur reinen Kurspflege. Während der Weltwirtschaftskrise von 1929-1931 nutzten viele Gesellschaften Aktienrückkäufe, um dem Kursverfall ihrer Aktien entgegenzusteuern. Die massiven Rückkäufe waren mitursächlich für die Zusammenbrüche einer Reihe von Unternehmen.[3] Am 19. September 1931 griff der Reichspräsident durch den Erlaß einer Notverordnung ein, durch die der Erwerb eigener Aktien erheblich beschränkt wurde. Er war nun grundsätzlich unzulässig. Selbst wenn einer der Ausnahmefälle vorlag, in denen der Erwerb zugelassen war, bestand eine Obergrenze in Höhe von 10 % des Grundkapitals für den Gesamtnennwert der erworbenen Aktien. Diese restriktive Haltung des deutschen Rechts wurde ohne erhebliche sachliche Änderungen in das Aktiengesetz von 1937 und die Novelle von 1965 übernommen.[4]

2.1.2 Die Novelle vom 13. Dezember 1978

Als in der Novelle vom 13. Dezember 1978[5] die zweite gesellschaftsrechtliche Linie der Europäischen Gemeinschaften in deutsches Recht umgesetzt wurde, erfuhren die Vorschriften über den Erwerb eigener Aktien eine grundlegende Änderung. Die Regelung wurde auf insgesamt sechs Paragraphen (§§ 71-71e AktG) verteilt. Die Novelle von 1978 umfaßte neben der formalen Umstrukturierung der Vorschriften des Aktiengesetzes über den Erwerb eigener Aktien auch inhaltliche Verschärfungen, die bis zu dem Inkrafttreten des KonTraG im wesentlichen unverändert fortgalten.

Nach den §§ 71ff. AktG ist der Erwerb eigener Aktien grundsätzlich unzulässig. Die Zahlung des Erwerbspreises für eigene Aktien wird als verbotene Einlagenrückgewähr im Sinne des § 57 Abs. 1 Satz 1 AktG verstanden.[6]

Die §§ 71-71 e AktG konkretisieren das Verbot und nennen zugleich die Ausnahmen, in denen der Erwerb eigener Aktien zulässig ist. Gemäß § 71 Abs. 1 AktG darf die Gesellschaft eigene Aktien nur in den folgenden Fällen erwerben:

50   Der Erwerb eigener Aktien und die Einführung von Aktienoptionsplänen

- Der Erwerb ist notwendig, um einen schweren, unmittelbar bevorstehenden Schaden von der Gesellschaft abzuwenden (Nr. 1),
- die Aktien sollen Arbeitnehmern angeboten werden (Nr. 2),
- Aktionäre sollen nach bestimmten Vorschriften abgefunden werden (Nr. 3),
- im Fall des unentgeltlichen Erwerbs oder Ausführung einer Einkaufskommission durch ein Kreditinstitut (Nr. 4),
- im Fall des Erwerbes durch Gesamtrechtsnachfolge (Nr. 5),
- aufgrund eines Beschlusses der Hauptversammlung zur Einziehung nach den Vorschriften über die Herabsetzung des Grundkapitals (Nr. 6),
- im Fall des Erwerbs durch ein Kredit- oder Finanzinstitut zum Zwecke des Wertpapierhandels (Nr. 7).

Auch wenn einer dieser Fälle vorliegt, darf der Erwerb nur erfolgen, wenn die Gesellschaft, die nach § 272 Abs. 4 HGB vorgeschriebene Rücklage für eigenen Aktien bilden kann, ohne das Grundkapital sowie die gesetzliche Rücklage hierfür angreifen zu müssen (§ 71 Abs. 2 Satz 2 AktG). Der Gesamtnennbetrag der eigenen Aktien darf 10 % des Grundkapitals der Gesellschaft nicht übersteigen (§ 71 Abs. 2 Satz 1 AktG). In den oben genannten Fällen der Nummern 1, 2, 4 und 7 ist der Erwerb nur zulässig, wenn die Aktien voll eingezahlt sind (§ 71 Abs. 2 Satz 3 AktG).

Bei einem Erwerb, der gegen die Vorschriften des § 71 Abs. 1 oder 2 AktG verstößt, ist das schuldrechtliche Erwerbsgeschäft nichtig, der dingliche Erwerb der Aktien jedoch wirksam (§ 71 Abs. 4 AktG).

Die §§ 71 a und 71d AktG erfassen Umgehungsgeschäfte, insbesondere sollen auch abhängige Unternehmen Aktien der Gesellschaft nur unter den gleichen Voraussetzungen erwerben können wie die Gesellschaft selbst (§ 71d AktG).

Rechte aus den eigenen Aktien stehen der Gesellschaft gemäß § 71 b AktG nicht zu. Die Gesellschaft kann also weder das Stimmrecht ausüben noch einen Anspruch auf Dividende geltend machen, und zwar weder bei zulässigem noch bei unzulässigem Erwerb.[7]

2.2 Neue Gestaltungsmöglichkeiten durch das KonTraG

Das KonTraG beseitigt das grundsätzliche Verbot des Erwerbs eigener Aktien der §§ 71ff. AktG formal nicht. Es fügt dem § 71 Abs. 1 AktG einen weiteren Tatbestand hinzu, bei dem der Erwerb zulässig ist. Dieser neue Erwerbsgrund beinhaltet eine wesentliche Lockerung des Verbots des Erwerbs eigener Aktien im deutschen Recht. Gemäß § 71 Abs. 1 Nr. 8 AktG kann eine Gesellschaft nunmehr auch aufgrund einer Ermächtigung der Hauptversammlung eigene Aktien erwerben, wenn bestimmte weitere Voraussetzungen vorliegen.

Durch die Lockerung des Erwerbsverbots soll das Finanzierungsinstrumentarium deutscher Gesellschaften in dieser Hinsicht an die international übliche Praxis angeglichen werden.[8] Der hohe Stellenwert, den der Rückkauf eigener Aktien insbesondere in der US-amerikanischen Unternehmenspraxis hat, läßt darauf schließen, daß der Rückkauf eigener Aktien auch in Deutschland zukünftig ein wichtiges Instrument im Rahmen der Beziehung der Gesellschaft zu ihren Aktionären werden wird.

Das KonTraG bringt den Unternehmen vor allem eine größere Flexibilität bei der Beschaffung und Verwendung von Kapital. Zukünftig sind die Unternehmen nicht mehr an bestimmte, gesetzlich vorgegebene Zwecke für den Erwerb eigener Aktien gebunden. Sie genießen vielmehr weitgehende Freiheit bei der Bestimmung des Erwerbszwecks.

Die Hauptversammlung kann diesen auch in das Ermessen des Vorstandes legen.[9] Das Gesetz gewährt die Möglichkeit des Erwerbs eigener Aktien nicht schrankenlos, sondern enthält eine Reihe von Schutzvorschriften, die die mit dem Erwerb eigener Aktien verbundenen Risiken mindern sollen.

2.2.1 Gestaltungsraum im Hinblick auf den Erwerbszweck

Wesentlich für die Neuregelung des Erwerbs eigener Aktien durch das KonTraG ist, daß § 71 Abs. 1 Nr. 8 AktG keinen Zweck für den Erwerb vorgibt. Das Gesetz verbietet ausdrücklich nur den Handel in eigenen Aktien. Jeder sonstige rechtmäßige Zweck ist zulässig, sofern die Hauptversammlung über ihn beschließt oder ihn in das Ermessen des Vorstandes legt. Die Freiheit in der Wahl des Zwecks bietet erhebliche neue Gestaltungsmöglichkeiten.

Erhöhung der Eigenkapitalrendite

Das Unternehmen kann die Eigenkapitalrendite durch den Rückkauf eigener Aktien erhöhen. Dieser Schritt kommt dann in Betracht, wenn die Gesellschaft mit den für den Rückkauf verwendeten Mitteln anderweitig keine angemessene Rendite zu erzielen vermag.[10] In Zukunft werden Vorstände vor der Entscheidung stehen, ob sie Gewinnrücklagen oder den laufenden Gewinn beispielsweise zum Erwerb von Beteiligungen an anderen Unternehmen verwenden oder der Hauptversammlung den Erwerb eigener Aktien vorschlagen sollen. In Abhängigkeit von erzielbaren Renditen und von strategischen Überlegungen mag der Erwerb eigener Aktien vorzugswürdig erscheinen.

Erhöhung des Börsenkurses

Bei börsennotierten Gesellschaften ist der Wunsch nach einer Verbesserung der Eigenkapitalrendite eng mit dem Interesse an einer Steigerung oder zumindest Stabilisierung des Aktienkurses verbunden.

Der Steigerung des Shareholder Value und damit der Wertsteigerung der Aktie fühlen sich zunehmend auch die Vorstände deutscher Unternehmen verpflichtet. Die Eigenkapitalrendite ist einer der Faktoren, die für Investoren im Rahmen der Analyse eines Unternehmens von Belang sind.

Konzentriert sich ein Unternehmen auf seinen Kernbereich und verwendet es vorhandene Mittel zum Rückkauf eigener Aktien, um die Eigenkapitalrendite zu erhöhen, so dürfte eine solche Maßnahme den Aktienkurs in der Regel positiver beeinflussen als die Verwendung der Mittel für Akquisitionen in Branchen außerhalb des Kernbereichs mit geringeren Renditeerwartungen.[11]

Durch den Rückkauf eigener Aktien kann die Gesellschaft in gewissem Maße Kurseinbrüche mildern und auf einen stabilen Aktienkurs hinwirken. Bei Kurseinbrüchen, die mit den Gewinnchancen der Gesellschaft in der Zukunft nicht begründbar sind, kann die Gesellschaft durch die Ankündigung des Rückkaufs gegensteuern. Die Ankündigung weist den Markt darauf hin, daß die Aktie nach Ansicht des Managements unterbewertet ist.[12] Das positive Signal des Managements wird sich in aller Regel in einem höheren Aktienkurs niederschlagen.

Die Stabilisierung oder Steigerung des Aktienkurses macht die Übernahme des Unternehmens für einen Dritten teurer. Der Rückkauf eigener Aktien kann über die Auswirkung auf den Kurs somit auch das Risiko einer feindlichen Übernahme verringern.[13]

In der Praxis werden häufig mehrere Gründe eine Rolle spielen, wenn eine Gesellschaft sich zum Rückkauf eigener Aktien entschließt.[14]

Alternative zur Dividendenzahlung

Der Erwerb eigener Aktien ist ebenso wie die Zahlung einer Dividende ein Mittel des Vermögenstransfers von der Gesellschaft an die Aktionäre. Dabei bietet der Aktienrückkauf bei börsennotierten Gesellschaften Vorteile, wenn die Gesellschaft einen einmaligen Gewinn transferieren will. Der Aktienrückkauf unterstreicht in einem solchen Fall den Sondercharakter der Maßnahme. Würde die Gesellschaft hingegen die Dividende erhöhen, wäre der Sondercharakter nicht offensichtlich. Die Aktionäre würden auf eine negative Entwicklung der Gesellschaft schließen, wenn die Höhe der Dividende in den Folgejahren nicht gehalten werden könnte.[15]

Senkung der Kapitalkosten

Sinkt der Kapitalbedarf der Gesellschaft, kann diese neben dem Fremdkapital auch das Eigenkapital zurückführen und hierdurch die Kapitalkosten verringern.[16]

Der Erwerb eigener Aktien und die Einführung von Aktienoptionsplänen

Einwirkung auf die Aktionärsstruktur

Die Gesellschaft kann durch den Rückkauf eigener Aktien und anschließende Weiterveräußerung auch auf die Aktionärsstruktur einwirken. Das Gesetz verlangt für eine Weitergabe von Aktien nur an bestimmte Aktionäre allerdings, daß die Voraussetzungen für einen Bezugsrechtsausschluß vorliegen (§ 71 Abs. 1 Nr. 8 Satz 5 iVm. § 186 Abs. 3, 4 AktG). Denkbar ist, daß die Gesellschaft bei Vorliegen der Voraussetzungen für einen Bezugsrechtsausschluß bei Akquisitionen neuer Beteiligungen oder für eine Sacheinlage eigene Anteile als Gegenleistung verwendet. Vorgeschlagen wird auch, durch Zuteilung eigener Aktien an institutionelle Anleger neue Aktionärskreise im In- und Ausland zu gewinnen und eigene Anteile für die Einführung der Gesellschaft an Auslandsbörsen zu nutzen.[17]

Weitere Zwecke

Die Gesellschaft kann eigene Aktien erwerben, um diese später einzuziehen.[18] Als weiterer zulässiger Zweck ist die Bedienung von Aktienoptionen für Geschäftsleitungsmitglieder und Führungskräfte des Unternehmens zu nennen.[19] Andere Zwecke sind zulässig, soweit sie nicht unter das im folgenden beschriebene Verbot fallen.

Verbot des Handels in eigenen Aktien

Wie oben bereits erwähnt, beinhaltet das Gesetz das ausdrückliche Verbot des Handels in eigenen Aktien. Den unbestimmten Rechtsbegriff „Handel in eigenen Aktien" definiert das Gesetz nicht weiter. Er bedarf klärender Auslegung durch die Rechtsprechung. Die Aufnahme des Verbots in das Gesetz ohne genaue Definition wird zum Teil kritisiert.[20]

Nach der Begründung des Regierungsentwurfs erfaßt das Verbot einen fortlaufenden Kauf und Verkauf eigener Aktien und den Versuch, Trading-Gewinne zu machen.[21] Das Verbot ist sachgerecht, da andernfalls der Vorstand mit dem Geld der Aktionäre spekulieren und Spekulationsverluste erwirtschaften könnte.[22]

Das Verbot des Handels in eigenen Aktien betrifft sowohl die Hauptversammlung als auch den Vorstand.[23]

Auch wenn das KonTraG der Gesellschaft einen neuen Gestaltungsspielraum für den Erwerb eigener Aktien zubilligt, so kann dieser nur unter Beachtung einer Reihe von Vorschriften erfolgen, die die Risiken im Zusammenhang mit dem Rückkauf eigener Aktien der Gesellschaft minimieren soll. Im folgenden werden die in diesem Zusammenhang von der Gesellschaft zu beachtenden Vorschriften dargestellt, die zum Teil speziell den neuen Erwerbstatbestand des § 71 Abs. 1 Nr. 8 AktG betreffen, zum Teil auch für die übrigen Erwerbstatbestände des § 71 Abs. 1 AktG Geltung beanspruchen.

54   Der Erwerb eigener Aktien und die Einführung von Aktienoptionsplänen

2.2.2 Beschluß der Hauptversammlung

Der Erwerb eigener Aktien wird durch den Vorstand der Gesellschaft durchgeführt. Hierzu bedarf er gemäß § 71 Abs. 1 Nr. 8 AktG einer Ermächtigung der Hauptversammlung, die höchstens 18 Monate gelten darf. Die Frist gilt nur für den Erwerb, nicht für das Halten der Aktien, die gemäß § 71 Abs. 1 Nr. 8 AktG erworben werden.[24]

Der Beschluß der Hauptversammlung muß den niedrigsten und den höchsten Gegenwert für den Erwerb der Aktien festlegen. Es ist nicht erforderlich, die absolute Höhe des Höchst- und des Tiefstkurses zu bestimmen, die Hauptversammlung kann die Kursspanne auch relativ zu dem zukünftigen Aktienkurs wählen.[25]

Die Hauptversammlung hat den Anteil am Grundkapital zu beschließen, der zurückgekauft werden soll. Dieser Anteil darf 10 % des gesamten Grundkapitals nicht übersteigen. Da gemäß § 71 Abs. 2 AktG der Gesamtbestand an eigenen Aktien eine Obergrenze von 10 % nicht überschreiten darf, ist der Bestand an eigenen Aktien gegebenenfalls zunächst so weit zurückzuführen, daß die Gesellschaft nach Gebrauch der Ermächtigung der Hauptversammlung höchstens 10 % des Grundkapitals an eigenen Aktien hält.[26]

Das bisher geltende Recht minderte den Anreiz zum Erwerb eigener Aktien dadurch, daß der Gesellschaft keinerlei Rechte aus den eigenen Aktien zustanden (§ 7 b AktG). Diese Regelung gilt auch für die aufgrund des neuen Erwerbstatbestandes gehaltenen Aktien.

Wie bereits dargestellt, läßt das KonTraG der Gesellschaft hinsichtlich des Zweckes des Rückerwerbs weitgehende Freiheit. Das Gesetz verbietet ausdrücklich nur den Handel in eigenen Aktien (§ 71 Abs. 1 Nr. 8 Satz 2 AktG). Die Hauptversammlung kann den Zweck des Erwerbs in ihrem Beschluß vorgeben. Sie kann den Zweck des Erwerbs jedoch auch in das Ermessen des Vorstandes legen.[27]

2.2.3 Gleichbehandlung der Aktionäre

Die Gesellschaft hat gemäß § 71 Abs. 1 Nr. 8 Satz 3 AktG beim Erwerb und der späteren Veräußerung der eigenen Aktien den Grundsatz der Gleichbehandlung der Aktionäre gemäß § 53 a AktG zu beachten. § 71 Abs. 1 Nr. 8 Satz 4 AktG bestimmt ausdrücklich, daß bei börsennotierten Gesellschaften der Erwerb und die Veräußerung über die Börse dem Grundsatz der Gleichbehandlung genügen. Der Rückkauf ist jedoch nicht auf börsennotierte Gesellschaften beschränkt.[28]

Die Anwendung des § 53 a AktG auf den Erwerb der Aktien bedeutet, daß das Rückkaufsangebot sich regelmäßig an alle Aktionäre zu richten hat.[29] Während diese Voraussetzung beim Erwerb über die Börse ausdrücklich als gegeben angesehen wird, erfüllen andere Erwerbsformen diese Voraussetzung zum Teil nicht.

Bei dem sogenannten Pakethandel oder „negotiated repurchase" kauft die Gesellschaft von einem oder mehreren bestimmten Aktionären Aktien an, ohne den anderen Aktionären ein Angebot in gleicher Höhe zu unterbreiten. Dieses Vorgehen birgt die Gefahr, daß bestimmte Aktionäre beispielsweise dadurch bevorzugt werden, daß ihnen ihr Aktienpaket in Krisenzeiten durch die Gesellschaft abgenommen wird. Zudem kann der Vorstand der Gesellschaft durch das „Hinauskaufen" kritischer Aktionäre die Aktionärsstruktur selbständig beeinflussen. Ein solcher Erwerb ist mit dem deutschen Aktienrecht auch in Zukunft nicht zu vereinbaren.[30]

Die sogenannten „Self Tender Offers" sind anders zu beurteilen. Bei dem sogenannten Festpreisangebot oder „Fixed Price Offer" wird allen Aktionären der Erwerb ihrer Aktien zum gleichen festgesetzten Preis angeboten. Im Rahmen einer „Dutch Auction Tender Offer" geben verkaufswillige Aktionäre ihre Preisvorstellungen innerhalb einer vorgegebenen Preisspanne an. Die Gesellschaft nimmt die niedrigsten Angebote an, bis sie die gewünschte Anzahl der zu erwerbenden Aktien angekauft hat.[31] Beide Formen des Erwerbs sind mit § 53 a AktG vereinbar und deshalb auch im Rahmen des Rückerwerbs von Aktien gemäß § 71 Abs. 1 Nr. 8 AktG zulässig, da jedem einzelnen Aktionär gleichrangig die Beteiligung am Rückerwerb eigener Aktien durch die Gesellschaft ermöglicht wird.[32]

Auch hinsichtlich der Wiederveräußerung der eigenen Aktien hat die Gesellschaft § 53 a AktG zu beachten. Gemäß § 71 Abs. 1 Nr. 8 Satz 5 AktG kann die Hauptversammlung eine andere Veräußerung beschließen. In diesem Fall gelten jedoch § 186 Abs. 3, Abs. 4 AktG entsprechend. Die Vorschriften über den Bezugsrechtsausschluß finden Anwendung. Die von der Rechtsprechung geforderte sachliche Rechtfertigung für einen Bezugsrechtsausschluß ist auch für den abweichenden Beschluß der Hauptversammlung gemäß § 71 Abs. 1 Nr. 8 Satz 5 AktG erforderlich.[33]

Sofern die Aktien zur Bedienung von Aktienoptionen für Geschäftsleitungsmitglieder und Führungskräfte des Unternehmens verwendet werden, ist außerdem § 193 Abs. 2 Nr. 4 AktG entsprechend anzuwenden. Danach muß der Beschluß auch die Aufteilung der Bezugsrechte auf Mitglieder der Geschäftsführungen und Arbeitnehmer, die Erwerbs- und Ausübungszeiträume für die Bezugsrechte, die Erfolgsziele und die Wartezeit für die erstmalige Ausübung feststellen.[34]

2.2.4 Kapitalschutz

Das Gesetz behält Vorschriften im Hinblick auf den Schutz des Kapitals bei und wendet sie auch auf den neuen Erwerbstatbestand an.

Gemäß § 71 Abs. 2 Satz 3 AktG darf die Gesellschaft nur voll eingezahlte Aktien erwerben. Der Erwerb kann nur mit Mitteln aus dem Jahresüberschuß oder frei verfügbaren Rücklagen erfolgen.[35] Das Gesetz läßt den Erwerb nur zu, wenn die Gesellschaft eine Rücklage in Höhe des Erwerbspreises für die eigenen Aktien bilden kann, ohne das Grundkapital oder eine nach Gesetz oder Satzung zu bildende Rücklage zu mindern (§ 71 Abs. 2 Satz 2 AktG).

Die letztgenannte Vorschrift verhindert, daß mit dem Erwerb eigener Aktien eine Kapitalrückzahlung verbunden ist. Denn der Erwerb kann nur aus dem laufenden Ergebnis oder aus frei verfügbaren Rücklagen erfolgen.[36] Unter den Gesichtspunkten der Kapitalerhaltung und des Gläubigerschutzes ist es gleichgültig, ob der Gewinn der Gesellschaft als Dividende an die Gläubiger verteilt oder für den Erwerb eigener Aktien verwendet wird.[37]

2.2.5 Transparenz

Der Erwerb von eigenen Aktien soll für die Aktionäre transparent und kontrollierbar sein. Dem dienen eine Reihe von Vorschriften, durch die die Umstände des Erwerbes offenzulegen sind.

Der Vorstand hat hinsichtlich der Einberufung der Hauptversammlung, die über den Erwerb eigener Aktien beschließen soll, § 124 AktG zu beachten.

Nach dem Erwerb der eigenen Aktien muß der Vorstand die nächste Hauptversammlung umfassend informieren. Er ist verpflichtet, die Hauptversammlung über die Gründe und den Zweck des Erwerbs, die Zahl und den Nennbetrag der erworbenen Aktien, deren Anteil am Grundkapital und den Gegenwert der Aktien zu unterrichten (§ 71 Abs. 3 Satz 1 AktG). Entsprechende Informationen sind gemäß § 160 Abs. 1 Nr. 2 AktG Pflichtangaben des Anhangs.

Das Wertpapierhandelsgesetz ergänzt diese aktienrechtlichen Vorschriften für börsennotierte Gesellschaften. Nach Erwerb von 5 bzw. 10 % eigener Aktien muß die Gesellschaft diesen Umstand unverzüglich gemäß §§ 21 Abs. 1 Satz 1, 25 Abs. 1 Satz 1 WpHG bekanntmachen.[38] Zudem besteht nach dem Erwerb der eigenen Aktien eine Publikationspflicht, wenn die Voraussetzungen des § 15 WpHG erfüllt sind.

Die Vorschriften über die Publizität schaffen gemeinsam mit den Bilanzierungsvorschriften eine ausreichende Transparenz für die Aktionäre, die hinreichend über den Bestand der eigenen Aktien informiert werden. Die dargestellten Schutzvorschriften sollen dazu beitragen, daß sich die negativen geschichtlichen Erfahrungen mit dem Erwerb eigener Aktien in Deutschland nicht wiederholen.

3 Optionspläne

Für Unternehmen ist es notwendig, im Hinblick auf die Vergütung ihrer Führungskräfte international konkurrenzfähig zu sein. Im internationalen Wettbewerb um die besten Führungskräfte können die deutschen Unternehmen nur dann bestehen, wenn sie diesen Vergütungen anbieten, die dem internationalen Standard entsprechen. Aktienoptionspläne sind im Ausland, insbesondere im angelsächsischen Raum, ein gängiger Bestandteil der Entlohnung von Führungskräften.[39] Den Managern deutscher Unternehmen wird in Angleichung an diese Praxis nach dem Inkrafttreten des KonTraG häufiger die Möglichkeit eingeräumt werden, durch die Ausübung von Aktienoptionsplänen an der Wertsteigerung des Unternehmens zu partizipieren.

Aktienoptionspläne können nicht nur wegen der besseren Aussichten der Gesellschaft im internationalen Wettbewerb um Führungskräfte von Vorteil sein, sie machen aus Sicht der Aktionäre auch aus einem anderen Grund Sinn: Erhält das Management einen Teil seiner Vergütung durch Optionen auf Aktien der Gesellschaft, so motiviert diese Maßnahme das Management dazu, eine an der langfristigen Wertsteigerung orientierten Unternehmensstrategie zu verfolgen. Hierdurch werden die Interessen der Führungskräfte und der Anteilseigner gleichgerichtet und mögliche Interessenkonflikte der Aktionäre („Principal") und des Managements („Agent") weitgehend vermieden.[40]

Die bisherige – spärliche – Unternehmenspraxis hinsichtlich der Vergütung von Führungskräften durch Aktienoptionen behalf sich damit, daß sie Wandelschuldverschreibungen oder Optionsanleihen einsetzte.[41] Das KonTraG erleichtert den Unternehmen die Durchführung von Aktienoptionsplänen. Die Unternehmen haben zukünftig nicht mehr den Umweg über Optionsanleihen oder Wandelschuldverschreibungen zu beschreiten, bei dem Anleihen mit Wandlungs- oder Optionsrechten verbunden werden müssen. Das KonTraG ändert die aktienrechtlichen Vorschriften dahingehend, daß die Ausgabe reiner Optionsrechte („naked" options oder warrants) zulässig wird.[42]

Nach der Konzeption des Gesetzes steht der Gesellschaft insbesondere die Möglichkeit offen, eine bedingte Kapitalerhöhung zur Bedienung der Optionen zu nutzen.

Gemäß § 192 Abs. 2 Nr. 3 AktG in der Fassung des KonTraG kann eine bedingte Kapitalerhöhung nicht mehr nur zur Gewährung von Bezugsrechten an Arbeitnehmer durchgeführt werden. Sie ist vielmehr auch zu Gewährung von Bezugsrechten an Mitglieder der Geschäftsführung der Gesellschaft oder eines verbundenen Unternehmens möglich.

3.1 Arten der Optionspläne

Die Gesellschaft kann ihren Führungskräften entweder echte Optionen gewähren oder ein sogenanntes virtuelles Optionsprogramm einführen. Im Rahmen der Wahl der Art des Optionsplanes sowie seiner konkreten Ausgestaltung spielen steuerrechtliche Überlegungen eine maßgebliche Rolle. Besonders mißlich ist es, daß die steuerrechtliche Behandlung von Aktienoptionsplänen nicht eindeutig geklärt ist. Jede Gesellschaft sollte deshalb das von ihr geplante Programm vor der Einführung mit der Finanzverwaltung abstimmen.

3.1.1 Echte Optionen auf Anteilsrechte

Durch den Aktienoptionsplan erhalten die Führungsmitglieder die Möglichkeit, eine vereinbarte Anzahl von Aktien der Gesellschaft zu einem vorher vereinbarten Preis, zum Beispiel dem Börsenkurs zum Zeitpunkt der Gewährung der Option, zu erwerben. Das Führungsmitglied kann unter bestimmten Voraussetzungen durch einseitige Erklärung – die Ausübung der Option – einen Kaufvertrag über die betreffenden Aktien herbeiführen.

Die steuerrechtliche Diskussion behandelt in erster Linie die Frage, ob die Führungskraft den Wert der Optionsrechte im Zeitpunkt ihrer Gewährung oder den später eintretenden Ausübungsgewinn zu versteuern hat.[43] Die Finanzverwaltung mißt dem Optionsrecht überwiegend im Anschluß an eine ältere Rechtsprechung des Bundesfinanzhofs[44] keinen eigenständigen Wert zu, da es lediglich eine vage, kaum bewertbare Chance beinhalte, über die auch nicht frei verfügt werden könne. Gemäß dieser Auffassung tritt die Steuerpflicht erst bei der Ausübung der Option ein. Mit Ausübung der Option erhalte die Führungskraft einen Vermögensvorteil in Höhe der Differenz zwischen dem zu zahlenden Ausübungspreis und dem Wert der Aktie zum Ausübungszeitpunkt.

Die neuere Literatur hingegen sieht in der Option überwiegend einen eigenständigen Wert verkörpert.[45] Dies ist zutreffend: Auch nicht übertragbare Gegenstände oder Rechte können einen Wert haben. Der Wert von Optionsrechten kann aufgrund allgemein anerkannter Verfahren berechnet werden. Nach dieser Auffassung ist bereits die Einräumung der Option zu besteuern; ein späterer Wertzuwachs bleibt jedoch außerhalb der jeweils geltenden Spekulationsfrist steuerfrei. Dieses Ergebnis ist für die Beteiligten bei stark steigendem Aktienkurs wünschenswert.

Um einen steuerfreien Wertzuwachs zu erreichen, werden in der Literatur Gestaltungsvarianten vorgeschlagen[46], deren Akzeptanz durch die Finanzverwaltung allerdings nicht gesichert ist. Letztlich muß die gewünschte Gestaltung mit der Finanzverwaltung abgestimmt werden.

3.1.2 Virtuelle Optionen

Bei den sogenannten virtuellen Optionsprogrammen werden die Führungskräfte nicht durch Optionen auf Anteilsrechte entlohnt. Die Führungskraft wird lediglich so gestellt, als wäre sie Inhaber einer bestimmten Anzahl von Aktien des Unternehmens. Die Führungskraft erhält von der Gesellschaft die positive Differenz zwischen dem zu einem bestimmten Zeitpunkt geltenden Börsenkurs und dem fiktiven Ausübungspreis ausgezahlt, ohne daß der Berechtigte Aktionär der Gesellschaft wird.[47] Die Zahlung der Gesellschaft ist steuerlich ein Aufwand; entsprechende Einkünfte sind von der Führungskraft zu versteuern.

Wegen der Belastung der Liquidität der Gesellschaft bieten sich virtuelle Optionsprogramme insbesondere für Unternehmen mit ausreichenden finanziellen Mitteln an, die ihren Mitarbeitern einen variablen Vergütungsbestandteil gewähren wollen.[48]

Die Änderungen des KonTraG betreffen echte Optionen auf Anteilsrechte, weswegen virtuelle Optionen im folgenden nicht weiter behandelt werden.

3.2 Gestaltungsmöglichkeiten

Das Gesetz geht nach dem Inkrafttreten des KonTraG davon aus, daß die für Aktienoptionspläne benötigten Aktien insbesondere auf dem Wege der bedingten Kapitalerhöhung beschafft werden. Daneben sind als in der Praxis erhebliche Möglichkeiten die Verwendung eigener Aktien und – für Aufsichtsräte – Wandel- oder Optionsanleihen zu nennen.

3.2.1 Bedingte Kapitalerhöhung

§ 192 Abs. 2 Nr. 3 AktG läßt eine bedingte Kapitalerhöhung zur Gewährung von Bezugsrechten an Mitglieder der Geschäftsführung der Gesellschaft oder eines verbundenen Unternehmens auf dem Wege des Zustimmungs- oder Ermächtigungsbeschlusses zu. Dabei darf der Nennbetrag des bedingten Kapitals 10 % des zur Zeit der Beschlußfassung vorhandenen Grundkapitals nicht übersteigen (§ 192 Abs. 3 AktG).

Die wesentlichen Eckdaten der bedingten Kapitalerhöhung hat die Hauptversammlung zu beschließen, während die technischen Einzelheiten der vertraglichen Regelung mit den Managern vorbehalten sind.

Beschluß der Hauptversammlung

Der für die bedingte Kapitalerhöhung erforderliche Beschluß der Hauptversammlung bedarf einer Mehrheit von drei Vierteln des bei der Beschlußfassung vertretenen Grundkapitals. § 193 Abs. 2 AktG verlangt zudem, daß der Beschluß folgendes feststellt:

- Den Zweck der Kapitalerhöhung (Abs. 2 Nr. 1),

- den Kreis der Bezugsberechtigten (Abs. 2 Nr. 2),

- den Ausgabebetrag oder die Grundlagen, nach denen dieser Betrag errechnet wird (Abs. 2 Nr. 3); der Ausgabebetrag entspricht dem Preis, zu dem die Führungskräfte ihre Optionen ausüben können (sogenannter Basispreis oder Ausübungspreis). Häufig wird dies der Aktienkurs zum Zeitpunkt der Einräumung der Option sein. Möglich ist es aber auch, einen höheren Betrag anzusetzen[49],

- die Aufteilung der Bezugsrechte auf Mitglieder der Geschäftsführung und Arbeitnehmer (Abs. 2 Nr. 4). Zu den Mitgliedern der Geschäftsführung zählen neben den Vorständen der Gesellschaft auch die Mitglieder der Geschäftsführung von Tochtergesellschaften. Eine doppelte Begünstigung von Vorstandsmitgliedern, die zugleich in Tochtergesellschaften geschäftsführend tätig sind, ist nach der Begründung des Regierungsentwurfes „tunlichst zu meiden"[50] und dürfte sich regelmäßig auch als nicht sachgerecht darstellen. Das Gesetz nennt neben den Mitgliedern der Geschäftsführung als zweite Gruppe die Arbeitnehmer, und zwar ohne Einschränkung. Es ist keine Hierarchieebene vorgegeben, die nicht unterschritten werden darf. Aufsichtsratsmitglieder sind allerdings ausgeschlossen. Die Aufteilung der Bezugsrechte auf Mitglieder der Geschäftsführung und Arbeitnehmer kann in Prozentsätzen – bezogen auf das gesamte Volumen – angegeben werden[51],

- Erfolgsziele (Abs. 2 Nr. 4), die etwa an einen Aktien- oder Branchenindex gekoppelt werden können,

- Erwerbs- und Ausübungszeiträume (Abs. 2 Nr. 4),

- Wartezeit für die erstmalige Ausübung; diese beträgt mindestens zwei Jahre (Abs. 2 Nr. 4).

Einen weiteren Mindestinhalt des Beschlusses der Hauptversammlung nennt das Gesetz nicht. Die ungenaue Formulierung des Referentenentwurfes, wonach „alle weiteren wesentlichen Bedingungen des Bezugsrechts" anzugeben waren, hat der Gesetzgeber zugunsten der Aufzählung des Mindestinhalts aufgegeben.[52] Alle weiteren Bedingungen des Aktienoptionsplanes sind nach der Konzeption des Gesetzes nicht zwingend von der Hauptversammlung zu beschließen. Jede andere Auslegung der Vorschrift würde zu einer Rechtsunsicherheit führen, die durch die Aufzählung der einzelnen Beschlußinhalte gerade vermieden werden sollte.[53] Nach der Begründung des Regierungsentwurfes ist auch ein ausdrücklicher Hinweis auf den Ausschluß des Bezugrechtes der Altaktionäre

Der Erwerb eigener Aktien und die Einführung von Aktienoptionsplänen 61

nicht erforderlich. Ebensowenig besteht eine Berichtspflicht des Vorstandes.[54] Aus Gründen der Vorsicht sollte die Praxis die als wesentlich angesehenen zusätzlichen Punkte des Aktienoptionsplanes sowie einen Hinweis auf den Bezugsrechtsausschluß der Altaktionäre in den Beschluß der Hauptversammlung aufnehmen.

§ 192 Abs. 2 Nr. 3 AktG sieht alternativ einen Zustimmungs- oder einen Ermächtigungsbeschluß vor. Durch einen Ermächtigungsbeschluß erhält die Verwaltung mehr Flexibilität in bezug auf das Ob und den Zeitpunkt der Auflegung eines Aktienoptionsplanes.[55] Dadurch, daß die Hauptversammlung lediglich die Rahmenbedingungen des Aktienoptionsplans festlegt, während sie die nähere Ausgestaltung im Wege der Ermächtigung auf den Vorstand delegiert, können Anpassungen aufgrund von Änderungen im Steuer- bzw. Sozialversicherungsrecht vorgenommen werden.[56]

Vereinbarungen mit den Führungskräften

Neben dem Beschluß der Hauptversammlung ist eine vertragliche Regelung mit dem jeweiligen Führungsmitglied über die nähere Ausgestaltung der Option erforderlich. Zuständig ist auf seiten der Gesellschaft der Aufsichtsrat, soweit Mitglieder des Vorstands betroffen sind; der Abschluß von Verträgen mit Arbeitnehmern obliegt dem Vorstand. Im Zusammenhang mit solchen Vereinbarungen sind die folgenden Punkte zu bedenken und gegebenenfalls zu regeln:

- Nähere Ausgestaltung der Einräumung des Optionsrechts (eventuelle Höhe des Entgelts für die Einräumung der Option; Möglichkeit einer Kreditfinanzierung),
- Übertragbarkeit/Unübertragbarkeit des Optionsrechts,
- Verfall des Optionsrechts (zum Beispiel mit Beendigung des Anstellungsverhältnisses),
- Anpassung des Optionsrechts bei Kapitalerhöhungen oder -herabsetzungen bzw. Umwandlungen,
- Kündigungsrechte der Gesellschaft,
- nähere Regelungen zur Ausübung des Optionsrechts,
- Dividendenberechtigung,
- Mindesthaltefristen (Verkaufssperren).[57]

Transparenz

Das Gesetz enthält einige Vorschriften, die die Transparenz im Zusammenhang mit dem bedingten Kapital und der Inanspruchnahme der Bezugsrechte sowie die Gesamtvergütung des Vorstandes erhöhen sollen. Im Anhang zum Jahresabschluß ist gemäß § 160 Abs. 1 Nr. 5 AktG in der Fassung des KonTraG neben dem Bestand eigener Aktien (§ 160 Abs. Nr. 2 AktG), der Zahl der Aktien, die bei einer bedingten Kapitalerhöhung

62   Der Erwerb eigener Aktien und die Einführung von Aktienoptionsplänen

gezeichnet wurden (§ 160 Abs. 1 Nr. 3 AktG) und der Zahl der Wandelschuldverschreibungen nunmehr auch die Zahl der Bezugsrechte gemäß § 192 Abs. 2 Nr. 3 AktG anzugeben. Gemäß § 55 der Börsenzulassungsverordnung sind diese Angaben im Zwischenbericht amtlich börsennotierter Gesellschaften zu erläutern. Im Anhang zum Jahresabschluß sind bei den Gesamtbezügen auch die Bezugsrechte anzugeben (§ 285 Nr. 9 a HGB).[58]

3.2.2 Eigene Aktien

Wie im Abschnitt über den Erwerb eigener Aktien bereits ausgeführt[59], kann sich die Gesellschaft die für die Durchführung eines Aktienoptionplanes erforderliche Anzahl von Aktien auch durch den Erwerb eigener Aktien beschaffen. Insoweit wird auf die entsprechenden Ausführungen verwiesen. Besondere Beachtung verdient § 71 Abs. 1 Nr. 8 Satz 5 AktG, wonach in entsprechender Anwendung der §§ 186 Abs. 3, 4 und 193 Abs. 2 Nr. 4 AktG die Regeln über den Bezugsrechtsausschluß der Altaktionäre zu beachten sind.

3.2.3 Wandel- und Optionsanleihen

Neben dieser Regelung der Aktienoptionspläne besteht die auch nach bisherigem Recht vorhandene Möglichkeit weiter, Wandel- oder Optionsanleihen an Führungskräfte auszugeben. Nach der Begründung des Regierungsentwurfs[60] soll die Neuregelung die bisher von der Praxis gewählte Gestaltung nicht abschaffen. Das KonTraG hat eine Möglichkeit der Gewährung von Stock Options an Führungskräfte eingeführt, die ein hohes Maß an Transparenz vorsieht, insbesondere in § 193 Abs. 2 Nr. 4 AktG.

Der Umweg über Wandel- oder Optionsanleihen sollte deswegen zukünftig nur noch für die Personen beschritten werden, die vom neuen Recht von Aktienoptionen ausgeschlossen sind, namentlich Aufsichtsräte.[61]

4   Fazit

Durch die Neuregelung des Erwerbs eigener Aktien sowie der Gewährung von Aktienoptionen im KonTraG hat der Gesetzgeber das deutsche Recht in dieser Hinsicht den international üblichen Finanzierungs- und Vergütungsmethoden angenähert. Es bestehen erhebliche neue Gestaltungsmöglichkeiten. Die Änderungen sind im Hinblick darauf, daß sich deutsche Unternehmen in fast allen Bereichen einem internationalen Wettbewerb ausgesetzt sehen, zu begrüßen.

Eine Reihe von Vorschriften zielt darauf ab, die Abläufe im Zusammenhang mit dem Erwerb eigener Aktien und der Ein- und Durchführung von Aktienoptionsplänen transparent zu machen und einer Kontrolle zu unterwerfen. Die entsprechenden Regelungen sind im wesentlichen sachgerecht. Es ist davon auszugehen, daß die Unternehmen von den genannten Möglichkeiten zunehmend Gebrauch machen werden.

---

[1] Ausführlich zur Geschichte der Regelungen über den Erwerb eigener Aktien: Peltzer WM 1998, S. 322, 324ff.; vgl. Lutter, in: *Kölner Kommentar zum Aktiengesetz*, 2. Auflage, Köln, Berlin, Bonn, München (1988), § 71 Rn. 5.

[2] Siehe hierzu: Peltzer, WM 1998, S. 322, 324ff.; Lutter, a.a.O., § 71 Rn. 5

[3] Piepenburg, BB 1996, S. 2582; Günther/Muche/White, RIW 1998, S. 337, 339.

[4] Martens, AG 1996, S. 337; Peltzer, WM 1998, S. 322, 325f.

[5] Gesetz vom 13. Dezember 1978, BGBl. I., S. 2355. Vgl. zu den Änderungen: Ziebe, AG 1982, S. 175f.

[6] Hüffer, AktG, 3. Auflage, München (1997), § 71 Rn. 1.

[7] ebenda, § 71 b Rn. 2 m.w.N.

[8] Referentenentwurf, ZIP 1996, S. 2129f.

[9] Peltzer, WM 1998, S. 322, 328; Lingemann/Wasmann, BB 1998, S. 853, 860.

[10] Referentenentwurf, ZIP 1996, S. 2129f.; Peltzer, WM 1998, S. 322f. Zum Leverage-Effekt: Posner, AG 1994, S. 312, 314. Substituiert die Gesellschaft Eigenkapital durch Fremdkapital, erhöht sich als negativer Effekt die Verschuldung der Gesellschaft.

[11] Hierzu: Martens, AG 1996, S. 337f. m.w.N.

[12] Förschle/Glaum/Mandler, DB 1998, S. 889, 893; Peltzer, WM 1998, S. 322f.; Kröner/Hadzic, DB 1998, S. 2133; von Rosen/Helm, AG 1996, S. 434, 437. Nach der Begründung des Regierungsentwurfes, ZIP 1997, S. 2059, soll der Erwerb eigener Aktien nicht der kontinuierlichen Kurspflege dienen. Soweit die Gesellschaft Ziele verfolgt, die kurserhöhende Wirkung haben, aber keinen Handel in eigenen Aktien darstellen, läßt sich ein Verbot dem Gesetz jedoch nicht entnehmen.

[13] Peltzer, WM 1998, S. 322f.

[14] Als eines der ersten Unternehmen machte die Schering AG von den neuen Möglichkeiten zum Rückkauf eigener Aktien Gebrauch. Als Ziele nannte der Vorstand die Steigerung der Kapitalrendite, einen größeren Schutz vor unwillkommenen Übernahmeversuchen und neue Impulse für den Börsenkurs der Aktie, vgl. F.A.Z. vom 12.11.1998, Nr. 263, S. 24.

[15] Von Rosen/Helm, AG 1996, S. 434, 437; Kröner/Hadzic, DB 1998, S. 2133.

[16] Claussen, AG 1991, S. 10, 13; von Rosen/Helm, AG 1996, S. 434, 437.

[17] Kröner/Hadzic, DB 1998, S. 2133.

[18] Seibert, WM 1997, S. 1, 9; Referentenentwurf, ZIP 1996, S. 2129f.

[19] Lingemann/Wasmann, BB 1998, S. 853, 860. Aktienoptionen werden nach der Konzeption des Gesetzes allerdings vorrangig durch bedingte Kapitalerhöhungen bedient, siehe zu 2.2.

[20] Wiese, DB 1998, S. 609; vgl. Martens, AG Sonderheft 1997, S. 83, 86.

[21] Regierungsentwurf, ZIP 1997, S. 2059f.

[22] Lutter, AG Sonderheft 1997, S. 52, 56; Lingemann/Wasmann, BB 1998, S. 853, 860.
[23] Lingemann/Wasmann, BB 1998, S. 853, 860; vgl. hierzu: Martens, AG Sonderheft 1997, S. 83, 86.
[24] Lingemann/Wasmann, BB 1998, S. 853, 860; Günther/Muche/White, RIW 1998, S. 337, 342; Referentenentwurf, ZIP 1996, S. 2129f.
[25] Günther/Muche/White, RIW 1998, S. 337, 342; Lingemann/Wasmann, BB 1998, S. 853, 860.
[26] Günther/Muche/White, RIW 1998, S. 337, 342.
[27] Peltzer, WM 1998, S. 322, 328; Lingemann/Wasmann, BB 1998, S. 853, 860.
[28] Referentenentwurf, ZIP 1996, S. 2129, 2131.
[29] Peltzer, WM 1998, S. 322, 329; Lingemann/Wasmann, BB 1998, S. 853, 860; Regierungsentwurf, ZIP 1997, S. 2059f.; vgl. zu den möglichen steuerlichen Auswirkungen: Kröner/Hadzic, DB 1998, S. 2133ff; hinsichtlich der steuerrechtlichen Behandlung von Aktienrückkaufprogrammen liegt ein BMF-Schreiben vor (BMF vom 2. Dezember 1998, BStBl. I 1998, S. 1509ff.). Es bleibt abzuwarten, inwieweit Änderungen des Steuerrechts durch die neue Bundesregierung Neuerungen bringen.
[30] Kröner/Hadzic, DB 1998, S. 2133, 2135; Peltzer, WM 1998, S. 322, 329; vgl. von Rosen/Helm, AG 1996, S.434, 439; vgl. Claussen, DB 1998, S. 177, 179; a.A. Wastl, DB 1997, S. 461, 464f.
[31] Vgl. zu den einzelnen Erwerbsformen: Posner, AG 1994, S. 312, 316ff.; Wastl, DB 1997, S. 461, 463.
[32] Peltzer, WM 1998, S 322, 329; vgl. Wastl, DB 1997, S. 461, 463; Referentenentwurf, ZIP 1996, S. 2129, 2131.
[33] Grundlegend zum Erfordernis sachlicher Rechtfertigung: BGH v. 13.03.1978, BGHZ 71, S. 40, 43ff.
[34] Lingemann/Wasmann, BB 1998, S. 853, 860 m.w.N.
[35] Peltzer, WM 1998, S. 322, 328; vgl. Piepenburg, BB 1996, S. 2582, 2584; Lutter, AG Sonderheft 1997, S. 52, 56.
[36] Claussen, DB 1998, S. 177, 179.
[37] Zu den Bilanzierungsvorschriften: Claussen, DB 1998, S. 177, 179.
[38] Peltzer, WM 1998, S. 322, 329; Schneider, in: Assmann/Schneider, Wertpapierhandelsgesetz (1995), § 21 Rn. 33f.
[39] Vgl. hierzu: Förschle/Glaum/Mandler, DB 1998, S. 889, 893 m.w.N.; Kau/Leverenz, BB 1998, S. 2269.
[40] Regierungsentwurf, ZIP 1997, S. 2059, 2067; vgl. Wagner, NZG 1998, 127; Bredow, DStR 1998, S. 380. Zu Aktienoptionen als Vergütungsinstrumente siehe auch: Fuchs, DB 1997, S. 661ff.; Menichetti, DB 1996, S. 1688ff.; Lutter, ZIP 1997, S. 1ff.; Schneider, ZIP 1996, S. 1769ff.; Claussen, DB 1998, 177, S. 185ff.
[41] Seibert, WM 1997, S. 1, 9; Ausführlich hierzu: Lutter, ZIP 1997, S. 1ff. m.w.N.
[42] In allen übrigen Fällen ist die Ausgabe von „naked warrants" weiter ausgeschlossen, vgl. hierzu Lutter, ZIP 1997, S. 1, 7; a.A. Fuchs, AG 1995, S. 433ff.; vgl. hierzu auch: Martens, AG Sonderheft 1997, S. 83, 86 m.w.N.
[43] Zur steuerrechtlichen Diskussion vgl. Bredow, DStR 1996, S. 2033ff.; Peltzer, AG 1996, S. 307, 314f.; Portner, DStR 1997, S. 786f.; Portner/Bödefeld, DStR 1995, S. 629, 632ff.; Feddersen, ZHR 161 (1997), S. 269, 274ff.; Aha, BB 1997, S. 2225, 2228; Kau/Leverenz, BB 1998, S. 2269f.; Haas/Pötschan, DB 1998, S. 2138ff.
[44] BFH v. 10.03.1972, BStBl. II 1972, S. 596f.
[45] Peltzer, AG 1996, S. 307, 314; BB 1997, S. 2225, 2228 m.w.N.
[46] Vgl. Aha, BB 1997, S. 2225, 2228; Kau/Leverenz, BB 1998, S. 2269ff.

[47] Kau/Leverenz, BB 1998, S. 2269, 2271.
[48] ebenda.
[49] Regierungsentwurf, ZIP 1997, S. 2059, 2067.
[50] ebenda.
[51] ebenda.
[52] Vgl. hierzu: Schwarz/Michel, BB 1998, S. 489, 492.
[53] A.A. wohl Claussen, BB 1998, S. 177, 186. Die Aufzählung der Einzelbedingungen müssen nicht abschließend sein. Auch Kau/Leverenz, BB 1998, S. 2269, 2272, nennen weitere Feststellungen, die die Hauptversammlung zu treffen hat.
[54] Claussen, DB 1998, S. 177, 186; Regierungsentwurf, ZIP 1997, S. 2059, 2068. Kritisch hierzu: Lutter, ZIP 1997, S. 1, 8; vgl. auch Schwarz/Michel, BB 1998, S. 489, 492; Fuchs, DB 1997, S. 661, 664ff.
[55] Regierungsentwurf, ZIP 1997, S. 2059, 2068; Schwarz/Michel, BB 1998, S. 489, 492.
[56] Vgl. Stellungnahme des DAV zum Referentenentwurf, ZIP 1997, S. 163, 173; Kohler, ZHR 161 (1997), S. 246, 266; Schwarz/Michel, BB 1998, S. 489, 492.
[57] Zur insiderrechtlichen Behandlung von Aktienoptionsprogrammen, insbesondere der Relevanz des Verkaufs von Aktien in Kenntnis einer negativen Tatsache, vgl. Fürhoff, AG 1998, S. 83ff.
[58] Hierzu: Lingemann/Wasmann, BB 1998, S. 853, 861.
[59] Siehe oben unter 2.2.1.6.
[60] Regierungsentwurf, ZIP 1997, S. 2059, 2067; so auch Lingemann/Wasmann, BB 1998, S. 853, 861.
[61] Claussen, DB 1998, S. 177, 186.

II Grundlagen eines ganzheitlichen und unternehmensweiten Risikomanagements

Risikomanagement als umfassende Aufgabe der Unternehmensleitung

BERND SAITZ, PwC DEUTSCHE REVISION AG, FRANKFURT/MAIN

1	Ausgangslage	70
2	Aufgabenstellung für die Unternehmensleitung	71
3	Der konzeptionelle Ansatz für das Risikomanagement	75
4	Die fünf Schritte im Risikomanagement	80
	4.1 Vorgaben der Unternehmensleitung	81
	4.1.1 Kommunikation der Unternehmensziele und Werttreiber	81
	4.1.2 Definition von Risikomaßkriterien und „Risk Appetite"	82
	4.1.3 Abgrenzung der Betrachtungsbereiche	84
	4.1.4 Aufgabenverteilung innerhalb des Risikomanagementsystems	85
	4.1.5 Organisatorische Einbindung	87
	4.1.6 Kommunikation und Information	88
	4.2 Erstellung des Risikoportfolios	89
	4.2.1 Identifizierung und Bewertung der Risiken	89
	4.2.2 Zuordnung der Gegenmaßnahmen	90
	4.2.3 Analyse der bestehenden Prozesse und Informationen zum Risikomanagement	91
	4.3 Festlegung der Eskalationskriterien und des Berichtswesens	92
	4.4 Integration des Risikomanagements in die Steuerungsprozesse	94
	4.5 Risikocontrolling	95
5	Abschließende Fragen an die Unternehmensleitung	96

1 Ausgangslage

Spektakuläre Unternehmenskrisen und -zusammenbrüche in der jüngsten Vergangenheit haben immer wieder die gleichen Fragen aufgeworfen: „Wie konnte das passieren? Haben die internen Kontrollsysteme nicht funktioniert? Haben die mit der Überwachung und Prüfung des Unternehmens beauftragten Aufsichtsräte und Wirtschaftsprüfer den Schaden nicht voraussehen und eingreifen können? Wieso wurden auf Pressekonferenzen Gewinne versprochen, die bei Vorlage der endgültigen Zahlen in Verluste umkippten?"

Der Gesetzgeber hat auf die kontroverse öffentliche Diskussion reagiert und mit dem Gesetz zur Kontrolle und Transparenz im Unternehmensbereich („KonTraG") gezielt das deutsche Aktien- und Handelsrecht modifiziert. Die wohl meistdiskutierten Neuregelungen betreffen die Verpflichtung zur Einrichtung eines Früherkennungs- und Überwachungssystems sowie die Berichterstattung über entwicklungsgefährdende Risiken im Lagebericht.

Allerdings enthält das KonTraG keine Kriterien, anhand deren die Unternehmensleitung überprüfen kann, ob sie die gesetzlichen Vorgaben erfüllt. Die Berichtspflichten im Lagebericht als Bestandteil der externen Rechnungslegung wurden vom Institut der Wirtschaftsprüfer konkretisiert. Die Einrichtung eines Früherkennungs- und Überwachungssystems dagegen ist ein wesentlicher Bestandteil der unternehmerischen Verantwortung und daher nicht im gleichen Maß wie die Rechnungslegungspflicht regelbar. Mit einem umfassenden Risikomanagementsystem können die gestellten Aufgaben erfüllt werden, die konkrete Ausgestaltung dieses Systems wirft aber noch Fragen auf.

Im folgenden wird daher ein systematischer Ansatz für ein Risikomanagementsystem vorgestellt, das zum einen die Anforderungen des KonTraG erfüllt, zum anderen aber insbesondere die unternehmerische Zielsetzung angemessen unterstützt. Dazu wird zunächst die Aufgabenstellung für die Unternehmensleitung vor dem Hintergrund des KonTraG formuliert. Anschließend wird ein konzeptioneller Ansatz für das Risikomanagement entwickelt, dessen praktische Umsetzung in fünf Schritten erläutert wird.

2 Aufgabenstellung für die Unternehmensleitung

Ein in der Begründung zum KonTraG genanntes Hauptziel der Reform des Aktien- und Handelsrechts war die gezielte Verbesserung des Führungs- und Überwachungssystems von Publikumsgesellschaften im Hinblick auf

- eine stärkere Orientierung an der langfristigen Wertsteigerung für die Anteilseigner,
- eine intensivere Kommunikation mit den Marktteilnehmern über Unternehmenspolitik und -entwicklung sowie mehr Transparenz und Publizität,
- die notwendige Angleichung an internationale Anforderungen, die im Zuge der Globalisierung der Kapitalmärkte an deutsche Unternehmen herangetragen werden.

Zur Erreichung dieser Ziele greift das KonTraG in zwei aus Sicht der Unternehmensleitung besonders relevante Bereiche ein: Zum einen in die externen und internen Berichtspflichten des Vorstandes, zum anderen in seine Organisationsverantwortung:

Neuregelungen durch KonTraG	
Berichterstattung	**Organisationsverantwortung**

• Berichte an den Aufsichtsrat über die beabsichtigte Geschäftspolitik
• Risikodarstellung im Lagebericht
• Erweiterter Konzernanhang
   - Segmentberichterstattung
   - Kapitalflußrechnung
	§ 91 Abs. II AktG:
	„Der Vorstand hat geeignete Maßnahmen zu treffen, insbesondere ein Überwachungssystem einzurichten, damit den Fortbestand der Gesellschaft gefährdende Entwicklungen früh erkannt werden."

Abbildung 1: Neuregelungen des KonTraG zu den Berichtspflichten und der Organisationsverantwortung des Vorstandes

Eine umfassende Konkretisierung für die neu geregelte Berichterstattung über Risiken im Lagebericht erfolgte durch den Rechnungslegungsstandard des Instituts der Wirtschaftsprüfer IDW RS HFA 1. Danach ist im Lagebericht auf bestandsgefährdende Risiken und sonstige Risiken mit wesentlichem Einfluß auf die Vermögens-, Finanz- und Ertragslage einzugehen. Daneben existieren noch zahlreiche andere Vorgaben zur Berichterstattung[1]. Vergleichbare, allgemein anerkannte Standards finden sich für die Einrichtung und Ausgestaltung des Risikomanagementsystems nicht. Es gilt daher im wesentlichen das Kriterium der „Angemessenheit" im Hinblick auf die durch das KonTraG gesetzten Ziele vor dem unternehmensindividuellen Hintergrund.

72 Risikomanagement als umfassende Aufgabe der Unternehmensleitung

Aus dem KonTraG und seiner Begründung lassen sich somit zwei Vorgaben formulieren:

- Das Risikomanagementsystem muß zumindest bestands- und entwicklungsgefährdende Risiken so frühzeitig erkennen, daß die Unternehmensleitung noch geeignete Gegenmaßnahmen einleiten kann.
- Daneben sind aber auch die unternehmerischen Zielsetzungen abzudecken, um die Voraussetzungen für eine erfolgreiche Weiterentwicklung des Unternehmens im Wettbewerb und die Erhaltung und Steigerung des Unternehmenswertes zu gewährleisten.

Ein Risikomanagementsystem sollte damit nicht nur die vom KonTraG adressierten schwerwiegenden Risiken zum Gegenstand der Betrachtung haben. Vielmehr sollte Risikomanagement auch Chancenmanagement bedeuten und beide Aspekte der Unsicherheit über künftige Ereignisse umfassen. Risikomanagement in diesem Sinn ist ein integraler Bestandteil der betrieblichen Steuerungs- und Überwachungsprozesse und betrifft zahlreiche Teile der Organisation, wenn auch mit unterschiedlichen Schwerpunkten. Die folgende Abbildung verdeutlicht diesen Zusammenhang:

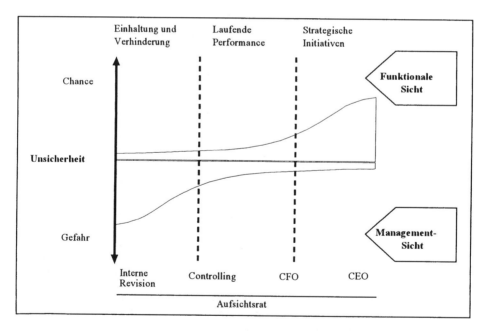

Abbildung 2: Unterschiedliche Schwerpunkte des Chancen- und Risikomanagements als Bestandteil der Aufgaben im betrieblichen Steuerungs- und Überwachungsprozeß

Risikomanagement als umfassende Aufgabe der Unternehmensleitung

Durch die unterschiedliche Betrachtungsweise von Unsicherheiten ergeben sich entsprechende Aufgabenstellungen: Während sich die Interne Revision (zumindest in der klassischen Ausprägung) mit der vergangenheitsbezogenen Einhaltung von Gesetzen und internen Vorgaben befaßt, betrifft die Aufgabe des Controlling und des „Chief Financial Officer" auch die künftige Entwicklung des Unternehmens und damit verstärkt die Nutzung von Chancen. Die Aufgabe der Unternehmensleitung und des „Chief Executive Officer" ist insbesondere in der strategischen Ausrichtung zu sehen, wobei Chancen ein wesentliches Gewicht haben. Der Aufsichtsrat muß sich mit allen Aspekten befassen. Die Unternehmensleitung muß dafür Sorge tragen, daß sämtliche Einzelaspekte in einem umfassenden System durch die jeweils geeigneten Instanzen im Unternehmen abgedeckt werden. Für die Ausgestaltung ist es wesentlich, daß zum einen die Verantwortungsbereiche und Kompetenzen der involvierten Personen und Instanzen so definiert werden, daß die jeweiligen Arbeitsschwerpunkte in sinnvoller Ergänzung einen vollständigen Abdeckungsgrad für Chancen und Risiken ergeben. Zum anderen müssen die für die spezifischen Aufgaben benötigten Informationen zeitnah bereitgestellt werden.

Für eine solch umfassende Aufgabenstellung genügt es nicht, das Risikomanagement ausschließlich auf buchhalterisch ermittelte Vergangenheitszahlen zu stützen. Gerade die vom KonTraG geforderte Frühwarnfunktion macht es erforderlich, ein umfassendes Instrumentarium einzusetzen, das intern zur Steuerung dient, aber auch die externen Berichtspflichten im Lagebericht abdeckt. Dazu ist es notwendig, die Werttreiber sowie kritischen Erfolgsfaktoren zu identifizieren und in geeigneter Weise zu operationalisieren. Letztlich stehen hier Produkt-, Markt- und Ressourcenstrategien im Mittelpunkt. Ein Frühwarnsystem muß ungünstige Entwicklungen dieser unternehmenswertbestimmenden Faktoren schon zu einem Zeitpunkt erkennen, zu dem sich dies noch nicht in der Buchhaltung niedergeschlagen hat. Haben ungünstige Entwicklungen ein Ausmaß erreicht, das deutliche Auswirkungen auf Rentabilität und Liquidität hat, kann es für Gegenmaßnahmen bereits zu spät sein[2]: Die unmittelbare Ausrichtung des Risikomanagements an den Unternehmenszielen und -strategien wird zum kritischen Erfolgsfaktor.

Abschließend ist noch zu untersuchen, welche Unternehmen in Abhängigkeit von der Rechtsform von der Verpflichtung zur Einrichtung eines Risikomanagementsystems betroffen sind. Eine explizite Regelung existiert nur für Aktiengesellschaften. Für andere Rechtsformen wie beispielsweise die GmbHs findet sich keine explizite Regelung im KonTraG[3]. Allerdings macht der Gesetzgeber in der Begründung zu § 91 Abs. II AktG deutlich, daß die Neuregelung nur die ohnehin bestehende Verpflichtung des Vorstandes verdeutlichen soll und damit keine neue Leitungsaufgabe begründet, sondern klarstellende Wirkung hat. Nach der Rechtsprechung gilt für den Geschäftsführer einer GmbH ein Pflichtenrahmen, der mit dem des Vorstands einer AG vergleichbar ist. Der Gesetzgeber sieht daher keine eigenständige Regelung zum Risikomanagement im GmbHG vor und postuliert vielmehr eine „Ausstrahlungswirkung" der aktienrechtlichen Regelungen auch auf GmbH und andere Gesellschaftsformen.

74   Risikomanagement als umfassende Aufgabe der Unternehmensleitung

Darüber hinaus wird in der Gesetzesbegründung ausdrücklich klargestellt, daß die Verpflichtung aus § 91 Abs. II AktG bei Mutterunternehmen im Sinne von § 290 HGB konzernweit zu verstehen ist und daher ein Mutterunternehmen im Rahmen seiner gesellschaftsrechtlichen Möglichkeiten auch diejenigen Tochtergesellschaften in das Risikomanagementsystem einbeziehen muß, von denen bestandsgefährdende Entwicklungen ausgehen können. In der häufig anzutreffenden Konstellation einer strategischen Holding als AG mit operativen Tochtergesellschaften in der Rechtsform der GmbH liegt damit ein typischer Fall für die konzernweite Anwendung von § 91 Abs. II AktG vor, der dann auch über die Mutter-Tochter-Beziehung auf GmbHs durchgreift.

Abschließend sei noch ein Aspekt erwähnt, der in der Diskussion um den Anwendungsbereich von § 91 Abs. II AktG oft nicht herausgestellt wird: Auch der Geschäftsführer einer GmbH oder eines unter das PublG fallenden Unternehmens muß im Lagebericht entwicklungsgefährdende Risiken darstellen. Diese Darstellung muß vom Abschlußprüfer geprüft werden, und zwar unter anderem auf Vollständigkeit. Es stellt sich die Frage, ob eine Geschäftsführung den Berichtspflichten im Lagebericht nachkommen kann, wenn kein System vorhanden ist, mit dem Risiken systematisch untersucht und gesteuert werden.

Zusammenfassend läßt sich somit feststellen:

- Die Einrichtung eines Risikomanagementsystems ist nicht abhängig von der Rechtsform, sondern generell ein Teil der Führungsverantwortung der Unternehmensleitung.

- Das KonTraG fordert hier im Grunde nichts Neues, sondern macht die Unternehmensleitung klarstellend auf ihre Verpflichtung aufmerksam, die mit der unternehmerischen Tätigkeit verbundenen Risiken und Chancen bei der Führung der Geschäfte sowie der Steuerung und Überwachung des Unternehmens angemessen zu berücksichtigen.

- Das KonTraG postuliert keine gesetzliche Verpflichtung zum Erfolg, es verlangt auch nicht, Risiken auf jeden Fall zu vermeiden. Jedes unternehmerische Handeln birgt Risiken, denn Risiken und Chancen sind nur unterschiedliche Seiten derselben Medaille. Allerdings verlangt das KonTraG, daß die Unternehmensleitung die Risiken kennt, bewußt mit ihnen umgeht und eine ausgewogene Balance aus Chancen und Risiken sucht. Nur so kann die geforderte Orientierung an der langfristigen Steigerung des Unternehmenswertes realisiert werden.

- Das KonTraG ist nicht die oft zitierte „Arbeitsbeschaffungsmaßnahme" für Wirtschaftsprüfer und „sonstige Bedenkenträger". Das unternehmerische Interesse steht klar im Mittelpunkt, nicht die Einführung von weiteren bürokratischen Maßnahmen und die Fokussierung auf kleinliche Kontrollen anstelle der Marktchancen.[4]

- Der Wirtschaftsprüfer nimmt mit der Prüfung seinen öffentlich definierten Auftrag wahr, der unter anderem damit begründet ist, daß ein angestelltes Management das

Vermögen der Gesellschafter verwaltet und zur ordnungsmäßigen Rechenschaftslegung verpflichtet ist. Die unternehmerische Verantwortung für das anvertraute Vermögen bleibt bei der Unternehmensleitung.

- Eine rein formalistische Anwendung des KonTraG anhand der Rechtsform ist nicht im Sinne des Gesetzgebers und der Gesellschafter. Letztlich sind alle Unternehmen angesprochen, zu prüfen, welche Maßnahmen individuell notwendig sind, um die Ziele des KonTraG und die Erwartungen ihrer Gesellschafter zu erfüllen.

3 Der konzeptionelle Ansatz für das Risikomanagement

Risikomanagement soll ein integraler Bestandteil des Führungsprozesses sein. Aus diesem Grund bereitet eine isolierte Betrachtung und Definition von einzelnen Komponenten des Risikomanagementsystems naturgemäß Probleme, da im Regelfall bereits einzelne Teile davon in unterschiedlichen Unternehmensprozessen existieren, aber nicht explizit als „Risikomanagement" bezeichnet werden. Die praktische Erfahrung zeigt, daß Risikomanagement im Regelfall keine für sich allein stehende Funktion ist und daher zunächst eine Definition der wahrzunehmenden Aufgaben sinnvoll ist. Erst im zweiten Schritt erfolgt dann ein „Mapping" dieser Aufgaben auf die Führungsprozesse, womit auch gleichzeitig die Zuordnung der Aufgaben in bestehende oder neu einzuführende Organisationseinheiten verbunden ist.

Die Aufgaben im Risikomanagement lassen sich in die zwei Bereiche Risikosteuerung und Überwachung aufteilen. Risikosteuerung umfaßt die Identifizierung und Bewertung der Risiken sowie die Auswahl und Durchführung von Gegenmaßnahmen. Diese Aufgabe ist ein Bestandteil der Prozesse, in denen die Risiken entstehen. Die „Process Owner" haben durch die Nähe zur unternehmerischen Tätigkeit meist die besten Kenntnisse über ihre Risikosituation und die möglichen bzw. erforderlichen Gegenmaßnahmen. Weiterhin wird damit der Forderung nach „Deckungsgleichheit von Verantwortung und Kompetenz" Rechnung getragen und eine Risikokultur bei unternehmerischen Entscheidungen gefördert.

Risikosteuerung hat zwei Betrachtungsschwerpunkte: Zum einen die laufende Steuerung der Risiken, die aus der gegenwärtigen Situation des Unternehmens resultieren, bekannt sind und deren Ursachen oder Rahmenbedingungen sich kurz- oder mittelfristig nicht ändern lassen. Sie wird um die Früherkennung ergänzt. Ziel ist es hierbei, in einer zukunftsorientieren Betrachtung potentielle Chancen und Risiken anhand von schwachen Signalen oder Frühwarnindikatoren zu erkennen und die langfristigen Auswirkungen der bereits bestehenden Risiken zu analysieren, um frühzeitig handeln zu können. Für beide Bereiche fallen grundsätzlich vergleichbare Aktivitäten an, allerdings werden sich im Einzelfall aufgrund der verschiedenen Zeithorizonte, dem unterschiedlichen Grad der

76 Risikomanagement als umfassende Aufgabe der Unternehmensleitung

Reaktionsmöglichkeiten auf Risiken, der Auswahl der möglichen Handlungsalternativen sowie der strategischen Bedeutung für das Gesamtunternehmen im Detail doch Unterschiede ergeben, beispielsweise bei den Analyse- und Prognosemethoden.

Der zweite Aufgabenblock umfaßt die Kontrollaufgaben des Managements. Zunächst sind prozeßimmanente Kontrollen erforderlich, die sicherstellen, daß im Prozeß keine Fehler auftreten bzw. daß entstandene Fehler aufgedeckt und noch im laufenden Prozeß korrigiert werden. Das reibungslose und fehlerfreie Zusammenwirken verschiedener Prozesse wird durch prozeßübergreifende Kontrollen sichergestellt. Steuerungsprozesse sowie die zugehörigen prozeßimmanenten und -übergreifenden Kontrollen bilden ablauftechnisch eine Einheit und das Risikomanagementsystem im engeren Sinn.

Darüber hinaus ist noch eine Kontrolle erforderlich, die prozeßunabhängig und damit objektiv prüft, ob das Risikomanagementsystem im engeren Sinn geeignet ist, seine Aufgabe zu erfüllen und diese auch tatsächlich erfüllt. Diese Aufgabe fällt im Regelfall in die Zuständigkeit der Internen Revision und komplettiert die Aufgaben im Risikomanagementsystem, deren Zusammenhang in der folgenden Abbildung dargestellt wird.

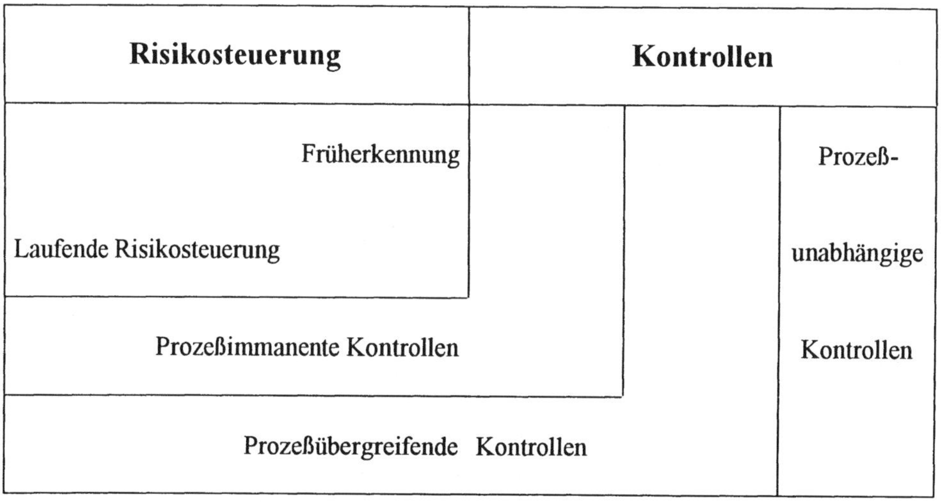

Risikosteuerung	Kontrollen
Früherkennung	Prozeß-
Laufende Risikosteuerung	unabhängige
Prozeßimmanente Kontrollen	Kontrollen
Prozeßübergreifende Kontrollen	

Abbildung 3: Aufgaben im Risikomanagementsystem

Die Umsetzung dieser Aufgaben im Unternehmen kann auf Basis eines dreidimensionalen Modells erfolgen. Hierzu wird das Unternehmen in Betrachtungsbereiche aufgeteilt, die im Hinblick auf Risiken und die anzuwendende Strategie zur Risikobewältigung untersucht werden. Die nachfolgende Abbildung verdeutlicht diesen Zusammenhang:

Risikomanagement als umfassende Aufgabe der Unternehmensleitung 77

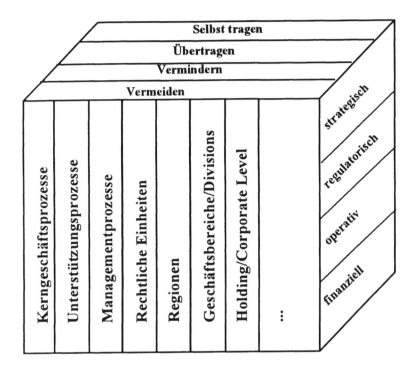

Abbildung 4: Dimensionen des Risikomanagements

Das Unternehmen bzw. der Konzern sind unter Risikogesichtspunkten so in Betrachtungsbereiche aufzuteilen, daß zum einen eine vollständige Abdeckung des gesamten Unternehmens bzw. Konzerns erreicht wird, zum anderen Verantwortung für die Risiken sowie Entscheidungs- und Handlungskompetenzen deckungsgleich sind.

Eine Klassifikation von Risiken erleichtert deren Analyse, aber auch die Identifizierung von Gegenmaßnahmen und die Zuteilung der Verantwortung. Beispielsweise kann folgende Gliederung verwendet werden:

- **Strategische Risiken**

    Strategische Risiken bedrohen die Erreichung der langfristigen Unternehmensziele. Auszugehen ist hier von der Fragestellung, „ob das Richtige" getan wird. Strategische Risiken sind typischerweise Gegenstand von Grundsatzentscheidungen der Unternehmensleitung, die das Unternehmen richtungsweisend lenken und von langfristiger Dauer sind.

78 Risikomanagement als umfassende Aufgabe der Unternehmensleitung

- **Operative Risiken**

  Ausgehend von den strategischen Zielsetzungen ist die Frage zu stellen, ob der gesamte betriebliche Ablauf geeignet ist, die Erreichung der Unternehmensziele zu unterstützen. Im Mittelpunkt der Betrachtung stehen hierbei die Prozesse der Leistungserstellung sowie der Information und Kommunikation. Operative Risiken entstehen dadurch, daß in diesen Prozessen Fehler auftreten, die nicht durch Kontrollen entdeckt und korrigiert werden bzw. dadurch, daß das Berichtswesen nicht zeitnah und entscheidungsorientiert arbeitet.

- **Finanzielle Risiken**

  Finanzielle Risiken resultieren im wesentlichen aus dem Marktpreisänderungsrisiko von Währungen, Zinsen, Liquidität und Rohstoffen. Aber auch sonstige Finanzrisiken, wie z. B. das Ausfall- oder Kreditrisiko, können hierzu gezählt werden. Die Abgrenzung zu den finanziellen Auswirkungen von strategischen und operativen Risiken erfolgt anhand der Bezugnahme auf das jeweilige Grundgeschäft: Strategische und operative Risiken entstehen im wesentlichen daraus, daß bei der Festlegung, welche Grundgeschäfte auf welchen Märkten mit welchen Kunden getätigt werden, strategische Fehlentscheidungen getroffen werden bzw. nach dieser strategischen Festlegung bei der operativen Durchführung der Geschäfte. In beiden Fällen beziehen sich die Risiken auf das Grundgeschäft; entsprechend sind die daraus resultierenden finanziellen Effekte dem strategischen bzw. operativen Bereich zuzuordnen. Finanzielle Risiken dagegen treten *nach* der Entscheidung für und der Durchführung des Grundgeschäftes auf (z. B. Währungskursschwankungen mit Auswirkungen auf Forderungen, Ausfall von Debitoren etc.) beziehungsweise dadurch, daß die aus dem Grundgeschäft resultierenden Finanzrisiken nicht durch entsprechende Instrumente abgesichert werden oder eine solche Sicherungsstrategie fehlschlägt.

- **Regulatorische Risiken**

  Regulatorische Risiken beziehen sich auf die Einhaltung der jeweils einschlägigen gesetzlichen sowie sonstigen regulativen Rahmenbedingungen und fallen zum einen typischerweise in den Aufgabenbereich der Rechtsabteilung. Daneben sind in der Praxis aber auch das Finanz- und Rechnungswesen, die Steuerabteilung und operative Einheiten (z. B. bei Umweltauflagen) betroffen.

Diese Klassifikation stellt keine abschließende Aufzählung dar. In der Praxis finden sich zahlreiche weitergehende Aufteilungen. Entscheidend ist, daß ein Bezug zur betrieblichen Realität hergestellt wird und die Einteilung von Risiken geeignet ist, komplexe Risikosituationen transparent zu machen.

Die letzte Dimension stellen die Strategien zur Risikobewältigung dar. Folgende Strategien können zur Anwendung kommen:

- **Vermeidung von Risiken**

  Bestimmte Geschäfte können aufgrund ihrer Natur derart gravierende Risiken aufweisen, daß unter Abwägung von Chancen und Risiken darauf verzichtet wird. Dies kann sich auf die Geschäfte selbst, aber auch auf das Portfolio von Geschäften auf bestimmten Märkten beziehen, wenn z. B. die Haftungsrisiken auf einigen Märkten nicht tragbare Risiken begründen könnten.

- **Verminderung von Risiken**

  Risiken können durch Gegenmaßnahmen im Hinblick auf das mögliche Schadensausmaß bzw. ihre Eintrittswahrscheinlichkeit gemindert und damit auf ein akzeptables Maß reduziert werden. Die unterschiedliche Wirkung von Gegenmaßnahmen soll durch das folgende Beispiel verdeutlicht werden:

  Für ein technisches Gebäude besteht Brandgefahr. Dieses Risiko bedroht die Funktionsfähigkeit einer wesentlichen technischen Komponente der Leistungserstellung. Zur Absicherung wurden die üblichen technischen Brandschutzmaßnahmen ergriffen, darüber hinaus wurde eine Feuerversicherung abgeschlossen. Im Hinblick auf die Beurteilung des Schadensausmaßes bedeutet die Feuerversicherung, daß die monetären Schäden aus einem Brand weitestgehend abgedeckt sind. Allerdings hat die Feuerversicherung keine Auswirkung auf die Wahrscheinlichkeit eines Schadens. Diese ist rein nach den Brandschutzmaßnahmen und den übrigen Umständen zu beurteilen.

  Damit ergeben sich im Regelfall bei dieser Strategie Überschneidungen zur

- **Überwälzung von Risiken**

  Als Standardbeispiel für die Überwälzung von Risiken auf Marktteilnehmer, die über ein größeres Risikoaufnahmepotential als das Unternehmen verfügen, ist der Versicherungsschutz zu nennen. Weiterhin fällt in diesen Bereich die Absicherung von Finanzrisiken durch Derivate, die im wesentlichen dadurch möglich ist, daß Marktteilnehmer eine andere Zukunftserwartung als das sichernde Unternehmen haben.

  Risiken können durch Versicherungen bezüglich ihres Schadensausmaßes gemindert werden. Damit wird aber auch deutlich, daß Versicherungslösungen nur *ein* Aspekt des Risikomanagements sind, da die Wahrscheinlichkeit des Eintritts durch solche Maßnahmen nicht beeinflußt wird. Dieser Faktor wiederum ist aber eine wesentliche Determinante der Kosten von Versicherungen und damit im Gesamtzusammenhang mit den Risikokosten zu werten. Bestimmte Risiken sind nicht oder nur zu nicht akzeptablen Kosten versicherbar. Darüber hinaus deckt eine Versicherung im Regelfall nur den unmittelbaren monetären Schaden ab, nicht aber Folgeschäden wie beispielsweise Image- und Marktanteilsverluste. Gerade diese Folgeschäden jedoch können gravierende Wirkung haben. Insofern muß eine Überwälzung von Risiken immer im Zusammenhang mit anderen Maßnahmen gesehen werden.

- **Selbsttragen von Risiken**

  Eine unter Chancen-Risiko-Überlegungen ausgewogene Strategie wird auch vorsehen, daß Risiken selbst getragen werden. Gründe können beispielsweise sein, daß die Finanzkraft des Unternehmens ausreicht, daß Gegenmaßnahmen nur bis zu einem bestimmten Deckungsgrad kostenmäßig sinnvoll sind bzw. daß keine wirksamen Gegenmaßnahmen möglich sind. Es kann auch eine Strategie zur Anwendung kommen, die neben einem abgesicherten Bereich durch bewußtes Nicht-Sichern auch die Nutzung von Chancen vorsieht. Ein Beispiel ist die Absicherung von Wechselkursrisiken, die lediglich 50 % der offenen Position umfaßt und somit die Möglichkeit für die Partizipation an Kursgewinnen gibt.

  Eine wesentliche Aufgabe ist es, gerade diese selbst zu tragenden Risiken zu identifizieren und nach Möglichkeit zu quantifizieren, da es sich hierbei um Restrisiken handelt, die „durchschlagen" und eine Bestandsgefährdung auslösen können.

Die vorstehend beschriebenen Aufgaben im Risikomanagement setzen in den Schnittpunkten der drei Dimensionen an. Dabei ist zu beachten, daß sowohl das Unternehmensumfeld als auch das Unternehmen selbst ständigen Veränderungen unterliegen und daraus Auswirkungen auf die einzelnen Dimensionen resultieren. Risikomanagement kann somit keine „starre" Einrichtung sein, sondern muß auf diese Veränderungen flexibel reagieren. Dazu sind Prozesse erforderlich, der entsprechende Selbststeuerungsmechanismen besitzen.

4 Die fünf Schritte im Risikomanagement

Risikomanagement als Prozeß kann in fünf Schritte aufgeteilt werden. In der Praxis hat es sich bewährt, die Reihenfolge dieser Schritte bei der Einführung des Systems bzw. bei der Überprüfung der gegenwärtig vorhandenen Systeme einzuhalten. Im einzelnen werden folgende Schritte unterschieden:

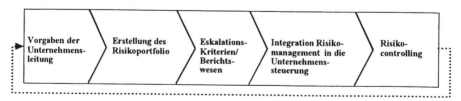

Abbildung 5: Fünf Schritte im Risikomanagement

4.1 Vorgaben der Unternehmensleitung

Risikomanagement als Bestandteil der Führungsaufgabe der Unternehmensleitung verlangt ein eindeutiges und im Unternehmen kommuniziertes „Commitment" des Managements. Die Unternehmensleitung muß daher ein klar definiertes „Risk Management Framework" vorgeben, das aus den folgenden Elementen besteht:

4.1.1 Kommunikation der Unternehmensziele und Werttreiber

Wenn Risikomanagement die Erreichung der Unternehmensziele unterstützen soll, müssen diese auch kommuniziert werden. Diese Forderung mag trivial klingen, in der Praxis zeigt sich jedoch, daß nicht in jedem Fall in allen Ebenen des Unternehmens Klarheit über die jeweiligen Zielvorgaben und den vom jeweiligen Bereich geforderten Beitrag herrscht. Gerade in einem dynamischen Umfeld müssen Strategie und Taktik angepaßt und die Veränderungen zeitnah und differenziert nach Unternehmensbereichen operationalisiert werden. Dabei empfiehlt es sich, den Bereichen neben den übergeordneten Zielen auch die jeweiligen Werttreiber vorzugeben und dafür konkrete (nach Möglichkeit quantitative) Ziele zu formulieren.

Daß ein solches Zielsystem mit den individuellen Zielen der jeweils betroffenen Mitarbeiter abgestimmt sein sollte, versteht sich im Grunde von selbst, ist aber nicht immer der Fall. Insbesondere müssen bei mitarbeiterbezogenen Vorgaben die Zusammenhänge zwischen den einzelnen Zielen berücksichtigt werden. Als Beispiel seien Zielvorgaben für den Vertrieb aufgeführt, die sich nur an erzielten Umsätzen orientieren, dabei aber die Kundenbonität und den Ergebnisbeitrag vernachlässigen. Die Vorgaben unterstützen damit zwar das übergeordnete Ziel Marktanteil, können aber die Ziele Rentabilität und Ergebnis unter Umständen negativ beeinflussen, wenn ausschließlich der Umsatz betrachtet wird.

Weiterhin müssen bei diesen Zielvorgaben alle Aspekte der Leistungserstellung berücksichtigt und auf die verschiedenen Ebenen „heruntergebrochen" werden. Als Instrument dafür bietet sich beispielsweise die „Balanced Scorecard" an, in der quantitative Vorgaben für verschiedene Bereiche gemacht werden. Nur wenn alle Bereiche im Gleichgewicht sind, können die übergeordneten Ziele erreicht werden. Wechselwirkungen können somit transparent gemacht werden. Eine Ampelfunktion soll deutlich aufzeigen, ob die quantitativen Werte noch im „grünen Bereich" sind.

82 Risikomanagement als umfassende Aufgabe der Unternehmensleitung

Kunden	**Finanzen**
• Marktanteil • Kundenzufriedenheit • Anzahl Beschwerden • Abwicklung von Orders und Beschwerden	• Deckungsbeitrag • Rentabilität • Investitionen nach Plan • Cash-Flow • Strategie zum Währungsmanagement
Personal	**Prozesse (Bsp.: DV)**
• Mitarbeiterzufriedenheit • Fluktuations- und Absenzrate • Personalbestand • Produktivität • Anzahl Weiterbildungstage pro Mitarbeiter	• Datensicherheit/Integrität der Daten • Jahr-2000-Fähigkeit • Auslastungsgrad Plattform • Projekte nach Plan • Entwicklungsergebnisse • Einhaltungsgrad interne Service Levels • Verfügbarkeit der Leistungen

Abbildung 6: Beispiel für eine Balanced Scorecard

4.1.2 Definition von Risikomeßkriterien und „Risk Appetite"

Eine der wichtigsten Vorgaben ist die Definition des Risikoausmaßes, das die Unternehmensleitung noch toleriert. Dazu ist es in einem ersten Schritt erforderlich, Meßkriterien für die Risiken festzulegen. Diese Kriterien müssen das mögliche Schadensausmaß und die Eintrittswahrscheinlichkeit erfassen, da ein Risiko diese beiden Unsicherheitsfaktoren aufweist. Im zweiten Schritt sind entsprechende Grenzwerte für Risiken festzulegen. Zur Beurteilung der Risikosituation werden dann die Risiken anhand der Kriterien gemessen und dem noch tolerierten Risiko gegenübergestellt.

Während im Finanzbereich die Messung und Limitierung von Risiken auf Basis quantitativer Methoden möglich ist,[5] stößt dieser Ansatz in einem auch die übrigen Risiken abdeckenden System an seine Grenzen. Oftmals ist es nicht möglich, Risiken so hinreichend in Zahlen zu fassen, daß eine rein quantitative Analyse noch zu sinnvoll verwertbaren Ergebnissen führt.

In diesen Fällen ist die Anwendung von qualitativen Meßkriterien sinnvoll. Risiken können beispielsweise in Hinblick auf ihr Schadensausmaß mit einem Punktesystem oder subjektiven Einschätzungen von irrelevant bis kritisch oder katastrophal bewertet werden. Gerade hier wird die Wichtigkeit der Verknüpfung von Risiken mit den Unternehmenszielen deutlich: Während quantitative Methoden in aller Regel das Risiko in seiner Auswirkung auf das finanzielle Ergebnis darstellen, läßt sich dieser Zusammenhang mit qualitativen Methoden oft nicht direkt abbilden. Statt dessen stellen hier die bereichsweise formulierten Unternehmensziele eine praktikable Bezugsgröße dar.

Die Eintrittswahrscheinlichkeit als zweite Komponente des Risikos kann analog behandelt werden. Auch hier sind quantitative und qualitative Einschätzungen möglich. Wenn qualitative Einschätzungen wie z. B. hohe bis niedrige Eintrittswahrscheinlichkeit erfolgen, können diese im Hinblick auf eine nachgelagerte Auswertung von Risiken im Risikobericht mit subjektiv definierten Wahrscheinlichkeitswerten versehen werden.

Mittlerweile kommen speziell im Finanzbereich statistisch fundierte Methoden wie Value-at-Risk zum Einsatz, bei denen das Ausmaß von Ereignissen und deren Eintrittswahrscheinlichkeiten anhand von Zeitreihen etc. prognostiziert werden. Beim Einsatz solcher Methoden darf jedoch nicht vergessen werden, daß „Jahrhundertereignisse" wie beispielsweise plötzliche und dramatische Kursänderungen von Devisen oder Aktien damit kaum vorhersehbar sind. Daher sollten zusätzliche Szenarionanalysen erstellt werden, die immer auch ein Worst-case-Szenario enthalten müssen, um z. B. im Hinblick auf eine Bestandsgefährdung auch maximale Verlustrisiken zu betrachten.

Problematisch ist die Festlegung einer Obergrenze für qualitativ ermittelte Risiken. Während sich für quantitativ gemessene Risiken beispielsweise im Finanzbereich ein Limitsystem auf Basis von offenen Positionen und möglichen Verlusten einrichten läßt, müssen im qualitativen Ansatz Ersatzgrößen zugrunde gelegt werden, beispielsweise die Anzahl der als kritisch oder katastrophal eingeschätzten Risiken oder das Ausmaß der Bedrohung von als unabdingbar eingeschätzten Unternehmenszielen.

Möglich ist auch eine Kombination beider Ansätze, indem Risiken zunächst quantifiziert und anhand der so ermittelten Werte in eine Reihenfolge gebracht werden. Bei der Steuerung dieser Risiken wird auf die Betragsangabe verzichtet, statt dessen erfolgt eine Orientierung an der Priorität der Risiken, beispielsweise eine Begrenzung der Anzahl von Risiken einer bestimmten Priorität. Bei dieser Vorgehensweise wird zwar ein betragsmäßiges Risiko ermittelt, das auch im Hinblick auf die von KonTraG geforderte Orientierung an einer Bestandsgefährdung herangezogen werden kann, für den weiteren Umgang mit dem Risiko wird jedoch auf betragsmäßige Scheingenauigkeit verzichtet und nur noch auf die Wichtigkeit für die Erreichung der Unternehmensziele abgestellt.

Dieser Ansatz eignet sich auch dafür, die Anzahl der im Risikomanagement zu erfassenden Risiken unter dem Gesichtspunkt der Wesentlichkeit zu begrenzen. Beispielsweise läßt sich dazu eine Größenordnung für einen Maximalschaden vorgeben. Nur wenn ein Risiko diesen verursachen kann, wird es in die Betrachtung einbezogen.

Neben diesen von den Unternehmenszielen geprägten Vorgaben muß aber noch im Hinblick auf die Einhaltung der Vorschriften des KonTraG festgelegt werden, ab welcher Grenze eine Bestands- oder Entwicklungsgefährdung vorliegt. Diese Grenze wird im Regelfall über den unternehmerisch bestimmten Grenzwerten liegen. Im Hinblick darauf, daß anhand der Zahlen im Jahresabschluß von Kapitalgesellschaften beispielsweise die Ausschüttungen bemessen werden oder beim Verlust von Teilen des Kapitals

84   Risikomanagement als umfassende Aufgabe der Unternehmensleitung

bestimmte Maßnahmen vorgeschrieben sind, sollte die Bestandsgefährdung einen Bezug zur Bilanz und zur Gewinn- und Verlustrechnung haben. Als Bezugsgrößen bieten sich u. a. an:

- Betriebsergebnis,
- Jahresüberschuß/-fehlbetrag,
- Eigenkaptital (als absolute Größe oder als Eigenkaptialquote),
- Rentabilität,
- Gewinn pro Aktie.

In divisionalisierten Unternehmen sollten solche Grenzwerte auch für die einzelnen Bereiche vorgegeben werden.

Bei der Bestimmung der Bestands- und Entwicklungsgefährdung sollte aber nicht vergessen werden, daß bilanzielle Bezugsgrößen durch Bilanzierungs-, Bewertungs- und Ausweiswahlrechte beeinflußt werden können. Nur eine Bezugnahme auf die „echten" Zahlen kann im Sinne des KonTraG sein. Damit bietet sich der Cash-flow als Bezugsgröße an.

4.1.3 Abgrenzung der Betrachtungsbereiche

Grundsätzlich liegt das Risikomanagement in der Verantwortung der jeweils für Entscheidungen zuständigen Bereiche. Entsprechend müssen diese Bereiche nun nach den im konzeptionellen Ansatz dargestellten Grundsätzen der Vollständigkeit sowie Deckungsgleichheit von Verantwortung und Entscheidungs-/Handlungskompetenzen abgegrenzt werden.

Dies mag auf den ersten Blick trivial erscheinen, aber insbesondere in international operierenden Konzernen finden sich z. T. komplexe Organisationsstrukturen, die nach mehreren Kriterien gegliedert sind. Wie bereits oben ausgeführt, besteht die Verpflichtung zur Einrichtung des Risikomanagements auch im Weltkonzern. Wenn Risikomanagement als Bestandteil der Prozeßverantwortung definiert wird, stellt sich die Frage

- welche Einheit für welchen Bereich verantwortlich ist und
- ob diese Einheit auch über die notwendigen Kompetenzen verfügt.

Diese Problematik soll an einem Beispiel verdeutlicht werden:

Ein international tätiger Konzern operiert im Ausland über rechtlich selbständige Tochtergesellschaften, die nach Regionen geführt werden. Im Inland werden bestimmte Leistungen durch ebenfalls eigenständige Tochtergesellschaften erbracht. In- und ausländische Tochtergesellschaften werden übergreifend zu Geschäftsbereichen zusammengefaßt, darüber hinaus sind für den Konzern Kerngeschäftsprozesse definiert, in denen eine international einheitlich erbrachte Leistung organisiert ist. Diese Kerngeschäftsprozesse betreffen nur bestimmte Abteilungen der einzelnen Tochtergesellschaften.

Für die Abgrenzung der Verantwortungsbereiche für Risikomanagement kommen nun folgende Kriterien in Frage:

- Rechtliche Einheiten,
- Regionen,
- Geschäftsbereiche,
- Kerngeschäftsprozesse.

Erschwert wird eine eindeutige Abgrenzung in der Praxis oft noch dadurch, daß auch die Einscheidungsprozesse in Matrixform organisiert sind und damit mehrere Organisationseinheiten zuständig sind. Die Auswirkungen von gemeinsamen Entscheidungen können aber oft nicht allen involvierten Einheiten zugerechnet werden, sondern fallen beispielsweise nur in einem Bereich an.

In Einzelfällen mag die Abgrenzung relativ eindeutig sein: Finanzielle Risiken fallen typischerweise in die Verantwortung der Treasury-Abteilung, aber je nach Aufgabenstellung des Treasury auch in den Zuständigkeitsbereich anderer Einheiten (z.B. kann das Ausfallrisiko von Debitoren auch vom Vertrieb gesteuert und verantwortet werden). Übergreifende Risiken aber wie z. B. die Umstellung auf den Euro und das Jahr 2000 sind im Regelfall hinsichtlich der eindeutigen Zuteilung der Verantwortung ungleich schwieriger, da für solche Themen oft bereichsübergreifende Projektgruppen gebildet werden. Aus Risikomanagementgesichtspunkten bietet es sich an, das Projekt als solches zum Gegenstand der Betrachtung zu machen.

Ungeachtet einer Einteilung anhand unternehmerischer Strukturen muß die rechtliche Einheit als solche abgrenzbar sein, um der Berichterstattungspflicht über Risiken im Lagebericht nachkommen zu können.

4.1.4 Aufgabenverteilung innerhalb des Risikomanagementsystems

Das Risikomanagementsystems besteht aus Risikosteuerung und Kontrollen. Die im einzelnen darunter fallenden Aufgaben werden in der Praxis verschiedenen Organisationseinheiten zugeordnet und – je nach Größe des Unternehmens – oft in zentral wahrzunehmende Tätigkeiten und Tätigkeiten in den operativen Einheiten aufgeteilt[6]. Die zentralen Aufgaben umfassen im Regelfall die Einrichtung eines angemessenen Rahmens für das Risikomanagementsystem sowie die zusammenfassende Berichterstattung auf Basis der Risikoberichte der einzelnen entscheidenden Einheiten. Diese tragen die Verantwortung für eine angemessene Umsetzung des Risikomanagements und

86 Risikomanagement als umfassende Aufgabe der Unternehmensleitung

dessen Durchführung, werden dabei aber bei Bedarf durch die zentrale Funktion unterstützt.

Die folgende Aufstellung stellt die wesentlichen Aufgaben sowie eine mögliche Zuordnung auf die verschiedenen Organisationseinheiten dar:

Aufgabe	Zentrale Risikomgt.-Funktion	Entscheidungskompetente Einheit	Interne Revision
Methoden, Verfahren	●		⊗
Information/Kommunikation	●		
Risikoidentifizierung		●	⊗
Risikoanalyse und -bewertung		●	
Gegenmaßnahmen	⊗	●	
Prozeßimmanente Kontrollen	⊗	●	⊗
Prozeßübergreifende Kontrollen	●	⊗	
Reporting je Einheit	⊗	●	
Zusammenfassender Risikobericht	●	⊗	
Risikocontrolling	●		
Prozeßunabhängige Überwachung der Eignung und Funktionsfähigkeit des Systems	⊗		●
Unterstützung der operativen Einheiten, Projekte etc.	●		⊗

● = Hauptsächliche Zuständigkeit;   ⊗ = Mitwirkung

Abbildung 7: Aufgabenverteilung auf die Organisationseinheiten

Bei der Entwicklung der Verfahren und Methoden sowie der Einführung des Risikomanagementsystems hat es sich bewährt, daß die Interne Revision eingeschaltet wird. Auf diese Weise lassen sich die Erfahrungen dieser Stelle nutzen, gleichzeitig wird sichergestellt, daß bereits frühzeitig die Qualitätsanforderungen der Internen Revision berücksichtigt werden.

4.1.5 Organisatorische Einbindung

Zentrale Aufgaben im Risikomanagement sollten aufgrund ihrer Bedeutung direkt an die Unternehmensleitung angebunden werden. Durch die damit verbundene direkte Verantwortung für das Risikomanagement stellt die Unternehmensleitung die Erfüllung ihrer Sorgfaltspflicht im Rahmen der Führung der Geschäfte des Unternehmens unmittelbar sicher. Die operativen Aufgaben des Risikomanagements werden durch die Aufteilung auf zentrale und entscheidende Einheiten gleichwohl auf allen Unternehmensebenen wahrgenommen.

Für eine Anbindung der zentralen Aufgaben an die Unternehmensleitung spricht zum einen, den berichtenden Einheiten, z. B. Geschäftsbereiche oder Kernprozesse, einen organisatorisch adäquaten Berichtsempfänger zu schaffen. Zum anderen sichert dies eine unabhängige und objektive Berichterstattung über Risiken an die Unternehmensleitung, dem unmittelbar verantwortlichen Organ.

Im Zusammenhang mit der organisatorischen Einordnung der zentralen Risikomanagementfunktionen ist ebenfalls zu erörtern, welchem Leitungsbereich diese zuzuordnen sind. Grundsätzlich liegt das Risikomanagement in der gemeinsamen Verantwortung der gesamten Unternehmensleitung. Im Innenverhältnis kann jedoch die Zuständigkeit und Entscheidungsberechtigung für das Risikomanagement auf ein Leitungsmitglied übertragen werden. Der Gesamtverantwortung der Unternehmensleitung muß dann durch einen regelmäßigen Risikobericht an das gesamte Gremium Rechnung getragen werden.

Bei der Entscheidung, welchem Leitungsbereich die Federführung für das Risikomanagement zugeordnet wird, sollte u. a. ausschlaggebend sein, ob in dem jeweiligen Unternehmensbereich selbst wesentliches Risikopotential vorhanden ist. Insbesondere im Hinblick auf mögliche Interessenkonflikte bei der Risikoerhebung und -berichterstattung sollte ein Leitungsbereich mit geringem Risikopotential gewählt werden.

Eine Befragung verschiedener Unternehmen ergab, daß das Risikomanagement organisatorisch sowohl in den Finanzbereichen als auch im Verantwortungsbereich Vorstandssprecher/Vorsitz der Geschäftsführung angesiedelt ist.

Während die Zuordnung in einigen Fällen historisch bedingt und damit bei der Einführung moderner Risikomanagementsysteme nicht zwingend neu zu entscheiden war, wurden für die Anbindung an die Bereiche Vorstandsvorsitz bzw. Finanzwesen/Controlling im wesentlichen folgende Gründe genannt:

88   Risikomanagement als umfassende Aufgabe der Unternehmensleitung

- Vorstandsvorsitz
    - Unabhängigkeit (in Anlehnung an die Kriterien für die Anbindung der Internen Revision),
    - Vermeidung von Interessenkonflikten mit den operativen Bereichen,
    - Einbindung des Risikomanagements in Planung und Strategie.
- Finanzen/Controlling
    - Verwandte Informationswege für Finanzdaten und Risikoerhebung,
    - Umfassende Kenntnis vom Gesamtunternehmen/Konzern,
    - Routine in regelmäßiger Berichterstattung,
    - Geringes eigenes Risikopotential, Konfliktvermeidung.

Die Zusammenstellung der Hauptbeweggründe für die Zuordnung des Risikomanagements ergibt, daß eine allgemeingültige Regel für die Zuordnung nicht besteht und die organisatorische Anbindung von Unternehmen zu Unternehmen von den individuellen personellen und sachlichen Verhältnissen abhängt.

Meist ist aber eine Anbindung an den Sprecher der Unternehmensleitung oder an den Bereich Finanzen/Controlling anzutreffen, andere Bereiche der Unternehmensleitung dürften eher die Ausnahme darstellen.

4.1.6 Kommunikation und Information

Wenn Risikomanagement umfassend sein soll, muß eine entsprechende Kommunikation und Information an alle Beteiligten sichergestellt werden. Dies betrifft zum einen die Akzeptanz eines solchen Systems, zum anderen die einheitliche Anwendung der festgelegten Methoden und Verfahren.

Die unmittelbare Verantwortung der Unternehmensleitung für das Risikomanagement geht einher mit der Rolle des Projektsponsors bei der Einführung. Nur wenn die Unternehmensleitung ihrer Verantwortung klar Ausdruck verleiht und die Bedeutung des Risikomanagements herausstellt, können eine Einführung und später der laufende Systembetrieb erfolgreich sein.

Eine einheitliche Anwendung der zentral entwickelten Verfahren und Methoden, insbesondere eine einheitliche Bewertung von Risiken, macht es erforderlich, daß die jeweils verantwortlichen Einheiten ausführlich über ihre Aufgaben und die zugrundeliegende Methodik informiert und geschult werden. Diese Aufgabe kommt dem zentralen Risikomanagement zu. In diesem Zusammenhang hat sich die Erstellung eines Handbuchs zum Risikomanagement bewährt, das den operativen Einheiten z. B. in Workshops vorgestellt wird. Auf diese Weise kann das Verständnis unmittelbar kommuniziert werden, die später Verantwortlichen können Fragen zum Prozeß etc. direkt adressieren. Über die

Besetzung solcher Workshops sollte u. a. anhand der Abgrenzung der Betrachtungs- und Erhebungsbereiche entschieden werden.

Die damit definierte Verantwortung der zentralen Funktion für die Gestaltung und die Einführung des Risikomanagementprozesses macht die Ausstattung dieser Stelle mit einer Richtlinien-Kompetenz für einheitliche Verfahren und Methoden erforderlich.

Nach der Einführung des Systems kann die zentrale Risikomanagementfunktion durch regelmäßige Information der übrigen Einheiten über Veränderungen in der Risikosituation oder neu aufgetretene Risiken einen weiteren wertvollen Beitrag für die Effektivität des Gesamtsystems leisten.

4.2 Erstellung des Risikoportfolios

Grundlage des Risikomanagements ist zunächst ein Inventar der als betrachtungserheblich eingestuften Risiken, die im Hinblick auf das mögliche Schadensausmaß und die Eintrittswahrscheinlichkeit zu bewerten sind (Risikomatrix). Diesen Risiken sind die getroffenen Gegenmaßnahmen zuzuordnen und im Hinblick auf ihre Effektivität zu beurteilen. Damit soll aus einer Gesamtbetrachtung von Risiken und Gegenmaßnahmen eine Aussage über das Restrisiko ermöglicht werden, das noch nicht bewältigt ist und damit potentiell Auswirkungen auf das Unternehmen haben kann. Im Hinblick auf die Anforderungen des KonTraG sind insbesondere solche Restrisiken auf Bestands- oder Entwicklungsgefährdung zu untersuchen.

Durch die Analyse, inwieweit die Risiken bereits in die Verantwortung bestehender Prozesse eingebettet sind, wird die gesamte Risikosituation als Risikoportfolio abgebildet.

4.2.1 Identifizierung und Bewertung der Risiken

Zur Identifizierung und Bewertung der Risiken hat es sich in der Praxis bewährt, einen Workshop des jeweiligen Bereichs durchzuführen. Die Besetzung sollte dabei nach Möglichkeit interdisziplinär sein, um die unterschiedlichen Sichtweisen und Wertungen zu einem Gesamtbild zu verdichten. Das erste Ergebnis eines solchen Workshops sollte eine Risikomatrix sein, in der die identifizierten Risiken nach möglichem Schadensausmaß und Eintrittswahrscheinlichkeit untersucht und klassifiziert werden.[7]

Bei Bedarf können noch weitergehende Klassifikationen erfolgen. Wie im Abschnitt zu den Risikomeßkriterien ausgeführt, können Schadensausmaß und -wahrscheinlichkeit quantitativ und qualitativ beurteilt werden.

90 Risikomanagement als umfassende Aufgabe der Unternehmensleitung

Die Klassifikation der Risiken gibt erste Aufschlüsse über die erforderlichen Gegenmaßnahmen: Geschäfte im Bereich „irrelevanter Risiken" können im Regelfall ohne besondere Sicherungsmaßnahmen durchgeführt werden, wogegen Geschäfte mit kritischen Risiken vermieden oder nur nach spezieller Sicherung getätigt werden sollten. Der Bereich der „Fleißarbeit" stellt im Regelfall kein besonderes Einzelrisiko dar, kann aber je nach Häufigkeit der Einzelschäden insgesamt doch ein unerwünschtes Ausmaß annehmen, das besonderer (Routine-)Beachtung bedarf. Für „latente Risiken" sind wiederum spezielle Sicherungsmaßnahmen erforderlich, z. B. einen maßgeschneiderten Versicherungsschutz durch Captives. Gleichzeitig bedarf es hier einer starken Beobachtung schwacher Signale.

4.2.2 Zuordnung der Gegenmaßnahmen

Nach der Identifikation der Risiken sind die bereits bestehenden Gegenmaßnahmen zuzuordnen. Durch diese Maßnahmen soll das Risiko auf ein akzeptables Niveau gebracht werden. Die Gegenmaßnahmen sind im Hinblick auf ihre Wirksamkeit zu beurteilen, und zwar zum einen bezüglich der Wirkungsweise (Vermeiden, Vermindern, Überwälzen), zum anderen hinsichtlich der Effektivität. Zusätzlich sind auch die Kosten der Gegenmaßnahmen zu beachten.

Ein (nicht abschließender) Katalog von Gegenmaßnahmen kann beispielsweise wie folgt aussehen:

Technisch	Organisatorisch	Vertraglich	Finanziell
• Brandschutz • Redundanzen bei wichtigen Anlagen • Ausweichanlagen • Sicherheitskonzepte • Firewalls	• Alarmplan • Notfallplan • Ersatzteilhaltung • Zugangskontrollen • Prozeßkontrollen • IKS • Risikoinformationen • ISO-Zertifizierung • Total Quality Management	• Gestaltung von Lieferanten- und Kundenverträgen • Einzelverträge • Allgemeine Geschäftsbedingungen • Unternehmensverträge	• Rückstellungen • Rücklagen • Fondsbildung • Konzerninterne Deckungskonzepte • Versicherungen • Derivate • Cash Pooling

Abbildung 8: Gegenmaßnahmen zur Bewältigung identifizierter Risiken

Wichtig ist in diesem Zusammenhang die Abgrenzung zwischen dem internen Management von Risiken und der Überwälzung, beispielsweise auf Versicherungen oder – im Fall der Anwendung von Derivaten – auf andere Marktteilnehmer. In der Praxis finden sich vielfältige Ausrichtungen: In Einzelfällen haben sich Konzerne entschlossen, auch gravierende Risiken nicht zu versichern, da die Kosten unverhältnismäßig hoch und eine ausreichende Finanzkraft zur Selbsttragung der Risiken vorhanden waren. Beispiele aus der Praxis zeigen weiterhin, daß ein funktionierendes Risikomanagement, ggf. verbunden mit konzerninternen Deckungskonzepten, enorme Möglichkeiten bietet, den externen Versicherungsschutz und die damit verbundenen Kosten zu reduzieren.

4.2.3 Analyse der bestehenden Prozesse und Informationen zum Risikomanagement

Als Grundlage für eine Integration des Risikomanagements in die Unternehmenssteuerung ist zu analysieren, ob bzw. inwieweit identifizierte Risiken bereits durch bestehende Prozesse adressiert werden. Diese Analyse umfaßt sowohl die Risikosteuerung, die jeweils zugehörigen Informationsströme als auch die Kontrollen. Eine solche Analyse soll eine Aussage darüber ermöglichen, ob der bestehende organisatorische Rahmen ein effektives und effizientes Risikomanagement ermöglicht. Gleichzeitig wird hier eine umfassende Dokumentation der getroffenen organisatorischen Maßnahmen zum Risikomanagement erstellt, die u.a. zum Nachweis der Existenz eines Risikomanagementsystems dient, beispielsweise im Rahmen der Jahresabschlußprüfung.

Neben der Identifizierung der relevanten Prozesse sollten Risikoindikatoren identifiziert werden, anhand deren die Steuerung und Bewertung von Risiken erfolgt. Dabei werden auch die Berichtswege erhoben, in denen diese Indikatoren verarbeitet werden. Je nach Art des Risikos können unterschiedliche Indikatoren sinnvoll sein, so z.B.

- Personalfluktuation (Risiko eines unerwünschten Personalabgangs),
- Stand der Aufgabenerledigung (Projektrisiken),
- Grad der Verfügbarkeit (Technischen Risiken in Netzwerken),
- Leerstandsfläche (Risiko im Hinblick auf den Immobiliennutzungsgrad),
- Anzahl der Kundenverluste (Risiko des Verlustes von Marktanteilen).

Jeder Verantwortliche sollte für die in seinem Bereich anfallenden Risiken solche Indikatoren und deren Grenzwerte definieren. Diese Grenzwerte sind mit den Vorgaben der Unternehmensleitung zum „Risk Appetite" iterativ abzustimmen. Dabei werden Werte festgelegt, die einem akzeptierten Risikoniveau entsprechen. Ein regelmäßiger Vergleich dieser Soll-Werte mit den aktuellen Ist-Werten macht die Entwicklung des Risikos transparent und zeigt den Bedarf an Steuerungsmaßnahmen. Sinnvoll ist dabei auch eine Ampelfunktion, die auf die Erreichung oder Annäherung an einen kritischen Wert hinweist. Je nach Grad der Zielabweichung können dann entsprechende Maßnahmen ergriffen werden.

Allerdings lassen sich nicht für alle Risiken quantifizierbare Indikatoren bzw. sinnvolle Grenzwerte definieren. In solchen Fällen sollten Betrachtungsbereiche definiert werden, um die Entwicklung eines Risikos anhand schwacher Signale zu beobachten und rechtzeitig Hinweise auf erforderliche Gegenmaßnahmen zu erhalten.

Es hat sich weiterhin als hilfreich herausgestellt, zusätzlich einen Trend auf Basis der bisherigen Entwicklung der Risikoindikatoren abzubilden, der eine Aussage über den Erfolg des Risikomanagements im Zeitablauf ermöglicht. Dem Betrachter wird somit die Annäherung an kritische Werte frühzeitig signalisiert und die Möglichkeit gegeben, rechtzeitig darauf zu reagieren.

Die Wechselwirkungen zwischen Gegenmaßnahmen und Kontrollen dürfen bei der Analyse nicht außer acht gelassen werden: Falls Gegenmaßnahmen weitgehend automatisch eingeleitet werden, wenn eine definierte Bedingung erfüllt wird (beispielsweise Zuschaltung einer redundanten Anlage beim Ausfall der Hauptanlage), stellt dieser Regelkreis bereits eine starke und sehr wichtige Kontrolle dar, so daß die Wirksamkeit der Gegenmaßnahme im Regelfall ohne zeitlichen Verzug und ohne kontrollbedingte Einschränkung zum Tragen kommt. Wenn Gegenmaßnahmen aber erst als Ergebnis von risikorelevanten Informationen – als Ergebnis aus Kontrollen – ausgelöst werden müssen, sind auch die Reaktionszeit und das Ausmaß der Reaktion in der Gesamtbewertung der Risikosituation zu berücksichtigen.

Risikomatrix, Gegenmaßnahmen, relevante Prozesse und Informationen werden zum Risikoportfolio zusammengefaßt und zeigen zum einen die (Rest-)Risikosituation, zum anderen die gesamten organisatorischen Vorkehrungen zur Steuerung und Kontrolle dieser Risiken. Erst diese Gesamtsicht spiegelt die aktuelle Bedrohungssituation wider.

4.3 Festlegung der Eskalationskriterien und des Berichtswesens

Entsprechend der Verteilung von Verantwortung und Entscheidungskompetenzen in den einzelnen Einheiten müssen für das Risikomanagement Eskalationskriterien festgelegt werden. Damit wird dem Grundsatz Rechnung getragen, daß eine Einheit zwar für die Risiken in ihrem Bereich verantwortlich ist, aber ab einer bestimmten Größenordnung oder Bedeutung des Risikos die Entscheidungsverantwortung an die nächsthöhere Hierarchiestufe abgegeben werden muß. Diese Eskalation reicht bis zur Ebene der Unternehmensleitung. Davon unbenommen ist die Rückdelegation von Gegenmaßnahmen, die von der höheren Hierarchiestufe entschieden, aber von der nachgeordneten Stufe umgesetzt werden.

Für die Definition der Eskalationskriterien sind das Risikoportfolio und die Risikoindikatoren heranzuziehen. Die Festlegung der jeweiligen Zuständigkeit kann auf Basis eines Indikatorwertes oder der Gesamtbewertung der Risiken erfolgen (z. B., indem bei einer Bewertung des Risikos als „kritisch" oder ab einer monetären Größenordnung die

Unternehmensleitung zuständig wird); ergänzend können wesentliche Einzelrisiken grundsätzlich als „Chefsache" deklariert werden, z. B. das Jahr 2000-Problem.

Voraussetzung für das Funktionieren eines solchen Systems ist eine umfassende und regelmäßige Berichterstattung über die Risiken. Erst dadurch wird die Transparenz über die Risikosituation geschaffen und den Entscheidungsträgern ermöglicht, frühzeitig und angemessen zu reagieren. Die Risikoinformation kann über existierende Berichtswege, aber auch über einen gesonderten Risikobericht kommuniziert werden. Für die Erstellung dieser Information sind zunächst die Einheiten zuständig, in deren Verantwortung die Risiken liegen. Entsprechend den Eskalationskriterien sind dann die Berichtsempfänger festzulegen, so daß die danach benötigten Informationen auch den Entscheidungsträgern zur Kenntnis gelangen. Dies gilt insbesondere für solche Risiken, für die kein geeigneter Indikator definiert werden kann. Es ist in diesen Fällen sicherzustellen, daß die Informations- und Entscheidungsprozesse gewährleisten, daß die Unternehmensleitung stets informiert wird, wenn es sich um wesentliche Risiken handelt. Es kann sinnvoll sein, je nach Festlegung der Berichtseinheiten und -wege Konsolidierungsstufen vorzusehen. Diese Aufgabe fällt dem zentralen Risikomanagement zu.

Ein Risikobericht sollte folgende Bestandteile enthalten:

- Beschreibung und Bewertung des Risikos (Art, Schadensausmaß, Eintrittswahrscheinlichkeit),
- Betroffene Unternehmensziele/Werttreiber,
- Gegenmaßnahmen (Art, Wirkung, Effektivität, Verantwortlichkeit),
- Indikator (Definition, Grenzwert, Ist-Wert, Trendentwicklung),
- Schwache Signale und deren Entwicklung,
- Gesamteinschätzung und Ampelfunktion für Restrisiko nach Gegenmaßnahmen.

In der Erhebungsphase kann das Risiko als „Bruttorisiko" vor Gegenmaßnahmen erfaßt werden, damit das ursprüngliche Gefährdungspotential ersichtlich wird. In der Berichterstattung kann zwischen „Brutto-" oder „Nettodarstellung" (nach Gegenmaßnahmen) gewählt werden. Gründe der Übersichtlichkeit sprechen für eine Nettodarstellung, wobei allerdings gewährleistet sein muß, daß die Angemessenheit der Gegenmaßnahmen regelmäßig überwacht wird. Dem zentralen Risikomanagement sollte Zugang zur Darstellung auf Bruttobasis gegeben werden.

4.4 Integration des Risikomanagements in die Steuerungsprozesse

Nach den bisherigen Schritte liegen die Voraussetzungen für die Integration des Risikomanagements in die Steuerungs- und Führungsprozesse vor.

Dazu werden die bestehenden Steuerungs- und Kontrollprozesse sowie die Informationsflüsse, die als relevant für das Risikomanagement identifiziert wurden, dahingehend untersucht, inwieweit eine vollständige Abdeckung aller aus dem "Risk Management Framework" abgeleiteten Aufgaben und Informationen vorliegt. Bei Bedarf sind die bestehenden Prozesse und Informationsflüsse zu modifizieren bzw. neue zu implementieren. Dabei sollten weitest möglich bestehende EDV-Systeme eingebunden werden.

Auch bei einem hohen EDV-Durchdringungsgrad im Unternehmen müssen zumindest die grundlegenden Schritte zum Risikomanagement im wesentlichen manuell erfolgen (beispielsweise die Erstellung des Risikoportfolios und die Festlegung von Indikatoren sowie Eskalationsregeln), da hier die Einschätzung der Beteiligten maßgeblich ist. Dies kann zwar durch EDV-Tools unterstützt werden, aber nicht vollautomatisch ablaufen. Dagegen können die Ist-Werte von Risikoindikatoren in erheblich größerem Umfang durch automatisierte Auswertung von Daten ermittelt werden. Der anschließende Beurteilungs- und Entscheidungsprozeß und insbesondere die Auswertung von schwachen Signalen wird im Regelfall wieder weniger automatisiert ablaufen.

Mittlerweile sind EDV-Systeme erhältlich, die diese Aspekte aufgreifen und eine direkte Unterstützung des Risikomanagementprozesses zum Ziel haben. Kernelement solcher Systeme sind Entscheidungsbäume, in denen die Regeln der Risikosteuerung abgebildet werden. Voraussetzung dafür ist zum einen die Definition der Risiken, zum anderen aber zwangsläufig die Vorgabe von jeweils einschlägigen Indikatoren. Im Entscheidungsbaum wird festgelegt, welche Aktionen beim Erreichen von bestimmten Indikatorwerten ausgelöst werden. Weiterhin wird definiert, aus welchen Quellen/Systemen die für die Ermittlung der Indikatorwerte benötigten Daten beschafft werden. Durch entsprechende Schnittstellen wird eine Anbindung der relevanten Quellen/Systeme an den Entscheidungsbaum geschaffen, so daß die Ist-Werte der Indikatoren automatisch ermittelt werden können. Der Ist-Wert wird mit der Vorgabe verglichen, das Ergebnis durchläuft den Entscheidungsbaum und stößt automatisch entsprechende Aktionen an. Die Aktionen können vielfältiger Art sein, z. B. Bildschirmhinweise, Druck einer Liste, Versenden einer E-Mail, etc.

Allerdings stoßen auch solche Systeme an ihre Grenzen, insbesondere dann, wenn überwiegend qualitative Beurteilungen vor Risiken erfolgen, wenn komplexe Zusammenhänge zwischen Daten vorliegen (z. B. bei Länderrisiken) oder die Entscheidungsregeln häufig geändert werden müssen, weil sich das Umfeld sehr dynamisch entwickelt. Dennoch kann die Effizienz eines Risikomanagementsystems auf diese Weise erheblich gesteigert werden und durch die Automatisierung von Routineabläufen eine Konzentration auf die wesentlichen Risiken erfolgen.

4.5 Risikocontrolling

Mit den bisherigen Schritten sind die wesentlichen Komponenten für ein funktionsfähiges Risikomanagement installiert. Zur Schließung des Regelkreises und als Bindeglied zu den Aufgaben und Vorgaben der Unternehmensleitung fehlt allerdings noch die Funktion des Risikocontrolling.

Aufgabe des Risikocontrolling ist es, unternehmens- bzw. konzernweit die Risikosituation transparent zu machen und für die Unternehmensleitung eine konsolidierte Gesamtdarstellung aufzubereiten. Dabei erfolgt eine Gewichtung der einzelnen (Bereichs-)Risiken aus Gesamtunternehmens- bzw. -konzernsicht und eine Priorisierung und Kommentierung von Risiken (Konsolidierter Risikobericht). Dieser Bericht sollte auch zu Wechselwirkungen von Risiken und zur Kumulation von geringeren Einzelrisiken Stellung nehmen. Weiterhin werden vom Risikocontrolling die vorgegebenen Grenzwerte und Limits überwacht, sowohl im Hinblick auf die Einhaltung der festgelegten Grenzen als auch auf die Angemessenheit dieser Grenzen vor dem Hintergrund eines sich ändernden Umfeldes. Wesentlicher Bestandteil dieser Aufgabe ist auch die Wahrnehmung der Frühwarnfunktion.

Als weitere Komponente kann noch die direkte Kommunikation mit den einzelnen Unternehmenseinheiten hinzukommen, wenn deren berichtete Risiken die Grenzwerte überschreiten und das Controlling die Notwendigkeit eines steuernden Eingriffs sieht. Diese Einflußnahme kann aber aufgrund der Zuordnung der Verantwortung für das Risikomanagement zu den entscheidenden Einheiten nur Hinweis- und Vorschlagscharakter haben. Das Risikocontrolling selbst übernimmt keine Verantwortung für die aktive Steuerung von Risiken, sondern gibt aus seiner Gesamtsicht Hinweise, die im Rahmen der vorgegebenen Eskalationskriterien in den Entscheidungsprozeß eingebracht werden.

Das Risikocontrolling hat nach dieser Definition Steuerungsaufgaben, nimmt aber auch prozeßübergreifende Kontrollen wahr, beispielsweise durch Plausibilisierung von Informationen und Einschätzung von Risiken, die parallel von mehreren Bereichen gemeldet werden.

Durch das Risikocontrolling wird der Risikomanagementprozeß abgeschlossen, aber auch wieder angestoßen, wenn beispielsweise der konsolidierte Risikobericht Anlaß gibt, aufgrund von veränderten Rahmenbedingungen die Vorgaben der Unternehmensleitung zu überprüfen und anzupassen. Das Risikocontrolling nimmt damit eine herausgehobene Stellung im Risikomanagement ein.

Es ist erforderlich, daß diese Funktion auf einem konsistent angewandten Verständnis von Risikomanagement aufsetzen kann. Nur so kann die Aufgabenstellung erfüllt werden, insbesondere im Hinblick auf eine zusammenfassende einheitliche Messung, Priorisierung und Würdigung aller berichteten Risiken. Daher wird nach der oben vorgeschlagenen Aufgabenverteilung das Risikocontrolling durch das zentrale Risikomanagement wahrgenommen.

96 Risikomanagement als umfassende Aufgabe der Unternehmensleitung

5 Abschließende Fragen an die Unternehmensleitung

In der Begründung zum KonTraG wird zwar davon ausgegangen, daß bei gut geführten Unternehmen ein Risikomanagement bereits existiert, dennoch muß sich die Unternehmensleitung fragen, ob entsprechende Systeme tatsächlich vorhanden sind bzw. ob die existierenden Systeme den Anforderungen genügen. Letztere Frage betrifft speziell börsennotierte Aktiengesellschaften und wird vom Abschlußprüfer, aber insbesondere vom Aufsichtsrat und den Aktionären gestellt werden.

Anstelle einer Zusammenfassung sollen daher zum Abschluß einige Kernfragen formuliert werden, anhand deren die „KonTraG-Fähigkeit" reflektiert werden kann:

„Welche Strategie haben Sie zur Umsetzung des KonTraG ?"

In Gesprächen mit Unternehmensleitungen wurden drei Strategien festgestellt:

- „Wir tun nur das Nötigste".

  Das KonTraG wird als „lästige Pflichtübung" angesehen, man geht davon aus, daß bereits alle Anforderungen erfüllt werden und sich die Arbeiten bestenfalls auf die Dokumentation der vorhandenen Systeme als Nachweis für den Abschlußprüfer beschränken können. Insbesondere wird häufig darauf verwiesen, daß das vorhandene Controlling-Instrumentarium als Risikomanagement ausreicht.

  Eine solche Einschätzung liegt selbstverständlich im Ermessen der Unternehmensleitung, einige Anmerkungen seien jedoch gestattet:

  - Wie zukunftsgerichtet ist das Controlling, wird wirklich eine Frühwarnfunktion wahrgenommen?
  - Werden zusammenfassende Berichte abgeliefert, die keine Zahlenfriedhöfe sind, sondern anstelle von vielen Daten komprimierte, zur Steuerung brauchbare Informationen liefern?
  - Decken diese Berichte wirklich alle Risiken ab, wird eine einheitliche Methodik der Beurteilung zugrunde gelegt?
  - Wird eine konsolidierte Gesamtschau erstellt?
  - Ist allen Mitarbeitern bewußt, was die Unternehmensleitung im Hinblick auf Risikomanagement erwartet, werden diese Erwartungen bei den operativen Prozessen und in der Berichterstattung ausreichend berücksichtigt?
  - Ist das System flexibel genug, um sich an die Veränderungen der internen und externen Risiken anzupassen und auch neue Risiken zeitnah zu erkennen und Gegenmaßnahmen einzuleiten?

- Reichen die vorhandenen Prozesse und deren Dokumentation aus, um gegenüber Abschlußprüfer, Aufsichtsrat und Hauptversammlung eine Aussage „Wir kennen alle wesentlichen Risiken und haben sie im Griff" zu stützen; und ist eine solche Aussage nachweislich belegbar?

- „Wir wollen die vorhandenen Systeme verbessern".

  Bei dieser Grundeinstellung sollten die Effizienz des Systems und die Unterstützung der unternehmerischen Ziele im Blickpunkt stehen. Zu beantworten wären beispielsweise folgende Fragen:

  - Wird das Risikomanagement von der operativen Einheit als Unterstützungsfunktion zur Erreichung ihrer Ziele verstanden und in die Abläufe und Entscheidungen eingebunden?

  - Sind alle Aufgaben im Risikomanagement so verteilt, daß höchstmögliche Effizienz erreicht wird und Doppelarbeiten vermieden werden?

  - Wie gut ist die Zusammenarbeit mit der Internen Revision bzw. wie arbeiten die mit der Überwachung befaßten Abteilungen mit dem Abschlußprüfer zusammen?

  - Wie hoch ist der Automatisierungsgrad im Risikomanagement? Sind geeignete EDV-Werkzeuge vorhanden oder wird vieles noch manuell erledigt?

  - Lassen sich durch aktives Risikomanagement die Risikokosten weiter optimieren?

- „Wir nehmen das KonTraG proaktiv auf und begreifen es als Chance".

  Neben einer konsequenten Einbindung des Risikomanagements in die Unternehmenssteuerung und einer Herausstellung der Wichtigkeit dieser Führungsfunktion durch entsprechende Anbindung an den Vorstand sind noch weitergehende Konsequenzen zu überdenken:

  - Wie wird der nächste Lagebericht aussehen, wie sollen die Aktionäre über die Risiken und deren Behandlung informiert werden? Beschränkt sich die Aussage auf das gesetzliche Minimum der bestands- und entwicklungsgefährdenden Risiken oder werden weitergehende Informationen publiziert? Ein gut organisiertes Risikomanagement stellt einen Wettbewerbsvorteil dar.

  - Wie wird das Thema „Investor Relationship" angegangen?

  - Wo steht das Unternehmen im Verhältnis zu vergleichbaren Konkurrenten? Welche Aussagen ergeben sich aus einem „Benchmarking"?

98 Risikomanagement als umfassende Aufgabe der Unternehmensleitung

„Wie gut sind Sie vorbereitet?"

Zumindest für börsennotierte Aktiengesellschaft wird zum Ende des Geschäftsjahres 1999 eine Beurteilung des Risikomanagementsystems durch den Abschlußprüfer erfolgen. Aber schon vorher bzw. auch bei Gesellschaften in anderen Rechtsformen werden durch Aufsichtsorgane und die interessierte Öffentlichkeit kritische Fragen gestellt werden.

Ein allgemeingültiger Standard zum Risikomanagement, den die Unternehmensleitung abarbeiten und damit die Aufgabe als erledigt betrachten kann, ist im Grunde nicht vorstellbar. Vielmehr muß im Einzelfall analysiert werden, welche Auswirkungen das KonTraG hat und in welchen Bereichen Handlungsbedarf besteht. Die Zielrichtung wurde vom Gesetzgeber klar vorgegeben: Im Mittelpunkt aller Aktivitäten muß die langfristige Wertsteigerung für die Anteilseigner sowie mehr Transparenz und Publizität stehen. Die Unternehmensleitung kann sich bei der Umsetzung des KonTraG zwar an der vorstehend dargestellten Vorgehensweise orientieren, letztlich aber ist der Wettbewerb der Prüfstein für eine erfolgreiche Umsetzung.

---

[1] Vgl. die Hinweise auf die weiteren Fachgutachten, Stellungnahmen und Standards des Instituts der Wirtschaftsprüfer im Beitrag von Frank Brebeck und Gerhart Förschle in diesem Buch sowie das Schema der DVSA/SG zur Kapitalflußrechnung.

[2] Zu diesem Zusammenhang vgl. Abbildung 3 im Beitrag von Joachim Wolbert in diesem Buch.

[3] Vgl. die Übersicht zum Anwendungsbereich den KonTraG im Beitrag von Thomas Meyding und Roland Mörsdorf in diesem Buch.

[4] Vgl. den Beitrag von Bernd Pritzer zu den wettbewerblichen Aspekten des Risikomanagements in diesem Buch.

[5] Vgl. die Ausführungen in diesem Buch zum Limitwesen im Beitrag „Management von Finanzrisiken" sowie zum Value-at-Risk-Anatz in dem Beitrag von Hans Gisbert Ulmke und Stefan Schmale.

[6] Vgl. die Beiträge von Bernd Pritzer und Dr. Edgar Wittman in diesem Buch.

[7] Vgl. Abbildung 4 im Beitrag von Frank Braun, Marie-Louise Gänger und Peter Schmidt in diesem Buch.

Die Früherkennung von Risiken mit Hilfe wertorientierter Unternehmensführung

JOACHIM WOLBERT, PWC DEUTSCHE REVISION AG, FRANKFURT/MAIN

1	Ausgangslage	100
2	Definition und Aufgaben des Früherkennungssystems	101
	2.1 Abgrenzung des Früherkennungssystems vom Überwachungssystem	101
	2.2 Aufgaben und Inhalt des Früherkennungssystems	102
	2.2.1 Der Risikobegriff im Sinne des KonTraG	102
	2.2.2 Frühzeitige Erkennung	103
	2.2.3 Vollständige Früherkennung	104
3	Wertorientierte Unternehmensführung als Früherkennungssystem	105
	3.1 Das Konzept der wertorientierten Unternehmensführung unter besonderer Berücksichtigung der Früherkennung von bestandsgefährdenden Risiken	105
	3.1.1 Portfolio-Analyse	107
	3.1.2 Bewertung strategischer Optionen	109
	3.1.3 Periodisches Controlling der jährlichen Wertbeiträge	110
	3.2 Früherkennung von bestandsgefährdenden Risiken in Konzernen	111
4	Prüfung des Früherkennungssystems	111
5	Schlußbemerkung	112

1 Ausgangslage

Die Diskussion um die Corporate Governance, die zunehmende Internationalisierung der Kapitalmärkte sowie der damit einhergehende Wettbewerb der Unternehmen um Eigenkapital stellen die Unternehmen vor die Herausforderung, sich stärker als in der Vergangenheit an den Anforderungen der Kapitalmärkte auszurichten und in diesem Zusammenhang ein effizientes und für den Aktionär transparentes System der Unternehmensüberwachung zu schaffen. Der deutsche Gesetzgeber hat über eine Reihe von Reformen versucht, der Internationalisierung der deutschen Unternehmen und ihrer Anleger Rechnung zu tragen. Zu nennen sind hier insbesondere das Zweite und Dritte Kapitalaufnahmeerleichterungsgesetz sowie das Gesetz zur Kontrolle und Transparenz im Unternehmensbereich (KonTraG). Diese gesetzgeberischen Maßnahmen stehen in einem inneren Zusammenhang, das KonTraG ist nicht allein – wie meistens behauptet[1] – Konsequenz von Unternehmensschieflagen der Vergangenheit, sondern soll gemeinsam mit den anderen Einzelgesetzen in erster Linie die Kapitalmarktausrichtung deutscher Unternehmen unterstützen.[2]

Durch den aufgrund des KonTraGs gesetzten Rahmen der Unternehmensüberwachung sind der Vorstand einer Aktiengesellschaft und die Geschäftsführer von hinsichtlich ihrer Größe und Struktur vergleichbaren Gesellschaften[3] gemäß dem neuen § 91 Abs. 2 AktG verpflichtet, „geeignete Maßnahmen zu treffen, insbesondere ein Überwachungssystem einzurichten, damit den Fortbestand der Gesellschaft gefährdende *Entwicklungen früh* erkannt werden." Im übrigen hat der Vorstand jährlich im Lagebericht zu Risiken der *künftigen Entwicklung* Stellung zu nehmen (§§ 289 Abs. 1 und 315 Abs. 1 HGB), was voraussetzt, daß er über ein adäquates System der Risikofrüherkennung verfügt. Der Abschlußprüfer börsennotierter Aktiengesellschaften hat zu prüfen, ob das Risikomanagementsystem im allgemeinen und das Früherkennungssystem im besonderen den gesetzlichen Anforderungen entsprechen und ob die Risiken der künftigen Entwicklung im Lagebericht zutreffend dargestellt sind. Der Aufsichtsrat (AR) hat im Rahmen seiner Verpflichtung gemäß § 111 Abs. 1 AktG die Geschäftsführung des Vorstands zu überwachen und sich auch ein Bild von der Funktionsfähigkeit des Risikomanagementsystems und des Früherkennungssystems zu machen.

Unternehmen, insbesondere deren Vorstände und Aufsichtsräte, sowie der Berufsstand der Wirtschaftsprüfer sind mit der Frage konfrontiert, wie das Risikomanagement und insbesondere ein System zur Früherkennung von Risiken beschaffen sein müssen, damit es den Anforderungen des Gesetzgebers entspricht. In den vergangenen Monaten sind hierzu verschiedene Auffassungen[4] veröffentlicht worden, wobei die Definition eines zielgerechten Früherkennungssystems sich besonders schwer gestaltet. Zweck des vorliegenden Beitrags ist, einen praktikablen Lösungsvorschlag für die Gestaltung eines Früherkennungssystems vorzustellen, der neben den gesetzlichen vor allem die strategischen und operativen Anforderungen erfüllen kann.

2 Definition und Aufgaben des Früherkennungssystems

Das Früherkennungssystem ist ein wichtiger und integraler Bestandteil des gesamten Risikomanagementsystems. Unter Risikomanagement ist dabei die Gesamtheit aller organisatorischen Regelungen und Maßnahmen zur Identifikation und Behandlung von Risiken zu verstehen. Das Risikomanagement eines Unternehmens kann auf der Basis dieser Definition wie folgt strukturiert werden:

Risikomanagement				
Risikosteuerung			Kontrollen	
Überwachung	Früherkennung			Prozeß-unabhängige Kontrollen
Prozeßimmanente Kontrollen (IKS)				
Prozeßübergreifende Kontrollen				

Abbildung 1: Elemente des Risikomanagementsystems und Abgrenzung des Früherkennungssystems

Das Management von Risiken beinhaltet die Risikosteuerung und ergänzende Kontrollen. Die Risikosteuerung ist zum einen integraler Bestandteile der operativen Prozesse und umfaßt als solche die Überwachung der bestehenden Risiken, zum anderen beinhaltet sie auch die Früherkennung. Kontrollaufgaben in diesem Sinne sind grundsätzlich eine Managementaufgabe und umfassen u. a. Vorgaben für die prozeßimmanenten und prozeßübergreifenden Kontrollen, z. B. das Interne Kontrollsystem oder ein unternehmensweites Controlling. Zu den Kontrollaufgaben gehören aber auch die prozeßunabhängigen Kontrollen, die in der Praxis regelmäßig durch die Interne Revision wahrgenommen werden.

2.1 Abgrenzung des Früherkennungssystems vom Überwachungssystem

Das Überwachungssystem, in der Praxis und vom Institut der Wirtschaftsprüfer bisher zusammenfassend als „Internes Kontrollsystem" bezeichnet, hat die Aufgabe, vorgefundene Sachverhalte (Ist-Objekte) mit aus Normen oder Zielsetzungen abgeleiteten Soll-Objekten zu vergleichen.[5] Die Interne Revision beurteilt die Effektivität des Internen Kontrollsystems und die Qualität der Aufgabenerfüllung. Organisatorische Sicherungsmaßnahmen umfassen beispielsweise den Grundsatz der Funktionstrennung und Zugriffsregeln in der DV-Organisation. Unter „Kontrollen" werden meistens die prozeßunabhängigen Überwachungsmaßnahmen von Arbeitsabläufen gemeint.[6]

Die Elemente eines so verstandenen Überwachungssystems dienen mithin in erster Linie dazu, vergangene und gegenwärtige Geschäftsvorfälle zu kontrollieren und die Risiken des laufenden Geschäftsbetriebs zu minimieren. Ein solches Überwachungssystem richtet sich vornehmlich auf die Erkennung von bereits bestehenden Risiken und nicht vornehmlich auf Risiken der künftigen Entwicklung. Es beinhaltet grundsätzlich kein Frühwarnsystem, wenngleich – je nach der konkreten Aufgabenstellung der Internen Revision im Einzelfall – eine Überschneidung von Überwachungssystem und Frühwarnsystem möglich ist, und zwar insbesondere dann, wenn die Interne Revision in die Beurteilung des strategischen und operativen Planungsprozesses – sowohl formal als auch materiell – eingebunden ist. Darüber hinaus wird die Interne Revision – ungeachtet der jeweiligen Ausgestaltung des Frühwarnsystems – dessen Funktionsweise zu beurteilen haben.

2.2 Aufgaben und Inhalt des Früherkennungssystems

Das Frühwarnsystem hat demgegenüber die Aufgabe, rechtzeitig alle für den Fortbestand des Unternehmens bestehende Risiken zu erkennen. Es stellt sich hier die Frage, was unter einem „für den Fortbestand des Unternehmens bestehenden Risiko" im Sinne des KonTraG zu verstehen ist; auch gilt es, den Begriff „frühzeitig" zu konkretisieren. Schließlich ist die Forderung nach der Vollständigkeit der Risikoerfassung näher zu beleuchten.

2.2.1 Der Risikobegriff im Sinne des KonTraG

Bestandsgefährdende Entwicklungen sind gemäß der Begründung des Gesetzgebers „insbesondere risikobehaftete Geschäfte, Unrichtigkeiten der Rechnungslegung und Verstöße gegen gesetzliche Vorschriften, die sich auf die Vermögens-, Finanz- und Ertragslage der Gesellschaft oder des Konzerns wesentlich auswirken."[7] Diese Aufzählung von bestandsgefährdenden Risiken kann nach dem Wortlaut des KonTraG wie auch der Zielsetzung des Gesetzgebers nicht abschließend sein und bedarf der Interpretation.[8] Aus dem Wortlaut und dem Sinnzusammenhang des KonTraG läßt sich ableiten, daß unter einem Risiko eine Verlustgefahr, d.h. die Möglichkeit einer ungünstigen, womöglich gefährlichen oder existenzbedrohenden Entwicklung zu verstehen ist.[9] Diese endet ungünstigstenfalls mit der Überschuldung oder Zahlungsunfähigkeit. Entscheidendes Merkmal eines Risikos im Sinne des KonTraG ist sicherlich die Gefahr eines Vermögensverlustes.[10] Da letztlich das Vermögen eines Unternehmens nichts anderes als der Wert seines Eigenkapitals ist, ist unter dem Risiko einer bestandsgefährdenden Entwicklung die Gefahr einer wesentlichen Wertminderung des Eigenkapitals zu verstehen.

Die Früherkennung von Risiken mit Hilfe wertorientierter Unternehmensführung

Der Wert des Eigenkapitals wird letztendlich durch Entscheidungen des strategischen und operativen Managements[11] beinflußt, wobei die Entscheidungen mit dem größten – positiven wie negativen – Einfluß auf den Unternehmenswert eindeutig die strategischen Entscheidungen des Vorstands[12] sind. Strategische Entscheidungen betreffen das Aktivitätenportfolio des Unternehmens, also die Auswahl von Geschäftsfeldern, in welchen das Unternehmen tätig werden soll, die Auswahl von Märkten und Produkten, Entscheidungen über wesentliche Investitionen einschließlich Unternehmensakquisitionen und -verkäufe. In aller Regel führen nur strategische Entscheidungen zu wirklich bestandsgefährdenden Entwicklungen.

Demgegenüber beeinflussen operative Entscheidungen auf Geschäftsfeld-Ebene, beispielsweise dahingehend, welche Produktionsverfahren angewendet werden sollen, ebenfalls den Wert des Eigenkapitals, wenngleich in einem geringeren Maße als strategische Entscheidungen.

Zusammenfassend kann der unterschiedliche Einfluß von strategischen und operativen Entscheidungen auf den Unternehmenswert wie folgt verdeutlicht werden:

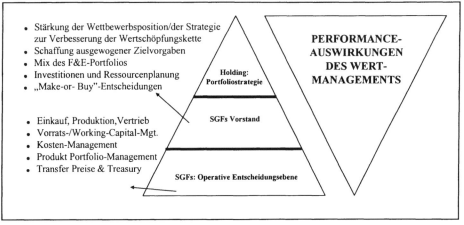

Abbildung 2: Einfluß der Entscheidungen auf den Unternehmenswert

2.2.2 Frühzeitige Erkennung

Jedes Früherkennungssystem erfüllt nur dann seinen Zweck, wenn bestandsgefährdende Risiken *rechtzeitig* erkannt werden. Rechtzeitig bedeutet, daß der Vorstand (und der Aufsichtsrat) durch das Früherkennungssystem in die Lage versetzt werden, eine sich abzeichnende bzw. bereits eingetretene, negative Entwicklung zu korrigieren.

Rechtzeitig bedeutet zunächst, daß zum Zeitpunkt der strategischen und der wesentlichen operativen Entscheidungen unter Einbeziehung der dann *erkennbaren* Risiken und

104   Die Früherkennung von Risiken mit Hilfe wertorientierter Unternehmensführung

Chancen die Auswirkungen auf das Vermögen bzw. den Wert des Eigenkapitals bekannt sind. Das setzt voraus, daß Entscheidungen unter Einschluß aller wesentlichen Interdependenzen bewertet werden.[13]

„Rechtzeitig" bedeutet im weiteren, daß durch fortlaufende und regelmäßige *Planfortschreibungen* Abweichungen – und im Sinne des KonTraG insbesondere negative Abweichungen – von den ursprünglich formulierten Plänen deutlich werden. Es handelt sich hier keineswegs um eine klassische Soll-Ist-Analyse, sondern vielmehr um einen Vergleich des ursprünglich ermittelten Wertes einer Entscheidung mit dem zu einem bestimmten, späteren Stichtag ermittelten Wertes dieser Entscheidung unter Berücksichtigung der dann vorgenommenen Risiko- und Chancenabwägung und der *vorliegenden Erkenntnisse*.

Sowohl bei der Entscheidungsfindung als auch bei der späteren Fortschreibung der Planungen wird es nicht darum gehen können, bis zum „Jüngsten Gericht" zu planen. Die Frage, wann der „rechtzeitige" Moment der Früherkennung gegeben ist, läßt sich vielmehr nur in Abhängigkeit vom unternehmens- bzw. geschäftsfeldspezifischen Planungshorizont beantworten. Der Planungshorizont hängt allgemein von den unternehmerischen Zielen, von der Bedeutung des Entscheidungsproblems für die Unternehmung oder das Geschäftsfeld und von den Möglichkeiten der Datengewinnung ab.[14] Der sachgerechte Planungszeitraum kann für Unternehmen der Energieversorgung fünfzehn bis dreißig Jahre, für Handelsunternehmen einen Zeitraum von lediglich fünf Jahren umfassen.

2.2.3 Vollständige Früherkennung

Es versteht sich von selbst, daß bestandsgefährdende Risiken vollständig zu erfassen sind. Das bedeutet im Konzern, daß nicht nur die Risiken des Mutterunternehmens, sondern auch diejenigen der Tochtergesellschaften zu identifizieren sind.[15] Vor dem Hintergrund globalisierter Güter- und Dienstleistungsmärkte organisieren sich viele, vor allem größere Unternehmen in strategischen Geschäftsfeldern (SGF), die ihrerseits multinational tätig sind. SGFs können also *unabhängig von der gesellschaftsrechtlichen Konzernstruktur* organisiert sein. Das Gebot der vollständigen Früherkennung bedeutet, daß ausnahmslos alle SGFs einzubeziehen sind.

3 Wertorientierte Unternehmensführung als Früherkennungssystem

Vor dem Hintergrund der bereits in der Einleitung zum vorliegenden Beitrag erwähnten Internationalisierung der Kapitalmärkte sind auch deutsche Unternehmen einer zunehmenden Konkurrenz um Eigenkapital ausgesetzt. Diese Entwicklung führt in manchen Unternehmen bereits zu der Überlegung, die Sichtweise des unternehmensexternen Anlegers der strategischen und (seltener) der operativen Planung und Steuerung zugrunde zu legen.[16] Die am Kapitalmarkt orientierte Steuerung des Unternehmens wird mit „Wertorientierte Unternehmensführung", auch „Value Based Management" (VBM), bezeichnet. Eines der Kernelemente[17] von VBM ist die Planung und Steuerung mit Hilfe von geschäftsfeldspezifischen, risikoadjustierten Kapitalkosten. SGFs, deren Rendite höher ist als die Kapitalkosten, schaffen Wert bzw. einen Beitrag zum Gesamtwert des Unternehmens/Konzerns. SGFs, die ihre Kapitalkosten nicht verdienen, vermindern den Wert des jeweiligen SGF und damit des Unternehmens. Mit anderen Worten: Ein Unternehmen ist im Fortbestand gefährdet, wenn mehr Kapital investiert wird, als es erwirtschaftet. Gleiches gilt prinzipiell auch für ein SGF, wobei in diversifizierten Konzernen in der Praxis wertmindernde SGFs durch wertschaffende SGFs vorübergehend, in manchen Fällen aber auch dauerhaft quersubventioniert werden können.

Nachstehend soll gezeigt werden, daß eine in der Strategieentwicklung und -planung konsequent implementierte wertorientierte Unternehmensführung durchaus auch ein wirksames Frühererkennungssystem im Sinne des KonTraG sein kann.

3.1 Das Konzept der wertorientierten Unternehmensführung unter besonderer Berücksichtigung der Früherkennung von bestandsgefährdenden Risiken

Der Beginn einer bestandsgefährdenden Unternehmenskrise kann durch Fehlentscheidungen des Managements und durch für das Unternehmen negative Änderungen der Rahmenbedingungen markiert werden. Für eine Softwareentwicklungsfirma kann eine solche negative Änderung der Rahmenbedingungen das Auftreten eines Konkurrenten sein, der durch die Konzeption besonders benutzerfreundlicher Software die Entwicklung der Kundenwünsche schneller antizipiert. Eine Fehlentscheidung im selben Unternehmen kann die Weiterentwicklung nichtintegrierter Software beinhalten. Fehlentscheidungen sind unvermeidbar, wichtig ist jedoch, daß durch eine spätere Geschäftsfeldanalyse und -bewertung die Fehlentscheidungen, aber auch Änderungen der Rahmenbedingungen rechtzeitig erkannt werden. Der in vorliegendem Beitrag vorgestellte Ansatz zur

106 Die Früherkennung von Risiken mit Hilfe wertorientierter Unternehmensführung

Früherkennung von Risiken kann nur dann wirksam werden, wenn das mit der Planungsfortschreibung befaßte Management objektiv plant und einen selbstkritischen Umgang auch mit selbstverantworteten Fehlentscheidungen pflegt sowie offen negative Umwelteinflüsse berücksichtigt. Hiermit soll vor einem rein technokratischen Umgang mit den nachstehend vorgestellten Instrumenten wertorientierter Unternehmensführung gewarnt sein. Auch für die Früherkennung von Risiken ist die Integrität und Urteilskraft des Managements von ganz wesentlicher Bedeutung.

Ein leistungsfähiges Früherkennungssystem sollte in der Lage sein, die Gefahr eines solchen Vermögensverlustes rechtzeitig zu erkennen, insbesondere Vorstand und Aufsichtsrat des Unternehmens müssen noch reagieren können. Die persönliche Verantwortung von Vorstand und Aufsichtsrat bedeutet, daß die Früherkennungsinstrumente auch entsprechend hochaggregierte, finanzielle Informationen bereitstellen müssen. Das ergibt sich andererseits auch aus dem Ziel, wesentliche Vermögensverluste zu vermeiden.

Es kann sich im Rahmen der Zielsetzung des KonTraG also nicht darum handeln, frühzeitig einen Haarriß im Tank des Rohstofflagers eines global agierenden Chemiekonzerns zu entdecken. Ziel ist vielmehr, die Gefahr der Entstehung von gravierenden Wertverlustquellen erkennen zu können.

Meines Erachtens bietet das Konzept wertorientierter Unternehmensführung, sofern es in der strategischen Planung des Unternehmens implementiert ist, die Möglichkeit, die Gefahr eines wesentlichen Vermögensverlustes rechtzeitig zu erkennen. Der sachgerecht frühe Zeitpunkt für die Erkennung einer bestandsgefährdenden Krise ist vielmehr dann gegeben, wenn erstmals erkennbar wird, daß ein SGF seine Kapitalkosten nicht mehr verdient oder nicht mehr verdienen wird. Nachfolgende Abbildung eines schematisierten Verlaufs einer (unbewältigten) Unternehmenskrise soll diese Überlegung verdeutlichen:

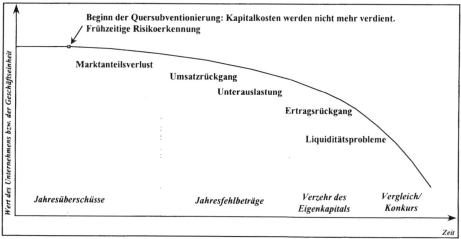

Abbildung 3: Schematischer Verlauf einer „typischen" Unternehmenskrise

Die Früherkennung von Risiken mit Hilfe wertorientierter Unternehmensführung 107

Es geht im Rahmen der wertorientierten Unternehmensführung unter Risikofrüherkennungsaspekten darum, zunächst den Marktwert des Unternehmens und seiner SGF zu ermitteln (Portfolio-Analyse), einzelne strategische Entscheidungen, die zu einer wesentlichen Beeinflussung der bisherigen Ist-Werte führen, zu bewerten und letztlich im Zuge eines periodischen Controlling die jährlichen Wertbeiträge der SGF zu messen. Hinsichtlich der Bewertung des Portfolios sowie von strategischen Optionen aus Kapitalmarktsicht hat sich die Discounted-Cash-flow-Methode (DCF) durchgesetzt, wobei für die Abzinsung der zukünftigen operativen Zahlungsüberschüsse SGF-spezifische Kapitalkostensätze benutzt werden, die nach dem Capital-Asset-Pricing-Model (CAPM) abgeleitet werden.[18]

3.1.1 Portfolio-Analyse

Der Marktwert des Gesamtunternehmens und der einzelnen SGFs wird durch eine Bewertung zu einem bestimmten Stichtag gemessen. Ziel der Bewertung ist es, das SGF-Portfolio auf werterhöhende bzw. -mindernde SGFs hin zu analysieren. Eine solche Analyse setzt die Gliederung des Unternehmens in SGFs, die Bildung von divisionalen Kapitalkosten, eine vollständige Planung sowie die Bestimmung der SGF-bezogenen Kapitalbindung auf der Basis von Marktwerten voraus.

- Organisation des Unternehmens in SGFs

  Das Gesamtunternehmen ist in aller Regel in mehreren strategischen SGFs tätig. SGFs sind im wesentlichen durch eigene Kernkompetenzen, durch eigene Kunden (und Lieferanten) sowie durch eigene Konkurrenten gekennzeichnet. Im Idealfall ist das SGF in allen Bereichen der Wertschöpfungskette tätig und hat keine konzerninternen Konkurrenten auf dem Markt. Vorhandene Verbundbeziehungen mit anderen SGFs sind auf der Basis von Verrechnungspreisen abzuwickeln, die nach dem „arm´s length principle" gebildet worden sind.

  Jedes SGF sollte weiterhin ein eigenes Rechnungswesen und Reporting einschließlich Planung und Budgetierung haben, so daß Ist- und Soll-Ergebnissse des SGF eindeutig der für ihre Erwirtschaftung notwendigen Kapitalbindung gegenübergestellt werden können.

- Bildung von divisionalen Kapitalkosten

  Nach dem CAPM-Ansatz sind bei der Ermittlung der Eigenkapitalkosten des SGF die dort vorhandenen spezifischen Risiken zu erfassen. Dieses SGF-spezifische Risikoprofil wird bei der Ermittlung des divisionalen, SGF-spezifischen Kapitalkostensatzes benötigt. Auf die Bildung von divisionalen Kapitalkosten soll an dieser Stelle nicht näher eingegangen werden. Falls SGFs selbst nicht an der Börse notiert sind, ist die Ermittlung von risikoadjustierten Eigenkapitalkosten mit besonderen, aber lösba-

108   Die Früherkennung von Risiken mit Hilfe wertorientierter Unternehmensführung

ren Schwierigkeiten verbunden. In Frage kommen neben Branchen- und Unternehmensvergleichen auch Scoring-Ansätze, die zum Beispiel die Anlagenintensität des SGF, die Wahrscheinlichkeit der Substitution von Kernprodukten oder die Gefahr des Markteintritts von Konkurrenten berücksichtigen.

- Vollständige Planung

Die künftigen Ein- und Auszahlungen der einzelnen SGFs sind auf der Basis einer Bottom-up-Planung vollständig zu erfassen. Es versteht sich von selbst, daß die für einen zuverlässigen Planungsprozeß geltenden Regeln auch hier zutreffen. Im Zusammenhang mit der Verwendung der Planungen als Früherkennungssystem ist insbesondere die offene Berücksichtigung von Risiken zu fordern. Dies können sich abzeichnende Mängel hinsichtlich der Konkurrenzfähigkeit der Produkte oder Dienstleistungen sein oder Schwierigkeiten beim Aufbau von Kostenführerschaft in SGFs, die Commodity-Produkte vertreiben. Es sei aber ausdrücklich darauf hingewiesen, daß in der Planung auch die Chancen zu reflektieren sind. Auch die Nichtberücksichtigung von Chancen kann letztlich zu bestandsgefährdenden Fehlentscheidungen führen.

Besonderheiten bei der Planung sind bei SGFs zu beachten, die auf High-Technology-Gebieten wie z. B. der Biotechnologie tätig sind und deren Werte einerseits aus Wertkomponenten resultieren, die sich aus bestehendem Wissen, aus bestehenden Produkten und Anlagen zusammensetzen, andererseits aber auch aus Wertkomponenten, die sich aus Wachstumsmöglichkeiten ableiten. Diese sind zum Beispiel in der Forschungs- und Entwicklungs-Pipeline eines Pharmaunternehmens gegeben. Hierfür sind besondere Prognose- und Bewertungstechniken maßgebend.[19]

Wichtig für den Planer, aber auch für den Benutzer der Planungen und der hieraus abgeleiteten Bewertungen ist die Kenntnis der wesentlichen Werttreiber, also der finanziellen und nichtfinanziellen Stellgrößen, deren Änderung einen besonders hohen Einfluß auf den Wert des strategischen Geschäftsfelds ausübt.

- Cash-flow-Orientierung der Unternehmensplanung

Die Bewertung der einzelnen SGFs sowie deren Planung sollte auf der Basis von Cash-flows erfolgen, wobei Steuerzahlungen gegebenenfalls eine Nebenrechnung erfordern. Cash-flows sind von handelsrechtlichen Bilanzierungs- und Bewertungswahlrechten grundsätzlich unbeeinflußt.

- Bestimmung der Kapitalbindung auf der Grundlage von Marktwerten

Die mit den SGFs spezifischen Kapitalkosten abgezinsten, operativen Cash-flow-Überschüsse ergeben nach Abzug der dem SGF zuzuordnenden, langfristigen Finanzverbindlichkeiten den Marktwert des Eigenkapitals des SGF. Dieser ist mit dem im SGF gebundenen Kapital zu vergleichen, wobei hier nicht die (Rest-)Buchwerte maßgebend sind, sondern die Marktwerte der einzelnen materiellen und immateriellen Vermögensgegenstände. So ist nicht der Buchwert, sondern der Zeitwert von

Grundstücken für die Bestimmung der Kapitalbindung in einem bestimmten SGF zu berücksichtigen.

Besondere Probleme in diesem Zusammenhang bieten die Bewertung von Forschungs- und Entwicklungsleistungen, Marken, Schutzrechten und Patenten, kurz von „Intellectual Assets", deren Bedeutung gegenüber den Gegenständen des Sachanlagevermögens ständig zunimmt. Die Probleme der Bewertung rühren dabei auch aus Informationsdefiziten, da traditionell im Gegensatz zum Sachanlagevermögen keine buchmäßige Verfolgung der einzelnen Vermögenspositionen üblich ist.

Das Ergebnis der Portfolio-Analyse kann wie folgt dargestellt werden:

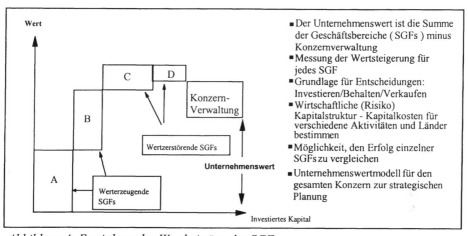

Abbildung 4: Ermittlung der Wertbeiträge der SGFs

Ergebnis der Analyse ist die Identifikation von wertschaffenden und wertmindernden SGFs. Wertschaffende SGFs sind dabei solche, deren Eigenkapitalwert höher ist als der Marktwert des investierten Kapitals. Umgekehrt ist Handlungsbedarf bei den SGFs angezeigt, deren investiertes Kapital höher ist als der Wert des Eigenkapitals.

3.1.2 Bewertung strategischer Optionen

Zweiter Baustein des strategischen Wertmanagements und gleichzeitig eines effizienten Früherkennungssystems ist die Bewertung von strategischen Optionen, also Entscheidungen, die die in der Portfolio-Analyse bewertete Ausgangslage des einzelnen SGF wesentlich verändern werden. In Frage können kommen:
- Kauf/Verkauf eines Unternehmens und/oder Geschäftsfeldes (GF) als Teil eines SGF,
- Aufbau eines neuen GF,

110   Die Früherkennung von Risiken mit Hilfe wertorientierter Unternehmensführung

aber auch:
- grundlegende Prozeßoptimierung der Wertschöpfungskette,
- Entscheidung, ein wichtiges neues Produkt zu entwickeln,
- Entscheidung über die grundlegende Änderung der Distributionswege.

Alle Zahlungsauswirkungen der einzelnen strategischen Optionen sollten vollständig geplant werden. Besondere Bedeutung kommt dabei den Interdepenzen zwischen verschiedenen Erlösarten untereinander und natürlich auch den Kosteninterdependenzen zu. Wichtig ist dabei auch die Berücksichtigung der vorhandenen Managementkapazität, die möglicherweise erschöpft ist, wenn zu viele strategische Optionen gleichzeitig umgesetzt werden sollen.

3.1.3 Periodisches Controlling der jährlichen Wertbeiträge

Das periodische Controlling der Wertbeiträge mittels Kennzahlen wie CFROI (Cash Flow Return on Investment)[20] oder EVA (Economic Value Added)[21] erlaubt für sich allein aufgrund der beschränkten Zukunftsausrichtung keine zuverlässige und hinreichend frühe Risikoerkennung im Sinne des KonTraG. Andererseits ist der regelmäßige Vergleich des Ergebnisses eines SGF mit den dort angefallenen Kapitalkosten unter Praktikabilitätsüberlegungen eine mehr als nützliche Ergänzung zu den oben dargestellten Instrumenten der Portfolio-Analyse und der Bewertung strategischer Optionen.

Das Gebot der Früherkennung von Risiken erfordert gemäß des hier vorgeschlagenen Konzepts, daß in regelmäßigen Abständen die unter 3.1.1 dargestellte Portfolio-Analyse durchzuführen wäre, was bedeutet, daß alle SGFs einer Unternehmensbewertung zu unterziehen wären. Ein zweifellos hoher Aufwand, wenngleich es in der Praxis Unternehmen gibt, die diesen Aufwand nicht scheuen. Aber auch Risikomanagement sollte sich nicht dem Gebot der Wirtschaftlichkeit entziehen. Ein Vorschlag, den Bewertungsaufwand nennenswert zu reduzieren, könnte wie folgt aussehen: SGFs, die jährlich Wertbeiträge liefern, können in größeren als jährlichen Zeitabständen vollständige Bewertungen vorsehen. In Frage kann beispielsweise ein Turnus von drei Jahren kommen. SGFs, die auf der Grundlage einer jährlichen Betrachtung ihre Kapitalkosten nicht verdienen, also bereits als Krisenfälle eingestuft werden können, sollten unter Berücksichtigung eines sachgerechten Planungshorizonts mindestens jährlich bewertet werden. Jährliche Bewertungen können auch in Geschäftsfeldern in Frage kommen, in welchen das Marktumfeld von großer Volatilität und hohen Unsicherheiten bestimmt ist. Das ist zum Beispiel in der Branche der Telekommmunikation der Fall, in der Richtungsänderungen auf seiten des staatlichen Regulierers, der Markteintritt neuer Konkurrenten oder Fortschreibungen des zukünftigen Verbraucherverhaltens die Rentabilität des Geschäftsfelds gemäß Ausgangsszenario stark beeinflussen können.

Die Früherkennung von Risiken mit Hilfe wertorientierter Unternehmensführung 111

3.2 Früherkennung von bestandsgefährdenden Risiken in Konzernen

Wie bereits oben erwähnt, ist der diversifizierte Konzern in der Lage, auch nachhaltig Wertverluste bei bestimmten SGFs mit entsprechenden Wertzuwächsen bei anderen SGFs zu verrechnen. Der Konzern selbst mag durch eine solche Praxis nicht in eine existenzbedrohende Krise geraten, doch gelten die oben dargestellten Überlegungen auch für den Konzern. Der hinreichend frühe Zeitpunkt, zu welchem eine Konzernkrise erkannt sein sollte, ist der Zeitpunkt, zu welchem bekannt wird, daß ein strategisches Geschäftsfeld nicht mehr in der Lage ist, seine risikoadjustierten Kapitalkosten zu verdienen. Das ist mit anderen Worten der Zeitpunkt, zu welchem dieses Geschäftsfeld Empfänger von Mitteln aus der konzerninternen Quersubventionierung wird.

4 Prüfung des Früherkennungssystems

Der Wirtschaftsprüfer des Unternehmens hat im Rahmen seiner Abschlußprüfung nach § 317 Abs. 4 HGB zu beurteilen, ob die Maßnahmen der Unternehmensleitung gemäß § 91 Abs. 2 AktG geeignet sind, alle potentiell bestandsgefährdenden Risiken so rechtzeitig zu erfassen und unternehmensintern zu kommunizieren, daß die Unternehmensleitung angemessen reagieren kann.[22] Demgemäß könnte auf der Grundlage des hier vorgeschlagenen Systems der Risikofrüherkennung eine Checkliste zur Prüfung der Maßnahmen des Managements wie folgt aussehen, wobei zwischen einer eher formalen Prüfung (Systemprüfung) und materiellen Prüfung unterschieden werden kann:[23]

Systemprüfung:
- Ist der Konzern bzw. das Unternehmen sinnvoll in strategische Geschäftsfelder aufgeteilt?
- Gibt es für jedes SGF ein gesondertes Rechnungswesen und Planungssystem?
- Ist die Planung grundsätzlich an Zahlungsgrößen (Cash-flows) orientiert?
- Ist die in Anspruch genommene Kapitalbindung jedes SGFs auf der Grundlage von Marktwerten ermittelt?
- Ist der Planungszeitraum der Detailprognose ausreichend lang? Sind die Endwerte, die die Zeit nach dem Detailprognosezeitraum berücksichtigen, sachgerecht ermittelt?
- Werden für jedes SGF risikoadjustierte Kapitalkosten ermittelt und der Planung bzw. Bewertung zugrunde gelegt?
- Wird regelmäßig eine Konzern- bzw. SGF-bezogene Portfolio-Analyse mit dem Ziel der Identifikation wertschaffender SGFs bzw. Geschäftsfelder durchgeführt?
- Werden im Rahmen der strategischen Planung die Werteinflüsse strategischer Optionen ermittelt?
- Werden im Rahmen der strategischen Planung Stärken, Schwächen, Risiken und Chancen (SWOT-Analysis) transparent gemacht?

- Werden die Ergebnisse der Portfolio-Analyse sowie der Bewertungen strategischer Optionen dem Vorstand und dem Aufsichtsrat kommuniziert?
- Ist die Interne Revision regelmäßig mit der Prüfung des Planungs- und Bewertungsprozesses befaßt und erfolgt eine direkte Berichterstattung an den Vorstand?
- Gibt es eine periodische Rechnung, die die Wertveränderung aller SGFs und des Konzerns ausweist? Werden diese dem Aufsichtsrat und dem Vorstand mitgeteilt?
- Sind die in obigen Fragen angesprochenen Maßnahmen hinreichend dokumentiert?
- Ist in jedem SGF eine hinreichende Planungstreue sichergestellt? (Prüfung durch Soll-Ist-Vergleiche bezogen auf abgeschlossene Zeiträume.)

Materielle Prüfung:
- Stehen die Strategien bzw. die ausgewählten strategischen Optionen der einzelnen SGFs grundsätzlich in Einklang mit den künftigen Verhältnissen des relevanten Marktes und den SGF-eigenen Kompetenzen?
- Stehen wesentliche ausgewählte strategische Optionen (z. B. die Akquisition eines Unternehmens) in Einklang mit dem Gebot der Werterhaltung bzw. -erhöhung?

Diese Checkliste ist selbstverständlich nur ein Vorschlag. Sie sollte im konkreten Einzelfall um Fragen/Themenbereiche ergänzt werden, die den unternehmensspezifischen Kontext berücksichtigen.

5 Schlußbemerkung

Risikofrüherkennung erfordert die Planung, Analyse und die Bewertung zukünftiger Zahlungsströme. Dabei sollten SGFs mit unterschiedlichen Risikoprofilen auch im Hinblick auf die Kapitalkostensätze differenziert behandelt werden.[24]

Die Qualität der Planung steht im Vordergrund, wenn es um die Effizienz der Risikofrüherkennung geht. Besonders wichtig ist auch die effiziente Kommunikation der Bewertungsergebnisse an den Vorstand und den Aufsichtsrat. Doch auch das technische Instrumentarium der wertorientierten Unternehmenssteuerung sollte unter Berücksichtigung der unternehmensspezifischen Besonderheiten (Branche, Unternehmensgröße) konzeptionell richtig angewendet werden. Das hier vorgestellte Konzept wertorientierter Planung und Steuerung bezieht sich dabei hauptsächlich auf die strategische Planung. Die Operationalisierung wertorientierter Strategien, also die Implementierung der Grundsätze wertorientierter Unternehmensführung in die Wertschöpfungsprozesse der einzelnen Geschäftsfelder (z. B. mittels der „Balanced Scorecard") ist aus Sicht der hier geforderten Risikofrüherkennung durch den Vorstand meines Erachtens nicht erforderlich, aber durchaus wünschenswert.

Der Vorteil der Risikofrüherkennung auf der Grundlage wertorientierter Unternehmensführung besteht insbesondere darin, daß es sich hier nicht um ein gesondertes bzw. von

Die Früherkennung von Risiken mit Hilfe wertorientierter Unternehmensführung 113

den anderen Berichtssystemen des Unternehmens abgekoppeltes Risikomanagementsystem handelt; Risikofrüherkennung ist in einem System wertorientierter Führung integraler Bestandteil der Planung und Steuerung des Unternehmens. Der wesentliche Vorteil eines in den Planungs- und Steuerungsprozeß integrierten Risikomanagementsystems ist meines Erachtens, daß strategische Risiken nicht isoliert, sondern nur gemeinsam mit Chancen analysiert werden. Damit besteht die Möglichkeit, einer gewissen Gefahr des KonTraG, nämlich der einseitigen Betonung der Risiken, zu begegnen.

---

[1] So z. B. Wirtschaftswoche Nr. 35 vom 20.8.1998, S. 98.
[2] Vgl. Ernst, Christoph/Seibert, Ulrich/Stuckert/Fritz: *KonTraG, KapEG, StückAG, EuroEG*, Düsseldorf 1998, S. 1f.
[3] Vgl. zur Ausstrahlung der aktienrechtlichen Vorschriften des KonTraG auf die GmbH: Begründung zum KonTraG sowie Lück, Wolfgang: „Internes Überwachungssystem – Die Pflicht zur Einrichtung und zur Prüfung eines internen Überwachungssystems durch das Gesetz zur Kontrolle und Transparenz im Unternehmensbereich", in: WPK-Mitteilungen 3/1998, S. 182.
[4] Giese, Rolf: „Die Prüfung des Risikomanagementsystems einer Unternehmung durch den Abschlußprüfer gemäß KonTraG", in: Die Wirtschaftsprüfung, 1998, S. 451ff.; Kromschröder, Bernhard und Lück, Wolfgang für den Arbeitskreis „Externe und Interne Überwachung der Unternehmung" der Schmalenbach-Gesellschaft für Betriebswirtschaft e. V.: „Grundsätze risikoorientierter Unternehmensüberwachung", in: Der Betrieb 1998, S. 1573ff.; Lück, Wolfgang, a.a.O., S. 182ff.
[5] Vgl. Fachgutachten 1/1988 des Instituts der Wirtschaftsprüfer.
[6] Vgl. Lück, a.a.O., S. 183ff.
[7] Begründung zu § 93 Abs. 2 AktG.
[8] Vgl. Brebeck, Frank/Hermann Dagmar: „Zur Forderung des KonTraG-Entwurfes nach einem Frühwarnsystem und zu den Konsequenzen für die Jahres- und Konzernabschlußprüfung", in: Die Wirtschaftsprüfung 1997, S. 382f.
[9] Vgl. Kromschröder, Lück, a.a.O., S. 1573.
[10] Vgl. Brebeck/Hermann, a.a.O., S. 383 und die dort angegebene Literatur.
[11] Vgl. Price Waterhouse Financial & Cost Management Team: „CFO – Architect of the Corporation's Future", New York, Chichester 1997, S. 25ff.
[12] Vgl. hierzu Slywotzky, Adrian J.: *Strategisches Business Design (Value Migration)*, Frankfurt/New York 1997; hinsichtlich der Risiken vgl. Brebeck/Hermann, a.a.O., S. 383f. und die dort angegebene Literatur.
[13] Vgl. hierzu Black/Wright/ Bachman: *In Search of Shareholder Value. Managing the Drivers of Performance*, London 1998, S. 60ff.
[14] Vgl. Schneider, Dieter: *Investition und Finanzierung*, 3. Auflage, Opladen 1974, S. 46ff.
[15] Vgl. Brebeck/Herrmann, a.a.O. S.386.
[16] Zum Stand der Implementierung wertorientierten Managements in Deutschland vgl. Price Waterhouse: *Shareholder Value und Corporate Governance – Bedeutung im Wettbewerb um institutionelles Kapital*, Frankfurt/Main 1998, S. 16.
[17] Andere Instrumente können sein: Aufspaltung von diversifizierten Konzernen, an Wertänderungen orientierte Vergütung von Führungskräften, Outsourcing von Geschäftsprozessen oder Verknüpfung der Strategien mit der operativen Planung und Steuerung.

[18] Die DCF-Methode und der CAPM-Ansatz sollen im Rahmen dieses Beitrags nicht im einzelnen dargestellt werden. Verwiesen sei auf die einschlägige Literatur z. B. Copeland T./Koller T./ Murrin J.: *Valuation – Measuring and Managing the Value of Companies*, New York 1994.

[19] Vgl. Black, A./Wright, P./Bachman, J.: a.a.O., S. 166ff.

[20] Vgl. zur Definition und Berechnung des CFROI sowie zur praktischen Einführung des CFROI als Performance-Maß bei der VEBA AG: König, Thomas, in: Achleitner/Thoma: *Handbuch Corporate Finance*, Köln 1997.

[21] „Economic Value Added" (EVA) wird auch als „Economic Profit" (EP) bezeichnet. Zur Definition des EP vgl. Copeland, Tom/Koller, Tim/Murrin, Jack: *Valuation*, New York 1994, S. 154ff.

[22] Vgl. Hauptfachausschuß des Instituts der Wirtschaftsprüfer (IDW): Entwurf IDW-Prüfungsstandard: „Die Prüfung des Risikofrüherkennungssystems nach § 317 Abs. 4 HGB", in: IDW-Fachnachrichten 1998, S. 489.

[23] Selbstverständlich können sich auch der Vorstand und der Aufsichtsrat anhand dieser Checkliste ein Urteil über die Qualität des Risikofrüherkennungssystems ihres Unternehmens bilden.

[24] Die Ermittlung und Anwendung SGF-spezifischer Kapitalkostensätze ist in Deutschland noch relativ wenig verbreitet. Vgl. Glaum, M.: *Kapitalmarktorientierung deutscher Unternehmen, Ergebnisse einer empirischen Untersuchung*, Frankfurt/Main 1998, S. 57f.

Management finanzieller Risiken

VERBAND DEUTSCHER TREASURER E.V., FRANKFURT/MAIN

Vorbemerkungen der Herausgeber		116
1 Einleitung		116
2 Grundsätze		117
3 Organisation		118
4 Handel		120
4.1 Organisation		120
4.2 Handelsermächtigung		120
4.3 Handelsbeleg		120
4.4 Positionsführung		121
5 Abwicklung		121
5.1 Organisation		121
5.2 Bearbeitung von Handelsbelegen		122
5.3 Bestätigungen		122
5.4 Zahlungsverkehr		123
5.5 Zahlungsüberwachung		123
5.6 Administration		123
5.7 Schnittstelle zur Buchhaltung		123
6 Risikocontrolling		124
6.1 Grundsätze		124
6.2 Zielsetzungen		124
6.3 Limitwesen		125
6.3.1 Limitpolitik der Geschäftsleitung		125
6.3.2 Limitarten		125
6.3.3 Limitkontrolle und -überwachung		126
6.3.4 Limitüberschreitungen		126
6.3.5 Bewilligung von neuen Instrumenten		126
6.4 Schnittstelle zur Buchhaltung		127
7 Einbindung in das Interne Überwachungssystem		127

Vorbemerkungen der Herausgeber

Bei der nachfolgenden Darstellung handelt es sich um Thesen zu den Mindeststandards der internen Aufbau-/Ablauforganisation im Industrie-Treasury. Sie wurden durch die Arbeitsgruppe „KonTraG" beim Verband Deutscher Treasurer e.V. unter Beteiligung von

- *Jochen Becker, Metallgesellschaft AG, Frankfurt/Main,*
- *Matthias Dedio, Metallgesellschaft AG, Frankfurt/Main,*
- *Georg Ehrhart, Schwabe, Ley & Greiner, Wien,*
- *Dr. Jochen Gann, Hoechst AG, Frankfurt/Main,*
- *Günther Kraußer, Dr. Ing.h.c. Porsche AG, Stuttgart,*
- *Frank Müller, Dr. Ing.h.c. Porsche AG, Stuttgart,*
- *Mario Rosso, Gebr. Otto KG, Köln,*
- *Bernd Saitz, PwC Deutsche Revision AG, Frankfurt/Main,*
- *Hans-Gisbert Ulmke, VIAG AG, München sowie*
- *Dr. Jochen Stich, ASTA Medica AG, Frankfurt/Main (Leiter der Arbeitsgruppe)*

entwickelt. Das Original wird vom Verband Deutscher Treasurer e. V. herausgegeben und wurde uns vom Vorstand des Vereins zur Verwendung in diesem Werk freundlicherweise überlassen.

1 Einleitung

Die Globalisierung und Deregulierung der Märkte erhöhen die Anfälligkeit von Industrieunternehmen gegenüber Veränderungen der Finanzpreisrisiken, also der Liquidität, Wechselkurse, Zinsen und Rohstoffpreise. Der Effekt kann sich nicht nur in der Bilanz eines Geschäftsjahres widerspiegeln, sondern sogar den langfristigen ökonomischen Erfolg einer Unternehmung in Frage stellen.

Mit steigendem Grad der Internationalisierung eines Unternehmens steigt auch das Ausmaß der finanziellen Risiken, deren Komplexitätsgrad sowie die Bedeutung der aktiven Steuerung dieser Risiken für die Entwicklung des Unternehmenswertes. Gleichzeitig bieten die Finanzmärkte durch die Entwicklung neuer Instrumente die Möglichkeit, Risiken auf andere Marktteilnehmer zu transferieren, die entweder einen komparativen Vorteil oder eine höhere Risikoaufnahmekapazität besitzen. Diese Instrumente verantwortungsbewußt zur Steuerung der finanziellen Risiken aus dem Grundgeschäft einzusetzen, ist Pflicht eines Industrieunternehmens.

Fehlentwicklungen haben den deutschen Gesetzgeber veranlaßt, durch Änderungen des AktG und des HGB vermittels des am 1. Mai 1998 in Kraft getretenen Gesetzes zur Kontrolle und Transparenz im Unternehmensbereich (KonTraG) die Verpflichtung der Unternehmensleitung zur Einrichtung eines adäquaten Risikomanagementsystems sowie einer Internen Revision de lege festzulegen.

Für das Industrie-Treasury in deutschen Unternehmen sehen wir dies als eine Unterstützung der sich seit einigen Jahren vollziehenden Entwicklung zum professionellen Umgang mit Finanzinstrumenten. Eine 1:1-Übertragung der Bankenbestimmungen für diesen Bereich sehen wir allerdings nicht.

Vielmehr hat sich der Arbeitskreis in den hier niedergelegten Mindeststandards an den unabdingbaren Notwendigkeiten sowie der Handhabbarkeit in Industrieunternehmen orientiert.

Wir sind der Auffassung, daß wir umsetzungsfähige Ideen liefern, die auch in mittelständischen Unternehmensstrukturen dargestellt werden können, gleichzeitig aber den gesetzlichen Regelungen Genüge tun.

2 Grundsätze

Das Treasury ist eine zentrale Funktion, die für das Management finanzieller Risiken aus dem operativen Grundgeschäft auf Konzernebene verantwortlich ist.

Ausrichtung und Umfang der Treasury-Aktivität sind in einer Risikopolitik schriftlich zu fixieren und durch die Gesamtgeschäftsleitung freizugeben. Darin werden der Umgang mit finanziellen Preisänderungsrisiken – die aus dem Liquiditäts-, Zinsänderungs-, Währungs-, Ausfall- und Rohstoffrisiko resultieren – und den handelbaren Instrumenten geregelt sowie neben den allgemeingültigen Unternehmenszielen zumindest die Orientierung am Grundgeschäft, das Ausmaß der Ergebnisoptimierung und der Risikobegrenzung festgelegt.

Die Verpflichtung zur Darstellung auch zukünftiger Risiken setzt eine betriebswirtschaftliche Bewertung unter Berücksichtigung bilanzieller Anforderungen und Auswirkungen voraus.

Das Treasury hat die Aufgabe, die Risikopolitik und das zugrundeliegende Werte- und Kompetenzsystem intern und extern zu kommunizieren. Die Aufgabenteilung zwischen Treasury von Muttergesellschaft und von Konzerngesellschaften wahrgenommenen Funktionen muß eindeutig geregelt sein.

118 Management finanzieller Risiken

Um den Anspruch der Grundgeschäftsbezogenheit sowie der Risiko- und Erfolgsmessung zu erfüllen, ist ein zeitnahes, auf die Bedürfnisse des Treasury ausgerichtetes Reporting unerläßlich.

Zur Abbildung der Einzelrisiken sind allgemein verständliche und im Unternehmen akzeptierte Risikomeßsysteme zu installieren, die den Anspruch als Frühwarnsystem erfüllen.

Das Treasury muß laufend direkt an das zuständige Mitglied in der Geschäftsleitung berichten, da dieses für die finanzielle Risikopolitik des Unternehmens fachlich verantwortlich zeichnet. Die Prinzipien der Revisionssicherheit

- Funktionstrennung,
- Vier-Augen-Prinzip,
- Nachvollziehbarkeit,
- Dokumentation und
- Systemsicherheit

müssen umgesetzt sein.

3 Organisation

Eine Trennung in Front-, Middle- und Back-Office ist grundsätzlich wünschenswert, aber aufgrund der mangelnden typischen Größenordnungen und Personalressourcen von Finanzabteilungen in der Praxis kaum durchsetzbar.

Die Funktionstrennung im Treasury-Management durch Personenunabhängigkeit (d. h. ohne gleichzeitige Handels-, Abwicklungs- und Buchungsermächtigung) ist dann gewährleistet, wenn es eine direkte Berichtslinie vom Risikocontrolling (bzw. jener Person, welche die Einhaltung der Risikopolitik und der Limite prüft) an das zuständige Mitglied der Geschäftsleitung gibt.

Voraussetzung dafür ist eine Risikopolitik, die von der Gesamtgeschäftsleitung verabschiedet wurde und deren Vorgaben und Umsetzung durch Dritte bzw. eine interne/externe Revision kontrollierbar sind.

Die operativen Schnittstellen und Verantwortlichkeiten sind eindeutig und unter Berücksichtigung des Funktionstrennungsprinzips zu regeln hinsichtlich

- Verantwortungsübergang, d. h. die Übergabe der Risikosteuerung für eine Position zu einem vorab definierten Zeitpunkt,
- Handel,
- Abwicklung und Kontrolle,
- Berichtswesen,
- Risikocontrolling,
- Risikoanalyse,
- Buchung,
- Richtlinienkompetenz,
- Einhaltung der Revisionssicherheit sowie
- Systemsicherheit.

Die Abläufe, die mit einzelnen Geschäftsarten verbunden sind (z. B. bei Disposition, Geld-, Devisenhandel etc.), sind unter Berücksichtigung der unten festgelegten Mindestanforderungen in Handel, Abwicklung und Risikocontrolling über operative Richtlinien gesondert zu regeln.

Im Hinblick auf eine angemessene Struktur des Treasury-Bereiches ergibt sich folgendes Bild:

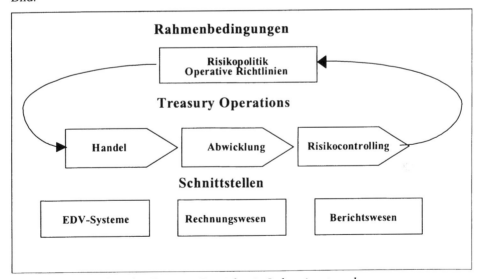

Abbildung 1: Struktur des Treasury-Bereiches in Industrieunternehmen

4 Handel

Der Handel umfaßt die Kontrahierung von Finanztransaktionen.

4.1 Organisation

Der Handel findet ausschließlich in den dafür bestimmten Geschäftsräumen statt. In Ausnahmefällen ist sicherzustellen, daß der Händler die Abwicklung sobald wie möglich – spätestens aber am Folgetag – davon benachrichtigt. Der Handel sollte innerhalb eines mit den Kontrahenten vorab schriftlich festgelegten Kontenkreises erfolgen. Handelsberechtigte Personen („Händler") kennen die Risikopolitik des Unternehmens und die operativen Richtlinien und haben dies schriftlich dokumentiert.

4.2 Handelsermächtigung

Für jeden Händler liegt eine interne Handelsautorisierung vor, worin zumindest folgende Punkte geregelt sind:

- Maximale offene Position (nach Währung und Laufzeit),
- Einzelbetragslimit,
- bewilligte Handelsgeschäfte und Instrumente.

Händler werden durch den Treasurer schriftlich gegenüber den Kontrahenten autorisiert.

4.3 Handelsbeleg

Sofort nach Abschluß eines Geschäftes wird ein Handelsbeleg manuell oder systemunterstützt erstellt. Auf den Handelsbelegen sind die relevanten Details enthalten, so zum Beispiel:

- Art des Geschäfts (Kauf, Verkauf, Aufnahme, Anlage),
- Name des Kontrahenten,
- Währung,
- Betrag,
- Valuta,

- Kurs/Zinssatz/Zinsbasis,
- Laufzeitbeginn/-ende,
- Zahlungsmodalitäten,
- Datum/Uhrzeit,
- Unterschrift.

Der Handelsbeleg ist nach Abschluß manuell oder in einem System laufend zu numerieren, damit die Nachvollziehbarkeit und Vollständigkeit der Transaktionen sichergestellt werden kann. Die Handelsbelege sind regelmäßig an die Abwicklung weiterzuleiten oder von dieser abzuholen (manuell oder systemunterstützt) und gegebenenfalls von dieser im System zu erfassen.

4.4 Positionsführung

Jede kontrahierte Finanztransaktion wird in eine Position eingestellt, in der alle aktuell kontrahierten Finanztransaktionen erfaßt sind. Die Position sollte am Tagesende gegen den Markt und die Limite bewertet und an das Risikocontrolling weitergeleitet werden.

5 Abwicklung

Die Abwicklung umfaßt die operative Durchführung der vom Handel abgeschlossenen Geschäfte und deren Prüfung.

5.1 Organisation

Die Mitarbeiter der Abwicklung kennen die Risikopolitik sowie die operativen Richtlinien und haben dies schriftlich dokumentiert.

Mitarbeiter der Abwicklung sind nicht handelsberechtigt. Sollte die im Einzelfall jedoch vonnöten sein, ist bei einem Handel durch die Abwicklung das Vier-Augen-Prinzip sicherzustellen.

5.2 Bearbeitung von Handelsbelegen

Sofern die Handelsbelege von der Abwicklung nicht systemtechnisch aus dem Handel übernommen werden können, sind sie von ihr zu erfassen. Die Belege sind hinsichtlich formeller und materieller Richtigkeit nachweislich zu prüfen. Dazu gehören u. a.:

- genehmigte Geschäftsart,
- Kurs-/Zins-/Margenplausibilität,
- Kontrahent,
- Einhaltung von Bank- und internen Linien,
- Händlerlimiten,
- Zahlungswege.

Sofern dies im Ausnahmefall nicht möglich ist, d. h. eine Kontrahierung durch die Abwicklung erfolgt (z. B. im Stellvertretungsfall), so ist die Prüfung durch kompensierende Kontrollen sicherzustellen.

Fehlerhafte oder unvollständige Handelsbelege sind beim betreffenden Händler zu reklamieren und zu korrigieren. Die Korrektur ist nachweislich zu dokumentieren.

Die Handelspositionen sind täglich mit den Zahlen der Abwicklung/Buchhaltung abzugleichen.

5.3 Bestätigungen

Alle Finanztransaktionen müssen durch die Kontrahenten bestätigt werden.

Alle Handelsbelege werden bis zum Eintreffen der Kontrahentenbestätigung bei der Abwicklung evident gehalten. Überfällige Kontrahentenbestätigungen werden angemahnt.

Es ist sicherzustellen, daß die Kontrahentenbestätigungen an die Abwicklung (und nicht direkt an den Handel) geschickt werden, um einen objektiven Abgleich intern dokumentierter und extern bestätigter Geschäfte zu ermöglichen.

Reklamationen fehlender und abweichender Kontrahentenbestätigungen werden detailliert dokumentiert und dem Leiter des Treasury gemeldet.

5.4 Zahlungsverkehr

Die Zahlungswege (Konto, Bank), über die gezahlt werden darf, sind den Kontrahenten einmalig schriftlich mitzuteilen. Die Änderung von Zahlungsstammdatensätzen muß gemäß Funktionstrennungsprinzip bewilligt werden.

Die Zahlungsfreigabe erfolgt nach dem Funktionstrennungs- und nach dem Vier-Augen-Prinzip. Mitarbeiter des Handels dürfen alleine keine Zahlungen freigeben.

5.5 Zahlungsüberwachung

Ausstehende Zahlungen werden im Rahmen der Kontenabstimmung durch die Bankbuchhaltung überwacht, die von Handel und Abwicklung getrennt sein muß.

Die Abwicklung führt alle betragsmäßigen Prüfungen durch (Zinsabrechnungen, Gebühren).

5.6 Administration

Das Ablagesystem muß ein rasches Auffinden von Geschäftsfällen ermöglichen (Ablage offener Geschäfte nach Fälligkeit, Ablage abgelaufener Geschäfte nach Nummer).

Die gesetzlichen Aufbewahrungspflichten sind zu beachten.

5.7 Schnittstelle zur Buchhaltung

Die Abwicklung erstellt die Anweisungen für die Buchhaltung (Buchungssätze, Bewertungseinheiten).

Der Abgleich der Zahlungen erfolgt in der Bankbuchhaltung.

Die Finanztransaktionen sind gemäß den Grundsätzen ordnungsgemäßer Buchführung zu erfassen.

6 Risiko-Controlling

6.1 Grundsätze

Das Risikocontrolling umfaßt die Festlegung der Methoden der Risiko- und Performance-Messung, die operative Überwachung der Risikopolitik und des Limitwesens sowie das damit verbundene Berichtswesen.

Eine zentrale Aufgabe des Risikocontrolling ist die Schaffung von Transparenz über die Risikopositionen im Unternehmen.

Im Bereich Risikomessung ist das Risikocontrolling elementarer Bestandteil des Risikosteuerungsprozesses und zudem für die frühzeitige Erkennung von Risiken, für die Limitüberwachung sowie die Initiierung von entsprechenden Maßnahmen bei Limitüberschreitungen verantwortlich.

Das Risikocontrolling ist kein Überwachungsorgan – im Sinne der Revision – für die ordnungsgemäße Abwicklung der Aufgaben in den anderen Treasury-Funktionen.

Mitarbeiter des Risikocontrolling dürfen keine Handels- und Abwicklungsaufgaben wahrnehmen.

Die Mitarbeiter des Risikocontrolling erarbeiten gemeinsam mit dem Treasurer die Risikopolitik und legen diese der Gesamtgeschäftsführung zur Beschlußfassung vor.

Die Kenntnis der aktuellen Risikopolitik und der operativen Richtlinien wird schriftlich durch die Mitarbeiter des Risikocontrollings bestätigt.

6.2 Zielsetzungen

Risikocontrolling schafft die Voraussetzungen zur Erreichung gesamtheitlicher Transparenz durch den Aufbau und den Betrieb eines unternehmensweiten und zeitnahen Informations-, Erfassungs-, Steuerungs- und Führungsinstrumentariums für das Treasury.

Das Risikocontrolling stellt sicher, daß geeignete Mittel und Methoden zur Verfügung stehen, um die aus der operativen Geschäftstätigkeit entstehenden finanziellen Risiken messen und steuern zu können.

Das Risikocontrolling gewährleistet, daß eine einheitliche Risikomeßmethodik eingesetzt wird, die es erlaubt, verschiedene Risikopositionen miteinander zu vergleichen und eine stufengerechte, konsistente Risikoaggregation bzw. -einzelbetrachtung durchzuführen.

Das Risikocontrolling sorgt als unabhängige handels- und abwicklungsunabhängige Stelle für

- die Konzeption eines Limitwesens (Aufteilung der Limite auf einzelne Risiko- und Geschäftsarten gemäß Vorgaben der Geschäftsleitung),
- dessen Einhaltung und
- die Sicherstellung adäquater und zeitgerechter Information bei Limitüberschreitungen.

6.3 Limitwesen

Limite dienen der Risikobegrenzung und -steuerung und leiten sich aus der Risikopolitik der Geschäftsleitung eines Unternehmens ab. Das Limitsystem ist die Grundlage für die Kontrolle aller meßbaren, finanziellen Risiken im Unternehmen durch die Geschäftsleitung. Die in diesem Zusammenhang wichtigsten Risikoarten sind Marktpreisrisiken und Ausfallrisiken.

6.3.1 Limitpolitik der Geschäftsleitung

Die Geschäftsleitung legt eine maximale Verlustgrenze unter Berücksichtigung von Eigenkapital, Ertragsstärke, zukünftiger Markteinschätzung und unternehmensspezifischer Risikoausrichtung fest.

Als Verlustobergrenze gilt der Betrag, der im *worst case* maximal zur Deckung eines Verlustes aufgebraucht werden darf, ohne die wirtschaftliche Existenz des Unternehmens zu gefährden. Da dies eine Aggregation aller Risikoarten darstellt, kann die Verlustgrenze auf die einzelnen Risikoarten und die Geschäftsbereiche aufgeteilt werden.

6.3.2 Limitarten

Bei den Limitarten ist zwischen Positionslimiten (offene Positionen) und Verlustlimiten (Stop Loss, VaR, Streß- Test) zu unterscheiden.

Positionslimite werden durch Vorgabe einer fixen Betragsgröße festgesetzt und können unterschiedliche Zuordnungsaspekte haben (Markt, Instrument, Währung, Laufzeit, Bereich).

Zur Begrenzung von möglichen Verlusten sollen Verlustlimite eingeführt werden. Diese Limite sollen sich auf aktuelle Marktpreise und mögliche Marktpreisveränderungen

126 Management finanzieller Risiken

(vergangenheitsorientierte Volatilitäten, Normalverteilungsannahme, festgelegtes Konfidenzniveau) beziehen.

Darüber hinaus muß jedoch auch ein Streß-Test für den ungünstigsten Fall eingeführt werden („worst-case", Szenarioanalysen).

6.3.3 Limitkontrolle und -überwachung

Die Kontrolle und Überwachung der Limite erfolgt durch das Risikocontrolling.

Neben der formalen Überwachung aller Limite gehört dazu auch die ständige Überprüfung der eingesetzten Verfahren und Parameter (Stichwort: Backtesting).

Bei Änderung der Risikoeinschätzung sind die Limite zu überprüfen und gegebenenfalls Anpassungen zu initiieren.

Ohne vorherige Zustimmung der Geschäftsleitung dürfen keine Geschäfte abgeschlossen werden, wenn kein Limit existiert oder die genehmigten Limite voll ausgenutzt sind.

Jeder Händler muß über die für ihn relevanten Limite bzw. die aktuelle Limitausnutzung zeitnah informiert sein.

6.3.4 Limitüberschreitung

Limitüberschreitungen sind umgehend vom Risikocontrolling an die Geschäftsleitung und den Leiter des Treasury zu berichten, die über die weitere Vorgehensweise entscheiden.

6.3.5 Bewilligung von neuen Instrumenten

Zur Genehmigung neuer Produkte bzw. Instrumente müssen vorher folgende Bereiche des Unternehmens eine „Freizeichnung" erteilen:

- Rechnungswesen (Buchhaltung und Bilanzierung),
- Steuern (Behandlung von Gewinnen/Verlusten),
- Datenverarbeitung (systemseitige Abbildung der Transaktion),
- Treasury/Risikocontrolling (Erfassung und Bewertung),
- Recht (Verträge und Haftungsfragen).

Der Genehmigungsprozeß muß vom Treasury initiiert, koordiniert und schriftlich dokumentiert werden.

6.4 Schnittstelle zur Buchhaltung

Das Risikocontrolling meldet an die Buchhaltung das Ausmaß bilanziell erforderlicher Bewertungsmaßnahmen.

7 Einbindung in das Interne Überwachungssystem

Die Geschäftsleitung muß sicherstellen, daß die im einzelnen definierten Strategien, Organisationsanweisungen, Kompetenzregelungen etc. eingehalten werden.

Hierzu ist ein der Komplexität des jeweiligen Treasury angemessenes, Internes Überwachungssystem zu etablieren, das zum einen aus prozeßimmanenten Kontrollen, zum anderen aus nachgelagerten internen und externen Prüfungen besteht.

Die wesentlichen prozeßimmanenten Kontrollen wurden in den vorhergehenden Abschnitten erläutert. Ihre Aufgabe ist es, Fehler noch im Prozeßablauf aufzudecken und eine Fehlerkorrektur herbeizuführen.

Die interne und externe Prüfung haben dagegen die Aufgabe, durch nachgelagerte prozeßunabhängige Prüfungen sicherzustellen, daß das System (einschließlich der prozeßimmanenten Kontrollen) wie vorgesehen funktioniert hat.

Die interne Prüfung kann durch die Innenrevision wahrgenommen werden, die zumindest das Vorhandensein der Risikopolitik, der operativen Richtlinien sowie deren Beachtung zum Gegenstand haben sollte.

Die interne Prüfung wird durch die Tätigkeit des Jahresabschlußprüfers ergänzt.

Es bietet sich an, eine enge Abstimmung zwischen diesen beiden Prüfungen herbeizuführen.

Organisatorische Einbindung des Risikomanagements

EDGAR WITTMANN, SIEMENS AG, MÜNCHEN

1	Gestaltung der Risikomanagementorganisation als Ausgangspunkt des Risikomanagements	130
2	Elemente einer Risikomanagementorganisation	131
3	Mehr-Ebenen-Modell des Risikomanagements	133
	3.1 Operative Geschäftseinheiten	135
	3.2 Stabs- und Fachabteilungen	137
	3.2.1 Risikomanagementaufgaben der Stabs- und Fachabteilungen	137
	3.2.2 Aufgaben einer eigenständigen Risikomanagementabteilung	138
	3.3 Interne Revision	140
4	Verbindung zur vorhandenen Organisation	141
5	Risiko- und Kontrollkultur	142

1 Gestaltung der Risikomanagementorganisation als Ausgangspunkt des Risikomanagements

Risikomanagement beschreibt einen Kernbestandteil unternehmerischer Tätigkeit, da jedes unternehmerische Handeln darauf gerichtet ist, geschäftliche Chancen wahrzunehmen und damit einhergehende Risiken zu handhaben. Risikomanagement stellt insofern die Voraussetzung für unternehmerischen Erfolg dar. Ziel ist der bewußte und kontrollierte Umgang mit Risiken, um damit Wettbewerbsvorteile aufzubauen oder weiterzuentwickeln und letztlich den Wert des Unternehmens zu erhöhen.

Risikomanagement umfaßt die gezielte Gestaltung und Implementierung eines systematischen Risikomanagementprozesses, im Rahmen dessen Risiken systematisch identifiziert, bewertet, gehandhabt und laufend überwacht werden können. Dieser Prozeß muß eingebettet sein in ein System aufbauorganisatorischer Regelungen, die Risikomanagementorganisation. Die Gestaltung der Risikomanagementorganisation verkörpert somit den Ausgangspunkt des Risikomanagements.

Zu Beginn der Überlegungen zur Risikomanagementorganisation werden nachfolgend die grundlegenden Elemente eines Risikomanagementsystems dargestellt. Hierzu zählen insbesondere die für ein Risikomanagement zu betrachtenden organisatorischen Einheiten, aber auch risikopolitische Grundsätze als Ordnungselement.

Für die auf diese Weise identifizierten Organisationseinheiten werden daraufhin deren Aufgaben und Verantwortlichkeiten innerhalb der Risikomanagementorganisation beschrieben. Vorgeschlagen wird in diesem Zusammenhang ein Mehr-Ebenen-Modell des Risikomanagements, innerhalb dessen durch ein abgestimmtes Rollenverhalten der beteiligten Organisationseinheiten ein umfassendes, unternehmensweites Risikomanagement erreicht werden kann.

Besondere Bedeutung kommt dabei der Verknüpfung der Risikomanagementorganisation mit der bereits vorhandenen Organisation eines Unternehmens zu. Die Gestaltung der Risikomanagementorganisation darf nicht zu einer isolierten Parallel-Organisation zur vorhandenen Organisation führen. Vielmehr muß das Risikomanagement aufs engste mit der vorhandenen Unternehmensorganisation und den -prozessen verzahnt sein.

Den Abschluß des Beitrags bildet die Darstellung der Risiko- und Kontrollkultur. Diese umfaßt die „weichen" Faktoren, die das formale, institutionalisierte Risikomanagementsystem umgeben und erheblichen Einfluß auf ein wirkungsvolles Risikomanagement haben. Bei der Gestaltung eines Risikomanagementsystems ist deshalb auch die Risiko- und Kontrollkultur miteinzubeziehen.

2 Elemente einer Risikomanagementorganisation

Bei der Gestaltung eines Risikomanagementsystems ist zunächst nach den grundlegenden organisatorischen Elementen und ihrer prinzipiellen Ausprägung zu fragen. Die Risikomanagementorganisation liefert den aufbauorganisatorischen Rahmen für ein Risikomanagement und bestimmt den strukturellen Hintergrund für den Ablauf der Risikomanagementprozesse. Einen Überblick über die Elemente einer Risikomanagementorganisation liefert Abbildung 1.

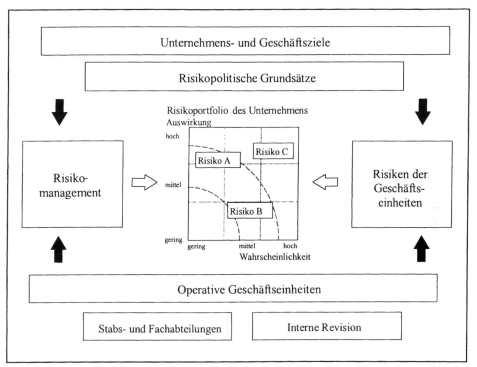

Abbildung 1: Elemente einer Risikomanagementorganisation

Ausgangspunkt für die Festlegung der Risikomanagementorganisation sind wie bei jeder organisatorischen Strukturierung die übergeordneten Unternehmens- und Geschäftsziele des Unternehmens. Die Unternehmens- und Geschäftsziele legen die grundsätzlichen markt- und wettbewerbsbezogenen Ziele fest und definieren das betriebswirtschaftliche Anspruchsniveau, das mit der Geschäftstätigkeit erreicht werden soll. Daneben bestimmen die Unternehmens- und Geschäftsziele die grundlegende Ausrichtung des Unternehmens auf bestimmte Tätigkeitsgebiete oder Geschäfte und definieren damit in allgemeiner Weise die Produkt-/Marktfelder, die belegt werden sollen. Diese strategischen

Vorgaben können in ihrer Ausprägung z. B. die bewußte Fokussierung auf Kernarbeitsfelder innerhalb einer Branche beinhalten.

Darüber hinaus beinhalten Unternehmens- und Geschäftsziele vielfach auch Aussagen über die regionale Ausrichtung der Geschäfte, also z. B. die Konzentration auf den angestammten Heimatmarkt oder die gezielte internationale Ausrichtung und damit Globalisierung der Geschäfte. Mit bestimmten Regionalzielen sind dann u. a. entsprechende Länderrisiken impliziert. Im Ergebnis führt die Aufstellung von Unternehmens- und Geschäftszielen zu einer Festlegung der grundlegenden Risiken der Geschäftseinheiten. Diese Risiken der Geschäftseinheiten sind geprägt durch die extern mit dem Branchenumfeld vorgegebenen Einflußfaktoren und durch die unternehmensintern vorhandenen Kompetenzen und Ressourcen zur Risikohandhabung.

Auf der anderen Seite wird durch die Unternehmens- und Geschäftsziele aber auch das Risikomanagement selbst bestimmt, indem die grundsätzliche Vorgehensweise für den Umgang mit Risiken vorgegeben wird. Die Unternehmens- und Geschäftsziele finden in diesem Sinne ihren Eingang in die risikopolitischen Grundsätze. Diese können sich in eigenständigen Dokumenten oder Unterlagen manifestieren, werden z. T. aber auch nur für besonders exponierte Teilbereiche verfaßt oder kommen – wenn sie nicht explizit formuliert wurden – zumindest implizit in unternehmenspolitischen Entscheidungen der Unternehmensleitung zum Ausdruck. Im letzteren Fall bietet sich an, die risikopolitischen Grundsätze zur besseren Verankerung und Kommunikation im Unternehmen herauszuarbeiten und zusammenfassend darzustellen.

Risikopolitische Grundsätze beinhalten die grundsätzliche Haltung der Unternehmensleitung zum Umgang mit Risiken und haben damit wesentlichen Einfluß auf das Risikomanagement innerhalb des Unternehmens. Sie fungieren als Verhaltensregeln, die alle Führungskräfte und Mitarbeiter zu einem angemessenen Umgang mit Risiken anleiten sollen und verdeutlichen die übergeordnete Risikoneigung oder -aversion des Unternehmens, indem sie zeigen, inwieweit das Eingehen von Risiken unternehmenspolitisch erwünscht oder unerwünscht ist.

Das Aufstellen und Kommunizieren risikopolitischer Grundsätze gehört zur Aufgabenstellung der Unternehmensleitung. Risikopolitische Grundsätze vermitteln, daß Risikomanagement ein wichtiges Thema für die Unternehmensleitung ist und bringen deren Commitment zum Ausdruck. Daneben wird die Verpflichtung der Führungskräfte, in ihrem jeweiligen Verantwortungsbereich für ein angemessenes Risikomanagement zu sorgen, unterstrichen. Risikopolitische Grundsätze sind eine wichtige Voraussetzung für die Ausgestaltung der Risikomanagementorganisation und die konkrete Entwicklung von Maßnahmen zur Risikohandhabung durch sämtliche nachgeordnete Unternehmenseinheiten.

Gleichzeitig kann durch einen derartigen Top-down-Ansatz eine gewisse Einheitlichkeit im Umgang mit Risiken gefördert werden. Wenn aus Sicht der Unternehmensleitung beispielsweise bei Fremdwährungsgeschäften keine Währungsrisiken eingegangen werden sollen, so kann dies durch die Vorgabe einer Absicherungsverpflichtung für Fremdwährungspositionen erfolgen. Damit ist sichergestellt, daß mit Fremdwährungsrisiken unternehmenseinheitlich – und im Sinne der Unternehmensleitung – verfahren wird.

Durch die Festlegung von Vorgehensweisen für einzelne Risikoarten oder -felder wird zudem eine einheitliche Sprache und Kommunikation zu Risiken bzw. zur Risikohandhabung innerhalb des Unternehmens gefördert. Damit können risikopolitische Grundsätze auch als Ausgangspunkt einer generellen Verbesserung des Risikobewußtseins im Unternehmen angesehen werden.

Risikopolitische Grundsätze bestimmen – in Verbindung mit den übergeordneten Unternehmens- und Geschäftszielen – den Umgang mit Risiken im Unternehmen. Verantwortlich für die Risikohandhabung sind die operativen Geschäftseinheiten, die unmittelbar für die Geschäftsführung und damit auch für das Risikomanagement zuständig sind. Diese Zuordnung der Verantwortung entspricht dem Prinzip, Risiken dort zu handhaben, wo sie anfallen. Konfrontiert mit den Risiken aus der Geschäftstätigkeit sind vor allem die operativen Einheiten und deshalb liegt bei ihnen auch die primäre Verantwortung für das Risikomanagement. Unterstützt werden die operativen Einheiten dabei von Stabs- und Fachabteilungen sowie im Sinne der Systemkontrolle von der Internen Revision. Dies wird im folgenden Kapitel nochmals ausführlicher dargestellt.

Ausgerichtet ist das Risikomanagement auf die in den Geschäftseinheiten vorhandenen Risiken. Als Ergebnis der Handhabung der Risiken ergibt sich ein bestimmter Risikobestand des Unternehmens, der sich anhand eines Risikoportfolios verdeutlichen läßt. In einem Risikoportfolio werden Risiken hinsichtlich ihrer Auswirkungen und ihrer Eintrittswahrscheinlichkeit dargestellt, so daß schnell zu erkennen ist, welches die größten, das Unternehmen bedrohende Risiken sind. Ein den Unternehmens- und Geschäftszielen bzw. den risikopolitischen Grundsätzen entsprechendes Risikoportfolio kann somit als Ergebnis des zielgerichteten Zusammenwirkens der aufgezählten Elemente einer Risikomanagementorganisation verstanden werden.

3 Mehr-Ebenen-Modell des Risikomanagements

Für das reibungslose und effiziente Funktionieren eines Risikomanagementsystems ist eine klare Risikomanagementorganisation unabdingbare Voraussetzung. Die Vorgabe einer transparenten Risikomanagementorganisation zielt darauf ab, Rollen und Verantwortlichkeiten der beteiligten Unternehmenseinheiten sowie deren gegenseitige Beziehungen eindeutig festzulegen und damit mögliche Unklarheiten im Hinblick auf Zuständigkeiten oder Überschneidungen zu vermeiden.

Innerhalb der Risikomanagementorganisation eines Unternehmens können vor allem drei Typen von Unternehmenseinheiten unterschieden werden: operative Geschäftseinheiten,

Stabs- und Fachabteilungen sowie die Interne Revision. Diese Unternehmenseinheiten sind in Abbildung 2 als Mehr-Ebenen-Modell des Risikomanagements dargestellt.

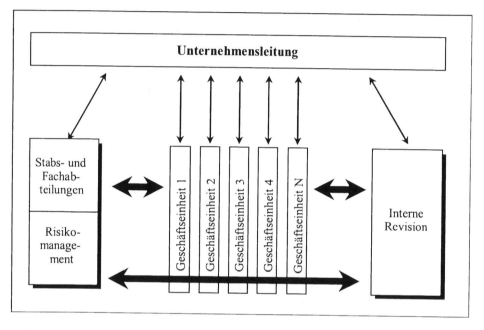

Abbildung 2: Mehr-Ebenen-Modell des Risikomanagements

Das Mehr-Ebenen-Modell des Risikomanagements beinhaltet eine klare und eindeutige Rollenaufteilung zwischen den beteiligten Unternehmenseinheiten. Die Aufgaben sind dabei vom Grundsatz her wie folgt verteilt:

- Die operativen Einheiten sind als Träger des Geschäfts und der damit verbundenen Risiken die primär für das Risikomanagement verantwortlichen Einheiten.

- Stabs- und Fachteilungen unterstützen die operativen Geschäftseinheiten in deren Risikomanagement durch die Vorgaben von Grundsätzen, Methoden und Standards zum Risikomanagement sowie ggf. durch ein unabhängiges Risikocontrolling.

- Die Interne Revision auditiert die vorhandenen Risikokontroll- und -steuerungssysteme als unabhängige Instanz.

Ein erfolgreiches Gesamt-Risikomanagementsystem basiert auf dem reibungslosen Zusammenspiel aller Risikomanagementebenen. Auf die spezifischen Aufgaben und Zuständigkeiten der einzelnen Unternehmenseinheiten soll deshalb im folgenden näher eingegangen werden.

3.1 Operative Geschäftseinheiten

Risiken entstehen zu einem überwiegenden Teil im Zusammenhang mit der Geschäftstätigkeit der dezentralen Unternehmenseinheiten, so daß diese die primären Träger des Risikomanagements sein müssen. Während für die Unternehmensleitung eine übergeordnete Organisationspflicht hinsichtlich der Einrichtung eines Risikomanagementsystems besteht, sind die operativen Geschäftseinheiten die, die unmittelbar für die Durchführung des Risikomanagements sorgen müssen. In Kombination mit den Vorgaben der Unternehmensleitung zum Risikomanagement – etwa in Form risikopolitischer Grundsätze – muß dieses an der „Basis" verankert sein und an den originären Risikoursachen ansetzen.

Aufgabe der operativen Geschäftseinheiten ist es dabei, zuerst selbst eine klare Organisations- und Verantwortungsstruktur für das Risikomanagement innerhalb der Einheit festzulegen. Auf dieser Grundlage und in engem Zusammenhang damit sind der Risikomanagementprozeß und die ablauforganisatorischen Zuständigkeiten zu bestimmen. Die operativen Geschäftseinheiten sind verantwortlich dafür, daß ein systematischer Risikomanagementprozeß vorhanden ist oder aufgebaut wird. Der Risikomanagementprozeß umfaßt die Erfassung, Bewertung, Handhabung und das Controlling der Risiken bzw. der Risikohandhabung.

In bezug auf die Erfassung der Risiken ist sicherzustellen, daß alle für die jeweilige operative Geschäftseinheit relevanten Risiken in systematischer Weise erkannt und erfaßt werden. Zu den Risiken sind sowohl externe Risiken, die sich beispielsweise aus einer Veränderung des Markt- und Branchenumfelds ergeben als auch interne Risiken, wie z.B. ungenügende Qualitätssicherung zu zählen. Verwendet werden können in diesem Zusammenhang u. a. unternehmens- bzw. geschäftsspezifische Risikochecklisten, die in umfassender Weise die Risikoidentifizierung unterstützen. Ziel der Risikoidentifizierung ist es, daß Risiken durch die operativen Geschäftseinheiten möglichst früh erkannt werden, um rechtzeitig Gegenmaßnahmen einleiten zu können. Damit wird das Risikomanagementsystem zum Früherkennungssystem.

Der zweite Schritt innerhalb des Risikomanagementprozesses in den operativen Geschäftseinheiten ist die Analyse und Bewertung der Risiken. Hier sind nach Möglichkeit einheitliche Analyseregeln und Bewertungsmaßstäbe für die betrachteten Risiken aufzustellen. Dadurch kann erreicht werden, daß eine eindeutige und nachvollziehbare Priorisierung der Risiken erfolgt. Eine Bewertungsmöglichkeit besteht z. B. darin, die potentielle Schadenshöhe und die Eintrittswahrscheinlichkeit eines Risikos zu beurteilen. Dies schließt nicht aus, daß für einzelne Risiken andere, spezifische Risikomaße verwendet werden, also z. B. eine Value-at-Risk-Kennzahl zur Bewertung von Währungsrisiken. Die Ergebnisse der Risikoanalyse und -bewertung müssen in Entscheidungen und Maßnahmen umgesetzt werden. Dies setzt voraus, daß die Entscheidungsträger in den operativen Geschäftseinheiten laufend und zeitnah über die wichtigsten Risiken informiert sind.

Der entscheidende Schritt innerhalb des Risikomanagementprozesses in den operativen Geschäftseinheiten ist die Risikohandhabung. Hierzu zählen alle Maßnahmen, die auf die Vermeidung, Reduzierung, Beeinflussung oder den Transfer von Risiken gerichtet sind. Bei den Maßnahmen kann unterschieden werden zwischen der dauerhaften Einrichtung von Steuerungsmaßnahmen und einzelfallbezogenen Aktionen z. B. im Rahmen eines Projektmanagements. Von den operativen Geschäftseinheiten sind die Maßnahmen laufend hinsichtlich ihrer Angemessenheit und Effizienz zu überprüfen, dies gilt insbesondere auch für die dauerhaften Steuerungsmaßnahmen.

Für die im Rahmen der Risikohandhabung zu ergreifenden Maßnahmen ist davon auszugehen, daß diese in der Regel von den betroffenen operativen Geschäftseinheiten selbst ergriffen und umgesetzt werden. Es besteht jedoch auch die Möglichkeit, daß für bestimmte Risiken eine unternehmenseinheitliche Handhabungsweise unter Inanspruchnahme übergeordneter Stabs- und Fachabteilungen oder zentraler unternehmensinterner Dienstleister vorgeschrieben wird. Dies kann z. B. für Währungsrisiken geschehen, indem vorgegeben wird, daß die Absicherung offener Währungspositionen der operativen Geschäftseinheiten nur durch ein zentrales Treasury erfolgen darf. Auf diese Weise können Pooling- und Nettingeffekte sowie zentrale Kompetenz gezielt genutzt werden. Die Verantwortung für die Risikohandhabung geht in diesem Fall mit dem Transfer der Position auf das Treasury über.

Nicht zuletzt muß innerhalb des Risikomanagementprozesses der operativen Geschäftseinheiten sichergestellt sein, daß ein laufendes Controlling der Risiken bzw. der Risikohandhabung stattfindet. Wie oben angedeutet, müssen alle relevanten Risiken eines Geschäftes kontinuierlich erfaßt und überwacht werden. Abweichungen gegenüber den Vorgabeparametern müssen erkannt und gegebenenfalls zusätzliche Maßnahmen ergriffen werden. Die vorhandene Berichterstattung ist in diesem Sinne – falls notwendig – um risikoorientierte Informationen oder Kennzahlen zu ergänzen. Wichtig ist jedoch, daß für das Risikomanagement keine separaten Controllingwege und -prozesse aufgebaut werden, sondern daß Risikocontrolling – wie der gesamte Risikomanagementprozeß – Teil der normalen Geschäftsprozesse in den operativen Geschäftseinheiten ist. Geschäftsführung und Risikomanagement sind untrennbar miteinander verbunden.

3.2 Stabs- und Fachabteilungen

3.2.1 Risikomanagementaufgaben der Stabs- und Fachabteilungen

Die zweite Ebene innerhalb des Mehr-Ebenen-Modells des Risikomanagements stellen die Stabs- und Fachabteilungen dar. Sie stehen, im Gegensatz zu den operativen Geschäftseinheiten, nicht in der unmittelbaren Verantwortung für das Risikomanagement, sondern fungieren als Unterstützungseinheiten.

Innerhalb der Risikomanagementorganisation gehört zu den Aufgaben der Stabs- und Fachabteilungen vor allem die Entwicklung von Grundsätzen, Methoden und Standards zum Risikomanagement und zwar für das jeweilige Risikofeld, das der Stabs- und Fachabteilung inhaltlich zugeordnet ist. Wenn es beispielsweise um die Identifizierung und Erfassung von geschäftlichen Risiken geht, so kann die strategische Planungsabteilung als entsprechende zentrale Stabsabteilung ein Instrumentarium zur strategischen Planung vorgeben und damit gezielt die Risikoidentifizierung in den operativen Einheiten unterstützen. In vergleichbarer Weise können von einer zentralen IT-Abteilung Vorgaben und Checklisten zum Thema Informationssicherheit herausgegeben werden.

Die Grundsätze, Methoden und Standards können sich auf den gesamten Risikomanagementprozeß oder Teile davon beziehen und beschreiben die grundlegende, von den operativen Einheiten zu verfolgende Vorgehensweise für die Identifikation, Bewertung, Handhabung sowie das Controlling von Risiken in dem jeweiligen Risikofeld. Zu den Aufgaben der Stabs- und Fachabteilungen kann in diesem Zusammenhang die Vermittlung der Methodenkompetenz an die operativen Einheiten zählen, indem die Implementierung der anzuwendenden Methoden und Instrumente in Form von Trainings- und Schulungsprogrammen unterstützt wird. Stabs- und Fachabteilungen spielen so eine wichtige Rolle in der Verbesserung des Risikobewußtseins.

Vorgaben von Stabs- und Fachabteilungen können auch die übergeordnete Risikostrategie für ein bestimmtes Risikofeld beinhalten, indem der Standard der Risikohandhabung, an dem sich die operativen Einheiten orientieren sollten, festgelegt wird. Ein Beispiel dafür ist die unternehmenseinheitliche Vorgehensweise bei der Absicherung von Schadensrisiken durch die Vorgabe einer diesbezüglichen Risikostrategie über eine zentrale Versicherungsabteilung. Damit wird erreicht, daß vergleichbare Risiken auch in geschäftlich oder regional völlig unterschiedlichen Einheiten in gleicher Weise gehandhabt werden.

Neben der Definition von Grundsätzen, Methoden und Standards ist es die Aufgabe der Stabs- und Fachabteilungen, im Rahmen ihrer Kontrollpflichten auch die Einhaltung dieser Vorgaben bei den operativen Einheiten mit zu überwachen. Unabhängig von dieser Kontrollfunktion durch die Stabs- und Fachabteilungen besteht allerdings auch innerhalb der operativen Einheiten selbst die Notwendigkeit, für die Einhaltung der Vorgaben – im Rahmen der Organisationspflichten der Leitungsebenen dieser Einheiten – zu sorgen.

Darüber hinaus können Stabs- und Fachabteilungen gegenüber den operativen Einheiten als unabhängige Controllingeinheiten fungieren, die im Sinne der inhaltlichen Kontrolle der Risiken und nicht nur der Systemkontrolle (Überprüfung der Einhaltung der Vorgaben) wirken. Stabs- und Fachabteilungen arbeiten hiernach als objektivierende Instanzen, die eine unabhängige Kontrolle der Risiken und der Risikohandhabung sicherstellen und eine Validierung der Controllingergebnisse der operativen Geschäftseinheiten ermöglichen.

Schließlich ist es auch Aufgabe von Stabs- und Fachabteilungen, die operativen Geschäftseinheiten im Hinblick auf deren Risikomanagementaufgaben und -prozesse zu beraten. Stabs- und Fachabteilungen können in diesem Zusammenhang ihr für spe-zifische Risikofelder vorhandenes Know-how einbringen sowie darüber hinaus als „Wissens-Drehscheibe" innerhalb des Unternehmens agieren.

3.2.2 Aufgaben einer eigenständigen Risikomanagementabteilung

Abhängig von der Größe und Komplexität eines Unternehmens kann es sinnvoll sein, neben den Stabs- und Fachabteilungen eine eigenständige Risikomanagementabteilung für das Unternehmen einzurichten. Auch eine eigenständige Unternehmensstabsstelle Risikomanagement übernimmt dabei keine Risikomanagementaufgaben für die operativen Geschäftseinheiten, sondern wirkt ähnlich wie die übrigen Stabs- und Fachabteilungen als Unterstützungseinheit. Eine Unternehmensstabsstelle Risikomanagement enthebt die operativen Einheiten damit nicht von deren Risikomanagementverantwortung.

Die Aufgabe einer Unternehmensstabsstelle Risikomanagement besteht in der Erarbeitung und Weiterentwicklung von übergeordneten Konzepten und Methoden für ein unternehmensweites Risikomanagement sowie – falls erforderlich – der Begleitung der Implementierung entsprechender Maßnahmen in den operativen Geschäftseinheiten.

Ein Schwerpunkt liegt zum einen im Entwerfen einer Gesamtarchitektur für ein unternehmensweites Risikomanagement, in der die wesentlichen Risikomanagementsystemelemente und ihre grundsätzliche Funktionsweise beschrieben werden. Da in einem gut geführten Unternehmen in der Regel viele Elemente eines Risikomanagementsystems bereits vorhanden sind, geht es hier darum, diese integrativ zu einem wirkungsvollen Risikomanagementsystem zu verbinden und dieses zu dokumentieren. Dabei sind auch die vorhandenen Stabs- und Fachabteilungen als wesentliche Elemente der Risikomanagementorganisation miteinzubeziehen. Hinsichtlich dieser Stellen nimmt eine Unternehmensstabsstelle Risikomanagement eine integrierende und koordinierende Funktion wahr, so daß die fachspezifischen Methoden und Konzepte innerhalb des Gesamt-Risikomanagementsystems zielgerichtet genutzt werden können.

Des weiteren ist eine Unternehmensstabsstelle Risikomanagement zuständig für die Erarbeitung oder Weiterentwicklung übergeordneter risikopolitischer Grundsätze sowie deren Kommunikation innerhalb des Unternehmens nach der Autorisierung durch die Leitungsorgane. Ergänzt und konkretisiert werden derartige risikopolitische Grundsätze vielfach durch Grundsätze für einzelne Risikofelder, die von den dafür zuständigen Stabs- und Fachabteilungen zu erarbeiten sind.

Darüber hinaus sind von einer Unternehmensstabsstelle Risikomanagement Methoden und Standards zu entwickeln und bereitzustellen, die in übergeordneter Weise die unternehmenseinheitliche Risikoidentifikation und -bewertung unterstützen. Hierzu zählen beispielsweise Vorgehensweisen zur Ermittlung von Risikoportfolios oder zur Aufstellung von Risikoinventaren. Damit wird zum einen die Integration vorhandener Teilsysteme zu einem Gesamt-Risikomanagementsystem gefördert, da andere Stabs- und Fachabteilungen und insbesondere die operativen Einheiten auf dieser Basis ihre Teillösungen oder -systeme entwickeln oder anpassen können. Zum anderen wird mit einheitlichen Ansätzen zur Risikoerfassung und -bewertung ein risikoorientiertes Reporting erleichtert, da risikoorientierte Informationen einheitlich dargestellt werden können.

Generell sollten von einer Unternehmensstabsstelle Risikomanagement die grundlegenden Anforderungen an ein risikoorientiertes Reporting – gegebenenfalls zusammen mit anderen Stabs- und Fachabteilungen – definiert werden. Damit können im Unternehmen vorhandene Planungs- und Reportingsysteme gezielt weiterentwickelt werden. Auf diese Weise unterstützt eine Unternehmensstabsstelle Risikomanagement das Risikocontrolling sowohl in den operativen Einheiten als auch auf Unternehmensebene. Im Zusammenhang mit dem Risikocontrolling auf Unternehmensebene ist es Aufgabe einer Unternehmensstabsstelle Risikomanagement, gezielt Risikoanalysen durchzuführen und mögliche Risikoakkumulationen festzustellen. Nicht in den Aufgabenbereich fällt die Verantwortung für den Risikoreportingprozeß auf Unternehmensebene, der in den normalen Reportingprozeß zu integrieren ist.

Wesentliches Ziel einer Unternehmensstabsstelle Risikomanagement ist die unternehmensweite Verbesserung des Risikobewußtseins und der Risikokultur. Hierzu bietet sich die Durchführung von Seminaren und Qualifikationsprogrammen in den operativen Geschäftseinheiten an. Möglich ist hier auch die Schaffung und Bereitstellung von Best-practice-Foren zum Risikomanagement, durch die – unter Einbeziehung von Stabs- und Fachabteilungen sowie der operativen Einheiten – der unternehmensinterne Austausch von Fach- und Methodenwissen verbessert und die organisatorischen Lernprozesse beschleunigt werden können.

3.3 Interne Revision

Das dritte Element innerhalb des Mehr-Ebenen-Modells der Risikomanagementorganisation ist die Interne Revision. Ihre Aufgabe besteht allgemein darin, im Auftrag der Unternehmensleitung die Ordnungsmäßigkeit, Rechtmäßigkeit, Zweckmäßigkeit und Wirtschaftlichkeit von Unternehmenseinheiten und -prozessen zu überprüfen. In bezug auf das Risikomanagement auditiert die interne Revision als unabhängige Überwachungsinstanz die im Unternehmen vorhandenen Risikomanagementsysteme und wirkt als eine Art „Mega-Kontrolle". Die Überwachung findet vorwiegend auf Systemebene statt und stellt damit eine Systemprüfung – ähnlich dem Vorgehen externer Wirtschaftsprüfer – dar.

Die Aufgabe einer Internen Revision besteht insbesondere darin, die in den operativen Geschäftseinheiten zur Identifizierung, Bewertung, Handhabung und laufenden Steuerung von Risiken vorhandenen Risikomanagementsysteme hinsichtlich ihrer Angemessenheit und Wirksamkeit zu beurteilen. Hierzu zählt z. B. die Frage, ob alle wesentlichen Risikofelder erfaßt werden, ob Risiken systematisch bewertet und verfolgt werden oder inwieweit die Maßnahmen zur Risikosteuerung überwacht werden. Die in den operativen Geschäftseinheiten vorhandenen Risikomanagementsysteme werden also hinsichtlich ihrer Funktionstüchtigkeit untersucht. Von der Revision sind dazu entsprechende Prüfkonzeptionen und -module zu entwickeln und anzuwenden. Ansatzpunkt der Prüfung ist eine Dokumentation der Risikomanagementsysteme, die – sofern nicht vorhanden – durch die operativen Einheiten zusammen mit der Revision zu erstellen ist.

Aufgrund der regelmäßigen Überprüfung durch die Interne Revision können ungenügende Risikomanagementsysteme oder vorhandene Lücken identifiziert und die dadurch verursachte potentielle Risikogefährdung des Unternehmens verdeutlicht werden. Auf der Grundlage von entsprechenden Revisionsberichten können dann Maßnahmen zur Verbesserung durch die operativen Einheiten ergriffen werden. Die Rolle der Revision beschränkt sich dabei in der Regel auf die Vorgabe von Empfehlungen oder den Verweis auf Kontrollstandards und Best-practice-Vorgehensweisen. Die Entwicklung und Installation von Risikomanagementsystemen zählt nicht zu den Aufgaben der Revision.

Auch wenn – etwa in kleineren Unternehmen – keine Revisionsabteilung vorhanden ist, ist sicherzustellen, daß diese Überwachungsfunktion durch andere interne oder externe Stellen wahrgenommen wird, weil damit eine „neutrale", prozeß- und funktionsunabhängige Beurteilung der eingerichteten Systeme und Prozesse erreicht werden kann. Auf diese Weise können Defizite oder Ineffizienzen wirkungsvoll erkannt und anschließend von den operativen Einheiten beseitigt werden. Durch die Ausübung dieser Kontrollfunktion unterstützt eine Interne Revision damit ebenso wie Stabs- und Fachabteilungen oder eine Unternehmensstabstelle Risikomanagement die laufende Weiterentwicklung des Risikomanagementsystems im Unternehmen.

4 Verbindung zur vorhandenen Organisation

Bei der Gestaltung der Risikomanagementorganisation ist darauf zu achten, daß hierfür in der Regel nicht bei Null anzufangen ist, sondern in jedem Unternehmen bereits eine Vielzahl von Organisationseinheiten und organisatorischen Regelungen existieren. Die vorhandenen Organisations- und Führungsstrukturen sind somit der Ausgangspunkt einer Risikomanagementorganisation und müssen entsprechend berücksichtigt werden. Die Fokussierung des Themas Risikomanagement darf nicht dazu führen, daß neben der „normalen" Organisation eine parallele Risikomanagementorganisation eingeführt wird.

Vielmehr sind bei der Gestaltung der Risikomanagementorganisation die in den operativen Einheiten sowie den Stabs- und Fachabteilungen vorzufindenden Risikomanagementkompetenzen konsequent zu nutzen. Risiken sind primär dort zu managen, wo sie anfallen, und deshalb muß das Risikomanagement unmittelbar mit der Geschäftsorganisation und den Geschäftsprozessen verzahnt sein. Risikomanagement ist aus dieser Perspektive nur ein wichtiger Teilaspekt der bereits vorhandenen Organisation und Prozesse.

Auch in bezug auf die Verwendung unterstützender Instrumente sollten für das Risikomanagement nicht ausschließlich neue Methoden entwickelt und eingeführt, sondern auf den existierenden Führungsinstrumenten aufgebaut werden. Wenn z. B. ein Instrumentarium zur strategischen Planung bereits eingeführt und im Unternehmen regelmäßig angewandt wird, so stellt dies – durch die darin enthaltene, systematische Branchen- und Wettbewerbsanalyse – eine gute Basis für die Identifizierung von Branchen- und Wettbewerbsrisiken dar. Oder wenn es um das Management von Projektrisiken geht, wird man zunächst auf die bereits verwendeten Projektmanagement-Tools zurückgreifen und nicht immer „das Rad neu erfinden". Das schließt nicht aus, daß zusätzlich neue Methoden eingeführt oder bestehende risikoorientiert ergänzt werden.

Ebenso müssen für das Risikomanagement nicht zwingend neue Prozesse eingeführt werden. Für ein risikoorientiertes Reporting kann beispielsweise am vorhandenen Controllingprozeß angesetzt werden, indem etablierte Reportingformate um spezifische risikobezogene Informationen ergänzt werden. Risikocontrolling ist dann keine eigenständige Form des Controlling, sondern nur ein Aspekt des Controlling.

Ziel der Gestaltung der Risikomanagementorganisation muß es sein, daß Risikomanagement integraler Bestandteil der Organisations- und Führungsstrukturen wird. Nur dadurch sind eine umfassende und frühe Erkennung von Risiken und eine effiziente Handhabung und Steuerung zu gewährleisten.

142 Organisatorische Einbindung des Risikomanagements

5 Risiko- und Kontrollkultur

Die in den vorhergehenden Kapiteln dargestellten Elemente einer Risikomanagementorganisation und die hierauf aufsetzenden Risikomanagementprozesse beschreiben nur einen Teil des Risikomanagementsystems eines Unternehmens. Diese bilden zwar eine wesentliche Voraussetzung für ein effizientes und effektives Risikomanagement, betreffen aber nur die formalen, institutionalisierten Regelungen hierzu. Inwieweit ein solches System dagegen tagtäglich im Unternehmen gelebt wird, hängt von der spezifischen Unternehmenskultur bzw. im vorliegenden Zusammenhang von der Risiko- und Kontrollkultur des Unternehmens ab.

Die Risiko- und Kontrollkultur beschreibt das bestehende gemeinsame Normen- und Wertegerüst der Organisationsmitglieder, auf deren Basis die Handhabung von Risiken im Unternehmen erfolgt. Die Risiko- und Kontrollkultur wird bestimmt durch die grundlegenden Normen, Werte und Einstellungen der Organisationsmitglieder und deren fachliche Kenntnisse und Fähigkeiten. Sie hängt auch ab von der übergeordneten Unternehmensphilosophie – wie sie z. B. in Unternehmensleitsätzen zum Ausdruck kommt –; sowie vom Führungssystem und dem Führungsstil des Unternehmens. Da es sich um langfristig entstandene und wirksame Werte und Einstellungen handelt, ist die Risiko- und Kontrollkultur in der Regel nicht kurzfristig, sondern nur über einen länger anzulegenden Prozeß des Kulturwandels zu ändern.

Die Risiko- und Kontrollkultur steuert die Bereitschaft der Unternehmensmitglieder, Risiken bewußt wahrzunehmen und beeinflußt die Sensibilität gegenüber Risiken. Die Risiko- und Kontrollkultur hat damit entscheidenden Einfluß darauf, ob gegenüber Risiken eher eine Hypersensibilität oder eine zu große Risikoignoranz an den Tag gelegt wird. Hier muß jedes Unternehmen den ihm und seinem Geschäft angemessenen Stil finden und definieren. Da jede Geschäftätigkeit Risiken mit sich bringt, darf eine Risiko- und Kontrollkultur aber nicht so weit gehen, die für jedes Unternehmertum zwingende Risikobereitschaft im Sinne eines übertriebenen Sicherheitsdenkens zu unterdrücken.

Die Risiko- und Kontrollkultur prägt darüber hinaus die Art und Weise, wie über Risiken im Unternehmen kommuniziert wird. Nur wenn offen über drohende Risiken gesprochen wird, können Handhabungs- oder Abwehrstrategien rechtzeitig geplant und umgesetzt werden. Herrscht dagegen eine Kultur, bei der der „Überbringer einer schlechten Nachricht" mit persönlichen Nachteilen rechnen muß, wenn er ein Risiko kundtut, so ist eine offene Kommunikation nicht zu erwarten oder zumindest behindert. Anzustreben und wünschenswert ist demgegenüber eine Risiko- und Kontrollkultur, in der offen über Risiken – und in unmittelbarem Zusammenhang damit natürlich auch über die Risikohandhabung – gesprochen werden kann. Leitgedanke einer offenen Kommunikation zu Risiken ist die Überlegung, daß jedes Unternehmensmitglied, das ein Risiko identifiziert und kommuniziert, damit dem Unternehmen die Chance eröffnet, Gewinn durch die aktive Risikohandhabung oder den Nichteintritt eines Verlustes zu erzielen. Nur wer Risiken erkennt und kommuniziert, kann die sich hieraus ergebenden Chancen nutzen.

Auch die Handhabung von Risiken wird durch die Risiko- und Kontrollkultur des Unternehmens mitbestimmt. Hierbei ist entscheidend, daß die Risiko- und Kontrollkultur nicht nur derart ausgeprägt ist, daß zwar Risiken erkannt und kommuniziert werden, es aber zu wenig persönliche Bereitschaft gibt, die Risiken tatsächlich selber handzuhaben. Eine Kultur des Nach-oben- und Seitwärtsdelegierens ist keine wirksame Risiko- und Kontrollkultur. Die Risiko- und Kontrollkultur muß also auch die Bereitschaft der Unternehmensmitglieder fördern, aktiv die Risikohandhabung zu übernehmen. Unterstützend bietet sich hierzu die Gestaltung und Anwendung von Incentiveregelungen an, die die Bereitschaft zur Risikoübernahme fördern können, indem sie die Handhabung von Risiken belohnen.

Eine „passende" Risiko- und Kontrollkultur hat somit wesentlichen Einfuß auf den Erfolg des gesamten Risikomanagements eines Unternehmens. Sie stellt eine unerläßliche Ergänzung der formalen Risikomanagementorganisation dar und prägt das Risikobewußtsein der Unternehmensmitglieder. Entscheidend für eine Weiterentwicklung der Risiko- und Kontrollkultur ist das Vorleben durch die verschiedenen Führungsebenen eines Unternehmens und insbesondere die Unternehmensleitung.

Der Verweis auf die Notwendigkeit einer Risiko- und Kontrollkultur hat deutlich gemacht, daß ein funktionierendes Risikomanagement mehr erfordert als nur eine Risikomanagementorganisation oder die Festlegung von Risikomanagementprozessen. Maxime der Gestaltung eines Risikomanagementsystems muß es deshalb sein, alle relevanten Elemente zu einem zielgerichteten Ganzen zu verbinden und laufend weiterzuentwickeln.

Risikomanagement als wettbewerbliche Notwendigkeit

BERND PRITZER, DEUTSCHE TELEKOM AG, BONN

1	Veränderte Geschäftsbedingungen	146
2	Risikomanagement – eine Definition	148
3	Notwendigkeit, Bedeutung und Ziele	150
4	Risikomanagement-Konzept	151
5	Organisation des Risikomanagements	154
6	Risikomanagement-Prozeß	156
	6.1 Vorgaben zur Risikoakzeptanz	157
	6.2 Risikoanalyse mit Risikoidentifizierung und Risikobewertung	158
	6.3 Erfassung von und Entscheidung über alternative risikopolitische Maßnahmen	160
	6.4 Überwachung der Risikosituationen und Kontrollverfahren	162
7	Risikofrüherkennung	164
8	Ausblick	166

1 Veränderte Geschäftsbedingungen

Die Geschäftsbedingungen für Unternehmen verändern sich stetig. Wettbewerb und Globalisierung der Märkte, neue Technologien, neue Kundenbedürfnisse oder die rasant steigenden Herausforderungen einer Informationsgesellschaft verändern die Risikosituationen komplett, wobei sich der Wandel immer schneller vollzieht. Die Reaktionszeiten reduzieren sich, Kontrollrisiken werden durch den Abbau von Hierarchieebenen höher. Zunehmende Prozeßoptimierung, Outsourcing oder Umgang mit komplexen Finanzierungsinstrumenten führen zu bisher nicht vorhandenen Abhängigkeiten und Risiken. Gerade die Risikofelder, in denen auch durch schnelles Agieren eine kurzfristige Erfolgssicherung immer schwerer möglich ist, stellen zunehmend erfolgskritische Bereiche für die Unternehmen dar.

Der Stellenwert von Aktionärs-, Umwelt- und Verbraucherschutz rückt immer stärker in das öffentliche Bewußtsein. Spektakuläre Fälle im In- und Ausland – wie Einkaufsbestechung, Umweltvergehen, Verlust vertraulicher Daten oder Finanzmanipulation – zeigen den hohen Bedarf an wirksamer Risikosteuerung und -kontrolle. Hohe Anforderungen hinsichtlich der Produktsicherheit werden zu Wettbewerbsargumenten für die Unternehmen ebenso wie Sicherheit in Fragen der Vermeidung von Schäden, Haftung und Strafverfolgung. Die daraus resultierende verschlechterte Marktposition erhöht die Anforderungen an das Unternehmen und das Management. Zunehmend werden auch Forderungen von bestimmten Institutionen gestellt. Mit Blick auf die langfristige Lebensfähigkeit wird von den Unternehmen die Einrichtung von Systemen zur Überwachung, Früherkennung und Bewältigung aller unternehmerischen Risiken verlangt. Diesen Anforderungen zu genügen, war bisher ohnehin eine Verpflichtung der Unternehmensleitung und wurde durch das „Gesetz zur Transparenz und Kontrolle im Unternehmensbereich – KonTraG" nochmals konkretisiert. Risikomanagement ist aber nicht nur gesetzlich begründet, sondern stellt eine wettbewerbliche Notwendigkeit und unternehmerische Herausforderung dar.

Auch ohne die Aktualität des KonTraG ist diese Thema hoch interessant. Gemäß KonTraG haben Unternehmen für ein adäquates Risikomanagement und für ein internes Überwachungssystem zur frühzeitigen Erkennung wesentlicher Risiken zu sorgen. Dies ist keine grundsätzlich neue Anforderung, da die internen Kontrollsysteme (IKS) der Unternehmen schon immer auch die Aufgabe hatten, die Zielerreichung zu unterstützen und die Vermögenswerte des Unternehmens vor Verlusten jeder Art zu schützen.

Ein wesentlicher Faktor für ein erfolgreich bestehendes Unternehmen kann, ist die vorausschauende Anpassung an das sich wandelnde Umfeld und die Erfordernisse des Marktes. Dieser wird auch geprägt durch die Vielzahl neuer Gesetze und Verordnungen, die insbesondere durch die Verschärfung in einem mehr oder weniger globalen, liberalisierten Markt einen großen Einfluß auf die Unternehmen ausüben. Einerseits wird die Transparenz von Qualität, Service und Preis erhöht, was zunehmende Vergleichsmöglichkeiten schafft, andererseits werden die Märkte größer und facettenreicher. Dies eröffnet neue Chancen, aber auch neue Risiken. Die konsequente Ausrichtung auf die Kundenbedürfnisse allein reicht insofern oftmals nicht mehr aus als es eine Reihe weiterer Gefährdungspotentiale für Unternehmen gibt, denen bereits mit einer abgestuften strategischen Ausrichtung soweit wie möglich zu begegnen ist. Das heißt, der gesamte Unternehmensprozeß muß auch unter Risiko- und Chancengesichtspunkten betrachtet werden – von dem Erfassen der Chancen mit Gefährdungspotential bis hin zu Maßnahmen der Risikobewältigung und -kontrolle.

Für Unternehmen ergibt sich daraus der Zwang, auf der Basis einer systematischen Erfassung, Analyse und Beurteilung aller Unternehmensrisiken die Geschäftspolitik permanent so anzupassen, daß die angestrebten Unternehmensziele flankierend unterstützt werden. Aus ökonomischer Sicht stellt sich die Frage, welche Verfahren dabei erfolgversprechend sind. Dabei geht es nicht lediglich um Risikovermeidung, sondern um aktive Handhabung von Chancen und Risiken mit dem Ziel eines entsprechenden Cash-flows. Gerade in Zeiten, in denen der Druck auf die Margen die Spielräume einengt, kommt verstärkt die Frage nach geeigneten Strategien zur Chancennutzung und Risikobegrenzung auf.

Es ist nichts Neues, daß die Geschäftsentscheidungen einen angemessenen Ausgleich zwischen den Risiken aller Aspekte eines Geschäftes und den potentiellen Chancen, die damit verbunden sind, zu berücksichtigen haben. Die Aufwendungen zur Abwehr oder Veränderung gegebener Risikosituationen stehen dem Ertrag gegenüber, der sich als Folge aus nicht eingetretenen Abweichungen von den Handlungszielen des Unternehmens ergibt. Aber auch der Wettbewerb um Investoren und Kapitalanleger erfordert es, dies für die Unternehmenseigner und für andere an den Unternehmensaktivitäten beteiligte Interessengruppen transparent zu machen. Die Botschaft an deren Adresse sollte lauten: Das Unternehmen nimmt seine Chancen konsequent wahr und geht mit den damit verbundenen Risiken adäquat um.

Bisher kommt oftmals das Abwägen zwischen Chancen und Risiken nur punktuell und unsystematisch zum Ausdruck. Deshalb ist ein Ansatz gefragt, der sowohl auf strategischer Ebene als auch bei der operativen Umsetzung die Risikobewältigung in den Unternehmen effizient und umfassend zum Gegenstand hat: „Risikomanagement" – damit Unternehmen die Chancen wahrnehmen, ohne die Risiken aus den Augen zu verlieren.

2 Risikomanagement – eine Definition

Die verschiedenen Ansätze zur Definition des Begriffes „Risiko" in der betriebswirtschaftlichen Wissenschaft haben sich über Jahrzehnte entwickelt. Ohne auf informationstheoretische oder erhaltenswissenschaftliche Ansätze oder auf die Entscheidungstheorie näher einzugehen, kann man konstatieren, daß die ursachenbezogenen Komponenten des Risikos durch die Unsicherheit des Eintritts künftiger Ereignisse bestimmt sind. Bezogen auf das Management der Unternehmen bedeutet dies bei unvollkommenen Informationen in der Regel wahrscheinlichkeitsdeterminierte Auswirkungen potentieller Ereignisse. Der wirkungsbezogene Aspekt untersucht die negativen Auswirkungen unternehmerischer Entscheidungen und stellt somit Risiko in Zusammenhang mit Ziel- oder Planverfehlung.

Überlegungen zur Identifizierung, Bewertung und letztlich auch zum Umgang mit Risiken sind also nicht neu. Je nach Aufgabenstellung beschränkt sich die Sichtweise aber oftmals auf den Standpunkt aus Spezialistensicht oder auf eine Einzelmaßnahme, z. B. für die Produktsicherheit oder Finanzinstrumente. Risikomanagement wird insofern auch mitunter begrifflich auf Einzelbereiche bezogen als es bei Finanzmittelrisiken oder bei „reinen", das heißt versicherbaren Risiken, durchaus üblich ist. Eine solche Beschränkung ist weder aus wettbewerblicher Betrachtungsweise noch im Sinne des KonTraG zulässig. Wünschenswert wäre insofern, daß sich bald eine begriffliche Sprachregelung durchsetzt, die dem ganzheitlichen Ansatz gerecht wird. Das heißt, bestimmte Aufgaben sind einem „zentralen Risikomanagement" zuzurechnen und ansonsten obliegen die Risikomanagementaufgaben mehr oder weniger den Geschäftsbereichen sowie schwerpunktmäßig den Bereichen Strategieplanung, Revision, Controlling, Treasury, Versicherungsmanagement, Betriebssicherheit, Qualitätsmanagement usw. Die wettbewerbliche Notwendigkeit, alle relevanten Risikofelder zu betrachten, korrespondiert mit der gesetzlichen Forderung, solche Risiken früh zu erkennen, die sich wesentlich auf die Vermögens-, Ertrags- und Finanzlage des Unternehmens auswirken können. Wenngleich der Begriff „Risikomanagement" auch im Rahmen des KonTraG vom Gesetzgeber mit unterschiedlichen Begriffen belegt wird, so gibt er doch Anhaltspunkte objektivierter Anforderungen an das gesetzlich geforderte Risikomanagementsystem in einem Unternehmen. So lassen sich beispielsweise Anforderungen aus folgenden Vorschriften ableiten:

- Pflichten des Vorstands/Geschäftsführung gemäß AktG/GmbHG,
- Kontrollfunktion der Aufsichtsorgane gemäß AktG/GmbHG,
- Grundsätze ordnungsmäßiger Buchführung und Interner Revision.

Risikomanagement muß sämtliche Risikobereiche im Unternehmen umfassen und bedeutet, systematisch vorzugehen, um alle als relevant definierten Risiken zu identifizieren und zu bewerten sowie hierauf aufbauend entsprechende Maßnahmen zur Risikohandhabung und Chancennutzung auszuwählen und umzusetzen. Unter einem Risiko sollte dabei das potentielle Ausmaß verstanden werden, in dem die Erreichung der Unternehmensziele und die Umsetzung geschäftlicher Strategien sowie operativer Aktivitäten durch mögliche Entwicklungen/Ereignisse oder Handlungen/Unterlassungen innerhalb und außerhalb des Unternehmens gefährdet sind. Abbildung 1 zeigt das Risiko-, aber auch das Chancenumfeld eines Unternehmens. Bei der Frage, welche Risiken sich auf die wirtschaftliche Lage eines Unternehmens wesentlich auswirken können, erscheint eine Unterteilung in strategische und in operative Risiken sinnvoll. In der Regel sind strategische Risiken wegen ihrer langfristigen Bindung für den Unternehmensbestand von besonderer Bedeutung, während operative Risiken alle Unternehmensbereiche betreffen können. Eine andere Betrachtungsweise stellt die Risiken in den Zusammenhang zwischen unternehmensinternen und externen Faktoren.

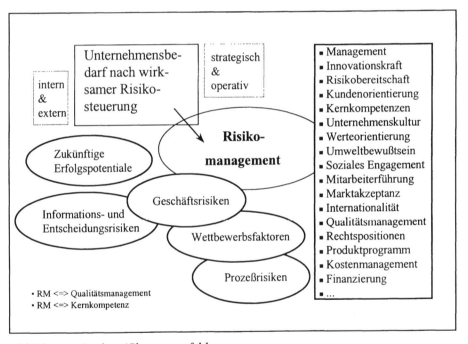

Abbildung 1: Risiken-/Chancenumfeld

3 Notwendigkeit, Bedeutung und Ziele

Völlig losgelöst von gesetzlichen Anforderungen ist es heute eine wettbewerbliche Notwendigkeit für ein Unternehmen, über ein modernes Risikomanagement zu verfügen. Modern, das heißt – aufbauend auf der retrospektiven Betrachtung der bisherigen Risikosituation mit den bisherigen Schadenserfahrungen – eine auf die künftig erwarteten Risikofaktoren ausgerichtete, prospektive Risikostrategie und Geschäftspolitik. Die gesetzliche Regelung des KonTraG konkretisiert u. a. die Haftung von Geschäftsleitungen und schärft insofern auch den Blick auf bestimmte Fragestellungen, wie beispielsweise:

- Decken die internen Kontrollsysteme die hohe Komplexität sich verändernder Wettbewerbsbedingungen ab, und genügen sie den gesetzlichen Anforderungen?
- Werden alle Geschäftsrisiken systematisch und strukturiert bewertet?
- Werden die permanenten Veränderungen der internen und externen Risikofelder umfassend berücksichtigt?
- Werden die Risiken auch bereichsübergreifend analysiert oder eher unkoordiniert und damit lückenhaft?
- Ist das Unternehmen in der Lage, den Unternehmenseignern und den Aufsichtsorganen eine effiziente Risikoerkennung und -bewältigung zu belegen?

Risikomanagement wird deshalb zunehmend an Bedeutung gewinnen, weil ein härterer Wettbewerb die Unternehmen zu einer umfassenden, prozeßorientierten Betrachtungsweise zwingt, die das gesamte Betriebsgeschehen umfaßt. Dabei werden die Strategien, die betrieblichen Prozesse wie auch die Einzelfunktionen Produktion, Absatz, Finanzierung, Personal und Organisation aus dem Blickwinkel des Risikos betrachtet und als risikoimmanenter Entscheidungsprozeß angesehen. Daraus erwächst eine Unternehmenspolitik, die die Risikosituation im Sinne der Unternehmensziele planmäßig durch die Wahl alternativer Handlungsmöglichkeiten verändert. Risikomanagement soll mit den unternehmerischen Bedürfnissen und Wünschen in Einklang stehen und muß den gesetzlichen Bestimmungen, den behördlichen Auflagen sowie den beteiligten Gruppierungen gerecht werden. Positive Einwirkungen auf die Unternehmensentwicklung stellen die Firmengeschäfte bei gleichzeitiger Haftungslimitierung für das Unternehmen sicher. Ein richtig verstandenes Risikomanagement wirkt sich günstig auf die Stabilität und das weitere Wachstum der Unternehmenswerte aus.

Die Risikosituationen in einem Unternehmen werden durch eine Vielzahl von einzelnen Abweichungen prognostizierter Entwicklungen oder Störaktionen bei der Leistungserstellung bestimmt, wobei das Zusammenwirken verschiedener Faktoren wie Strategien, Zielerwartungen, Produktionsverfahren usw. zu einer höchst komplexen Situation führen kann. Daraus folgt, daß risikorelevante Fragen möglichst schon bei wichtigen Entscheidungen umfassend berücksichtigt werden müssen, und die Entscheidungsträger ein entsprechendes „Risikobewußtsein" bereits gleichgewichtig mit der Chancenbeurteilung in die Entscheidungen einbringen müssen. Besonderes Gewicht erhält somit die strategische Ebene. Vor diesem Hintergrund ist ein wirksames Risikomanagement ein wesentliches Instrument, um die mit der unternehmerischen Tätigkeit verbundenen Risiken im Rahmen geeigneter Verfahren kalkulierbarer und damit beherrschbarer zu machen. Unternehmen, die den bewußten Umgang mit Risiken nicht als eine notwendige Kernkompetenz begreifen und einer holistischen Risikobetrachtung nicht ausreichend entsprechen, werden ihre Risiken nicht effektiv beherrschen und ihre Chancen nicht umfassend nutzen können.

4 Risikomanagementkonzept

Ziel konzeptioneller Überlegungen muß es sein, die Voraussetzungen für ein proaktives – gegebenenfalls konzernweites – Risikomanagement zu schaffen, beginnend bei den Geschäftsstrategien mit Vorgaben zur Risikoakzeptanz bis hin zur Risikobewältigung und zum Risikocontrolling einschließlich des Risikomanagementprozesses. Dazu gehört, den Risikomanagementgedanken als Kernkompetenz der Führungskräfte zu etablieren, die Implementierung eines Risikomanagementsystems sowohl auf der strategischen als auch auf der operativen Ebene, einschließlich der damit vorzunehmenden Definition der Verantwortlichkeiten, der erforderlichen Organisationsstrukturen, Planungsverfahren, Berichtswege und Kontrollsysteme. Die daraus erwachsenden Anforderungen müssen die internen Kontroll- und Überwachungssysteme abdecken. Dies schließt bei einem Konzern die verbundenen Tochterunternehmen obligatorisch und die anderen Beteiligungsunternehmen fakultativ mit ein. Das Konzept eines konzernweiten Risikomanagements orientiert sich damit sowohl an den ver- und betrieblichen Tätigkeiten der Muttergesellschaft als auch an den Bedürfnissen seiner verbundenen Unternehmen und anderer Beteiligungen (vgl. Abbildung 2).

152 Risikomanagement als wettbewerbliche Notwendigkeit

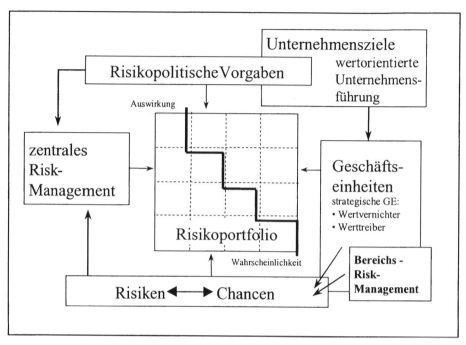

Abbildung 2: Risikomanagementkonzept

Die Ziele unternehmerischen Handelns bestimmen das Risikomanagement auf strategischer Ebene. Kern unternehmerischer Entscheidungen ist der angemessene Ausgleich zwischen den potentiellen Chancen eines Geschäfts und den Risiken, die mit dem Geschäft einhergehen, um den Unternehmenswert langfristig zu erhalten und zu steigern. Dieser Ansatz einer wertorientierten Unternehmensführung hat sich an den „wertschaffenden" Geschäftseinheiten auszurichten. Die bestimmende Größe ist der Cash-flow und damit eine Früherkennung der ihn bedrohenden Risiken. Strategisches Risikomanagement sollte sich konzentrieren auf Aufgaben wie

- Konzeption und Implementierung eines konzernweiten Risikomanagementsystems,
- Implementieren von Risikokontrolle und Früherkennungsindikatoren in die Geschäfts- und Planungsprozesse und Controllingverfahren,
- Unterstützung bei der Identifizierung von „wertschaffenden" bzw. „wertvernichtenden" Geschäftsfeldern,
- Grundsätze für die Gestaltung der Ablauf- und Aufbauorganisation des Risikomanagements.

Aufgabe des strategischen und des operativen Risikomanagements ist eine möglichst umfassende Absicherung der Effektivität und Effizienz der Geschäftätigkeit auf der Basis der Unternehmensziele durch risikopolitische Maßnahmen sowie die Ergänzung durch ein internes Steuerungssystem für die Gewährleistung der Verläßlichkeit des Berichtswesens und die Einhaltung der rechtlichen Normen. Ein so verstandenes Risikomanagement sollte in der Lage sein, frühzeitige Risikoentwicklungen aufzuzeigen, Bilanz- und Liquiditätssicherheit, Schutz des Vermögens und der Betriebsverfügbarkeit zu gewährleisten, Risikokosten zu optimieren, aber auch große, öffentlichkeitswirksame Schadensfälle möglichst zu vermeiden.

Die Grundlage hierfür bietet eine umfassende Implementierung der Risikomanagementsystematik in die Unternehmensführung und -prozesse. Damit wird sichergestellt, daß alle unternehmerisch relevanten Risiken nach einheitlicher Definition und Bewertung betrachtet werden. Auf der Basis der grundsätzlichen Haltung der Unternehmensführung zum Umgang mit Risiken und Chancen sollten die Ziele und Strategien deshalb auch risikopolitische Aussagen umfassen.

Das Risikomanagement muß, will es seiner Aufgabe gerecht werden, eine an den Unternehmenszielen ausgerichtete, aktive Rolle in den geschäftspolitischen Entscheidungsprozessen einnehmen. Damit wird die Geschäftsführung zum „obersten Risiko- manager". Jeder Funktions-, Produkt- und Geschäftsfeldverantwortliche ist in diesem Rahmen für seine Risikosituation selbst verantwortlich. Letztlich bestimmen sie alle die Ausprägung des Risikoportfolios des Unternehmens. Zu ihren Aufgaben gehört es, die Einzelrisiken zu identifizieren, zu bewerten und zu kontrollieren. Diese Philosophie setzt zwangsläufig voraus, daß Risikomanagement top-down abläuft. Die Aufgabe „Risikomanagement" vollzieht sich also mehr oder weniger eigenständig in einer Vielzahl von Funktionen und Prozessen im Unternehmen. Spätestens hier wird offenkundig, daß mit einem Risikomanagementsystem der beschriebenen Art bestimmte zentrale Aufgaben verbunden sind, die je nach Größe und Branche des Unternehmens einen eigenen Funktionsträger begründen. Eine solche zentrale Funktion des „Corporate Risk-Management" begleitet das Risikomanagement in den Unternehmens- und Querschnittsbereichen.

Ein erfolgreiches Risikomanagementkonzept ist von der Unterstützung der Unternehmensführung abhängig. In gleichem Maße ist für die Durchführung eine Systemunterstützung für die Informationsgewinnung, Risikobewertung und Kontrolle unverzichtbar. Hier gibt es derzeit noch kein ausreichendes Angebot. Ursächlich ist die hohe Komplexität und die Varianz gerade nicht eindeutig quantifizierbarer Risikobereiche. Notwendige integrierte Management-Informationssysteme, die sowohl unternehmensinterne als auch unternehmensexterne Faktoren umfassen, werden derzeit noch vielfach durch Teilsysteme ersetzt. Die Anforderungen aus den Unternehmen werden aber sukzessive zu einem steigenden Angebot an leistungsfähigeren Systemen führen, was eine Entwicklung hin zur risikoorientierten Unternehmensführung ganz erheblich unterstützen wird.

5 Organisation des Risikomanagements

Nicht erst seit Inkrafttreten des KonTraG am 1. Mai 1998 gehört es zu den Sorgfaltspflichten einer Geschäftsführung, für eine Aufgabenerledigung im Sinne eines Risikomanagements zu sorgen. Dazu hat sie Ziele vorzugeben, Aufgaben zu delegieren und durch Kontrollen sicherzustellen, daß Risikomanagement im Unternehmen ausgeführt wird. Zu überlegen ist, welche konkreten Anforderungen an die organisatorische Einbindung und Ausgestaltung den Sorgfaltspflichten der Unternehmensführung am besten gerecht wird. Risikomanagement sollte grundsätzlich integraler Bestandteil der Unternehmensführung, der Prozesse und damit der unterschiedlichen Funktionsbereiche sein. Unter dieser Prämisse lassen sich alternative Ansätze lediglich hinsichtlich der Organisation bestimmter Teilaufgaben aus dem Risikomanagement unterscheiden.

Risikomanagement wird aufgrund der Fachkompetenz in die alleinige Zuständigkeit der Unternehmensbereiche gegeben, inklusive partieller Zentralfunktionen. Ebenso können Risikomanagementfunktionen organisatorisch wie personell sowohl auf strategischer als auch auf operativer Ebene getrennt wahrgenommen werden, was auch dem Prinzip der strikten Funktionstrennung zwischen Verantwortlichkeit und Kontrolle entspricht. Dies darf jedoch in keinem Fall zu einer Verlagerung originärer Risikoverantwortung aus den Bereichen führen.

Welche Wahl der organisatorischen Zuordnung getroffen wird, hängt letztlich von den Bedingungen im Einzelfall ab. Formale Anforderungen gibt es hierfür keine. Erfahrungsgemäß wird eine Kombination beider Organisationsformen zweckmäßig sein. Dabei sind Bereiche wie Controlling, Revision usw. in die Überlegungen einzubeziehen, wobei bestimmte Aufgabenteilbereiche ohnehin dort zu erledigen sind. Allerdings kann die Wahrnehmung zentraler Risikomanagementaufgaben zu Zielkonflikten führen. Controlling als Überwachung der Abläufe mittels Koordination der Planung, Kontrolle und Steuerung liefert vorzugsweise auf der operativen Unternehmensebene notwendige Informationen für das Risikomanagement in den Unternehmensbereichen und Konzerneinheiten. Die laufende Überprüfung der Funktionsfähigkeit des Risikomanagementsystems liegt bei der Interne Revision, die somit Bestandteil des Überwachungssystems ist. Ihre Aufgabe ist die

- Beurteilung der Wirksamkeit vorhandener Systeme zur Risikokontrolle, Überwachung und zum Risikohandling,
- Identifizierung ungenügender Risikokontrollsysteme oder vorhandener Lücken,
- Unterstützung des Risikomanagements durch Verbesserung von Kontrollverfahren und der Effizienz der Prozesse,
- Optimierung des Risikomanagementprozesses.

Controlling und Revision sind Bestandteile des internen Kontrollsystems im Unternehmen. Ihre Informationen und Ergebnisse stellen für das Risikomanagement in den Unternehmensbereichen und auch für das zentrale Risikomanagement eine wesentliche Unterstützung dar. Eine zentrale Risikomanagementfunktion müßte sich beispielsweise folgenden Aufgaben widmen:

- Bereitstellung von konzernweiten risikopolitischen Grundsätzen,
- Unterstützung einer konzernweiten Risikokultur,
- umfassende Risikosystematik zur Betrachtung sämtlicher unternehmerischer Risiken,
- Zuordnung von klaren Verantwortlichkeiten für das Risikomanagement in den Geschäfts- und Supporteinheiten,
- Implementieren des Risikomanagementprozesses,
- einheitliche Sprachregelung und einheitliche Methoden zur Risikoanalyse und Bewertung,
- Bereitstellung zentraler Risikokontroll- und Informationssysteme,
- Aufzeigen von Risikoakkumulationen und Monitoring des Risikoaudits.

Derzeit gibt es noch kein einheitliches Bild der Ablauf- und Aufbauorganisation zentraler Risikomanagementaufgaben. Je nach Branche und Unternehmensgröße, auch bedingt durch die unterschiedliche Risikowahrnehmung und Unterschiede in den Rechtssituationen, sind die Funktionen dezentral oder zentral angesiedelt und mehr oder weniger ausgeprägt. Wichtig ist, daß die Zuordnung der koordinierenden, zentralen Risikomanagementaufgaben eine umfassende Kontrolle, schnelle Entscheidungsfindung, den Zugang zu Entscheidungsträgern und eine Konzentrierung von Ressourcen und Kompetenz sichert. Die Frage der sachgerechten organisatorischen Zuordnung von zentralen Risikomanagementaufgaben zu Bereichen mit ohnehin relativ hohem Risikopotential, wie beispielsweise Treasury, Strategieplanung oder operative Sicherheitsbereiche, wird sicherlich eher kritisch zu sehen sein und möglicherweise im Zusammenhang mit der Organisationsverpflichtung der Unternehmensleitung Fragen aufwerfen. Auch eine mitunter anzutreffende, eher historisch begründete Zuordnung des zentralen Risikomanagements zu derartigen Bereichen bedarf nach dem vorgestellten umfassenden Ansatz der Einbeziehung aller für den Unternehmensbestand relevanten Risiken und gemäß dem KonTraG einer sehr kritischen Prüfung. Grundsätzlich gibt es aber keine einzig „richtige" Zuordnung.

Risikomanagement unterliegt der Gesamtverantwortung der Unternehmensleitung (§ 76 Abs. 1 AktG, § 43 Abs. 1,2 GmbHG). Im Innenverhältnis ist eine geschäftsplanmäßige Zuordnung auf ein einzelnes Vorstandsmitglied möglich, was jedoch die Gesamtver-

156   Risikomanagement als wettbewerbliche Notwendigkeit

antwortung und Aufsichtspflicht jedes Einzelvorstands nicht aufhebt. Diese Aufsichtspflicht wird als erfüllt anzusehen sein, wenn die entsprechenden Ressortleiter oder der für das zentrale Risikomanagement verantwortliche Leiter unmittelbar dem zuständigen Ressortvorstand und dieser dem Gesamtvorstand kontinuierlich über den Stand des Risikomanagements im Unternehmen berichtet und der Gesamtvorstand im angemessenen, notwendigen Umfang eine Plausibilitätskontrolle vornimmt.

6   Risikomanagementprozeß

Dem Risikomanagementsystem liegt ein dauernder, sich stets verändernder Prozeß im Bewußtsein und Handeln zugrunde. Die unternehmerische Risikobewältigung setzt deshalb die Einführung und Umsetzung einer Methodik voraus, die dem Prozeßcharakter des Risikomanagements entspricht. Der Risikomanagementprozeß (vgl. Abbildung 3) umfaßt die Schritte:

- Vorgaben der Unternehmensleitung (Ziele, Strategien, Risikoakzeptanz, Mitteleinsatz),
- Risikoanalyse mit Risikoidentifizierung und Risikobewertung,
- Erfassung alternativer Maßnahmen zur Beeinflussung der Risiken,
- Entscheidung nach Erfolgskriterien und Durchführung,
- Überwachung der Risikosituationen und der Kontrollverfahren, Risikofrüherkennung,
- Information und Kommunikation über die Risikosituation,
- Risikokontrolle, Ergebnisnachweis.

Der Risikomanagementprozeß ist auf operativer Ebene wie auch analog auf die Ebene der strategischen Ausrichtung des Unternehmens anzuwenden. Bei der Bestimmung und Weiterentwicklung der Gesamtstrategie des Unternehmens sind die sich bietenden Chancen-/Risikoalternativen unter Einbeziehung der individuellen Risikobereitschaft maßgebend. Ausgehend von den Unternehmenszielen sind bei den anzustrebenden Chancen/Risikokombinationen die wesentlichen Risiken zu bewerten, Maßnahmen zur Beeinflussung und die Verantwortlichkeiten hierfür festzulegen. Damit vollzieht sich das Risikomanagement in seinen wesentlichen Teilen bereits in einer frühen Phase der unternehmerischen Leistungserstellung, wobei die Komponenten Überwachung und Ergebnisnachweis teilweise nachgelagert in der operativen Ebene abgebildet werden. Die Gesamtstrategie führt zu Zielvorgaben für die Unternehmensbereiche. Zur Beurteilung der Zielerreichung und der damit einhergehenden Risiken werden erfolgskritische Faktoren, Meßgrößen und Kennzahlen herangezogen. Bei der Umsetzung und Zielerreichung der Teilziele kann der Risikomanagementprozeß eine wesentliche Unterstützung bieten.

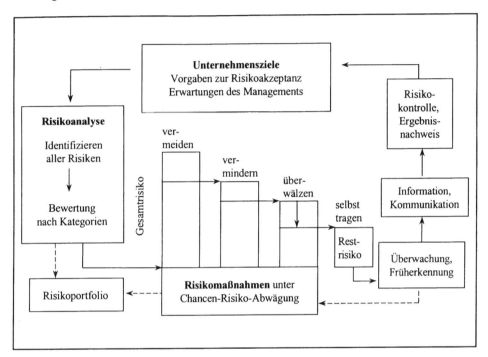

Abbildung 3: Risikomanagementprozeß

6.1 Vorgaben zur Risikoakzeptanz

Ausgangspunkte für den Risikomanagementprozeß sind die strategische Unternehmenspositionierung und die geschäftspolitischen Ziele in den einzelnen Unternehmensbereichen. Eine Festlegung über den Umfang einzugehender Risiken ist somit nicht losgelöst zu sehen von der Strategieplanung des Unternehmens und sollte veränderte Geschäftsbedingungen, Konkurrenzentwicklung, marktpolitische Tendenzen, neue Marktentwicklungen usw. berücksichtigen. Professionelles Risikomanagement beginnt deshalb bereits mit klaren, verständlichen Vorgaben des Managements über Strategien und Ziele der Geschäftseinheiten. Dazu gehört auch die eindeutige Festlegung strategischer und operativer Risiken, die das Unternehmen bereit ist einzugehen bzw. zu akzeptieren. Die weitere Konkretisierung erfolgt dann für die einzelnen Geschäftsbereiche z. B. in Form von Geschäfts- und Projektplanungen, Sicherheitsregeln, operativen Plänen und Maßnahmen. Es wird deutlich, daß sich Risikomanagement auf die Gesamtführung eines Unternehmens aus dem Blickwinkel Chancen und Risikopotential bezieht. Folgerichtig spiegeln sich die Vorgaben zur Risikoakzeptanz in allen Unternehmensbereichen sowohl auf der Stretegieebene als auch auf der Ebene der operativen Umsetzung wider.

Der Risikomanagementprozeß sollte deshalb integraler Bestandteil aller wesentlichen Planungsverfahren, Managementprozesse und Unternehmensabläufe sein. Gerade die Geschäftsstrategien sollten in Abhängigkeit des Risikopotentials öfter Aussagen zu Risikoaspekten, aber auch zu Maßnahmen der Risikokontrolle beinhalten, als es vielleicht bisher bei den einschlägigen Planungsinstrumentarien der Fall ist. Traditionell verfügen dagegen bestimmte Bereiche auf der operativen Ebene, z. B. bei Finanzmittelrisiken, versicherbaren Risiken, Betriebssicherheit usw. über ausgeprägte Instrumente und Verfahren zur Risikoanalyse und Handhabung. Hier wäre der Akzent den letzten Erfahrungen nach stärker bei den Kontroll- und Überwachungsverfahren zu setzen. Aber auch diese operativen Risiken können ein erhebliches Risikopotential für ein Unternehmen darstellen, gerade wenn man bereichsübergreifende Risikoakkumulationen durch die Abhängigkeiten und Komplexität der Produktionsstrukturen nicht ausreichend berücksichtigt.

6.2 Risikoanalyse mit Risikoidentifizierung und Risikobewertung

Risikoanalyse bedeutet systematisches Erkennen potentieller Störungsereignisse (Gefahren) mit ihren Auswirkungen. Der zu untersuchende „Bereich" ist in seiner Aufgabe, Funktion und erwartetem Ergebnis zu beschreiben, wobei auch vorhandene und potentielle Schnittstellen berücksichtigt werden müssen. Zu untersuchen sind dabei alle Risiken und auf der strategischen Ebene ihre Auswirkungen primär auf die Nichterreichung der Unternehmensziele sowie auf operativer Ebene ihre Auswirkungen auf Vermögenswerte, die Haftungs- und Kostensituation und die Betriebsverfügbarkeit.

Grundsätzlich stehen für die Informationsgewinnung folgende Methoden zur Verfügung: Für externe Risikofaktoren muß überwiegend auf allgemein zugängliche Quellen zurückgegriffen werden, etwa Publikationen über wirtschaftliche und rechtliche Entwicklungen, Markt- und Wettbewerberanalysen, Technologieentwicklung usw.

Bei der Besichtigungsanalyse handelt es sich um die Inaugenscheinnahme des realen Geschehens. Die Dokumentenanalyse ermittelt Risiken aus Verträgen, Planungsunterlagen usw. oder aus Sekundärdokumenten wie beispielsweise dem betrieblichen Rechnungswesen. Eine Analyse der Organisation soll Risiken aus einer mangelhaften Aufbau- und Ablauforganisation aufzeigen, so z. B. Kompetenzlücken oder -überschneidungen. Eine andere Möglichkeit stellt die Befragung der Mitarbeiter im Rahmen von Workshops oder Prüf- und Checklisten dar. Auch aus der Abwicklung eingetretener Schadensereignisse lassen sich mitunter wertvolle Risikoinformationen gewinnen.

Eine der zentralen Fragen ist, wie man die relevanten internen und externen Risiken identifizieren und messen kann. Der Schwerpunkt sollte dort liegen, wo es für die Unternehmen besonders darauf ankommt, effizient und dynamisch einen Überblick über die wichtigsten Risikopotentiale und möglichen Entwicklungen der Risikosituationen (einschließlich Risikofrüherkennung) zu erhalten, um schnelles Agieren zu ermöglichen.

Natürlich ist es ein mitunter diffuses Feld, aus Erwartungen und Prognosen Maßnahmen zur Risikobewältigung abzuleiten, besonders dann, wenn die Frage nach der empirischen Evidenz offenbleibt. Oftmals reichen aber schon akzeptierte Plausibilitäten, sind doch die schnelle Transparenz und der Trend der Risikorelevanz für das Unternehmen entscheidend und erst im zweiten Schritt die detaillierte Meßbarkeit von Risiken. Dabei muß die Risikoanalyse alle unternehmensindividuellen Fragestellungen abdecken und darf nicht auf bestimmte Risikobereiche eingeengt sein. Aufbauend auf den gewonnenen Erkenntnissen einer solchen Risikountersuchung erfolgt eine Risikobewertung. Unternehmens- bzw. konzernweite verbindliche Sprachregelungen und Methodenvorgaben sind unerläßlich, will man zu aussagekräftigen, kompatiblen Ergebnissen kommen. Dabei ist für bestimmte Risikofelder die Bestimmung des Risk-Exposure relativ problemlos möglich, z. B. bei Finanzrisiken oder bestimmten operativen Risiken. Hier kennt die einschlägige Literatur eine Vielzahl von Instrumenten. Teilweise anders sieht dies im strategischen Bereich aus, weil die Planung naturgemäß auf zum Teil prognostizierten und damit unsicheren Annahmen aufbaut. Verschärft wird diese Situation dadurch, daß gerade hier Entscheidungen wesentliches Risikopotential aufbauen können, welches kurzfristig nicht abbaubar ist.

Eine systematische Auflistung sämtlicher denkbaren strategischen und operativen Risiken aus den ver- und betrieblichen Tätigkeiten des Unternehmens erscheint kaum möglich, wenn man gegenseitige Interdependenzen berücksichtigen will. Dennoch ist gerade diese bereichsübergreifende Betrachtung notwendig. Bei einer gewissen Abstrahierung sollten die Risiken nach dem vermeintlich höchsten Gefährdungspotential für das Unternehmen auch darstellbar sein. Eine solche Darstellung allein wird schon für das Management eine Unterstützung bieten können. Für die Darstellung der Risiken in einem Risikoportfolio könnten zum Beispiel die mit dem Einsatz von Personal, Sach- und Produktionsmitteln sowie die mit den Produkten verbundenen Gefahren betrachtet werden. Die zuerst genannte Betrachtungsweise orientiert sich an den einzelnen Funktionsbereichen und den mit ihnen verbundenen Finanzierungs-, Einkaufs-, Produktions- und Absatzrisiken. Ausgehend von einer Produktpalette ergeben sich aus der Gegenüberstellung beider Betrachtungsweisen teilweise gleichartige Risiken. In einzelnen Produktbereichen treten dagegen gewisse Risiken überhaupt nicht auf.

Die Betrachtung der Auswirkungen und Eintrittswahrscheinlichkeiten, ergänzt um eine Beurteilung der vorhandenen Risikokontrolleffizienz, stellt, bezogen auf einen bestimmten Bereich, die potentielle Möglichkeit des Auftretens von Risiken dar. Mit Hilfe eines so dargestellten Risikoportfolios lassen sich dann sämtliche Risikobereiche untersuchen, um letztlich aufgrund dieses Gesamtbildes der Risikolage des Unternehmens in einem iterativen Ablauf eine differenzierte Strategie zur prospektiven Verminderung und Vermeidung von Risiken zu erstellen.

160 Risikomanagement als wettbewerbliche Notwendigkeit

Der Gesetzgeber hat mit dem KonTraG besonderes Gewicht auf die Frühwarnfunktion im Risikomanagement gelegt und die Geschäftsleitungen börsennotierter Gesellschaften verpflichtet, ein Überwachungssystem einzurichten. Ein möglicher Ansatz für Indikatoren zur Früherkennung von Risiken kann durch eine wertorientierte Unternehmensführung gefunden werde (vgl. hierzu Abschnitt 7).

6.3 Erfassung von und Entscheidung über alternative risikopolitische Maßnahmen

Ausgerichtet an der unternehmerischen Risikopolitik sind verschiedene risikopolitische Instrumente denkbar. Neben der strategischen Planung sind es technische oder organisatorische Instrumente. Der Einsatz dieser Instrumente ist im wesentlichen immer darauf gerichtet, Risiken zu vermeiden, zu verändern, selbst zu tragen oder auf Dritte abzuwälzen (vgl. Abb. 4). Eine übliche Unterscheidung teilt die Instrumente in ursachenverhütende (schadensbegrenzende) und in wirkungsbezogene (schadensausgleichende) Maßnahmen ein. Die ursachenbezogenen Maßnahmen richten sich auf die Verringerung der Eintrittswahrscheinlichkeiten und die Reduzierung der Auswirkungen von Schadensereignissen bzw. negativen Abweichungen von den Handlungszielen. Die wirkungsbezogenen Maßnahmen sollen das Ausmaß möglicher negativer Auswirkungen von Schadensereignissen verringern und gegen negative Folgen absichern. Ursachenbezogene Maßnahmen sind die Risikovermeidung sowie die Überwälzung auf andere Wirtschaftssubjekte einschließlich der vertraglichen Risikobegrenzung. Dort, wo diese Maßnahmen nicht möglich oder nicht gewollt sind, kommen reservebildende Maßnahmen zum Tragen.

Zu den technischen Maßnahmen, Risiken zu bewältigen, sind z. B. der Brandschutz, der Intrusionsschutz, Redundanzen in den Produktionsanlagen oder präventive Investitionen in diese Anlagen zu nennen. Als organisatorische Maßnahmen existieren die Koordination von Sicherungskräften, Katastrophenpläne, Ersatzteilhaltung neuralgischer Fertigungsgeräte und ein effizientes Risikoinformationssystem.

Das Risiko von Industrieunternehmen, durch ihre Produktion die Umwelt zu beeinträchtigen, hat in der Vergangenheit ständig zugenommen. Generell erwachsen den Unternehmen Umweltrisiken von hohem Ausmaß, die aufgrund des Gefährdungspotentials wachsende Anforderungen an die Unternehmenssicherheit stellen. Für jede Betriebsstätte sind die Risiken vor Ort zu ermitteln, die sich aus der Umweltschutzgesetzgebung im Betriebsprozeß ergeben können. Daraus leiten sich Maßnahmen für einen gesetzeskonformen und wirtschaftlichen Umweltschutzstandard ab. Hierzu gehören die Darlegung von Substitutionsmöglichkeiten bei Produktionshilfsstoffen, Entsorgungsverträge bezüglich der Schadstoffbeseitigung ebenso wie die Organisation von Boden- und Grundwassersanierungen und die Abwehr von Ansprüchen Dritter. Das Risiko für die Geschäftsführung, aufgrund von Organisationsverschulden in Regreß genommen zu werden, verlangt ein Organisationskonzept für das Umweltmanagement im Unternehmen. Analoges wie für den Umweltschutz gilt auch für andere gesetzliche Schutzaufgaben und nunmehr auch für das Risikomanagement.

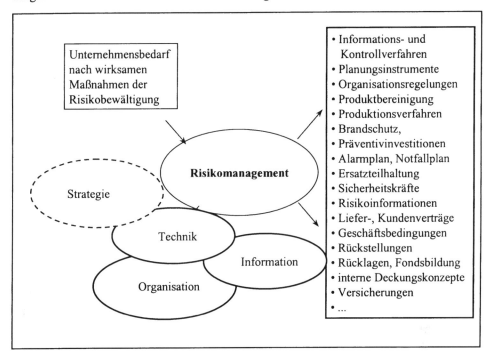

Abbildung 4: Risikomaßnahmen

Sich ständig verändernde Produktionsmethoden, -maschinen und -materialien sowie die Vernetzung von Produktion und Logistik beinhalten viele Ursachen für Betriebsunterbrechungsrisiken. Die Konzentration auf wenige Lager- und Produktionsstätten erhöht dieses Risiko zusätzlich. Beispielsweise kann der Ausfall eines Zulieferers auch für Großunternehmen mit verteilter Produktionsstruktur und Wertkonzentrationen, wenn nicht existenzbedrohend sein, so doch gravierende Auswirkungen haben. Eine Betriebsunterbrechung kann zu merklichen Verlusten an Marktanteilen führen. Bei der Sicherstellung der Betriebsverfügbarkeit stellen gerade die Prozeßabläufe und Produktionsverfahren wichtige Untersuchungsbereiche dar. Was technisch machbar und wirtschaftlich ist, muß auch mit dem Sicherheitsbedürfnis korrelieren.

Die Haftungsbedingungen für industrielle Erzeugnisse, aber auch für Dienstleistungen im vertraglichen und deliktischen Bereich sind in den letzten Jahren stetig verschärft worden. Produzenten müssen garantieren, daß die gelieferten Erzeugnisse die gesetzlichen Auflagen erfüllen. Werden die Maßnahmen zur Qualitätssicherung nicht an die aktuelle Gesetzgebung angepaßt, könnte im Schadensfall der Produzent zu Schadensersatz verpflichtet sein. Daher ist es wichtig, zu überprüfen, ob die bei der Produktion angewendeten Normen und Richtlinien noch dem Stand der Technik entsprechen oder ob sie anzupassen sind. Eine Dokumentation über solche Aktivitäten hilft, bei Bedarf einen Entlastungsbeweis für das Unternehmen zu erbringen. Um im Schadensfall einen solchen Beweis führen zu können, müssen alle an der Produktion beteiligten Organisationseinheiten – vom Zulieferer über Planung und Produktion bis zum Kundendienst – beteiligt werden, damit sichergestellt ist, daß von dem Produkt am Markt keine Schädigungen ausgehen, die zu Haftpflichtansprüchen führen können. Aufgrund der Interdependenzen von Umweltschutz, Datenschutz, Brandschutz, Betriebssicherung, Produkthaftung usw. wird durch ein gebündeltes Know-how in einem koordinierten Risikomanagementprozeß ein Synergieeffekt im Sinne größtmöglicher Risikotransparenz und effektiver Risikominderung erreicht. Neben die Maßnahmen zur direkten Risikobeeinflussung treten zunehmend Maßnahmen zur indirekten Beeinflussung. Solche Maßnahmen sind auch die Integration des Risikomanagements in die Führungs- und Unternehmenskultur, die organisatorische Absicherung des Risikomanagements sowie die Schaffung eines wirksamen internen Kontroll- und Überwachungssystems. Und all dies sollte möglichst umfassend in die Geschäftsprozesse integriert sein.

6.4 Überwachung der Risikosituationen und Kontrollverfahren

Zur Überwachung gehören ein turnusmäßiges Reporting definierter Abweichungen vorgegebener Risikolimits ebenso wie Ad-hoc-Aktivitäten und Eskalationsprozeduren bei wesentlichen Problemen und Störfällen. Dabei kommt es auf eine richtige, rechtzeitige und alle relevanten Daten umfassende Information an. Nicht zuletzt auch wegen des Entlastungsbeweises müssen die Anforderungen an die Erfassung und Verarbeitung von Risikoinformationen dokumentiert und nachvollziehbar sein. Der Aufwand für die Gestaltung des Erfassungssystems hat sich natürlich an betriebswirtschaftlich Vertretbarem auszurichten.

Wie auch immer die Risikostrategien des Unternehmens ausgestaltet sind, ihre Zielrichtung ist das unternehmensindividuell optimale Risk-Exposure. Risikostrategien sollen auf der einen Seite das Unternehmen in die Lage versetzen, mit einer Kostenstruktur marktfähige Produkte anbieten zu können. Auf der anderen Seite ist der Sicherheitsaspekt zu vertretbaren Kosten für das Unternehmen zu beachten. Sicherheit umfaßt hier im weitesten Sinne nach dem holistischen Risikomanagementansatz sämtliche Unternehmensrisiken.

In einem intensiven Wettbewerbsumfeld kommt der Kostenbetrachtung besondere Bedeutung zu, kann doch durch modernes Risikomanagement auch der Anteil der „unternehmerischen Risikokosten" in seiner absoluten Größe transparenter und damit zumindest teilweise beeinflußbar werden. Die Kosten risikopolitischen Ursprungs sind für Unternehmen oftmals nur zu schätzen, da die Kostenrechnungssysteme in der Regel nur unzureichende Informationen über diese Kosten ausweisen. Sie sind vielfach komplexer und höher als allgemein angenommen. Abhängig von der Definition scheinen etwa Größenordnungen von bis zu zweistelligen Prozentpunkten des Umsatzes realistisch zu sein, wobei der jeweilige Anteil, je nach Branche, von dieser Bandbreite auch abweichen kann. Für Industrieunternehmen mit umfangreichen technischen Produktionsanlagen werden sie eher im oberen Bereich liegen. Aufgrund der mangelnden Transparenz dieser Kosten ist erfahrungsgemäß mit einer hohen Ineffizienz zu rechnen. Kosten, die nicht direkt, sondern weitestgehend als Gemeinkosten erfaßt werden, entwickeln sich häufig überproportional. Sie sind oftmals das Ergebnis von Einzelentscheidungen, wieviel Sicherheit angestrebt werden muß und wie viele Risiken dabei in Kauf genommen werden können.

Wichtiges Ziel einer Unternehmung muß es deshalb sein, diese Risikokosten zu identifizieren, zu bewerten und letztlich zu beeinflussen, um so einen Beitrag von der Kostenseite für die Wettbewerbsfähigkeit zu leisten. Als Teil der unternehmerischen Wagniskosten sind die Risikokosten, im engeren Sinne die kostenmäßig zu quantifizierenden Auswirkungen von Schadensereignissen, Maßnahmen zur Schadensverhütung, Versicherungskosten sowie Verwaltungs- und Beratungskosten zu verstehen. Die Kosten für den betrieblichen Versicherungsschutz stellen dabei nur einen geringen Prozentsatz an den gesamten Kosten risikopolitischen Ursprungs dar. Sie sind als direkte Kosten leicht erfaßbar und steuerbar. Dies ist ein Grund dafür, daß dieser Bereich möglicherweise eine Aufmerksamkeit genießt, die ihm weder von der Bedeutung des erfolgten Risikotransfers auf Versicherungen noch von der relativen Kostenhöhe zukommt. Ändern wird sich dies, je mehr unkonventionelle Versicherungskonzepte bzw. alternative Risikofinanzierungen zum einen Bilanzschutz sowie Service- und kostenoptimierte Dienstleistungen gewährleisten und zum anderen auch einen umfassenden Risikomanagementansatz unterstützen.

Da die Umsetzung beschlossener Maßnahmen überprüft werden muß und gesetzliche oder produktionsmäßige Neuerungen sowie Änderungen permanent berücksichtigt werden müssen, ist ein fortdauernder Risikokontrollprozeß notwendig. Ein integriertes Risikokontrollsystem schützt den Bestand des Unternehmens wie auch die Geschäftsführung vor persönlicher Inanspruchnahme. Wird die Frage der persönlichen Haftung evident, hat der Vorstand nach § 93 Abs. 2 AktG den Nachweis zu erbringen, daß er sich objektiv und subjektiv pflichtgemäß verhalten hat. Diese Beweislast stellt besondere Anforderungen an das Risikomanagement. Es ist nachzuweisen, daß Maßnahmen zur Risikofrüherkennung (vgl. Abbildung 5) und Abwehr getroffen wurden und ein Überwachungssystem implementiert ist, welches die vorgenannten Maßnahmen permanent gewährleistet.

7 Risikofrüherkennung

Gesichertes, rechtzeitiges Erkennen aller für das Unternehmen relevanten Entwicklungen ist ein Ziel, welches in dieser Ausprägung wohl nicht erreichbar ist. Was aber anwendbar ist, sind Methoden und Instrumente, die den Umgang mit der Zukunft erleichtern und die Unternehmen beim Abwägen der Chancen und Risiken unterstützen. Auch hier gibt es seit Jahrzehnten Verfahren, die aber in bezug auf ihre Anwendertauglichkeit in vielen Fällen noch den Nachweis erbringen müssen.

Benötigt werden Managementinformationssysteme zur Gewinnung und Bewertung komplexer und oft schwierig quantifizierbarer, interner wie auch unternehmensexterner Risikofaktoren. Die Systeme müssen beispielsweise demografische, marktwirtschaftliche und technologische Trends aufzeigen können, die nicht nur risikorelevant sind, sondern auch rechtzeitig die Wahrnehmung möglicher Chancen erlauben. Controllinginstrumente und Bilanzratings sind häufig allzusehr auf vergangenheitsbezogene und nahezu ausschließlich auf interne Kenngrößen ausgerichtet. Eine solche Ex-post-Betrachtung kann auf Fehlentwicklungen zumeist erst dann hinweisen, wenn sie eingetreten sind.

Betrachtet man das Umfeld der Unternehmen und die gesetzlichen Anforderungen, wächst die dringende Notwendigkeit praktikabler Instrumente. Risikofrüherkennung muß sich künftig auch in einer dazu geeigneten Organisation wiederfinden, wenn der Vorstand die Gefahr persönlicher Haftung ausschließen will. Es müssen Indikatoren gefunden werden, die solche Veränderungen im Unternehmen und in seiner Umwelt so rechtzeitig aufzeigen, daß drohenden negativen Entwicklungen entgegengewirkt werden kann. Solcherlei Erkenntnisse sind natürlich im Umkehrschluß gegebenenfalls dann auch geeignet, Entscheidungen im Sinne einer Chancennutzung zu treffen. Dabei stellt sich die Frage, inwieweit die existierenden Verfahren und Kenngrößen in einem Unternehmen zu systematisieren und zu ergänzen sind, um den notwendigen Erkenntniswert zu erhalten. Die rechtzeitige Risikoerkennung in einem effizienten Risikomanagementprozeß ist nicht nur auf wesentliche, bestandsgefährdende Umstände und Entwicklungen bezogen, und es gibt eine Vielzahl mehr oder weniger geeigneter Kenngrößen/Verfahren zur Früherkennung von Risiken.

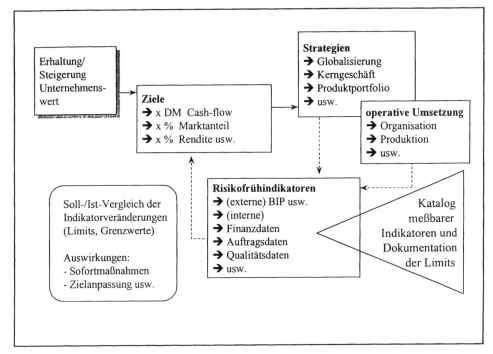

Abbildung 5: Risikofrüherkennung

Traditionell wurde zur Beurteilung risikoreicher Unternehmensentwicklungen auf die buchhalterische Erfolgsermittlung abgestellt. Neben Renditegrößen ist der im Jahresabschluß ermittelte Gewinn die Meßlatte für den Erfolg des Unternehmens und des Managements. Eine solche Einschätzung hat jedoch einige Einschränkungen, die gerade auf die zukünftige Entwicklung nicht zwingend eine zutreffende Aussage erlauben. Die Erfahrungen aus den Schieflagen verschiedener Unternehmen belegen, daß die Gewinngröße kein geeignetes Mittel für die Beurteilung unternehmensgefährdender Entwicklungen darstellt. Die Ursachen liegen zum Teil in der Ex-post-Betrachtung. Auch ein erfolgreicher Einsatz der Ressourcen in der Vergangenheit schließt das Risiko der Fehlallokation des Kapitals in der Zukunft bei permanenten Veränderungen der Geschäftsbedingungen nicht aus. Die Gewinngröße vernachlässigt die notwendige Orientierung an langfristigen Zielen, ist sie doch nicht in der Lage, langfristige Investitionen und Wachstumsmaßnahmen buchhalterisch durch periodengerechte Gewinnabgrenzung darzustellen. Diese Verzerrung beruht auch auf dem handelsrechtlichen Realisationsprinzip und bestimmten Aktivierungsverboten oder ist bedingt durch die Inanspruchnahme anderer handels- und steuerrechtlicher Ausweis- und Bewertungswahlrechte.

Fazit ist, daß der Gewinn und andere auf der Rechnungslegung beruhende Kenngrößen nur eingeschränkt Aussagen über den Erfolg oder Mißerfolg eines Unternehmens in der Zukunft erlauben. Ursache ist gerade auch die unzureichende Aussagekraft bezüglich der Investitionsrisiken. Damit sind Gewinn- und Renditegrößen für die Risikoidentifizierung und somit Früherkennung nur unzureichend für das Risikomanagement geeignet.

Ein möglicher, wenn auch nicht allein ausreichender Lösungsansatz für die Integration und Ausgestaltung des Risikomanagements im Hinblick auf die Risikofrüherkennung im Sinne des KonTraG könnte das Konzept einer „wertorientierten Unternehmensführung" darstellen. Denn auch einem funktionstüchtigen Risikomanagement liegt der Gedanke zugrunde, daß unternehmerisches Handeln auf die Existenzsicherung der Unternehmung und damit auf die Rentabilität des von den Anteilseignern investierten Kapitals ausgerichtet ist. Hier könnte ein Ansatz gegeben sein, auf der Basis künftiger Zahlungsströme Aussagen zum Unternehmenswert und damit über den Unternehmensbestand zu treffen, die losgelöst von Bilanzierungsmöglichkeiten, aber unter Einbezug der Investitionstätigkeit möglich sind. Im Konzept einer wertorientierten Unternehmensführung werden alle Unternehmensprozesse auf die Steigerung des Unternehmenswertes ausgerichtet. Dies ermöglicht, das Risiko von Wertverlusten durch ineffizienten Ressourcenverbrauch zu minimieren. Dabei wird der Unternehmenswert rechnerisch ermittelt, indem man von den auf den heutigen Zeitpunkt diskontierten Zahlungsüberschüssen die Gesamtkapitalkosten substrahiert. Hierbei spielen die Bestimmung der Eigenkapitalkosten, des Cash-flows und der wertschaffenden Bereiche im Unternehmen eine wichtige Rolle, das heißt die Unternehmen sind gezwungen, solche Strategien umzusetzen, die wertschaffende Aktivitäten fördern und wertvernichtende Segmente eliminieren. Durch eine derartige Segmentierung der Geschäftseinheiten und eine Kontrolle der relevanten Daten kann so einer Wertvernichtung im Unternehmen frühzeitig entgegengesteuert werden. Sollte nicht sichergestellt sein, daß der in der Unternehmenseinheit erwirtschaftete Cash-flow höher ist als die Kapitalkosten der Einheit, muß über Maßnahmen zur Ergebnisverbesserung bzw. über eine Desinvestition unverzüglich entschieden werden. Ein solchermaßen geführtes Unternehmen hat gute Aussichten, unternehmensgefährdenden Entwicklungen erfolgreich gegenzusteuern.

8 Ausblick

Die Entwicklungen auf den Märkten, der Umgang mit neuen Informationstechnologien, kürzere Innovationszyklen und komplexer werdende Rahmenbedingungen stellen die Unternehmen vor größere Herausforderungen. Bewußter Umgang mit Chancen und mit Risiken wird zu einem unverzichtbaren Bestandteil der Unternehmensführung. Schnelles Ausnutzen der Chancen, ohne die Risiken aus den Augen zu verlieren, ist gefordert. Konzeptionelles Risikomanagement kann bei der Bewältigung der Aufgaben einen wertvollen Beitrag leisten und wird für den Unternehmenserfolg maßgeblich an Bedeutung gewinnen.

Risikomanagement heißt nicht Risikovermeidung um jeden Preis, sondern aktive Handhabung mit dem Ziel eines entsprechenden Cash-flows und notwendiger Transparenz für alle beteiligten Gruppierungen.

Diese Entwicklung ist wettbewerblich determiniert, aber sicher auch durch gesetzliche Anforderungen getrieben. Der Gesetzgeber verlangt unter dem Eindruck gravierender Fehlleistungen einiger Unternehmen und unter dem Druck der Öffentlichkeit mehr Tranzparenz und Kontrolle in den Unternehmen. Dies ist kein nationales Novum, sondern geübte Praxis in vielen anderen Ländern. Ob formalisierte Verpflichtungen Unternehmenskrisen abwehren und eine erfolgreiche Bestandsprophylaxe darstellen, bleibt abzuwarten. Aber allein schon die Gefahr gerichtlicher Klärung von Haftungsfragen wird das Risikobewußtsein stärken. Gleichwohl wird ein effizientes Risikomanagement nicht nur einen Entlastungsbeweis darstellen, sondern bei proaktivem Charakter die mit den Unternehmensstrategien und -prozessen verbundenen Risiken kontinuierlich und vorausschauend aufzeigen. Damit werden die Voraussetzungen geschaffen, unter Abwägen der Risiken und Chancen Maßnahmen zur Risikobewältigung und damit Erfolgssicherung einzuleiten.

ate # III Auswirkungen auf die Abschlußprüfung und die Interne Revision

Gegenstand und Umfang der Abschlußprüfung nach Inkrafttreten des KonTraG

FRANK BREBECK UND GERHART FÖRSCHLE,
PwC DEUTSCHE REVISION AG, DÜSSELDORF UND FRANKFURT/MAIN

1	Problemstellung	172
2	Auswirkungen auf den Aufsichtsrat	172
	2.1 Konkretisierte Informationspflicht durch den Vorstand	172
	2.2 Erteilung des Prüfungsauftrags durch den Aufsichtsrat	173
	2.3 Aushändigung des Prüfungsberichts an den Aufsichtsrat	175
	2.4 Prüfung des Konzernabschlusses durch den Aufsichtsrat	176
3	Auswirkungen auf die Tätigkeit des Wirtschaftsprüfers	177
	3.1 Prüfung des Jahresabschlusses	177
	3.1.1 Unrichtigkeiten und Verstöße	177
	3.1.2 Konsolidierungsbedingte Anpassungen	178
	3.2 Prüfung des Lageberichts	179
	3.2.1 Prüfungsobjekt: Risikoberichterstattung des Managements	179
	3.2.2 Prüfung der Risikoberichterstattung des Managements	180
	3.3 Prüfung des Risikofrüherkennungssystems	182
	3.3.1 Prüfungsobjekt: Einrichtung eines Risikofrüherkennungssystems	182
	3.3.2 Prüfung des Risikofrüherkennungssystems	183
	3.4 Berichterstattungspflichten	187
	3.4.1 Berichterstattung über die Prüfung des Jahresabschlusses	187
	3.4.2 Berichterstattung über die Prüfung des Lageberichts	190
	3.4.3 Berichterstattung über die Prüfung des Risikofrüherkennungssystems	191
4	Teilnahme an Aufsichtsratssitzungen	192
5	Ausblick	193

172 Gegenstand und Umfang der Abschlußprüfung nach Inkrafttreten des KonTraG

1 Problemstellung

Das Gesetz zur Kontrolle und Transparenz im Unternehmensbereich (KonTraG) ist ein Artikelgesetz, dessen Änderungen im Aktiengesetz (AktG) und im Handelsgesetzbuch (HGB) weitreichende Auswirkungen auf Jahresabschlußprüfungen haben. Das Publizitätsgesetz (PublG) und das Genossenschaftsgesetz (GenG) wurden durch das KonTraG an die Änderungen des HGB angepaßt; weitere Modifikationen hinsichtlich der Jahresabschlußprüfung finden sich in der Wirtschaftsprüferordnung (WPO) sowie im Einführungsgesetz zum Handelsgesetzbuch (EGHGB), in dem die Übergangsvorschriften der HGB-Änderungen kodifziert sind.

Hauptmotiv für das KonTraG war die Erkenntnis, daß einerseits im Kontrollsystem deutscher Aktiengesellschaften Schwächen und Verhaltensfehlsteuerungen auftraten sowie andererseits die zunehmende Finanzierung deutscher Publikumsgesellschaften über internationale Kapitalmärkte, die eine intensivere Kommunikation mit den Marktteilnehmern über die Unternehmenspolitik und -entwicklung sowie mehr Transparenz und Publizität in allen Bereichen erfordert.

Bei den Auswirkungen des KonTraG auf die Jahresabschlußprüfung werden – in erster Linie – den Aufsichtsrat und den Wirtschaftsprüfer betreffende Neuerungen fokussiert. Bei der Analyse des aktienrechtlichen Kontrollsystems ist jedoch zu beachten, daß die Änderungen nicht nur für den Aufsichtsrat und den Abschlußprüfer, sondern auch für den Vorstand bzw. die Geschäftsführung sowie für andere Shareholder und Stakeholder bedeutsam sind.

Obgleich das Gesetz am 1. Mai 1998 in Kraft trat, gibt es einige Vorschriften, die erst zu einem späteren Zeitpunkt angewandt zu werden brauchen bzw. angewandt werden dürfen. Auf diese zeitlichen Anwendungsunterschiede sowie auf unterschiedliche Anwendungsbereiche einzelner Vorschriften wird bei der Erörterung der entsprechenden Regelungen eingegangen.

2 Auswirkungen auf den Aufsichtsrat

2.1 Konkretisierte Informationspflicht durch den Vorstand

Um die besondere Bedeutung des Aufsichtsrats hinsichtlich der Unternehmensplanung hervorzuheben, wurde § 90 Abs. 1 Nr. 1 AktG klarer formuliert. Der Vorstand hat dem Aufsichtsrat über „... die beabsichtigte Geschäftspolitik und andere grundsätzliche Fragen der Unternehmensplanung (insbesondere die Finanz-, Investitions- und Personalplanung)" zu berichten. Bisher wurde von „Fragen der künftigen Geschäftsführung" gesprochen. Die neue Formulierung sowie die angefügten Beispiele für Unternehmensplanungen sollen verdeutlichen, daß die Kontrolle des Aufsichtsrats nicht nur retrospektiv sein kann (Ex-post-Kontrolle), sondern insbesondere in die Zukunft gerichtet sein muß (Ex-ante-Kontrolle), da langfristige Weichenstellungen und kostenwirksame Entscheidungen bereits in der Unternehmensplanung getroffen werden. Mit dieser Auffassung ist keine Rechtsänderung verbunden, sie stellt nur eine konkretisierende Formulierung der bestehenden Regelung dar.

Da Unternehmensplanungen sowohl hinsichtlich des zeitlichen Horizontes (kurz-, mittel- und langfristige Planungen) sowie hinsichtlich der geplanten Funktionen/Bereiche/Ergebnisgrößen usw. unternehmensindividuell ausgestaltet sein können, handelt es sich bei den im Gesetz genannten Finanz-, Investitions- und Personalplanungen lediglich um Beispiele. Gemäß Gesetzesbegründung können je nach Bedarf, Größe oder Branche noch der Produktions-, Absatz-, Beschaffungs-, Entwicklungs-, Kosten- oder der Ergebnisplan etc. erstellt werden; weitere Planungen sind denkbar.

Aus der allgemeinen Sorgfaltspflicht des Aufsichtsrat ergibt sich implizit die Verpflichtung des Vorstandes, eine Unternehmensplanung vorzunehmen. Um nicht nur „Zahlenfriedhöfe", sondern urteilsrelevante Informationen zu erhalten, kann es zur Durchsetzung und Verstetigung des Informationsflusses zwischen Vorstand und Aufsichtsrat sinnvoll und geboten sein, daß der Aufsichtsrat eine sogenannte Informationsordnung erläßt. Einer gesetzlichen Regelung bedarf es hierzu nicht.

Eine Kontroverse könnte sich aus der Frage ergeben, in welchem Umfang dem Aufsichtsrat Planungsunterlagen zur Verfügung zu stellen sind. Dies resultiert aus der, gegenüber vergangenheitsbezogenen Daten, stärkeren Geheimhaltungsbedürftigkeit derartiger Unterlagen. Inwieweit Regelungen über die Sorgfaltspflicht und Verantwortlichkeit der Aufsichtsratsmitglieder (§ 116 iVm § 93 AktG) diese Bedenken ausräumen, läßt sich derzeit noch nicht beurteilen.

Diese Änderung gilt nicht nur für Aktiengesellschaften und Kommanditgesellschaften auf Aktien, sondern auch für andere Rechtsformen, soweit dort ein dem Aufsichtsrat vergleichbares Gremium vorhanden ist. Anzuwenden ist diese Vorschrift – wie bis auf wenige Ausnahmen alle aktienrechtlichen Änderungen – seit dem 1. Mai 1998.

2.2 Erteilung des Prüfungsauftrags durch den Aufsichtsrat

Bislang erteilte der Vorstand den Prüfungsauftrag an den Abschlußprüfer (§ 318 Abs. 1 S. 4 HGB a. F.); daraus konnte der Eindruck einer zu großen Nähe des Prüfers zum Vorstand vermutet werden. Deshalb wurde durch das KonTraG § 111 Abs. 2 S. 3 AktG wie folgt eingefügt: „Er (der Aufsichtsrat) erteilt dem Abschlußprüfer den Prüfungsauftrag für den Jahres- und den Konzernabschluß nach § 290 des Handelsgesetzbuchs". Diese Regelung gilt nach dem Wortlaut nicht nur für Pflichtprüfungen, sondern auch für freiwillige Abschlußprüfungen.

Die Änderung soll die Hilfsfunktion des Abschlußprüfers für den Aufsichtsrat und die Unabhängigkeit des Prüfers vom Management unterstreichen. Mit der Erteilung des Prüfungsauftrags verbunden ist die Honorarvereinbarung. Mangels bisheriger Erfahrungen wird sich der Aufsichtsrat bei den ersten Honorarverhandlungen mit dem Abschlußprüfer vermutlich der Kenntnisse des Vorstands bedienen.

Durch diese Kompetenzerweiterung kann der Aufsichtsrat vielfach auch Einfluß auf die Durchführung der Jahresabschlußprüfung nehmen. Ohne die Berufsgrundsätze der Wirtschaftsprüfer zu gefährden, besteht eine Vielzahl von Möglichkeiten, um die Hilfsfunktion zur Unterstützung des Aufsichtsrates, die dem Abschlußprüfer zukommt, über den gesetzlichen Pflichtrahmen hinaus konkret zu nutzen. Neben der Vereinbarung von Prüfungsschwerpunkten, beispielsweise in Bereichen, in denen der Aufsichtsrat erhöhten Kontrollbedarf sieht, besteht die Möglichkeit, die Art des Prüfungsvorgehens mit zu beeinflussen. Je nach Umfang und Konkretisierung dieser Spezifizierungen durch den Aufsichtsrat können separate Zusatzaufträge erteilt werden. In derartigen Fällen wird der Prüfer als „besonderer Sachverständiger" tätig, den der Aufsichtsrat gemäß § 111 Abs. 2 S. 2 AktG beauftragen kann.

Eine Besonderheit ergibt sich bei der Prüfung des Abhängigkeitsberichts aus § 313 Abs. 2 S. 3 AktG. Danach hat der Abschlußprüfer seinen Bericht über die Prüfung des Abhängigkeitsberichts nicht dem Aufsichtsrat als Auftraggeber, sondern dem Vorstand vorzulegen. Eventuell handelt es sich hierbei um eine versehentlich unterlassene Anpassung obiger Vorschrift.

Diese Änderung, die seit Inkrafttreten des KonTraG anzuwenden ist, gilt neben Aktiengesellschaften und Kommanditgesellschaften auf Aktien auch für Gesellschaften mit beschränkter Haftung, soweit dort ein mitbestimmter Aufsichtsrat gemäß §§ 25 Abs. 1 Nr. 2 MitbestG, 77 Abs. 1 S. 2 BetrVG1952 i.V.m. § 111 Abs. 2 AktG bzw. ein sogenannter fakultativer Aufsichtsrat gemäß § 52 Abs. 1 GmbHG i.V.m. § 111 Abs. 2 AktG vorhanden ist. Bei nichtmitbestimmten Gesellschaften mit beschränkter Haftung kann die Vorschrift jedoch im Gesellschaftsvertrag abbedungen werden.

Keine Änderungen ergeben sich hinsichtlich der Bestellung des Abschlußprüfers, die weiterhin durch die Hauptversammlung bzw. Gesellschafterversammlung erfolgt (§ 119 Abs. 1 Nr. 4 AktG, § 46 Nr. 6 GmbHG).

2.3 Aushändigung des Prüfungsberichts an den Aufsichtsrat

Parallel zur Auftragserteilung der Abschlußprüfung durch den Aufsichtsrat war es konsequent, ihn auch als Empfänger des Prüfungsberichts vorzusehen. Dies geschah durch Streichung des § 170 Abs. 1 S. 2 AktG a. F., der die Weitergabe des Prüfungsberichts durch den Vorstand an den Aufsichtsrat regelte. Das Recht des Aufsichtsrats zur Kenntnisnahme des Prüfungsberichts ergibt sich aus § 170 Abs. 3 S. 1 AktG. Diese besondere Erwähnung war erforderlich, da die Prüfungsberichte künftig keine Vorlagen des Vorstandes im Sinne von § 170 Abs. 1 und Abs. 2 AktG sind.

Nach § 170 Abs. 3 S. 1 AktG hat jedes Aufsichtsratsmitglied das Recht, vom Prüfungsbericht Kenntnis zu nehmen. Diese Kenntnis ist einerseits Voraussetzung für eine sinnvolle Erfüllung der Kontrollaufgaben (vgl. § 171 Abs. 1 S. 1 und 107 Abs. 3 S. 2 AktG), andererseits widerspricht die Unterstützungsfunktion des Abschlußprüfers für den Aufsichtsrat einer anderen Handhabung. Gemäß Gesetzesbegründung umfaßt der Prüfungsbericht den Bericht zum Jahresabschluß, zum Konzernabschluß und gegebenenfalls den Sonderbericht zum Risikomanagementsystem und den internen Überwachungssystemen, soweit letzterer nicht ohnehin Bestandteil des Prüfungsberichts ist.

Der Prüfungsbericht ist grundsätzlich dem Aufsichtsrat, vertreten durch seinen Vorsitzenden, zu übersenden. Der Vorsitzende hat für die Weiterleitung an die einzelnen Aufsichtsratsmitglieder zu sorgen. Die gesetzlichen Vertreter sollten gleichzeitig den Prüfungsbericht erhalten; ein Verbot zur direkten Aushändigung ist dem Gesetz nicht zu entnehmen. Die Vorschrift schließt es des weiteren nicht aus, die für die Aufsichtsratsmitglieder bestimmten Ausfertigungen des Prüfungsberichts auf Wunsch des Aufsichtsratsvorsitzenden den gesetzlichen Vertretern zur Versendung zu überlassen; allerdings sollte ein Exemplar immer direkt dem Vorsitzenden zugeleitet werden.

Um der Praxis die erforderliche Flexibilität zu geben, kann der Aufsichtsrat gemäß § 170 Abs. 3 S. 2 AktG dort, wo es sinnvoll erscheint, beschließen, daß die Unterlagen nur den Mitgliedern eines Ausschusses, etwa eines Bilanzausschusses, auszuhändigen sind. Aufgrund der klaren Regelung in § 170 Abs. 3 S. 1 AktG kann sich diese Aussage unseres Erachtens jedoch lediglich auf einen vorbereitenden und nicht auf einen beschließenden Ausschuß beziehen. „Aushändigen" bedeutet gemäß Gesetzesbegründung nicht lediglich das Auslegen zur kurzfristigen Einsicht, es bedeutet aber auch nicht die Übereignung zum endgültigen Verbleib. Auch hier ist aufgrund von § 170 Abs. 3 S. 1 AktG zu fordern, daß eine Einsichtnahme in dem Umfang zu gewähren ist, wie das jeweilige Aufsichtsratsmitglied dies für die Wahrnehmung seiner Aufgaben für erforderlich hält.

Die Pflicht des Abschlußprüfers zur Vorlage des Prüfungsberichts an die gesetzlichen Vertreter ist in § 321 Abs. 5 S. 1 HGB geregelt. „Hat der Aufsichtsrat den Auftrag erteilt, so ist der Bericht ihm vorzulegen; dem Vorstand ist vor Zuleitung Gelegenheit zur

Stellungnahme zu geben" (§ 321 Abs. 5 S. 2 HGB). Hieraus ergibt sich, daß der Vorstand weiterhin Gelegenheit hat, den Bericht vor Zuleitung an den Aufsichtsrat zu sehen und sich dazu zu äußern. Diese Vorschrift wird durch Zuleitung eines Vorabexemplars und Abhaltung der in der Branche üblichen Schlußbesprechung erfüllt.

Die Änderungen des § 170 Abs. 1 und des Abs. 3 AktG, die seit Inkrafttreten des KonTraG anzuwenden sind, gelten ebenfalls neben Aktiengesellschaften und Kommanditgesellschaften auf Aktien auch für Gesellschaften mit beschränkter Haftung, soweit ein sogenannter fakultativer Aufsichtsrat gemäß § 52 Abs. 1 GmbHG iVm. § 111 Abs. 2 AktG vorhanden ist. Die Vorschrift kann für Gesellschaften mit beschränkter Haftung im Gesellschaftsvertrag ausbedungen werden.

Für § 321 Abs. 5 HGB gilt die Übergangsregelung des Art. 46 Abs. 1 S. 1 EGHGB, nach der die neue Regelung spätestens auf das nach dem 31.12.1998 beginnende Geschäftsjahr anzuwenden ist.

Da sich die Vorschrift auf die Übertragung der Kompetenz zur Auftragserteilung gemäß § 170 AktG bezieht, liegt ein Widerspruch des Gesetzes vor. Um zu einer sinnvollen Lösung zu kommen, bietet es sich an, § 321 Abs. 5 S. 2 AktG ab sofort immer dann anzuwenden, wenn der Prüfungsauftrag bereits vom Aufsichtsrat erteilt worden ist. Wurde der Prüfungsauftrag dagegen noch vom Vorstand bzw. Geschäftsführer erteilt, ist der Bericht wie bisher an diesen zu übergeben.

2.4 Prüfung des Konzernabschlusses durch den Aufsichtsrat

Durch das KonTraG wurde der Aufsichtsrat eines Unternehmens, das Mutterunternehmen im Sinne des § 290 HGB ist, verpflichtet, auch den Konzernabschluß und den Konzernlagebericht zu prüfen. Es handelt sich hierbei um eine Anpassung an die Erfordernisse der Unternehmenspraxis, nach der der Konzernabschluß immer mehr Gewicht gewinnt und somit auch für den Aufsichtsrat von entscheidender Bedeutung ist. Durch diese Regelung in § 171 Abs. 1 S. 1 AktG soll die Kontrollaufgabe des Aufsichtsrats im Rahmen der im Konzern zur Verfügung stehenden gesellschaftsrechtlichen Möglichkeiten den praktischen Bedürfnissen angepaßt werden.

Auch hier gilt die Regelung, die seit Inkrafttreten des KonTraG anzuwenden ist, sowohl für Aktiengesellschaften und Kommanditgesellschaften auf Aktien als auch für Gesellschaften mit beschränkter Haftung, soweit dort ein mitbestimmter Aufsichtsrat gem. §§ 25 Abs. 1 Nr. 2 MitbestG, 77 Abs. 1 S. 2 BetrVG1952 i.V.m. § 111 Abs. 2 AktG bzw. ein sogenannter fakultativer Aufsichtsrat gemäß § 52 Abs. 1 GmbHG i.V.m. § 111 Abs. 2 AktG vorhanden ist. Bei nicht mitbestimmten Gesellschaften mit beschränkter Haftung kann die Vorschrift jedoch im Gesellschaftsvertrag ausbedungen werden.

Keine Anwendung findet § 171 Abs. 1 S. 1 AktG auf Gesellschaften, bei denen das Publizitätsgesetz Anwendung findet. In diesem Fall hat der Aufsichtsrat des Mutterunternehmens den Konzernabschluß und den Konzernlagebericht lediglich zur Kenntnis zu nehmen (§ 14 Abs. 3 S. 1 PublG).

3 Auswirkungen auf die Tätigkeit des Wirtschaftsprüfers

In § 317 HGB erfolgt eine neue Umschreibung des gesetzlichen Prüfungsumfangs. Ziel war es, eine stärkere Problemorientierung der Jahresabschlußprüfung sowie eine Ausdehnung der Jahresabschlußprüfung auf Sachverhalte zu erreichen, die den Aufsichtsräten eine bessere Beurteilung der Tätigkeit der Vorstände erlaubt. Hierbei kann unterschieden werden zwischen Regelungen, die die Prüfung des Jahresabschlusses selbst, die Prüfung des Lagebericht sowie die Prüfung des Risikofrüherkennungssystems betreffen. Auf die Berichterstattungspflichten bezüglich dieser Regelungen wird in einem gesonderten Abschnitt eingegangen.

3.1 Prüfung des Jahresabschlusses

3.1.1 Unrichtigkeiten und Verstöße

Gemäß § 317 Abs. 1 S. 3 HGB ist die Prüfung so anzulegen, daß Unrichtigkeiten und Verstöße gegen gesetzliche Vorschriften und sie ergänzende Bestimmungen des Gesellschaftsvertrags oder der Satzung, die sich auf die Darstellung des sich nach § 264 Abs. 2 HGB ergebenden Bildes der Vermögens-, Finanz- und Ertragslage des Unternehmens wesentlich auswirken, bei gewissenhafter Berufsausübung erkannt werden.

Mit dieser Regelung wird zum gesetzlichen Maßstab, was bereits bei bisherigen Jahresabschlußprüfungen zu beachten war. Bereits durch das Fachgutachten (FG) 1/1988 des Hauptfachausschusses (HFA) „Grundsätze ordnungsmäßiger Durchführung von Abschlußprüfungen" sowie durch die Stellungnahme des HFA 7/1997 „Zur Aufdeckung von Unregelmäßigkeiten im Rahmen der Abschlußprüfung", waren die nunmehr kodifizierten Regelungen für den Berufsstand der Wirtschaftsprüfer verbindlich. Die Aufnahme dieser Bestimmung in das Gesetz bedeutet lediglich eine Konkretisierung der bisherigen Vorgehensweise, die unter Beachtung der international bestehenden Regelungen (International Standards on Auditing (IAS) 240 „Fraud and Error" und 250 „Consideration of Laws and Regulations in an Audit of Financial Statements") schon bisher zu beachten war. Die Verantwortlichkeit des Jahresabschlußprüfers erhöht sich weder durch HFA 5/1997 noch durch § 317 Abs. 1 S. 3 HGB.

178 Gegenstand und Umfang der Abschlußprüfung nach Inkrafttreten des KonTraG

Auch zukünftig ist der Jahresabschlußprüfer nicht in jedem Fall verantwortlich für die Aufdeckung beispielsweise von Unterschlagungen. Seine Verantwortlichkeit kann sich zwar auf die Aufdeckung von wesentlichen Falschdarstellungen erstrecken, die durch Unterschlagung verursacht werden können, aber seine Prüfungshandlungen sind nicht auf die Aufdeckung von Unterschlagungen per se gerichtet. Bei ordnungsgemäßer Durchführung der Jahresabschlußprüfung hat der Jahresabschlußprüfer das Risiko falscher Angaben aufgrund von Fehlern, Täuschungen, Vermögensschädigungen und sonstigen Gesetzesverstößen, die einen wesentlichen Einfluß auf den Jahresabschluß haben, weiterhin nicht zu vertreten. Diese Auffassung begründet sich darin, daß auch bei ordnungsgemäßer Durchführung der Jahresabschlußprüfung ein unvermeidbares Risiko besteht, daß durch die Prüfung im Rahmen der berufsüblichen Aussagesicherheit einer Jahresabschlußprüfung falsche Angaben aufgrund von Fehlern, Täuschungen, Vermögensschädigungen und sonstigen Gesetzesverstößen, die einen wesentlichen Einfluß auf den Abschluß haben, nicht aufgedeckt werden.

Die Vorschrift des § 317 Abs. 1 S. 3 HGB ist spätestens auf gesetzliche Jahresabschlußprüfungen für Geschäftsjahre anzuwenden, die nach dem 31. Dezember 1998 beginnen. Mangels inhaltlicher Änderungen ist die Frage des Anwendungszeitpunkts jedoch ohne Bedeutung.

3.1.2 Konsolidierungsbedingte Anpassungen

In § 317 Abs. 1 S. 1 HGB wurde durch das KonTraG eingefügt, daß der Abschlußprüfer bei der Prüfung des Konzernabschlusses insbesondere die konsolidierungsbedingten Anpassungen zu prüfen hat. Konsolidierungsbedingte Anpassungen umfassen neben Konsolidierungsmaßnahmen auch die Änderungen, die in der Handelsbilanz II wegen der Einheitlichkeit von Bilanzansatz und Bewertung im Konzernabschluß vorgenommen werden.

Die Regelung hat lediglich klarstellende Bedeutung; bereits bisher waren die Anpassungen in der Handelsbilanz II neben den konsolidierungsbedingten Anpassungen Prüfungsgegenstand.

Die Vorschrift des § 317 Abs. 3 S. 1 HGB ist spätestens auf gesetzliche Jahresabschlußprüfungen für Geschäftsjahre anzuwenden, die nach dem 31. Dezember 1998 beginnen. Mangels inhaltlicher Änderungen ist die Frage des Anwendungszeitpunkts hier ebenfalls bedeutungslos.

3.2 Prüfung des Lageberichts

3.2.1 Prüfungsobjekt: Risikoberichterstattung des Managements

Durch das KonTraG wurden § 289 Abs. 1 und § 315 Abs. 1 HGB jeweils um einen zweiten Halbsatz erweitert. Danach ist im Lagebericht des Einzel- sowie des Konzernabschlusses neben dem Geschäftsverlauf und der Lage der Gesellschaft „auch auf die Risiken der künftigen Entwicklung einzugehen".

Im Rechnungslegungsstandard (RS) des Instituts der Wirtschaftsprüfer in Deutschland e.V. (IDW) HFA 1 „Aufstellung des Lageberichts" sind die Anforderungen hinsichtlich der Berichterstattung über die Risiken der künftigen Entwicklung konkretisiert.

Der (Konzern-)Lagebericht, der von den gesetzlichen Vertretern der Gesellschaft aufzustellen ist, hat die Funktion, im Zusammenhang mit dem Jahresabschluß die gesamte wirtschaftliche Lage des Unternehmens (Konzerns) darzulegen. Hierbei können neben betriebswirtschaftlichen Aspekten auch technische, rechtliche und politische Gesichtspunkte bedeutsam werden. Im Unterschied zum Jahresabschluß werden zukunftsorientierte Sachverhalte in stärkerem Maße berücksichtigt.

Auch bezüglich der Berichterstattung über künftige Risiken hat der Lagebericht alle Angaben zu enthalten, die (zusammen mit den anderen Angaben des Lageberichts, die die ebenfalls zukünftigen Entwicklungen berücksichtigen) für die Gesamtbeurteilung des Unternehmens erforderlich sind. Bei der Auswahl der Themen und Einzelsachverhalte dienen neben der Bedeutung für die Lage des Unternehmens die Interessen der Adressaten des Lageberichts als Orientierungsmaßstab. Umfang und Auswahl der berichtspflichtigen Sachverhalte können aufgrund der Wesentlichkeit situationsspezifisch variieren. Neben der Größe und Branche ist der Umfang der Berichtspflicht insbesondere von der wirtschaftlichen Lage (einschließlich Risiken der künftigen Entwicklung) des Unternehmens abhängig.

Unter einem Risiko versteht das IDW die Möglichkeit ungünstiger künftiger Entwicklungen, die mit einer erheblichen, wenn auch nicht notwendigerweise überwiegenden Wahrscheinlichkeit erwartet werden. Bezüglich der Risiken der künftigen Entwicklung wird ausgeführt, daß der Grundsatz der Klarheit des Lageberichts dafür spricht, die Darstellung auf wesentliche Risiken, d. h. Risiken, die entweder bestandsgefährdend sind oder einen wesentlichen Einfluß auf die Vermögens-, Finanz-, und Ertragslage haben, zu beschränken.

Ein Risiko ist nicht erst bestandsgefährdend, wenn die Annahme der Unternehmensfortführung nicht mehr gegeben oder ernsthaft bedroht ist; bereits auf die Gefährdung der

Unternehmensfortführung ist durch eine abwägende Berichterstattung im Lagebericht hinzuweisen. Angaben zu Vorgängen mit voraussichtlich bedeutender Auswirkung auf die künftige Entwicklung des Unternehmens können in ihrem Umfang hierbei insoweit reduziert werden als aus einem frühzeitigen Bekanntwerden solcher Ereignisse nachvollziehbar mit einer Schädigung des Unternehmens gerechnet werden muß. Neben dem Zeitraum bis zum Eintritt der Bestandsgefährdung des Unternehmens bestimmen sich Art und Umfang der Berichtspflicht nach deren Wahrscheinlichkeit. Der Prognosezeitraum sollte in diesem Fall grundsätzlich zwölf Monate ab dem Bilanzstichtag nicht übersteigen. Mit dieser zeitlichen Festlegung wird die Annahme der Unternehmensfortführung bis zur Folgezäsur überprüft.

Bei den sonstigen Risiken mit wesentlichem Einfluß auf die Vermögens-, Finanz- und Ertragslage handelt es sich um Risiken, die der Fortbestandsannahme zwar nicht entgegenstehen, die sich aber im Falle ihres Eintretens in wesentlichem Umfang nachteilig auf den Geschäftsverlauf bzw. die Lage auswirken und somit die künftige Entwicklung des Unternehmens beeinträchtigen können. Neben Risiken innerhalb des Unternehmens, beispielsweise nach betrieblichen Funktionsbereichen systematisiert, ist über externe Risiken, d. h. Risiken die aus wirtschaftlichen, technischen, rechtlichen und gesellschaftlichen externen Faktoren resultieren, zu berichten. Es ist darzustellen, wie sich identifizierte wesentliche Risiken innerhalb eines überschaubaren Zeitraums (i. d. R. mindestens zwei Jahre nach dem Abschlußstichtag des Geschäftsjahres) auf die Vermögens-, Finanz- und Ertragslage auswirken werden. Auch hier können Art und Umfang der Berichterstattung soweit reduziert werden, daß aus einem frühzeitigen Bekanntwerden solcher Ereignisse nachvollziehbar mit einer Schädigung des Unternehmens gerechnet werden muß. Für Art und Umfang der Berichterstattung ist der Zeitraum bis zum Eintritt eines Risikos sowie dessen Wahrscheinlichkeit maßgeblich. Zusätzlich wirkt sich das Ausmaß des wesentlichen Einflusses auf die Vermögens-, Finanz-, und Ertragslage auf Art und Umfang der Berichterstattung aus.

Die Regelungen der §§ 289 Abs. 1 und 315 Abs. 1 HGB gelten für mittelgroße und große Kapitalgesellschaften, Genossenschaften sowie Gesellschaften, die nach dem Publizitätsgesetz einen Lagebericht zu erstellen haben. Sie sind spätestens auf Geschäftsjahre anzuwenden, die nach dem 31. Dezember 1998 beginnen.

3.2.2 Prüfung der Risikoberichterstattung des Managements

Eine Erweiterung der Prüfung des Lageberichts bzw. Konzernlageberichts ergibt sich aus der Neufassung des § 317 Abs. 2 HGB durch die Prüfung, ob der Lagebericht mit den bei der Prüfung gewonnenen Erkenntnissen des Abschlußprüfers in Einklang steht und ob der Lagebericht insgesamt eine zutreffende Vorstellung von der Lage des Unternehmens bzw. Konzerns vermittelt. In § 317 Abs. 2 S. 2 HGB wird explizit darauf hingewiesen, daß zu prüfen ist, ob die Risiken der künftigen Entwicklung zutreffend dargestellt sind.

Die Neuregelungen sollen die Prüfung des Lageberichts bzw. Konzernlageberichts stärker an die Erwartungen der Öffentlichkeit anpassen. Die Regelung dient gemäß Gesetzesbegründung, zusammen mit den Änderungen in den §§ 289 bzw. 315 HGB, dazu, den Aufsichtsrat umfassender über die Lage des Unternehmens und dessen mögliche Gefährdung zu unterrichten. Aufgrund der Offenlegungspflicht des (Konzern)-Lageberichts großer und mittelgroßer Kapitalgesellschaften stehen die Informationen auch der Öffentlichkeit zur Verfügung.

Die Prüfung, ob der (Konzern)Lagebericht eine zutreffende Vorstellung von der Lage des Unternehmens vermittelt, kann der Abschlußprüfer nur vornehmen, wenn der Lagebericht aussagekräftiger wird. Diesem Zweck dient die Berichterstattung über die künftige Entwicklung des Unternehmens und der damit verbundenen Risiken gemäß §§ 289 Abs. 1 und 315 Abs. 1 HGB.

Gemäß IDW PS 350 „Prüfung des Lageberichts" kann bei prognostischen Angaben zwar nicht die Übereinstimmung mit den Angaben des Jahresabschlusses geprüft werden, wohl aber, ob sie mit dem Jahresabschluß in dem Sinne „in Einklang stehen", daß sie vor dem Hintergrund der Jahresabschlußangaben plausibel erscheinen und ob die für die Prognoseerstellung grundlegenden Annahmen und Wirkungszusammenhänge, die Art der Schätzung sowie deren Zeithorizont hinreichend erläutert wurden. Des weiteren hat sich der Abschlußprüfer hinlänglich Gewißheit darüber zu verschaffen, daß alle verfügbaren Informationen verwendet wurden.

Der Abschlußprüfer hat sich von der Zuverlässigkeit und Funktionsfähigkeit des unternehmensinternen Planungssystems zu überzeugen, soweit dieses für die Herleitung von Angaben im Lagebericht von Bedeutung ist. Prognosen und Wertungen müssen als solche gekennzeichnet und wirklichkeitsnah sein. Die der Prognose zugrundeliegenden Annahmen über die künftige Entwicklung der wesentlichen Einflußfaktoren der wirtschaftlichen Lage sind vor dem Hintergrund der tatsächlichen Lage am Bilanzstichtag auf Plausibilität, Widerspruchsfreiheit und Vollständigkeit zu prüfen. Das verwendete Prognosemodell muß für die jeweilige Fragestellung sachgerecht und richtig gehandhabt worden sein. Sofern der Eintritt wesentlicher Ereignisse nicht mit überwiegender Wahrscheinlichkeit erwartet werden kann, ist zu erwägen, alternative Betrachtungen und deren Auswirkungen im Lagebericht darzustellen. Bei wertenden Aussagen ist zusätzlich zur Realitätsnähe zu prüfen, ob durch Darstellungsform und Wortwahl kein irreführendes Bild der tatsächlichen Verhältnisse vermittelt wird.

Die Prüfung des Lageberichts ist mit der gleichen Intensität und nach den gleichen Grundsätzen zu prüfen wie der Jahresabschluß. Bei der Prüfung, ob die Angaben des Lageberichts den Grundsätzen der Lageberichterstattung gemäß IDW RS HFA 1 entsprechen, hat der Abschlußprüfer auch zu beurteilen, ob der Lagebericht die dort aufgeführten Pflichtangaben vollständig enthält. Im Lagebericht darüber hinausgehende Angaben sind gleichermaßen zu prüfen.

3.3 Prüfung des Risikofrüherkennungssystems

3.3.1 Prüfungsobjekt: Einrichtung eines Risikofrüherkennungssystems

Zur Vermeidung von Schwächen und Verhaltensfehlsteuerungen im Kontrollsystem deutscher Aktiengesellschaften wurde § 91 Abs. 2 in das Aktiengesetz eingefügt. Nach dieser Vorschrift hat der Vorstand „... geeignete Maßnahmen zu treffen, insbesondere ein Überwachungssystem einzurichten, damit den Fortbestand der Gesellschaft gefährdende Entwicklungen frühzeitig erkannt werden".

Gemäß Gesetzesbegründung soll verdeutlicht werden, daß der Vorstand verpflichtet ist, für ein angemessenes Risikomanagement und für eine angemessene Interne Revision zu sorgen. Hierbei handelt es sich um eine gesetzliche Hervorhebung der allgemeinen Leitungsaufgabe des Vorstands gemäß § 76 AktG, zu der auch die Organisation gehört. Die Verletzung der Vorschrift kann zur Schadensersatzpflicht führen (§ 93 Abs. 2 AktG). Über die konkrete Ausformung der zu treffenden Maßnahmen ist im Gesetz nichts gesagt; sie ist z. B. von der jeweiligen Größe, Branche, Struktur und dem Kapitalmarkt abhängig.

Den Fortbestand der Gesellschaft gefährdende Entwicklungen sind insbesondere risikobehaftete Geschäfte, Unrichtigkeiten der Rechnungslegung und Verstöße gegen gesetzliche Vorschriften, die sich auf die Vermögens-, Finanz- und Ertragslage der Gesellschaft oder des Konzerns wesentlich auswirken können. Die Maßnahmen interner Überwachung sollen so eingerichtet sein, daß solche Entwicklungen frühzeitig, also zu einem Zeitpunkt erkannt werden, in dem noch geeignete Maßnahmen zur Sicherung des Fortbestands der Gesellschaft ergriffen werden können.

Die Einrichtung eines Risikofrüherkennungssystems dient der systematischen Erfassung und Steuerung aller bestandsgefährdenden Unternehmensrisiken. Darüber hinaus sind auch weitere, nicht unwesentliche Risiken in das Risikofrüherkennungssystem einzubeziehen, da sich Einzelrisiken kumuliert oder in Wechselwirkung mit anderen Risiken bestandsgefährdend auswirken können. Außerdem ist zu berücksichtigen, daß sich bestimmte Risiken im Zeitablauf unter Umständen sehr schnell verändern und dadurch erst bestandsgefährdend werden können.

Die Pflicht zur Einrichtung des Risikofrüherkennungssystems trifft zunächst die gesetzlichen Vertreter der jeweiligen Gesellschaft. Bei Mutterunternehmen sind jedoch auch die Tochterunternehmen in das System einzubeziehen, um Risiken zu erfassen, die von den Tochterunternehmen ausgehend den Fortbestand des Mutterunternehmens gefährden können. Die Pflichten der Organe der Tochtergesellschaften bleiben davon grundsätzlich unberührt. Allerdings kann das Risikofrüherkennungssystem des Tochterunternehmens auch als integrierter Bestandteil eines konzernweiten Systems geführt werden. Dabei ist jedoch zu beachten, daß es aus Sicht des Tochterunternehmens auf dessen Fortbestand ankommt.

Die einzelnen Komponenten eines Früherkennungssystems stehen nicht einzeln nebeneinander, sondern bilden einen Regelkreislauf, wie dies bereits im Beitrag von Bernd Saitz ausführlich beschrieben wurde. Hierdurch wird auch zum Ausdruck gebracht, daß es sich beim Risikomanagement um einen permanenten Prozeß handelt. Es genügt nicht, die Risiken in Form einer sogenannten Risikoinventur zu erfassen. Nur die laufende, systematische Befassung mit Unternehmensrisiken trägt den häufig schnellen Veränderungen der unternehmensindividuellen Risikolandschaften Rechnung.

Zur Sicherstellung der dauerhaften, personenunabhängigen Funktionsfähigkeit sind die Maßnahmen des Risikofrüherkennungssystems angemessen zu organisieren und zu dokumentieren. Dies kann u. a. durch spezielle Organisationspläne, Risikohandbücher bzw. Risikorichtlinien, Stellenbeschreibungen und Verfahrensanweisungen erfolgen. Eine explizite gesetzliche Verpflichtung zur Dokumentation des Risikofrüherkennungssystems besteht zwar nicht; die Verpflichtung ergibt sich jedoch aus der allgemeinen Sorgfaltspflicht der Geschäftsführung, da ein komplexes System ohne Dokumentation nicht funktionsfähig ist. Des weiteren ist eine Dokumentation zum Nachweis der Erfüllung der Pflichten der Geschäftsleitung sowie als Grundlage für die Prüfung erforderlich.

§ 91 Abs. 2 AktG ist seit dem 1. Mai 1998 anzuwenden. Die Regelung betrifft unmittelbar alle Aktiengesellschaften und Kommanditgesellschaften auf Aktien. Gemäß Gesetzesbegründung wird jedoch davon ausgegangen, daß die Neuregelung Ausstrahlungswirkung auf den Pflichtenrahmen der Geschäftsführer auch anderer Gesellschaftsformen hat. Für Gesellschaften mit beschränkter Haftung gilt somit beispielsweise, je nach deren Größe, Komplexität ihrer Struktur usw., gleiches. Auch für Gesellschaften mit beschränkter Haftung stellt § 91 Abs. 2 AktG lediglich eine Konkretisierung der allgemeinen Leitungsaufgaben nach § 43 GmbHG dar.

3.3.2 Praktische Vorgehensweise bei der Prüfung des Risikofrüherkennungssystems

Bei Aktiengesellschaften, die Aktien mit amtlicher Notierung ausgegeben haben, ist gemäß § 317 Abs. 4 HGB im Rahmen der Jahresabschlußprüfung zu beurteilen, „... ob der Vorstand die ihm nach § 91 Abs. 2 des Aktiengesetzes obliegenden Maßnahmen in einer geeigneten Form getroffen hat und ob das danach einzurichtende Überwachungssystem seine Aufgaben erfüllen kann". Die Verpflichtung des Abschlußprüfers, die nach § 91 Abs. 2 AktG getroffenen Maßnahmen zu beurteilen, führt gemäß Gesetzesbegründung zu einer verbesserten Unterrichtung des Aufsichtsrats.

184 Gegenstand und Umfang der Abschlußprüfung nach Inkrafttreten des KonTraG

Die Prüfung des Risikofrüherkennungssystems ist eine Systemprüfung. Sie ist Teil der Jahresabschlußprüfung und erstreckt sich auf folgende Bereiche:

- Bestehen eines Risikofrüherkennungssystems,
- Beurteilung der Eignung des Risikofrüherkennungssystems,
- Prüfung der Wirksamkeit des Risikofrüherkennungssystems.

Im Rahmen der Prüfung des Risikofrüherkennungssystems ist festzustellen, ob das System die Risikoidentifizierung, -analyse, -kommunikation und -überwachung unternehmensweit für alle relevanten Risiken sicherstellt. Die Maßnahmen der Risikobewältigung sind dagegen nicht Gegenstand dieser Prüfung. Diese scharfe Abgrenzung ist erforderlich, um die Jahresabschlußprüfung nicht zu einer Geschäftsführungsprüfung (Management Auditing) auszudehnen.

An dieser Stelle ist aber besonders hervorzuheben, daß Maßnahmen der Risikobewältigung sehr wohl in anderem Zusammenhang im Prüfungsbericht oder Bestätigungsvermerk des Abschlußprüfers gewürdigt werden können. Neben der Prüfung der Fortbestandsprognose (§ 321 Abs. 1 S. 2 HGB) und der Prüfung bestandgefährdender Entwicklungen (§ 321 Abs. 1 S. 3 HGB; sog. Redepflicht) wirken sich die Maßnahmen der Risikobewältigung auf die Darstellungsprüfung der Risiken der künftigen Entwicklung im Lagebericht (§§ 289 Abs. 1 HS.2, 317 Abs. 2 S. 2 HGB i.V.m. § 321 Abs. 2 S. 1 AktG) aus.

Die Prüfung des Risikofrüherkennungssystems erstreckt sich auf alle Bereiche, aus denen sich Risiken für das Unternehmen ergeben können. Dies betrifft sowohl interne (z. B. Unternehmensstrategie und -planung, F&E, Beschaffung, Produktion u.a.) als auch externe Bereiche (z. B. das wirtschaftliche, technologische oder soziale Umfeld des Unternehmens). Die Prüfung des Risikofrüherkennungssystems geht damit über die bisher im Rahmen der Jahresabschlußprüfung erforderliche, auf die Rechnungslegung bezogene Systemprüfung hinaus. Gleichwohl ist die Prüfung des Risikofrüherkennungssystems keine umfassende Prüfung der Ordnungsmäßigkeit der Geschäftsführung, wie z.B. die Prüfung nach § 53 Haushaltsgrundsätzegesetz.

Die Prüfung des Risikofrüherkennungssystems läßt sich in die Phasen Bestandsaufnahme, Beurteilung der Eignung, Prüfung der Wirksamkeit und abschließende Würdigung der Prüfungsfeststellungen unterteilen.

Bestandsaufnahme

Der Abschlußprüfer muß sich Informationen über das im Unternehmen eingerichtete Risikofrüherkennungssystem verschaffen. Hierzu gehören Informationen über:

- Unternehmensziele,
- Risikopolitik des Unternehmens,

- Risikobewußtsein innerhalb der verschiedenen Hierarchiestufen des Unternehmens,
- Aufbauorganisation (u. a. Zuständigkeiten, Verantwortlichkeiten, Risikoausschuß, Risk-Manager, Controlling, Interne Revision,
- Ablauforganisation (Risikoidentifizierung, Risikoanalyse, Risikokommunikation, Risikoüberwachung, Dokumentation).

Die Informationsgewinnung wird so weit wie möglich in die allgemeine Informationsbeschaffung im Rahmen der Prüfungsvorbereitung integriert. Die organisatorischen Vorkehrungen müssen aus der Dokumentation des Unternehmens hervorgehen. Fehlt eine angemessene Dokumentation des Risikofrüherkennungssystems, ist – möglichst frühzeitig – auf deren Erstellung durch den Mandanten hinzuwirken.

Stellt der Mandant keine angemessene Dokumentation zur Verfügung, muß der Prüfer bei Erstprüfungen auf der Grundlage seiner eigenen Bestandsaufnahme die tatsächlich vorhandenen Systeme in ihren Grundzügen aufnehmen und die Darstellung zu seinen Arbeitsunterlagen nehmen. Bei Folgeprüfungen sind zwischenzeitliche Änderungen festzustellen und gegebenenfalls zu dokumentieren.

Mit dem Mandanten kann auch vereinbart werden, daß der Prüfer im Rahmen eines gesondert zu vergütenden Zusatzauftrags das System vollständig aufnimmt und für den Mandanten die erforderliche Dokumentation anlegt.

Die Methoden der Informationsgewinnung sind die

- Dokumentenanalyse,
- Organisationsanalyse,
- Betriebsbesichtigung,
- Befragung,
- Beobachtung.

Zur Unterstützung bei der Informationsgewinnung können Checklisten zu Risiken spezieller Unternehmensprozesse sowie Ausarbeitungen über Risiken in ausgewählten Branchen herangezogen werden. Diese sind den jeweiligen unternehmensspezifischen Gegebenheiten anzupassen.

Im Rahmen der Bestandsaufnahme ist auch festzustellen, ob sich das System – wie erforderlich – auf alle Unternehmensbereiche erstreckt oder ob es lediglich in Teilbereichen eingerichtet ist.

186   Gegenstand und Umfang der Abschlußprüfung nach Inkrafttreten des KonTraG

Beurteilung der Eignung

Die Beurteilung der Eignung der getroffenen Maßnahmen zur Früherkennung von Risiken erfordert eine Aussage darüber, ob das Risikofrüherkennungssystem so konzipiert ist, daß es die gesetzlichen Anforderungen erfüllt. Dies bedarf einer Beurteilung der Maßnahmen zur Sicherstellung der

- Vollständigkeit der Identifikation bestandsgefährdender und sonstiger wesentlicher Risiken,

- intersubjektiven Nachprüfbarkeit der Bewertung der identifizierten Risiken durch das Unternehmen,

- frühzeitigen Kommunikation der relevanten Risikoinformationen an die jeweiligen Entscheidungsträger (Berichtswesen),

- angemessenen Risikoüberwachung durch das Unternehmen.

Prüfung der Wirksamkeit

Die Prüfung der Wirksamkeit des Risikofrüherkennungssystems dient der Beurteilung der kontinuierlichen Anwendung der getroffenen Maßnahmen. Zu diesem Zweck sind Einzelfallprüfungen durchzuführen. Im Rahmen dieser Tests ist der Informationsfluß innerhalb des Regelkreislaufs anhand der unter dem Punkt „Beurteilung der Eignung" angeführten Kriterien für ausgewählte Risiken zu überprüfen. Die Risikobewältigung ist nicht Gegenstand dieser Prüfung.

Dokumentation und abschließende Würdigung

Die getroffenen Feststellungen zum Bestehen, zur Eignung und zur Wirksamkeit des Risikofrüherkennungssystems sind, eventuell unter Verwendung von Checklisten und anderen Hilfsmitteln, in den Arbeitspapieren zu dokumentieren und abschließend zu würdigen.

§ 317 Abs. 4 HGB ist gemäß Art. 46 Abs. 1 EGHGB spätestens auf Geschäftsjahre anzuwenden, die nach dem 31. Dezember 1998 beginnen. Unmittelbar prüfungspflichtig sind Risikofrüherkennungssysteme lediglich bei Aktiengesellschaften, die Aktien mit amtlicher Notierung ausgegeben haben. Nicht prüfungspflichtig wären somit neben Aktiengesellschaften, deren Aktien im Freiverkehr, im Geregelten Markt und im Neuen Markt gehandelt werden, auch Aktiengesellschaften, deren Aktien in überhaupt keinem Marktsegment gehandelt werden.

Diese Vorgehensweise würde bei Aktiengesellschaften, deren Aktien nicht mit amtlicher Notierung ausgegeben wurden sowie bei anderen Gesellschaftsformen, bei denen aufgrund ihrer Größe, Komplexität ihrer Struktur usw. eine Ausstrahlungswirkung des § 91

Abs. 2 AktG zu einer mittelbaren Verpflichtung zur Einrichtung eines Risikomanagementsystems besteht, bedeuten, daß das Risikofrüherkennungssystem im Rahmen der Jahresabschlußprüfung nicht zu prüfen ist. Einer engen Auslegung stehen jedoch eine Reihe von Argumenten gegenüber. Die Jahresabschlußprüfung ist eine risikoorientierte Prüfung; ohne Risikoorientierung wäre eine effiziente Durchführung nicht möglich. Des weiteren ist eine Risikobeurteilung an vielen Stellen, wie z. B. bei der Prüfung der Fortbestandsprognose, der Prüfung bestandsgefährdender Entwicklungen sowie der Prüfung der Risikodarstellung der künftigen Entwicklung im Lagebericht erforderlich. Eine vollständige Außerachtlassung eines vorhandenen Risikofrüherkennungssystems bei einem Unternehmen, bei dem sich die unmittelbare Prüfungspflicht nicht aus § 317 Abs. 4 HGB ergibt, ist somit nicht möglich. In dem Umfang, in dem es für eine risikoorientierte Abschlußprüfung sowie für die Einhaltung anderer gesetzlicher Vorschriften erforderlich ist, ist das Risikofrüherkennungssystem in die Jahresabschlußprüfung einzubeziehen.

3.4 Berichterstattungspflichten

3.4.1 Berichterstattung über die Prüfung des Jahresabschlusses

Prüfungsbericht

Die Vorschriften bezüglich des Prüfungsberichts in § 321 HGB wurden völlig neu gefaßt. Obgleich sich der Prüfungsbericht grundsätzlich bewährt hatte, konnte er nach der Gesetzesbegründung seiner Aufgabe, den Aufsichtsrat bei der Überwachung des Vorstands zu unterstützen, nicht in vollem Umfang gerecht werden.

Durch § 321 Abs. 1 S. 1 HGB wird klargestellt, daß der Prüfungsbericht sprachlich so abzufassen ist („... mit der gebotenen Klarheit ..."), daß er auch von nichtsachverständigen Aufsichtsratsmitgliedern verstanden wird. § 321 Abs. 1 S. 2 HGB normiert die problemorientierte Sicht des Prüfungsberichts: „In dem Bericht ist vorweg zu der Beurteilung der Lage des Unternehmens oder Konzerns durch die gesetzlichen Vertreter Stellung zu nehmen, wobei insbesondere auf die Beurteilung des Fortbestandes und der künftigen Entwicklung des Unternehmens unter Berücksichtigung des Lageberichts und bei der Prüfung des Konzernabschlusses von Mutterunternehmen auch des Konzerns unter Berücksichtigung des Konzernlageberichts einzugehen ist, soweit die geprüften Unterlagen und der Lagebericht oder der Konzernlagebericht eine solche Beurteilung erlauben."

Eine selbständige Beurteilung durch den Abschlußprüfer ist für die umfassende Wahrnehmung der Überwachungsfunktion für den Aufsichtsrat von besonderer Bedeutung. Dieser Bedeutung wird auch dadurch Rechnung getragen, daß in einem Eingangsteil zum Prüfungsbericht zur Beurteilung der Lage durch die Geschäftsleitung Stellung zu nehmen ist. Der Abschlußprüfer kann jedoch nur insoweit Stellung nehmen als die geprüften Unterlagen eine solche Beurteilung erlauben. Damit wird klargestellt, daß der Prüfer nur die Beurteilung des Vorstands überprüfen soll; seine eigene Prognoseentscheidung soll der Prüfer dagegen nicht an die Stelle derer des Vorstands setzten. „Er hat diese aber zu bewerten und Fragezeichen zu setzen, wenn hierzu Veranlassung besteht", so die Gesetzesbegründung.

Die geprüften Unterlagen im Sinne von § 321 Abs. 1 S. 2 HGB umfassen jene Unterlagen, die unmittelbar Gegenstand der Abschlußprüfung sind, also die Buchführung, den Jahresabschluß und gegebenenfalls den Lagebericht, sowie alle Unterlagen, die der Abschlußprüfer im Rahmen seiner Prüfung herangezogen hat (z. B. Kostenrechnung zur Ermittlung der Herstellungskosten, Planungsrechnung, Verträge (vgl. IDW EPS 450)).

Tatsachen im Sinne des § 321 Abs. 1 S. 3 HGB sind bereits zu nennen, wenn sie eine Entwicklungsbeeinträchtigung oder eine Gefährdung des Unternehmensfortbestandes ernsthaft zur Folge haben können und nicht erst dann, wenn die Entwicklung des geprüften Unternehmens bereits wesentlich beeinträchtigt oder sein Bestand konkret gefährdet ist. Hieraus resultiert, daß ein Risikofrüherkennungssystem nicht nur bestandsgefährdende Risiken, sondern bereits wesentliche Risiken zu erfassen hat.

Verstöße sind bewußte Abweichungen von den für die Aufstellung des Jahresabschlusses oder Lageberichts geltenden Rechnungslegungsnormen im Sinne des § 317 Abs. 1 S. 2 HGB. Unrichtigkeiten resultieren aus unbewußten Fehlern in Buchführung, Jahresabschluß und Lagebericht. Sie entstehen durch Irrtümer, Unkenntnis und beabsichtigte falsche Anwendung von Rechnungslegungsvorschriften.

Schwerwiegende Verstöße der gesetzlichen Vertreter oder von Arbeitnehmern gegen Gesetz, Gesellschaftsvertrag oder Satzung umfassen Täuschungen, Vermögensschädigungen und Verstöße gegen Vorschriften, die sich nicht auf die Rechnungslegung beziehen. Schwerwiegend ist ein Verstoß dann, wenn für die Gesellschaft daraus ein großes Risiko bzw. ein starker Vertrauensbruch resultiert.

Die Posten des Jahres-/Konzernabschlusses sind nur dann aufzugliedern und ausreichend zu erläutern, soweit dadurch die Darstellung der Vermögens-, Finanz- und Ertragslage wesentlich verbessert wird und diese Angaben im Anhang nicht enthalten sind (§ 321 Abs. 2 S. 3 HGB). Eine unnötige Überfrachtung des Berichts soll so vermieden werden. Soweit zusätzliche Angaben gewünscht bzw. erforderlich sind, können diese auch in einer Anlage zum Prüfungsbericht gegeben werden.

Der besseren Beurteilung der Tätigkeit des Abschlußprüfers durch den Aufsichtsrat dient § 321 Abs. 3 HGB. Nach dieser Vorschrift sind Gegenstand, Art und Umfang der Prüfung in einem besonderen Abschnitt des Prüfungsberichts zu erläutern. Gegenstand der Abschlußprüfung sind neben Buchführung, Jahresabschluß und Lagebericht erforderlichenfalls auch das nach § 91 Abs. 2 AktG einzurichtende Risikofrüherkennungssystem. Die Art der Prüfung wird durch Nennen der Grundsätze, nach denen der Abschlußprüfer seine Prüfung durchgeführt hat, erläutert. Bei Abweichungen von den

§§ 316ff. HGB und den Grundsätzen ordnungsmäßiger Abschlußprüfung ist dies im Prüfungsbericht zu begründen. Die Beschreibung des Prüfungsumfangs muß so ausführlich sein, daß das Aufsichtsorgan daraus Konsequenzen für die eigene Überwachungsaufgabe ziehen kann. IDW EPS 450 nennt neben der zugrundeliegenden Prüfungsstrategie je nach den Verhältnissen des Einzelfalls beispielsweise:

- die Prüfung des internen Kontrollsystems und deren Auswirkungen auf den Umfang der Einzelprüfungen,
- die für die Abschlußprüfung festgelegten Prüfungsschwerpunkte,
- die Zielsetzung und Verwendung stichtprobengestützter Prüfungsverfahren,
- die Verwendung und Einschätzung von Prüfungsergebnissen oder Untersuchungen Dritter,
- bestehende Prüfungserschwernisse und -hemmnisse, die die Prüfbarkeit von Angaben und Einschätzungen in der Rechnungslegung einschränken oder (in Teilbereichen) unmöglich machen und bei denen der Abschlußprüfer seine Beurteilung weitgehend nur auf Erklärungen der Geschäftsführung stützen kann,
- die Auswirkungen eines erweiterten Prüfungsauftrages.

§ 321 Abs. 5 HGB entspricht dem bisherigen Absatz 3. In Satz 2 wird explizit hervorgehoben, daß dem Vorstand auch bei Auftragserteilung durch den Aufsichtsrat vorab Gelegenheit zur Stellungnahme zu geben ist.

Bestätigungsvermerk

Das sogenannte Formeltestat wird ersetzt durch den sogenannten Bestätigungsbericht. Hauptursache für die sogenannte Erwartungslücke (expectation gap) war, daß die Adressaten die Bedeutung des Testats überschätzten und daß von der Möglichkeit der Ergänzung des Formeltestats in der Praxis nicht in gewünschtem Umfang Gebrauch gemacht wurde. Ein weiterer Grund lag in der vom Leser nicht vermuteten Beeinträchtigung der Aussagekraft des Jahresabschlusses, die sich durch Begrenzung auf die Grundsätze ordnungsmäßiger Buchführung und die gesetzlichen Regelungen ergab.

Zur Verringerung der Erwartungslücke hat der Abschlußprüfer im Bestätigungsbericht Gegenstand, Art und Umfang der Prüfung zu beschreiben. Des weiteren hat der Bestätigungsbericht, der weiterhin den Namen „Bestätigungsvermerk" trägt, eine Beurteilung des Prüfungsergebnisses zu enthalten. Statt einer Beschränkung auf den Kernsatz werden Eckdaten vorgegeben, auf die der Abschlußprüfer einzugehen hat. Gemäß Gesetzesbegründung soll damit auch dem nichtfachkundigen Leser deutlich gemacht werden können, daß die gesetzlichen Vorschriften erhebliche Beeinträchtigungen der Aussagekraft enthalten können oder zumindest ermöglichen. Die Übereinstimmung mit gesetzlichen Vorschriften wird nicht mehr bestätigt.

190 Gegenstand und Umfang der Abschlußprüfung nach Inkrafttreten des KonTraG

„Die Beurteilung des Prüfungsergebnisses soll allgemeinverständlich und problemorientiert unter Berücksichtigung des Umstandes erfolgen, daß die gesetzlichen Vertreter den Abschluß zu verantworten haben" (§ 322 Abs. 2 S. 1 HGB). Auch diese Regelung ermöglicht es dem Abschlußprüfer, die Erwartungslücke zu schließen.

Die Vorschriften der §§ 321, 322 HGB, die gemäß Art. 46 Abs. 1 EGHGB spätestens auf Geschäftsjahre anzuwenden sind, die nach dem 31. Dezember 1998 beginnen, beziehen sich auf gesetzliche Prüfungen nach §§ 316ff. HGB sowie freiwillige Abschlußprüfungen, die diesen nach Art und Umfang entsprechen. Abschlußprüfungen können auch Zwischenabschlüsse betreffen.

3.4.2 Berichterstattung über die Prüfung des Lageberichts

Die Darstellung, ob der Lagebericht/Konzernlagebericht den gesetzlichen Vorschriften und den ergänzenden Bestimmungen des Gesellschaftsvertrags oder der Satzung entspricht, erfolgt gemäß § 321 Abs. 2 S. 1 HGB im Hauptteil des Prüfungsberichts. Die für Aussagen des Lageberichts bedeutenden Annahmen und übrigen Prognoseelemente sind im Prüfungsbericht darzustellen und zu würdigen.

Informationen aus dem Lagebericht gehen bereits in die Vorbemerkung des Prüfungsberichts gemäß § 321 Abs. 1 S. 2 HGB ein. Hier hat der Abschlußprüfer zu der Beurteilung der Lage des Unternehmens durch die gesetzlichen Vertreter Stellung zu nehmen, wobei insbesondere auf die Beurteilung des Fortbestands und der künftigen Entwicklung des Unternehmens unter Berücksichtigung des Lageberichts einzugehen ist, soweit die geprüften Unterlagen eine solche Beurteilung erlauben. Sofern bei der Durchführung der Prüfung Unrichtigkeiten oder Verstöße gegen gesetzliche Vorschriften bzw. Tatsachen festgestellt wurden, ist dies gemäß § 321 Abs. 1 S. 3 HGB im Prüfungsbericht darzustellen. Die Feststellungen des Abschlußprüfers zur Beurteilung der Lage durch die gesetzlichen Vertreter erlauben es erforderlichenfalls, eigene Akzente zu setzen und auf ihm wesentlich erscheinende Punkte gegebenenfalls ausführlicher einzugehen, als es im zu veröffentlichenden Lagebericht erforderlich ist (IDW EPS 350 „Prüfung des Lageberichts").

Im Bestätigungsvermerk ist auf Risiken, die den Fortbestand des Unternehmens gefährden, gesondert einzugehen (§ 322 Abs. 2 S. 2 HGB). Kann der Abschlußprüfer (wesentliche) prognostische Aussagen im Lagebericht weitgehend nur auf Erklärungen der Geschäftsführung stützen, ist hierauf im Rahmen der Beurteilung des Prüfungsergebnisses nach § 322 Abs. 1 S. 2 HGB einzugehen (IDW EPS 350 „Prüfung des Lageberichts").

Im Falle der Einschränkung des Bestätigungsvermerks finden sich im IDW-Entwurf „Grundsätze für die ordnungsmäßige Erteilung von Bestätigungsvermerken bei Abschlußprüfungen" (IDW EPS 400) entsprechende Formulierungsvorschläge.

3.4.3 Berichterstattung über die Prüfung des Risikofrüherkennungssystems

Gemäß § 321 Abs. 4 HGB ist das Ergebnis der Prüfung des Risikofrüherkennungssystems in einem besonderen Teil des Prüfungsberichts darzustellen. Soweit Maßnahmen erforderlich sind, um das interne Überwachungssystem zu verbessern, ist darauf einzugehen. Hierbei genügt eine kurze Beschreibung der Mängel; eine detaillierte Analyse bzw. die Erarbeitung von konkreten Verbesserungsvorschlägen kann im Rahmen einer zusätzlichen Prüfung vorgenommen werden. Durch diese Vorschrift wird der Aufsichtsrat künftig über wesentliche Erkenntnisse und mögliche Fehlerquellen oder Schwachstellen in der Unternehmensorganisation informiert.

In dem gesonderten Abschnitt des Prüfungsberichts ist auszuführen, ob der Vorstand die ihm nach § 91 Abs. 2 AktG obliegenden Maßnahmen erfüllt, insbesondere ein Risikofrüherkennungssystem in geeigneter Form eingerichtet hat, und ob das Risikofrüherkennungssystem seine Aufgaben erfüllen kann. Ferner ist darauf einzugehen, ob Maßnahmen erforderlich sind, um das Risikofrüherkennungssystem zu verbessern. Eine Darstellung des Risikofrüherkennungssystems im Prüfungsbericht selbst ist nicht erforderlich. Zur Information der Berichtsadressaten kann es sich jedoch namentlich bei Erstprüfungen empfehlen, die Grundzüge des Risikofrüherkennungssystems im Prüfungsbericht oder in einer Anlage darzustellen.

Gelangt der Abschlußprüfer zu der abschließenden Beurteilung, daß ein funktionsfähiges Risikofrüherkennungssystem eingerichtet ist, hat er dies im Prüfungsbericht festzustellen (vgl. hierzu IDW EPS 450 Tz. 76).

Sind Maßnahmen zur Verbesserung des Risikofrüherkennungssystems erforderlich, hat der Abschlußprüfer dies ebenfalls festzustellen und die Bereiche zu benennen, in denen Verbesserungsbedarf besteht. Konkrete Verbesserungsvorschläge sind nicht Gegenstand der Abschlußprüfung und der Berichterstattungspflicht nach § 321 Abs. 4 HGB und müssen daher nicht in den Prüfungsbericht aufgenommen werden.

Gelangt der Abschlußprüfer zu der abschließenden Beurteilung, daß das eingerichtete Risikofrüherkennungssystem in Teilbereichen nicht funktionsfähig ist oder kein geeignetes System eingerichtet ist, hat er dies im Prüfungsbericht zu erläutern.

Ergänzend ist zu beachten, daß die Nichteinrichtung eines Risikofrüherkennungssystems einen Verstoß gegen die gesetzliche Pflicht aus § 91 Abs. 2 AktG darstellt, der unabhängig davon, ob das Risikofrüherkennungssystem nach § 317 Abs. 4 HGB zu prüfen war, als schwerwiegender Verstoß gegen gesetzliche Vorschriften im Sinne des § 321 Abgs. 1 S. 3 HGB im Prüfungsbericht darzustellen ist (Redepflicht).

Das Ergebnis der erweiterten Prüfung nach § 317 Abs. 4 HGB ist nicht in den Bestätigungsvermerk aufzunehmen. Der Bestätigungsvermerk ist gegebenenfalls jedoch dann einzuschränken, wenn die unzureichende Erfüllung der Maßnahmen nach § 91 Abs. 2 HGB dazu führt, daß der Nachweis über die Fortführung des Unternehmens nicht erbracht werden kann oder wenn Anhaltspunkte dafür bestehen, daß auf die Risiken der künftigen Entwicklung im Lagebericht nicht im erforderlichen Umfang eingegangen worden ist.

4 Teilnahme an Aufsichtsratssitzungen

Während der Abschlußprüfer bisher nur auf Verlangen des Aufsichtsrats an dessen Verhandlungen über die Vorlagen des Jahresabschlusses teilzunehmen hatte, regelt § 171 Abs. 1 S. 2 HGB in seiner neuen Fassung, daß der Abschlußprüfer „... an den Verhandlungen des Aufsichtsrats oder eines Ausschusses über diese Vorlagen teilzunehmen und über die wesentlichen Ergebnisse seiner Prüfung zu berichten hat". Die Regelung stellt eine Abrundung der Aufgabenteilung zwischen Aufsichtsrat und Abschlußprüfer dar.

Die Neuformulierung hielt man für erforderlich, da von der bisherigen Regelung des § 171 Abs. 1 S. 2 HGB nicht in gewünschtem Umfang Gebrauch gemacht wurde. Teilnahmepflicht besteht lediglich bei der Bilanzsitzung des Aufsichtsrats oder eines eventuell gebildeten Bilanzausschusses. Gemäß Gesetzesbegründung liegt eine Teilnahmeverpflichtung des Abschlußprüfers nur vor, soweit der Aufsichtsrat nicht ausdrücklich anders entschieden hat. Diese Auffassung ist strittig, da ein derartiger Beschluß des Aufsichtsrats gemäß analoger Anwendung des § 23 Abs. 5 AktG unwirksam sein könnte. Unabhängig davon begeht der Aufsichtsrat eine Verletzung seiner Sorgfaltspflicht im Sinne des § 116 i.V.m. § 93 AktG, wenn er seiner Pflicht zur ordnungsgemäßen Einladung des Abschlußprüfers zur Bilanzsitzung nicht nachkommt.

Aus der Verpflichtung, über wesentliche Ergebnisse der Prüfung zu berichten, ergibt sich, daß eine sogenannte „stillschweigende Teilnahme" des Abschlußprüfers nicht möglich ist. Gemäß Gesetzesbegründung kann sich der Aufsichtsrat bzw. Bilanzausschuß gezielt einzelne Stellen des Jahresabschlusses oder des Prüfungsberichts vom Abschlußprüfer erläutern lassen. Auch durch diese Neufassung wird die Unterstützungsfunktion des Abschlußprüfers für den Aufsichtsrat deutlich gemacht. Des weiteren wird dem Aufsichtsrat bzw. Bilanzausschuß die Möglichkeit gegeben, sich ein persönliches Bild vom Abschlußprüfer zu machen.

Die Teilnahme des Abschlußprüfers an der Bilanzsitzung des Aufsichtsrats wurde – zumindest von großen Aktiengesellschaften – in den letzten Jahren schon weitgehend praktiziert. Dennoch hielt der Gesetzgeber eine Verschärfung der Vorschrift für erforderlich. Die neue Regelung, die seit Inkrafttreten des KonTraG anzuwenden ist, gilt neben Aktiengesellschaften und Kommanditgesellschaften auf Aktien auch für Gesellschaften mit beschränkter Haftung, soweit dort ein mitbestimmter Aufsichtsrat gemäß §§ 25 Abs. 1 Nr. 2 MitbestG, 77 Abs. 1 S. 2 BetrVG1952 i.V.m. § 111 Abs. 2 AktG bzw. ein sogenannter fakultativer Aufsichtsrat gemäß § 52 Abs. 1 GmbHG i.V.m. § 111 Abs. 2 AktG vorhanden ist. Bei nicht mitbestimmten Gesellschaften mit beschränkter Haftung kann die Vorschrift jedoch im Gesellschaftsvertrag ausbedungen werden.

5 Ausblick

Inwieweit die Zielsetzungen des KonTraG durch dessen Regelungen tatsächlich erreicht werden, läßt sich erst nach deren Umsetzung durch Unternehmen und Abschlußprüfer abschließend beurteilen. Dies liegt einerseits daran, daß die Regelungen häufig nur sehr kurz und abstrakt auf wesentliche Neuerungen eingehen, so beispielsweise bei der Verpflichtung zur Einrichtung eines Risikofrüherkennungssystems gemäß § 91 Abs. 2 AktG, und somit ein erheblicher Gestaltungsspielraum verbleibt, den es nun auszufüllen gilt. Andererseits ergeben sich z. T. Widersprüche zwischen dem Gesetzestext und der Gesetzesbegründung, wie z. B. bei der Aushändigung des Prüfungsberichts an den Aufsichtsrat gemäß § 170 Abs. 1 S. 2 AktG und der Teilnahmepflicht des Abschlußprüfers an Bilanzsitzungen gemäß § 171 Abs. 1 S. 2 AktG. Schwierigkeiten ergeben sich neben zeitlichen und sachlichen Anwendungsunterschieden vor allem aus unterschiedlichen inhaltlichen Abgrenzungen. So ergibt sich z. B. der Umfang der in ein Risikofrüherkennungssystem einzubeziehenden Risiken bzw. des durch den Abschlußprüfer zu prüfenden Risikofrüherkennungssystems erst unter Berücksichtigung des Umfangs der Risikoberichterstattung im Lagebericht bzw. dessen Prüfung.

Trotz all dieser Unwägbarkeiten und Schwierigkeiten kann gesagt werden, daß der Gesetzgeber mit dem KonTraG einen mutigen Schritt gewagt hat, Rahmenbedingungen zu schaffen, um nicht den Anschluß an die internationalen Kapitalmärkte zu verlieren.

Der Einfluß des KonTraG auf das Wechselspiel zwischen Interner Revision und Abschlußprüfer

REINER SOLL UND HUBERTUS W. LABES,
CHILTINGTON INTERNATIONAL GMBH, RELLINGEN BEI HAMBURG

1	Problemstellung	196
2	Interne Revision als Risikomanagement	196
	2.1 Aufgabe und Zielsetzung einer Internen Revision	196
	2.2 Revision im Wandel: Risikomanagement	197
	2.3 Interne Revision und KonTraG	198
3	Veränderungen im Aufgabenfeld des Abschlußprüfers	199
4	Wechselspiel zwischen Interner Revision und Abschlußprüfung	200
5	Zusammenfassung und Ausblick	203

1 Problemstellung

Ureigenste Aufgabe des Managements bzw. einer Geschäftsleitung ist die Vermögenserhaltung. Die Substanzerhaltung eines Unternehmens ist naturgemäß auch dadurch zu erreichen, daß Vermögensgegenstände quasi „im Kühlschrank eingefroren" werden; allerdings würde bei einer derartigen Vorgehensweise der technische Fortschritt übersehen. Aus diesem Grunde muß Vermögenserhaltung immer auch mit Wachstum verbunden sein, um fortschreitenden Entwicklungen gerecht werden zu können.

Unternehmerisches Wachstum beinhaltet zudem zwangsläufig das Eingehen von Risiken. Ein Risiko aber muß kalkulierbar sein. So darf insbesondere die Vermögens-, Finanz- und Ertragslage nicht spürbar nachteilig beeinflußt werden.[1] Dazu bedarf es entsprechender „Risikoabsicherungen" beispielsweise in Form von „Internen Kontrollsystemen" (IKS). Innerhalb eines Unternehmens stellt die Interne Revision als „Überwacher" des IKS bzw. Systemverwalter einen wesentlichen Baustein des IKS dar. So beschäftigt sich die internationale Abschlußprüfung (vor allem in den USA) schon jahrzehntelang mit dem Phänomen des IKS, und seit mehr als 50 Jahren ist eine wesentliche Voraussetzung für einen US-Bestätigungsvermerk, daß sich die Abschlußprüfer auf Stichprobenbasis mit dem IKS-System beschäftigt haben und zwar unter Zuhilfenahme von System- bzw. Verfahrensprüfungen.

Mit dem IDW-Fachgutachten FG 1/1977 wurde erstmalig die Überprüfung des Internen Kontrollsystems als eine wesentliche Voraussetzung für die Erteilung auch eines deutschen Bestätigungsvermerkes kodifiziert, so daß seither in gleicher Weise wie in den USA auch ein deutscher Wirtschaftsprüfer das IKS-System auf Stichprobenbasis via Verfahrensprüfung zu überprüfen hat.[2] Eine Überarbeitung der Kodifizierung erfolgte mit dem IDW-Fachgutachten FG 1/1988.

2 Interne Revision als Risikomanagement

2.1 Aufgabe und Zielsetzung einer Internen Revision

Die Interne Revision ist eine unabhängige Funktionsüberwachung der Aktivitäten des Unternehmens im Auftrag der Unternehmensleitung. Sie schließt die Prüfung und Beurteilung der vorhandenen Kontrollen ein. Damit ist die Interne Revision ein wirksames Überwachungs- und Kontrollinstrument der Unternehmensführung[3] und unterstützt die Unternehmensleitung.[4]

Grundlegend für die aus dem amerikanischen Sprachgebrauch abgeleiteten Begriffe „innere Kontrolle" bzw. „Internes Kontrollsystem" ist die Definition des amerikanischen Instituts der Wirtschaftsprüfer. Danach umfaßt „internal control" den Organisationsplan und alle aufeinander abgestimmten Methoden und Maßnahmen in der Unternehmensführung, um deren Vermögen zu sichern, die Richtigkeit der Abrechnungsdaten zu gewährleisten, die Wirtschaftlichkeit der Abläufe zu fördern und die Einhaltung der Geschäftspolitik zu unterstützen.[5]

Mithin verbinden sich mit dem Begriff „Interne Revision" unterschiedliche Zielsetzungen, die zwar letztlich alle die Förderung des Unternehmenserfolges zum Inhalt haben, aber sich trotz bestehender Abhängigkeiten im einzelnen doch unterscheiden und daher auch jeweils andere Maßnahmen und Methoden zu ihrer Verwirklichung erfordern. Unterschiedliche Zielsetzungen werden z. B. erkennbar zwischen der Vermögenssicherung auf der einen und der Wirtschaftlichkeit der Abläufe auf der anderen Seite, die nur auf den ersten Blick als Gegensätze erscheinen mögen. Dabei ist bekanntlich Ziel der Revision, durch Überprüfung von Sicherheit, Wirtschaftlichkeit und Ordnungsmäßigkeit die Förderung einer effektiven Unternehmensüberwachung zu vertretbaren Kosten zu gewährleisten.

2.2 Revision im Wandel: Risikomanagement

Im Verlauf der vergangenen Jahre hat nicht zuletzt auch die Revisionstätigkeit einen durchgreifenden Wandel durchlaufen. So hat sich eine rein ex-post-orientierte Nachprüftätigkeit von einzelnen Geschäftsvorfällen zwischenzeitlich in Richtung Systemprüfung verlagert, zu der „nicht nur die Wirksamkeit, sondern auch die wirtschaftliche Bauweise des Kontrollsystems, das auch als Sicherungsdamm zur Abwehr vermögensreduzierender Ereignisse definiert werden kann"[6], gehört. Bei diesen Prüfungen geht es mithin im wesentlichen um das Erkennen von Handlungen, die einen materiellen Schaden für das Unternehmen bewirken, bzw. um das Feststellen von Systemmängeln aufgrund von Fehlerhäufigkeiten.

Es zeichnet sich mithin ein Trend zur Systemprüfung ab, der insbesondere in der Prüfung Interner Kontrollsysteme zum Ausdruck kommt. Die zukunftsorientierte Entwicklung der Internen Revision wird auch dokumentiert durch die in den letzten zehn bis fünfzehn Jahren immer stärker durch die Interne Revision vorgenommenen ex-ante-Analysen und die projektbegleitenden Prüfungen sowie durch die Mitwirkung beim Aufbau von Kontroll- und Frühwarnsystemen. Beispielhaft seien sowohl Investitionsprüfungen als auch die projektbegleitende Prüfung neuer Geschäftsprozesse vor deren Einführung. Das Stichwort heißt Risikomanagement, dessen vorrangige Aufgabe es ist, Störpotentiale innerhalb und außerhalb des Unternehmens zu erkennen und diese so zu bearbeiten, daß die Zielerreichung gewährleistet bleibt.[7] Damit ist die Revision zu einem unterstützenden, beratenden Instrument der Unternehmensleitung zur Durchsetzung der Unternehmensziele geworden.

Risikomanagement sollte indes nicht nur aus Sicht einzelner Bereiche oder Abteilungen, sondern übergreifend für das gesamte Unternehmen als weiterer Führungsaspekt in den Management-Aufgabenbereich aufgenommen bzw. innerhalb dessen erweitert werden. Ein erfolgreiches Risikomanagement basiert auf der optimalen, zeitnahen Informationsgewinnung und -verwertung einzelner Risiken, ihrer Bedeutung und ihrer möglichen Auswirkungen. Die Interne Revision berät dabei die Fachbereiche, begleitet den Prozeß als Organisator unterstützend, sammelt die Ergebnisse zentral, beachtet die Schnittstellenproblematik und führt die Ergebnisse zu einem Reporting zusammen.[8]

Die Interne Revision verliert also immer stärker ihre vergangenheitsorientierte Blickrichtung zugunsten eines gegenwarts- bzw. zukunftsorientierten, vorbeugenden, beratenden Charakters. Gründe hierfür sind eine wachsende Kundenorientierung, eine gleichzeitige stärkere Ergebnisorientierung und ein ausgeprägtes Risikobewußtsein, verbunden mit zusätzlichen Anforderungen aus der europäisch initiierten Deregulierung.[9] Mithin verlagert sich die Tätigkeit der Internen Revision in Richtung Analyse der organisatorischen Verfahren und Maßnahmen zur Erfassung, Erkennung, Bewertung und Reduzierung von Risiken; die Interne Revision besetzt damit die Funktion des Internen Risikomanagers. Sie kommuniziert durch ihre Prüfungsberichte Risikoaspekte und Vorschläge zur Risikoreduzierung im Unternehmen und berät bei der Entwicklung von Kontrollsystemen, überprüft deren Implementierung sowie Wirksamkeit.[10]

2.3 Interne Revision und KonTraG

Das durch das KonTraG nunmehr eingeführte Überwachungs- und Frühwarnsystem wird insbesondere dann effizient funktionieren, wenn die in diesem System eingebundenen Funktionen bzw. Personen ihren Aufgaben optimal nachkommen.

Diese laufende Überprüfung der Funktionsfähigkeit des Risikomanagementsystems obliegt ebenfalls der Internen Revision. Damit kommt ihr eine zentrale Funktion im Überwachungssystem des Unternehmens zu. Sie kann bei der Gestaltung und Implementierung des Risikomanagements vorwiegend beratende, koordinierende und dokumentierende Aufgaben wahrnehmen und damit die für die Prozesse verantwortlichen Fachbereiche unterstützen, insbesondere im Hinblick auf die Risikoanalyse und die erforderlichen Kontrollen. Dieser gestärkten Bedeutung der Internen Revision trägt das KonTraG indirekt[11] dadurch Rechnung, daß bei börsennotierten Aktiengesellschaften künftig das „Überwachungssystem" Gegenstand der Jahresabschlußprüfung ist. So wurde bereits im Entwurf des KonTraG ausgeführt: „Das deutsche Aktienrecht hat ein vielschichtiges Kontrollsystem. Überwachung findet auf mehreren Ebenen statt. Entscheidend ist zunächst die Einrichtung einer unternehmensinternen Kontrolle durch den Vorstand (Interne Revision, Controlling)".[12]

3 Veränderungen im Aufgabenfeld des Abschlußprüfers

Das Berufsbild des Wirtschaftsprüfers umfaßt gemäß § 2 Abs.1-3 WPO eine Fülle von Aufgaben, die von Bedeutung und Umfang her generell gleichwertig sind, wenn auch im Einzelfall bestimmte Tätigkeiten überwiegen[13], wie insbesondere

- die Vorbehaltsaufgabe, die durch das Gesetz vorgeschriebene Prüfung der Jahresabschlüsse bestimmter Unternehmen durchzuführen und über das Ergebnis der Prüfung zu berichten sowie einen Bestätigungsvermerk zu erteilen bzw. zu versagen,
- die Beratung in wirtschaftlichen Angelegenheiten, im Regelfall als Unternehmensberatung bezeichnet, die zu den Berufsaufgaben im engeren Sinne gehört,[14]
- die Tätigkeit als Gutachter bzw. Sachverständiger in allen Bereichen der wirtschaftlichen Betriebsführung.

Genauso wie die Interne Revision hat sich auch die Abschlußprüfung im Laufe der Zeit weiterentwickelt und trägt den Veränderungen im Umfeld Rechnung. Derartige Veränderungen wurden ausgelöst durch den Wandel, dem die zu prüfenden Unternehmen unterliegen, durch Erwartungen der Öffentlichkeit an die Abschlußprüfung, durch neue rechtliche Rahmenbedingungen wie etwa das KonTraG, aber auch durch die Notwendigkeit der Effizienzsteigerung bei der Durchführung von Abschlußprüfungen.[15]

Vom Wirtschaftsprüfer wird jetzt erwartet, daß er das Geschäft des Unternehmens selbst und die daraus resultierenden Risiken kennt und somit dem Unternehmen über die Abschlußprüfung hinaus einen zusätzlichen Nutzen („Added Value") liefern kann. Bei näherer Betrachtung ergibt sich, daß solche neuen Anforderungen viele Elemente der Tätigkeit eines Unternehmensberaters aufweisen.[16]

Diese Entwicklungen sind nicht zuletzt auch vor dem Hintergrund zu sehen, daß der Markt für Prüfungsdienstleistungen kein bedeutendes Wachstumspotential mehr enthält. Die logische Konsequenz ist, daß der Wirtschaftsprüfer eine Ausdehnung seines Geschäftsfeldes über die Abschlußprüfung hinaus mehr in dem unternehmerischen und geschäftsprozeßorientierten Bereich sucht. Nutzt der Wirtschaftsprüfer die Möglichkeiten der Einbeziehung von Geschäftsprozessen in seine Prüfung, kann er der marktgegebenen Preisdifferenzierung durch eine Diversifikationsstrategie entgegenwirken und damit eine Geschäftsbasis mit dem Mandanten herstellen, bei der dieser einen „Added Value" aus der Abschlußprüfung erkennt und anerkennt.[17]

In diesem Sinne verlangt auch die neue Kodifizierung bei der Prüfung des Prognoseberichts und des Risikomanagementsystems vom Prüfer, daß er vermehrt die Perspektive eines Unternehmensberaters einnimmt.[18] Insofern wird der Prüfungsumfang und so auch der Umfang der Berichterstattung im Rahmen des Prüfungsberichtes beträchtlich erweitert, und der Wirtschaftsprüfer muß sich im Bereich der Wirtschaftsprüfung neuen Aufgaben stellen, die indes – wie dargelegt – auch eine „unternehmerische Chance" in Richtung Audit-related-Services wie beispielsweise Internal Auditing und Outsourcing von Kontrollsystemen[19] darstellen.

Das Vertrauen in eine wirksame Kontrolle durch Kooperation von Aufsichtsrat und Abschlußprüfer soll zudem dadurch gestärkt werden, daß die Emanzipation des Abschlußprüfers vom Vorstand nachdrücklich verdeutlicht wird.[20]

4 Wechselspiel zwischen Interner Revision und Abschlußprüfung

Wie bereits dargestellt, ist nach nunmehr geltendem Recht der Vorstand einer Aktiengesellschaft verpflichtet, für ein angemessenes Risikomanagement und eine angemessene Interne Revision zu sorgen. Der Abschlußprüfer hat diese Maßnahmen zu beurteilen und hierüber dem Aufsichtsrat zu berichten. Darüber hinaus hat das Management nunmehr u. a. die Verpflichtung zur Einrichtung eines Überwachungssystems zur Früherkennung der den Fortbestand des Unternehmens gefährdenden Risiken.

Fraglich indes ist, was der Gesetzgeber unter einem Überwachungssystem überhaupt versteht. Neben der Internen Revision sowie den angewandten Controllingkonzepten sind keine weiteren Systeme bekannt. Es fehlt demzufolge an einem „gesetzlich definierten Sollobjekt".[21] Hier scheint ein mögliches Konfliktpotential zwischen Interner Revision und der Abschlußprüfung zu bestehen. Würde man etwa Dörner konsequent folgen, wäre die Interne Revision zukünftig „überflüssig" zugunsten der erweiterten „Befugnisse" der Abschlußprüfer.

Während indes die Abschlußprüfer aus dem KonTraG steigende Anforderungen an ihre Abschlußprüfung und damit neue Schwerpunkte in Richtung Analyse von Geschäftsrisiken setzen[22], ergibt sich gleichermaßen für die Revision die Chance, Stellenwert und Akzeptanz innerhalb und außerhalb des Unternehmens wesentlich zu erhöhen und damit einen größeren Einfluß bei der Ausgestaltung des „Internen Risikomanagements" zu nehmen. Risikomanagement umfaßt im weitesten Sinne nicht nur die klassischen IKS-Gebiete von Geschäftsprozessen (beispielsweise Durchlaufzyklus eines Produktes wie Einkauf, Produktion, Verkauf, Fakturierung usw.), sondern insbesondere auch Risikoaspekte und Risikobeurteilungen von Investitionen und Strategien sowie die Sicherheit von Aktiva (z. B. Gebäude, Lager).

Aufgrund des – durch das KonTraG vorgegebenen – erweiterten Ansatzes der Abschluß-
prüfung sind zukünftig Doppelarbeiten durch den Abschlußprüfer und durch die Interne
Revision unvermeidlich, sofern keine entsprechenden Abstimmungen zwischen beiden
Funktionen erfolgen. Schon in der Vergangenheit hat sich der Dreiklang „Management –
Interne Revision – Abschlußprüfung" mit dem IKS bzw. mit dem „Überwachungssystem" beschäftigt, wenn auch mit mehr oder weniger unterschiedlicher Ausprägung.
Bereits in der durch das Institut der Wirtschaftsprüfer und das Institut für Interne
Revision 1966 formulierten „gemeinsamen Erläuterung der Grundsätze für die Zusammenarbeit der Wirtschaftsprüfer mit der Internen Revision" wurde festgestellt, daß mit
wachsender Unübersichtlichkeit der Arbeitsabläufe und den zunehmenden Anforderungen an das Rechnungswesen eine wirksame Interne Revision nicht zuletzt auch für
die Ordnungsmäßigkeit des Rechnungswerkes von wesentlicher Bedeutung ist. Danach
hat bei der Bemessung des Prüfungsumfanges der Abschlußprüfer die Wirksamkeit des
gesamten Überwachungssystems und den Aussagewert der das Rechnungswerk
betreffenden Arbeitsergebnisse der Internen Revision in eigener Verantwortung
angemessen zu berücksichtigen.[23]

Insbesondere das IDW-Fachgutachten FG 1/1988 legt fest, daß bei der Abschlußprüfung
System- und Funktionsüberprüfungen des Internen Kontrollsystems und entsprechende
Einzelprüfungen durchzuführen sind.[24] So verlangt beispielsweise das Fehlen interner
Kontrollen bzw. das Aufdecken von Mängeln in der Funktionsprüfung immer eine
Ausweitung der Einzelprüfung, während ein gut funktionierendes Internes Kontroll-
system einen geringeren Umfang der Einzelprüfung rechtfertigt. Weiterhin ist in diesem
Fachgutachten festgeschrieben, daß durch die Prüfung und Beurteilung des Internen
Kontrollsystems der Abschlußprüfer Teile des Überwachungssystems des Unternehmens
für Zwecke der Jahresabschlußprüfung zu nutzen hat.[25] In gleicher Weise nimmt auch
der Fachausschuß für kommunales Prüfungswesen des IDW die Frage, ob ein sachge-
rechtes Internes Kontrollsystem besteht, zwingend in seinen „Fragenkatalog zur Prüfung
der Ordnungsmäßigkeit der Geschäftsführung und wirtschaftlich bedeutsamer Sachverhalte im Rahmen der Jahresabschlußprüfung bei kommunalen Wirtschaftsbetrieben"
mit auf.[26]

Gegenüber den bisherigen Anforderungen an eine Abschlußprüfung bedingt also – über-
spitzt formuliert – die durch das KonTraG eingetretene Gesetzesänderung keine wesentliche materielle Änderung, sondern nur eine naturgemäße Präzisierung in Richtung Analyse zukünftiger Geschäftsrisiken.

Durch den schon erwähnten Wandel in Richtung „Risikomanagement" hat in der jünge-
ren Vergangenheit die Interne Revision in ihrer praktischen Tätigkeit zunehmend auch
Risikoaspekte abgedeckt. Ex-ante-Analysen, insbesondere bei Organisationsprojekten
und strategischen Investitionen, haben hierbei ständig an Bedeutung gegenüber Ex-post-
Prüfungen gewonnen.[27] „Es liegt deshalb im Interesse des Wirtschaftsprüfers und spricht
für dessen Umsicht und gewissenhaftes Handeln, wenn er sich die Erfahrungen und Detailkenntnisse der Internen Revision zunutze macht und sich ihrer Unterstützung

bedient."[28] Im Sinne einer Zusammenarbeit mag nicht zuletzt überzeugen, daß die Interne Revision als Teil des Unternehmens, welches zudem regelmäßig Einblick in die Geschäftsprozesse und Fachabteilungen in einer Weise hat, wie es einem Abschlußprüfer nicht möglich sein kann, viel näher am Unternehmensgeschehen ist. Darüber hinaus können durch ein Zurückgreifen der Abschlußprüfer auf die Ergebnisse der Internen Revision zusätzliche Kosten (Gebühren) vermieden werden.

Sicherlich wird die Revision, zusätzlich initiiert durch das KonTraG, verstärkt partnerschaftliche „Kunden"beziehungen mit dem Ziel einer Steigerung der Akzeptanz sowohl bei der Geschäftsleitung und den Fachabteilungen als auch insbesondere zu den Abschlußprüfern aufbauen. Ebenso werden die Abschlußprüfer künftig verstärkt den Kontakt zu und die Abstimmung mit der Internen Revision suchen müssen. So schlägt beispielsweise das American Institute of CPAs mit dem „Statement of Attestation Engagements (SSAE) Nr. 7" für das Auftragsbestätigungsschreiben der Abschlußprüfer eine Musterformulierung in bezug auf die Interne Revision vor: „Use of Internal Auditors – We will consider many factors in determining the nature, timing and extent of the auditing procedures to be performed. One is the existence of internal auditors in the organisation who may be used during the audit."[29]

Ein wesentlicher praktischer Ansatzpunkt für die jetzt erweiterte Risikoanalyse durch die Abschlußprüfer wäre eine Überprüfung der Funktionsfähigkeit der Internen Revision im Rahmen der Abschlußprüfung. So hat beispielsweise das Bundesaufsichtsamt für das Kreditwesen mit Schreiben vom 28. Mai 1976 in Konsequenz der Herstadt-Krise Thesen für die Funktionsfähigkeit der Innenrevision bei Kreditinstituten erlassen. Infolgedessen finden gemäß § 44 KWG in unregelmäßigen Abständen Sonderprüfungen mit dem Prüfungsgegenstand Innenrevision durch das BAK statt. Mit der Durchführung solcher Prüfungen werden in aller Regel Wirtschaftsprüfer beauftragt.[30] Der Abschlußprüfer kann sich dann bezüglich der nach dem KonTraG vorzunehmenden „Risikoanalysen" auf die „Überprüfung der Funktionsfähigkeit der Internen Revision" konzentrieren. „Meßlatte" für die Funktionsfähigkeit wäre eine angemessene Aufgabenerfüllung als – in dem hier vertretenen Sinne – „Risikomanager". Mit solch einem Ansatz würden aus Unternehmenssicht nicht nur Doppelarbeiten und (zusätzliche) Kosten vermieden, sondern außerdem die zukünftige Effizienz und Akzeptanz der Internen Revision sowie letztlich der Dreiklang „Management – Interne Revision – Abschlußprüfer" gesteigert werden können.

Ein möglicher zusätzlicher konzeptioneller Ansatz für eine intensivere Kooperation zwischen Interner Revision und Abschlußprüfern könnte die Einrichtung von „Audit Committees" nach dem Vorbild der nordamerikanischen Unternehmensverfassung sein, selbstverständlich vorbehaltlich einer Übertragbarkeit auf die deutsche Unternehmensverfassung. Derartige Audit Committees sind ein wichtiger Bestandteil des betrieblichen Überwachungssystems. Insbesondere Aspekte der organisatorischen Sicherungsmaßnahmen, der Kontrolle, der Internen Revision und auch der Abschlußprüfung werden hier diskutiert bzw. festgelegt. Aus der Koordinationsfunktion solcher Audit Committees ergeben sich zahlreiche Nutzeffekte für das betriebliche Überwachungssystem, vor allem was die Stärkung der Unabhängigkeit der prozeßunabhängigen Überwachungsträger wie Abschlußprüfer und Interner Revision betrifft.[31]

5 Zusammenfassung und Ausblick

Durch das KonTraG sind gesteigerte Überwachungspflichten auf mehreren Ebenen eingeführt worden, welche sowohl den Vorstand, den Aufsichtsrat als auch die Hauptversammlung treffen. Insbesondere das Management ist verpflichtet, ein Überwachungssystem zur Früherkennung der den Fortbestand des Unternehmens gefährdenden Risiken einzurichten. Außer der Internen Revision sowie den angewandten Controllingkonzepten sind indes weitere Überwachungssysteme nicht bekannt; die laufende Überprüfung der Funktionsfähigkeit des Risikomanagementsystems obliegt somit insbesondere der Internen Revision.

Gleichzeitig verstärkt das KonTraG die Risikoorientierung der Abschlußprüfung als Träger einer öffentlichen Funktion und erweitert die Prüfungspflichten erheblich, indem sich der Prüfer nunmehr systematisch mit der Risikolage der Gesellschaft auseinandersetzen muß. Damit sollen etwaige Schwächen der Institution Aufsichtsrat partiell kompensiert werden.

Unter dieser Prämisse ergibt sich quasi zwangsläufig die Notwendigkeit einer verstärkten Zusammenarbeit zwischen Interner Revision und Abschlußprüfung, die in der Tat zu einem für beide Seiten erfolgreichen Wechselspiel werden kann. So ist die Interne Revision ein Teil des betroffenen Unternehmens, welches regelmäßig Einblick in die Geschäftsprozesse und Fachabteilungen in einer Weise hat, wie es einem Abschlußprüfer niemals möglich sein kann. Es muß deshalb geradezu im Interesse des Abschlußprüfers liegen, wenn er sich die Erfahrungen und Detailkenntnisse der Internen Revision zunutze macht.

Ein wesentlicher praktischer Ansatzpunkt für die jetzt erweiterte Risikoanalyse durch die Abschlußprüfer ist die Überprüfung der Funktionsfähigkeit der Internen Revision im Rahmen der Abschlußprüfung. Dies würde aus Unternehmenssicht nicht nur Doppelarbeiten und (zusätzliche) Kosten vermeiden, sondern außerdem die zukünftige Effizienz und Akzeptanz der Internen Revision sowie letztlich den Dreiklang „Management – Interne Revision – Abschlußprüfer" intensivieren.

[1] Baetge/Schulze: „Möglichkeiten der Objektivierung der Lageberichterstattung über Risiken der künftigen Entwicklung", in: DB 1998, S. 948.
[2] Hinweis auch auf die IDW-Fachgutachten FAMA 1/1972, 1/1974, 1/1975 und 1/1978, die zwischenzeitlich durch die Stellungnahme FAMA 1/1987 einschl. FAMA-Checkliste i.d.F. 1993 ersetzt wurden; vgl. auch: Giese: „Die Prüfung des Risikomanagementsystems einer Unternehmung durch den Abschlußprüfer gemäß KonTraG", in: WPg 1998, S. 452.
[3] Hofmann: *Interne Revision*, Opladen 1972, S. 26.
[4] Verlautbarungen zu den Grundsätzen der Internen Revision Nr. 1-17 (Übersetzung aus: Standards for the Professional Practice of Internal Auditing; Altamonte Springs, Florida, 1997), Frankfurt 1998, S. 21; Lück: „Elemente eines Risiko-Managementsystems", in: DB 1998, S. 8 ff.
[5] Institute of Accountance, Internal Control, Special Report by the Committee of Auditing Procedure, New York 1949, zitiert in: Böhmer/Hengst/Hofmann/Müller/Puchta: *Interne Revision*, Berlin 1981, S. 17 f.
[6] Dahl/Donay/Klopfer/Lang/Schmidt-Gleim/Schmitz/Soldner/Soll: „Interne Revision 2001 in der Versicherungswirtschaft", in: VW 1998, S. 94.
[7] Weitekamp: „Chancen-/Risikomanagement als Führungsaufgabe aus Sicht der Internen Revision", in: VW 1997, S. 1756ff.
[8] Lindner: „Unternehmensverantwortung und Interne Revision", in: ZIR 1997, S. 65ff; Weitekamp: a.a.O., S. 1756ff.
[9] Stephan: „Revision im Wandel", in: VW 1995, S. 570ff.
[10] Kromschröder/Lück: „Grundsätze risikoorientierter Überwachung", in: ZIR 1998, S. 245; vgl. auch in diesem Buch: Braun/Gänger/Schmid: „Risikomanagement in Versicherungsgesellschaften", S. 238f.
[11] Gemäß §§ 317 Abs.2 Satz 2, 321 Abs.4 HGB iVm § 91 Abs.2 AktG; vgl. insbes.: IDW-Fachnachrichten 10/1998, S. 488f. (Rdnr. 16, 21f.).
[12] Bundesministerium der Justiz, Referentenentwurf, Stand 22. November 1996, I. Allgemeine Begründung.
[13] Kaminski: *WP-Handbuch* 1996, 11. Auflage, S. 4ff.
[14] I.S.v. § 43 Abs.4 WPO.
[15] Wiedmann: „Ansätze zur Fortentwicklung der Abschlußprüfung", in: WPg 1998, S. 338ff; Geiger: „Unternehmensüberwachung, Kapitalmarkt und Abschlußprüfung", in: VW 1998, S. 594ff.
[16] Dörner: „Von der Wirtschaftsprüfung zur Unternehmensberatung", in: WPg 1998, S. 302ff.
[17] Schmidt: „Der Beruf des Wirtschaftsprüfers – Quo Vadis ?", in: WPg 1998, 319ff; Marten: „Entwicklungen und Herausforderungen für den Berufsstand der Wirtschaftsprüfer", WPK-Mitteilungen I/1996, S. 12.
[18] Hönig: „Problemorientierte Berichterstattung des Abschlußprüfers und deren Umsetzung im KonTraG", in: DStR 1997, S. 1144; Brebeck/Herrmann: „Zur Forderung des KonTraG-Entwurfs nach einem Frühwarnsystem und zu den Konsequenzen für die Jahres- und Konzernabschlußprüfung", in: WPg 1997, S. 390.
[19] Dörner: a.a.O., S. 318; Schmidt: a.a.O., S. 325.
[20] Vgl. § 111 Abs.2 Satz 3 HGB; Zimmer: „Das Gesetz zur Kontrolle und Transparenz im Unternehmensbereich," in: NJW 1998, S. 3532 m.w.N.

[21] Dörner: a.a.O., S. 303; Schmidt: a.a.O., S. 320ff. jeweils m.w.N.
[22] Wiedmann: a.a.O., S. 350.
[23] IDW-Fachgutachten, HFA 2/1966, 7. Erg.-Lfg. April 1990, S. 9 sowie auch IDW-Fachgutachten HFA 2/1981, S. 91, bzgl. Arbeitspapier-Dokumentation von „Abstimmung und Unterlagen der Internen Revision sowie Prüfung des internen Kontrollsystems".
[24] Bzgl. der erweiterten Prüfungspflichten für Wirtschaftsprüfer wird insbesondere verwiesen auf den neuen Entwurf des IDW-HFA „Prüfungsstandards für § 317 Abs.4 HGB", in: IDW Fachnachrichten 10/1998, S. 485ff.
[25] IDW-Fachgutachten FG 1/1988, Erg.-Lfg. April 1990, S. 14ff; vgl. hierzu auch: Giese: „Die Prüfung des Risikomanagementsystems einer Unternehmung durch den Abschlußprüfer gemäß KonTraG", in: WPg 1998, S. 457.
[26] IDW-Fachgutachten KFA 1/1989, 7. Erg.-Lfg. April 1990, S. 41.
[27] Muster-Revisionshandbuch des Deutschen Instituts für Interne Revision EV (IIR), Berlin 1994, S. 22 und S. 25ff.
[28] Bömer/Hengst/Hofmann/Müller/Puchta: *Interne Revision*, Berlin 1981, S. 20.
[29] Zitiert bei: Gibson/Paney/Smith:, „Do We Understand Each Other?", in: J Account Jan. 1998, S. 58.
[30] Vgl. auch IDW-Fachgutachten PFA 1/1982 und BFA 1/1982 S. 59 sowie auch WP Handbuch 1996, 11. Auflage, S. 640, J TZ. 340f.
[31] Vgl. Lück: „Audit Committees – ein sinnvoller Bestandteil des betrieblichen Überwachungssystems/Prüfungsausschüsse sichern und verbessern die Kontrolle in deutschen Unternehmen", in: FAZ vom 12.10.1998.

IV Ausgewählte Einzelthemen

Unternehmensweites Value-at-Risk als Möglichkeit, globales Risiko mit einer einzigen Kennzahl zu steuern

HANS GISBERT ULMKE UND STEFAN SCHMALE, VIAG AG, MÜNCHEN

1	Einleitung	210
2	Der Value-at-Risk Ansatz	212
	2.1 Die Entstehungsgeschichte	212
	2.2 Das Grundprinzip	213
	2.3 Verschiedene VaR-Konzepte und ihre Vor- und Nachteile	215
	2.3.1 Die historische Simulation	216
	2.3.2 Die Monte-Carlo-Simulation	217
	2.3.3 Der Varianz-Kovarianz-Ansatz	217
3	Value-at-Risk in Industrieunternehmen	220
	3.1 Die Problematik	220
	3.2 Ein Lösungsvorschlag	222
4	Fazit und Ausblick	228

1 Einleitung

In seinem ersten Entwurf verlangte das KonTraG vom Vorstand einer Gesellschaft noch, „geeignete Maßnahmen zu treffen, um zu gewährleisten, daß den Fortbestand der Gesellschaft gefährdende Entwicklungen, insbesondere risikobehaftete Geschäfte, [...] früh erkannt werden"[1]. Hiermit waren die Finanzbereiche der Unternehmen über risikobehaftete Geschäfte in Derivaten zumindest indirekt angesprochen. Im Gesetz wurde dieser Anspruch später in etwas allgemeinerer Form auf die Einrichtung eines „Überwachungssystems zur Erkennung den Fortbestand gefährdender Entwicklungen" reduziert. Dafür wurden Derivate nun in der Begründung explizit genannt.[2] Es dürfte daher unstrittig sein, daß das KonTraG insbesondere auch Marktpreisrisiken, die heute in der Regel von den Finanzbereichen der Unternehmen gesteuert werden, im Auge hat. Auslöser für das KonTraG waren schließlich u. a. die Beinahe-Konkurse namhafter Firmen aufgrund von Fehlspekulationen auf den Finanz- und Rohstoffmärkten. Genannt sei hier beispielhaft nur die Metallgesellschaft.

Wird von der Überwachung und Steuerung von Marktpreisrisiken im Sinne des KonTraG gesprochen, kommt man heute meist sehr schnell auf das Konzept des Value-at-Risk (VaR). Dieses Verfahren repräsentiert das zur Zeit wahrscheinlich bekannteste Instrument zur Überwachung derartiger Risiken und kann inzwischen bereits als ein Quasi-Synonym für Marktrisikobewertung gelten.

Entwickelt von und für Banken ist VaR zur Zeit auch vor allem dort verbreitet. Erst in jüngerer Zeit findet es allmählich seinen Weg in zumindest die Großunternehmen, aber auch dort in der Regel nur für mehr oder minder eng abgegrenzte Teilbereiche. Ausgelöst durch die Forderung des KonTraG nach einer effektiven Überwachung von Marktpreisrisiken, sicherlich jedoch auch durch den zunehmenden Verkaufsdruck von Banken und Softwarehäusern, die ihr Know-how vermarkten möchten, beschäftigen sich mittlerweile allerdings immer mehr Industrieunternehmen mit VaR und tragen sich mit dem Gedanken, es in der einen oder anderen Form einzuführen. Um dabei die Vorteilhaftigkeit von Value-at-Risk für das eigene Unternehmen beurteilen zu können, ist eine Vielzahl von Aspekten auf sehr unterschiedlichen Ebenen zu untersuchen.

Zunächst ist auf der theoretisch-methodischen Ebene zu klären, ob das vorgeschlagene Modell das zu analysierende Risiko ausreichend korrekt abbildet. Dies beinhaltet Fragen nach der methodisch und theoretisch richtigen *Bewertung* der erfaßten Risiken, aber auch der Vollständigkeit und Konsistenz der Risikoermittlung, d. h. der *Erfassung* und Beschreibung *aller* relevanten Risikopositionen einschließlich ihrer Interdependenzen. Eine positive Antwort auf diese Fragen ist Grundvoraussetzung für jedes weitere Vorgehen.

Zum zweiten ist aber auch zu überprüfen, ob das Modell das unternehmensindividuelle *Verständnis* von Risiko sowie den *Willen* und die *Möglichkeiten* seiner Steuerung korrekt abbildet. Diese Diskussion sollte dabei von der Unternehmensleitung ausgehen, denn was nutzt die beste Risikokennzahl, wenn sie von der Unternehmensleitung von vornherein nicht als entscheidungsrelevant angesehen wird oder als rein statistische Größe verkümmert, weil aus ihr keine konkreten Handlungsanweisungen ableitbar sind.

Schließlich ist auf der operativen Ebene zu klären, ob das Unternehmen mit angemessenem Aufwand in der Lage ist, die Modelle mit den notwendigen Daten zu versorgen, sie sinnvoll zu betreiben und zu pflegen. Hier stellt sich also die Frage nach den verfügbaren Ressourcen sowie den Kosten, die in einem sinnvollen Verhältnis zum erwarteten Nutzen stehen müssen.

Obwohl diese verschiedenen Ebenen bei der Entscheidung, ob man VaR nutzen kann und will, sicherlich als nahezu gleichrangig anzusehen sind, kann festgestellt werden, daß die Diskussion häufig bereits auf der ersten Ebene stehenbleibt. Auch ein Blick in die Literatur zeigt, daß dort meist ausführlich und auf mathematisch hohem Niveau auf theoretisch-methodische Einzelaspekte wie der Frage nach anzuwendenden Verteilungen und Simulationsverfahren eingegangen wird, selten jedoch angesprochen wird, ob und in welcher Form VaR von einem Industrieunternehmen mit seinen ganz speziellen Voraussetzungen und Bedürfnissen nutzenstiftend eingesetzt werden kann. Charakteristisch erscheint in diesem Zusammenhang die Aussage eines Managers der Shell Oil Company[3]: „We´ve calculated Value-at-Risk. Now that we have all the answers, would you please tell us what the question was? Specifically, (...) how do I use it to help me run my business?"

Hier soll die Verwendbarkeit von VaR in einem Industrieunternehmen daher umfassender, d. h. auf allen drei Ebenen, diskutiert werden. Nach einem einführenden Abriß der Entstehungsgeschichte von VaR werden dazu zunächst noch einmal seine grundsätzliche Methodik mit ihren Voraussetzungen erläutert und die verschiedenen methodischen und konzeptionellen Möglichkeiten der Umsetzung mit ihren Vor- und Nachteilen dargestellt. Aufgrund der umfangreichen Literatur speziell zu diesem Thema soll dies jedoch bewußt in einer auf das Wesentliche verkürzten Form geschehen.

Anschließend wird ausführlicher auf die konzeptionellen und organisatorischen Aspekte und Probleme eingegangen, welche bei einer Übertragung des VaR-Ansatzes vom Bankenumfeld in das eines Industrieunternehmens zu berücksichtigen sind.

Auf dieser Grundlage wird dann anhand eines im VIAG-Konzern zur Zeit durchgeführten Pilotprojektes eine Möglichkeit vorgestellt, wie die herausgearbeiteten Besonderheiten einer Nutzung von Value-at-Risk im Industrieunternehmen in praxisfähige Modelle umgesetzt werden können.

212　Unternehmensweites Value-at-Risk

2　Der Value-at-Risk-Ansatz

2.1　Die Entstehungsgeschichte

Das Umfeld, in welchem VaR seit Ende der siebziger Jahre entwickelt und weiterentwickelt wurde und das zu seinem Erfolg wesentlich beigetragen hat, war gekennzeichnet von zunehmender Volatilität der Aktien-, Zins- und Währungsmärkte und einer deutlichen Ausweitung des Handels in entsprechenden Instrumenten. Wichtige Auslöser hierfür waren u. a. das Ende von Bretton Woods sowie die verschiedenen Ölkrisen.

Infolge der gesteigerten Marktbedürfnisse und unterstützt durch große Fortschritte in der Finanztheorie und der elektronischen Datenverarbeitung entstanden gleichzeitig eine Vielzahl immer komplexerer Derivate, die überdies häufig nicht mehr nur von einem Marktfaktor, z. B. dem Dollarkurs, abhängig waren, sondern auf einem komplizierten Zusammenwirken von Währungs-, Zins- und Rohstoffmärkten beruhen konnten.

Diese Entwicklung führte für die in diesen Produkten aktiven Banken zu einem rasanten Anstieg der Risiken, welche von den damals gebräuchlichen Risikomaßen schon bald nicht mehr angemessen erfaßt werden konnten. Diese nämlich waren in ihrer Struktur meist eindimensional, statisch und vor allem untereinander kaum vergleichbar. Während man bei zinstragenden Anlagen in Durationen und Basispunktwerten maß, waren es bei Optionen die „Griechen" und bei Aktien das „Beta".

Jedes dieser Risikomaße für sich erlaubte zwar Aussagen darüber, wie sich ein bestimmtes Instrument bei Veränderung eines bestimmten Risikoparameters verhalten würde. Darüber, wie wahrscheinlich diese Situation war und ob im Sinne des inzwischen etablierten Portfoliogedankens vielleicht Interdependenzen mit anderen Risikoparametern oder anderen Teilen des Portfolios zu berücksichtigen waren, gaben sie jedoch keine Auskunft.

Den Leitungen der Banken war es infolgedessen immer weniger möglich, einen genauen Überblick über die von ihren Händlern zu einem bestimmten Zeitpunkt eingegangenen Risiken zu erhalten: Sie steuerten ein Schiff im Nebel durch gefährliche Gewässer, ohne dafür brauchbare Navigationsinstrumente zu besitzen.

Man suchte daher nach neuen Verfahren, welche die verschiedenen Risiken vergleichbar machen, möglicherweise zwischen ihnen bestehende Korrelationen angemessen berücksichtigen und schließlich auch noch Aussagen über die Eintrittswahrscheinlichkeit treffen sollten. Der hohe Problemdruck sowie das bei Banken unbestreitbar vorhandene hervorragende finanzmathematische Know-how führten dazu, daß einige besonders anspruchsvolle Banken begannen, hierzu eigene Lösungen zu entwickeln. So wird von J. P. Morgan berichtet, daß sein eigenes Risikomanagementsystem auf den sogenannten

„4.15 Report" zurückgeht, den der Chairman Dennis Weatherstone jeden Tag um 16.15 Uhr auf seinem Schreibtisch sehen wollte. Dieser Report mußte auf nur einer Seite erläutern, welche Risiken das Handelsportfolio der Bank innerhalb der nächsten 24 Stunden barg. Um diese Anforderung zu erfüllen, entwickelten seine Mitarbeiter unter großen Anstrengungen das erste und wohl bekannteste vollständige VaR-Modell: RiskMetrics.

Hinzu kam schließlich mit einer gewissen Verzögerung, aber dann um so mehr Intensität, der Druck der Aufsichtsbehörden, die nicht nur von den besonders fortschrittlichen, sondern von allen Banken den Einsatz entsprechender Systeme verlangten, um auf diese Weise die Einleger, aber auch das Bankensystem als Ganzes zu schützen.[4]

Wie bereits aus diesem kurzen Abriß der Historie von Value-at-Risk ersichtlich ist, wurde es ursprünglich als Instrument zur Befriedigung legitimer Informationsbedürfnisse von Unternehmensleitung, Risikocontrollern und interessierten Dritten, insbesondere Aufsichtsbehörden, geschaffen. Die Risikomanager im täglichen Geschäft waren hingegen zunächst nicht seine Zielgruppe. Erst in jüngerer Zeit wird versucht, hier eine Zusammenführung zu erreichen.

2.2 Das Grundprinzip

Der Value-at-Risk läßt sich definieren als der mit einer bestimmten Wahrscheinlichkeit für ein heute gegebenes Portfolio bis zu einem bestimmten Zeitpunkt in der Zukunft maximal eintretende Verlust. Er beantwortet also Fragen der Art: „Wieviel Wert kann mein Portfolio innerhalb der nächsten 24 Stunden mit einer Wahrscheinlichkeit von 95% maximal verlieren, wenn ich in dieser Zeit keine Maßnahmen ergreife?"

Für derartige Aussagen reicht es offensichtlich nicht aus, die Reaktion des Portfolios nur unter einem bestimmten Szenario zu ermitteln. Benötigt wird vielmehr eine Wahrscheinlichkeitsverteilung über seine Wertentwicklung unter einer Vielzahl – möglichst aller – denkbarer Szenarien im Betrachtungszeitraum. Um diese zu erhalten, wird das zugrundeliegende Portfolio zunächst anhand der aktuellen Marktpreise bewertet, d. h. es wird der Wert errechnet, welcher erzielbar ist, wenn es sofort vollständig aufgelöst würde. Dieser Wert entspricht der Summe der Barwerte jeder einzelnen Portfoliokomponente. Nun wird diese Wertermittlung unter der Annahme eines zufälligen, jedoch möglichen Szenarios anderer Marktpreise zu einem späteren Zeitpunkt wiederholt und die Differenz des Portfoliowertes zum tatsächlichen Wert ermittelt. Ein solches Szenario könnte beispielsweise den Rückgang des Dollarkurses um fünf Pfennig, einen Anstieg der Zinsen um 0,5% und einen Fall der Aktienkurse um 10% beinhalten. Entscheidend hierbei ist, daß jeweils alle Marktfaktoren berücksichtigt werden, die den Wert des Portfolios beeinflussen, und daß ihre unterstellte Zufallsverteilung der tatsächlichen Verteilung möglichst nahekommt. Dieser Vorgang wird nun für eine große Zahl unterschiedlicher Szenarien wiederholt und jedesmal die Wertveränderung des Portfolios erfaßt.

214 Unternehmensweites Value-at-Risk

Wurden diese Szenarien in ausreichender Zahl berechnet, erhält man für die möglichen Abweichungen zwischen dem aktuellen Wert des Portfolios und seinem Wert unter bestimmten Marktbedingungen eine Wertetabelle ähnlich der nachstehenden.

	Aktuell	Szenario 1	Szenario 2	Szenario 3	...	Szenario z
USD-Kurs	1,65	1,63	1,69	1,66		1,73
GBP-Kurs	2,75	2,62	2,58	2,83		2,79
DEM-Zins	3,52	3,43	3,47	3,63		3,41
USD-Zins	5,43	5,70	5,58	5,41		5,76
...						
Portfoliowert	100	90	105	90		135
Abweichung	./.	-10	+5	-10		+35

Abbildung 1: Wertentwicklung des Portfolios unter verschiedenen Szenarien

Sind die verschiedenen Szenarien gleich wahrscheinlich, lassen sich die Wertveränderungen im nächsten Schritt entsprechend ihrer Häufigkeit in ein Histogramm analog dem in Abbildung 2 übersetzen. Man erhält so eine Wahrscheinlichkeitsverteilung für die möglichen Gewinne und Verluste des Portfolios. Vereinfachend unterstellt man anschließend in der Regel, daß diese Verteilung einen stetigen Verlauf hat, wodurch sich die in Abbildung 2 eingezeichnete Glockenkurve ergibt.

Mit Hilfe der Verteilung läßt sich nun leicht ermitteln, mit welcher Wahrscheinlichkeit ein bestimmter Verlust eintreten wird. So ist aus dem Beispiel in Abbildung 2 sofort zu erkennen, daß mit 5%er Wahrscheinlichkeit ein Verlust größer als 30 Millionen DM zu erwarten ist. Oder umgekehrt formuliert: mit 95%er Wahrscheinlichkeit ist der Maximalverlust kleiner als 30 Millionen DM. Dieser Maximalverlust repräsentiert also den oben definierten Value-at-Risk, für den nun typischerweise ein Limit vorgegeben wird, welches nicht überschritten werden soll.

Man kann dieses Limit ökonomisch als eine Versicherungsprämie interpretieren, die das Unternehmen in Form von Risikokapital bewußt tragen möchte, um durch „Selbstversicherung" die Zahlung von Prämien an Dritte zu sparen und so zusätzliche Gewinne zu erzielen. Zur Verdeutlichung dieses Zusammenhanges stelle man sich ein Unternehmen vor, das keinerlei Marktpreisrisiko selbst tragen möchte und daher ein VaR-Limit von Null vorgibt. Um dies zu erreichen, muß das Unternehmen alle entstehenden Risiken stets sofort und vollständig extern absichern, natürlich unter Inkaufnahme entsprechender Kosten. Dies ist vergleichbar einer Vollversicherung mit entsprechender Versicherungsprämie.[5] Jedes höhere Limit bedeutet hingegen den Verzicht auf einen Teil der

Absicherung, mithin eine preiswertere Versicherung mit entsprechend höherer Selbstbeteiligung.

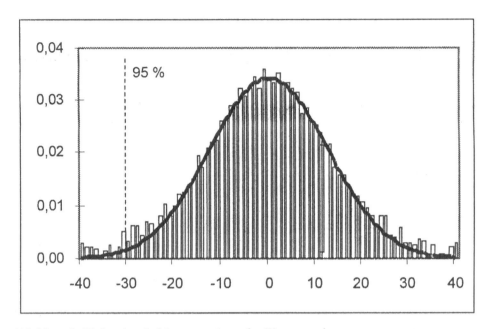

Abbildung 2: Wahrscheinlichkeitsverteilung der Wertveränderung

Ein VaR-Limit läßt sich dabei nicht nur für das Gesamtportfolio vorgeben, sondern auch für Teilportfolios wie z. B. den Zins- oder Devisenbereich, so daß eine differenzierte Risikosteuerung möglich wird. Aufgrund möglicher Korrelationen zwischen den verschiedenen Positionen ist hierbei jedoch zu berücksichtigen, daß der VaR des Gesamtportfolios in der Regel kleiner ist als die Summe der VaRs der Teilportfolios.[6]

2.3 Verschiedene VaR-Konzepte und ihre Vor- und Nachteile

Von zentraler Bedeutung bei der Ermittlung des VaR ist offensichtlich die Methode, nach der die zu seiner Ermittlung notwendige Verteilung der Wertentwicklung des Portfolios gewonnen wird. Hierzu werden zur Zeit vor allem drei Verfahren eingesetzt, die mit ihren Vor- und Nachteilen nachfolgend kurz beschrieben werden.

2.3.1 Die historische Simulation

Die wahrscheinlich intuitiv am leichtesten nachvollziehbare Ermittlung des VaR fußt auf der Verwendung historischer Daten. Hierbei verwendet man für alle Marktfaktoren Werte der Vergangenheit, die in einer entsprechenden Datenbank abgelegt wurden. Typische Datenumfänge sind die Werte der letzten 100 oder 200 Tage. Für jeden dieser Tage werden in einem ersten Schritt die relativen Änderungen eines jeden Marktfaktors gegenüber dem Vortag errechnet. Diese relativen Änderungen repräsentieren dabei jeweils ein Szenario. Ausgehend vom Wert des aktuellen Portfolios ermittelt man nun für jedes dieser Szenarien den Wert, den es haben würde, wenn sich die Marktfaktoren relativ wieder genauso verändern würden. Hieraus läßt sich anschließend nach dem bekannten Verfahren eine Wahrscheinlichkeitsverteilung für die Wertänderung des Portfolios ermitteln.

Die Vorteile der historischen Simulation liegen auf der Hand. Sie ist konzeptionell sehr einfach und damit auch Nichtfachleuten leicht zu vermitteln. Insbesondere verlangt sie nicht nach expliziten Aussagen über die Verteilung und Korrelation einzelner Marktfaktoren, da sich diese von selbst aus den verwendeten historischen Werten ergeben. Im Gegenteil kann man diese Verteilungsparameter sogar aus der Simulation ermitteln, um sie anschließend an anderer Stelle zu verwenden. Auch kann sie relativ einfach umgesetzt werden, verlangt jedoch, in Abhängigkeit vor allem von der Dauer der einbezogenen Zeiträume und der Komplexität des Portfolios, eine teilweise sehr hohe Rechenkapazität.

Die historische Simulation hat aber noch weitere Nachteile. Der wohl gravierendste liegt in der implizit vorgenommenen Unterstellung, daß die Verteilung der Marktfaktoren in der Zukunft exakt jener des einbezogenen Vergangenheitszeitraumes entspricht. Stammen die Vergangenheitsdaten beispielsweise aus einer besonders ruhigen Phase an den Märkten mit nur geringen Schwankungen, während man für die Zukunft erheblich höhere Volatilität erwartet, wird der VaR möglicherweise deutlich unterschätzt. Umgekehrt können in den Vergangenheitsdaten auch Tage mit crashartigen Marktzusammenbrüchen liegen, die man für die Zukunft so nicht mehr erwartet. In diesem Fall würde der VaR so lange zu hoch ausgewiesen, wie diese besonderen Tage in die Simulation einfließen. Stützt man sich bei der historischen Simulation auf eine feste Anzahl zurückliegender Daten, beispielsweise stets die letzten 200 Tage, wird der VaR zudem selbst bei unverändertem Portfolio und unverändertem Markt täglich schwanken, weil die ältesten Werte herausgefallen sind und durch andere, neue ersetzt wurden. Diese nicht direkt nachvollziehbaren Änderungen erschweren die Interpretation des VaR und damit die Steuerung des Portfolios.

Um diese Probleme etwas abzuschwächen, geht man bei historischen Simulationen häufig dazu über, die einzelnen Tageswerte zu gewichten, so daß weiter zurückliegende

Werte einen geringeren Einfluß auf die Berechnung haben als aktuellere. Ihr Herausfallen wird den VaR auf diese Weise nur noch wenig verändern. Dies beantwortet jedoch noch nicht die weitere und intensiv diskutierte Frage, wie lang der Vergangenheitszeitraum sein sollte, um die Verteilung der Marktfaktoren korrekt zu beschreiben.

2.3.2 Die Monte-Carlo-Simulation

Die vorstehend beschriebenen Schwierigkeiten der historischen Simulation versucht die Monte-Carlo-Methode zu umgehen, indem die Verteilung der Änderung der Marktfaktoren und ihre Korrelationen nicht immer wieder neu ermittelt, sondern fest vorgegeben werden. Dies kann durchaus unter der Verwendung historischer Daten geschehen, doch ist man grundsätzlich frei, die Verteilungen jederzeit seinen Erwartungen anzupassen.

Abgesehen von diesem Unterschied ist die Vorgehensweise der Monte-Carlo-Simulation sehr ähnlich jener der historischen Simulation. Über einen Zufallszahlengenerator werden Werte für die Marktparameter gewonnen, die den vorgegebenen Verteilungen entsprechen, d. h. es wird ein bestimmtes Szenario erzeugt. Auf der Grundlage dieses Szenarios wird anschließend der mögliche Portfoliowert ermittelt, was so oft wiederholt wird, bis dessen Verteilung und damit auch die Verteilung seiner Änderungen erkennbar wird. Sehr wichtig bei der Monte-Carlo-Simulation ist daher die Anzahl der durchgeführten Simulationsläufe. Nur wenn Simulationen in großer Zahl durchgeführt werden, kann man davon ausgehen, daß das erzielte Ergebnis valide ist, d. h. die Verteilung der möglichen Portfoliowerte hinreichend genau ermittelt wurde. Bei komplexen Portfolios und beschränkten EDV-Ressourcen gilt es jedoch abzuwägen zwischen der notwendigen Genauigkeit und der für die Simulationsläufe benötigten Zeit. Ab einer bestimmten Zahl von Simulationsläufen rechtfertigt die zusätzliche Erhöhung der Genauigkeit meist nicht mehr den Aufwand weiterer Berechnungen.

Der für eine Bewertung sehr großer Portfolios notwendige Rechenaufwand sowohl bei Einsatz der historischen als auch der Monte-Carlo-Simulation ist ein mit dem technischen Fortschritt in der Bedeutung abnehmender, doch noch immer zentraler Schwachpunkt beider Verfahren. So kann die Ermittlung der möglichen Wertänderungen eines Bankportfolios durchaus mehrere Stunden dauern, was für eine zeitnahe Überwachung des täglichen Geschäfts und insbesondere die Berechnung von Auswirkungen einer möglicherweise beabsichtigten punktuellen Portfolioänderung vielfach zu lang ist.

2.3.3 Der Varianz-Kovarianz-Ansatz

Das Problem zeitaufwendiger Berechnungen umgeht die sogenannte Varianz-Kovarianz-Methode als drittes Verfahren zur Ermittlung des VaR. Sie ermittelt keine zufälligen

218 Unternehmensweites Value-at-Risk

Szenarien für die Marktfaktoren, sondern berechnet die Wahrscheinlichkeit eines Portfolioverlustes direkt unter Verwendung ihrer Verteilungen und Korrelationen. Man erhält das gewünschte Ergebnis also durch nur einen einzigen, relativ schnell durchführbaren Rechengang, wodurch sich u. a. die auch heute noch große Popularität dieses Verfahrens erklärt.

Zentrale Annahme und Voraussetzung des Varianz-Kovarianz-Ansatzes ist, daß alle Portfoliobestandteile in ihrer Bewertung direkt auf einen Marktparameter mit bekannter Verteilung zurückgeführt werden können. Ist dies bei einem komplexen Instrument im Einzelfall nicht möglich, wird es in einfachere Instrumente zerlegt, für die dieses gilt. So ist z. B. der Wert einer fünfjährigen Bundesanleihe von fünf Zinssätzen abhängig, die folglich jeder einen Risikofaktor darstellen. Man zerlegt daher die Anleihe zunächst in sechs Zero-Bonds, fünf für die Zinszahlungen und einen für das Kapital. Jeder dieser Zero-Bonds ist nun von nur noch einem bestimmten Zinssatz abhängig, und der Einfluß einer Veränderung dieses Zinssatzes kann rechnerisch ermittelt werden. Kennt man die Verteilungen der Zinssätze und ihre Korrelation untereinander, kann man den VaR dieser Bundesanleihe sofort errechnen[7]. Das Ergebnis entspricht in diesem Fall genau dem, welches man ceteris paribus, d. h. bei Unterstellung gleicher Verteilungen und Korrelationen, auch durch eine Monte-Carlo-Simulation mit einer sehr hohen Zahl von Simulationsläufen erhalten hätte.

Damit er überhaupt handhabbar ist, müssen bei Verwendung des Varianz-Kovarianz-Ansatzes jedoch bestimmte einschränkende Kompromisse eingegangen werden, die von den beiden anderen Methoden nicht verlangt werden.

Die erste dieser Einschränkungen betrifft die Art der Verteilungen von Marktfaktoren. Aufgrund der besonders vorteilhaften mathematischen Eigenschaften der Normalverteilung wird in der Regel unterstellt, daß diese alle normalverteilt sind. Eine Normalverteilung nämlich läßt sich bekanntermaßen bereits durch zwei Zahlen, den Mittelwert und die Varianz, vollständig beschreiben. Summen von Normalverteilungen sind ebenfalls normalverteilt, was besonders vorteilhaft ist, wenn man Portfolios betrachtet. In der Realität jedoch verhalten sich die wenigsten Änderungen von Marktfaktoren wie echte Normalverteilungen. So haben viele beispielsweise mehr kleine und mehr große Ausschläge als eine Normalverteilung unterstellen würde (das sogenannte Fat-Tail-Problem), dafür jedoch weniger mittlere. Während dies bei den kleinen und mittleren Ausschlägen noch akzeptabel erscheint, ist eine systematische Unterschätzung der Zahl der großen Ausschläge sicherlich unerwünscht, denn genau hier steckt ja das Risiko.

Auch lassen sich zumeist nicht die eigentlich notwendigen Verteilungen und Korrelationen aller Marktfaktoren für jede Laufzeit ermitteln und pflegen. Schon bei einer kleinen Zahl von Faktoren würde dies nämlich schnell zu einer nicht mehr überschaubaren Zahl führen.[8] Hinzu kommt das Problem der zur Ermittlung von Verteilungen und Korrelationen notwendigen Basisdaten. Hier sind folglich Kompromisse notwendig, die meist darin bestehen, nur bestimmte Laufzeiten, z. B. 3, 6, 9, 12, 24, 36 ... Monate, zu erfassen und dazwischenliegende Werte zu interpolieren.

Ein weiteres Problem beruht darauf, daß die Varianz-Kovarianz-Methode stets eine direkte Bewertung der Cash-flows voraussetzt, da sie, anders als die historische und die Monte-Carlo-Simulation, keine „Preisbildungsmodelle" verwendet. Schwierig gestaltet sich dies insbesondere bei Optionspositionen, deren Wertänderung auch nicht mehr annähernd einer Normalverteilung folgt. Man behilft sich hier meist mit einer Bewertung der Veränderung des „Risikoäquivalents", also einer Größe, die in ihrem Risikoverhalten der zu analysierenden Position möglichst nahekommt. Bei einer Option entspricht dieses Risikoäquivalent exakt dem Produkt aus Delta und Nominalwert, da sich eine Call-Option über beispielsweise eine Million US-Dollar mit einem Delta von 0,5 in ihrer Wertentwicklung genauso verhält wie ein Barbetrag von 500 000 US-Dollar. Weil sich das Delta insbesondere bei größeren Preisschwankungen selbst rasch verändern kann, wird die Berechnung in neuerer Zeit häufig noch um das Gamma, also die Änderungsrate des Deltas in Abhängigkeit von Änderungen des Marktfaktors, verfeinert. Da sich auch das Gamma kontinuierlich verändert, kann allerdings auch dies nur zu approximativ richtigen Ergebnissen führen.[9]

Aufgrund der vorbeschriebenen Unterschiede zwischen den drei Verfahren historische Simulation, Monte-Carlo-Simulation und Varianz-Kovarianz-Ansatz ist bereits zu erkennen, daß man mit ihrer Hilfe auch für identische Portfolios kaum den *gleichen* Value-at-Risk-Wert ermitteln wird. Vielmehr wird man mehr oder weniger große Abweichungen feststellen, wobei sich heute immer mehr die Meinung durchsetzt, daß das Monte-Carlo-Verfahren die insgesamt verläßlichsten Ergebnisse liefert.[10]

Aber auch unabhängig vom verwendeten Berechnungsverfahren gilt, daß es *den* Value-at-Risk als objektiv richtige Größe nicht gibt. Seine Höhe hängt nämlich ebenfalls sehr stark davon ab, wie das Portfolio definiert wurde, wie lange die Halteperiode ist und mit welcher Wahrscheinlichkeit er nicht überschritten werden soll. Während man sich bei der Festlegung von Portfolio und Haltedauer an seinen Anforderungen und Möglichkeiten orientieren kann, sollte die Entscheidung für ein Konfidenzintervall die individuelle Risikotoleranz widerspiegeln. Hierbei ist zu berücksichtigen, daß auch ein zunächst hoch erscheinender Wert von 99% bedeutet, daß es an durchschnittlich einem von hundert Tagen, zu Überschreitungen in zuvor unbekannter Höhe kommen wird. Und selbst an den durchschnittlich neunundneunzig von hundert Tagen, an denen das VaR-Limit akkurat eingehalten wird, können horrende Verluste akkumuliert werden, indem täglich Geld *innerhalb* des erlaubten Rahmens verloren wird. Der stets zukunftsorientierte VaR hat hierfür kein „Gedächtnis".

Aus diesem Grunde allein wird sich kaum ein Unternehmen auf den VaR als Steuerungsgröße verlassen. Vielmehr wird man zusätzlich noch weitere Maßnahmen wie z. B. das Streß-Testing der eigenen Position unter vordefinierten Extremszenarien sowie eine separate Performance-Messung durchführen, um vor unliebsamen Überraschungen gefeit zu sein.

3 Value-at-Risk in Industrieunternehmen

Alle zuvor beschriebenen Vorzüge und Möglichkeiten, aber auch Einschränkungen und Schwächen des Value-at-Risk-Ansatzes sind *modellimmanent*, d. h. betreffen jeden Anwender gleich, unabhängig davon, ob es sich um eine Bank, ein Industrie- oder ein Handelsunternehmen handelt. Woran jedoch liegt es dann, daß er seinen Weg bislang kaum in Industrieunternehmen gefunden hat, und auch dort, wo er eingesetzt wird, dies meist nur in eng abgegrenzten Bereichen geschieht? Um dies zu verstehen, ist es hilfreich, sich noch einmal die grundlegenden Unterschiede zwischen Industrieunternehmen und Banken bezüglich Risikoverständnis, Problemstellung und Ressourcen zu verdeutlichen.

3.1 Die Problematik

Betrachtet man das Geschäft großer Banken, so verdienen diese heute ihr Geld, neben dem traditionellem Kreditgeschäft und der Fristentransformation, insbesondere damit, daß sie ihren Kunden gegen Entgelt Risiken abnehmen oder verkaufen, also Risikotransformation betreiben. Ihr entgoltener Mehrwert liegt dabei darin, daß sie diese Risiken besser verstehen, messen, bewerten und absichern können als ihre Kunden und Mitbewerber.

Die Absicherung des eigenen Risikos kann dabei häufig eins zu eins erfolgen, muß bei komplexen oder innovativen Transaktionen mitunter jedoch auch synthetisch auf der Basis unterstellter, oftmals nicht perfekter Korrelationen erfolgen. Die damit hohe Bedeutung der Richtigkeit der Risikobewertung erklärt, warum Banken hochqualifizierte Expertenteams aus Finanzmathematikern, Computerspezialisten, aber z. B. auch Physikern einsetzen, um die dafür notwendigen Systeme zu pflegen, weiterzuentwickeln und an die immer neuen Produkte ihres Hauses anzupassen.

Da eine risikotransformierende Bank, abgesehen von bewußt durchgeführten spekulativen Transaktionen, in vielen Marktfaktoren keine „natürliche" Position hat, sind deren langfristige Schwankungen nur von geringer Bedeutung. Bei effizientem Risikomanagement wird sie vielmehr sowohl am steigenden als auch am fallenden Dollar verdienen, so daß sein konkreter Wert in z. B. sechs Monaten von eher untergeordneter Bedeutung ist. Dies hat zur Folge, daß zur Ermittlung des Marktpreisrisikos einer Bank meist nur kontrahierte Positionen zu bewerten sind, die bereits im „Buch" erfaßt sind. Größen wie „Planumsätze" spielen hingegen so gut wie keine Rolle, weil sie a priori kein momentan entscheidungsrelevantes Risiko begründen. So erklärt sich auch die mitunter kritisierte kurzfristige Sichtweise der Banken in ihren VaR-Modellen.

Verfügt die Bank über ein effizientes und verläßliches Risikomanagement, sollte sie das eigene Risiko dabei grundsätzlich genau so lange steigern, wie sie dafür eine nach eigener Einschätzung angemessene Vergütung erhält, d. h. die Übernahme des Risikos eine aus ihrer Sicht angemessene Rendite erlaubt. Um dies beurteilen zu können, werden die VaR-Modelle der Banken häufig ergänzt um Modelle zur Entscheidungsunterstützung, welche entsprechende Größen wie z.B. RAROC und RORAC[11] bereitstellen. Nach oben begrenzt wird die Risikoakkumulation der Bank damit letztlich nur durch die Risikotoleranz des Top-Managements sowie der Aufsichtsbehörden.

Ganz anders sieht es aus in Industrieunternehmen, bei denen die Treasuries in der weit überwiegenden Mehrzahl als Cost-Center organisiert sind. Risiken entstehen hier vor allem außerhalb der Finanzbereiche im operativen Geschäft und sollen anschließend vom Finanzbereich möglichst kostengünstig auf ein akzeptables Niveau verringert werden. Man unterliegt dabei zwar keiner so strengen Aufsicht wie die Banken, doch ist zumindest das Eingehen spekulativer Positionen durch interne Regelungen meist kategorisch ausgeschlossen.

Im Gegensatz zur Bank gibt es beim Industrieunternehmen überdies häufig sehr wohl eine „natürliche" Risikoposition, die als ökonomisches Risiko zudem meist nur langfristig zu steuern ist und sich vor allem in Plandaten widerspiegelt. So hat ein Automobilhersteller, der für das nächste Jahr einen Umsatz von 50 000 PKW in den USA plant und entsprechende Kapazitäten aufgebaut hat, eine Dollarposition, die in seinem Rechnungswesen als solche wahrscheinlich noch an keiner Stelle erfaßt ist. Das gleiche gilt für Einkäufe aufgrund langfristiger und nicht ad-hoc-änderbarer Lieferbeziehungen. Dem Vorstand eines Industrieunternehmens fällt es daher deutlich schwerer, sein Risiko über die tägliche Wertveränderungen des aktuell verbuchten Portfolios zu steuern. Er denkt zeitlich eher in Jahren oder Halbjahren, vielleicht noch Quartalen, sachlich hingegen in GuV-orientierten oder ähnlichen im Unternehmen gebräuchlichen Performance-Maßen, an denen er typischerweise auch sein sonstiges Reporting ausgerichtet hat.

Das tatsächlich VaR-relevante Risikoportfolio eines Industrieunternehmens läßt sich damit meist erheblich schwerer definieren, als es bei einer Bank der Fall ist. Auch muß es, um sinnvolle Aussagen liefern zu können, erheblich längere Zeiträume mit deutlich unschärferen, nämlich auf Plandaten basierenden Werten erfassen. Selbst bei einem gut ausgeprägten Planungssystem kann dabei nicht davon ausgegangen werden, daß bereits zu Beginn alle notwendigen Daten vorliegen. Und auch die vorhandenen Daten werden häufig noch nicht in der Form bereitgestellt, wie sie von einem VaR-System für seine Berechnungen benötigt würden. Häufig sind sie zu stark aggregiert oder werden ohne sie charakterisierende Risikoparameter geliefert.

Ein weiteres, nicht zu vernachlässigendes Problem vieler Industrieunternehmen ist, daß es sich bei einem zugekauften VaR-System in der Regel um eine Black-Box handelt, deren Berechnungen aufgrund der Vielzahl der eingeflossenen Daten und der Komplexität der Modelle von Unternehmensinternen meist kaum mehr nachzuvollziehen sind. In den wenigsten Industrieunternehmen wird man ein dem Risikocontrolling einer Bank vergleichbares Middle-Office mit Mathematikern und Computerspezialisten finden, die das System und die einfließenden Daten laufend überwachen. Hier läuft man folglich Gefahr, Entscheidungen auf Ergebnissen zu basieren, deren Entstehung man nicht mehr kontrollieren kann. Eine falsch eingegebene Standardabweichung oder eine Korrelation mit falschen Vorzeichen kann so im Extremfall genau die verkehrten Maßnahmen auslösen.

Die meist deutlich geringeren personellen Ressourcen bei Industrieunternehmen sind auch bei der Weiterentwicklung des Systems zu berücksichtigen. So erscheint es nur konsequent, wenn in einem VaR-System, ist es erst einmal installiert, alle abgeschlossenen Geschäfte korrekt und vollständig erfaßt werden. Kompromisse bei besonders exotischen Produkten, wie sie heute noch mitunter bei deren Verarbeitung in der Buchhaltung geschlossen werden, würden das System ad absurdum führen. Es ist jedoch illusorisch anzunehmen, daß ein zugekauftes VaR-System zu irgendeinem Zeitpunkt in der Lage wäre, alle am Markt erhältlichen Finanzprodukte abzubilden. Hier ist daher abzuwägen zwischen dem notwendigen Pflege- und Programmieraufwand auf der einen und der Komplexität der Geschäfte, die man abschließen möchte, auf der anderen Seite. Im Ergebnis wird dies meist auf eine Beschränkung der von der Finanzabteilung abzuschließenden Geschäfte auf eine begrenzte Anzahl (einfacherer) Produkte hinauslaufen.

3.2 Ein Lösungsvorschlag

Die bisherigen Betrachtungen haben gezeigt, daß vor der Einführung eines Value-at-Risk-Systems bei einem Industrieunternehmen eine Vielzahl von Fragen zu beantworten sind, die teils das allgemeine Konzept, teils aber auch die individuellen Erfordernisse und Möglichkeiten betreffen. Das Idealmodell eines Risikomanagements auf der Basis von VaR wird daher für ein Industrieunternehmen regelmäßig anders aussehen als für eine Bank.

Nachfolgend soll nun eine Möglichkeit aufgezeigt werden, wie ein auf VaR basierendes Risikomanagementsystem aufgebaut sein könnte, das die herausgearbeiteten Spezifika und Bedürfnisse von Industrieunternehmen stärker berücksichtigt. Es handelt sich hierbei um ein Konzept, welches derzeit in ähnlicher Form von verschiedenen Banken angeboten wird, für das zur Zeit jedoch noch kein voll lauffähiges Referenzmodell existiert. Seine Vorteile liegen in der Basierung auf einer dem Unternehmen vertrauten Erfolgsgröße statt des oben beschriebenen reinen VaR zur Steuerung, der Verwendung einer industriespezifischen Datenbasis inklusive Plandaten sowie der Möglichkeit des Benchmarking, d. h. einer konsistenten und nachvollziehbaren Messung der Leistung des Finanzbereiches.

Ausgangspunkt und Kern dieses Konzeptes sind die zentralen Steuerungsgrößen der Unternehmung. Solche Größen können beispielsweise der EBIT oder EBT sein, Werte wie der freie Cash-flow, aber auch relative Maßzahlen wie der Zinsdeckungsgrad oder sonstige unternehmensinterne Kennzahlen. Der Grundgedanke besteht darin, für diese Steuerungsgrößen (nicht also die Wertänderung des Portfolios) die Wahrscheinlichkeitsverteilung in Abhängigkeit von definierten Marktfaktoren zu ermitteln.

Dies geschieht, indem zunächst auf der Basis der bereits gebuchten Transaktionen sowie der Planung für die ausgewählte(n) Steuerungsgröße(n) über die gesamte Unternehmung die Risikotreiber ermittelt werden, d. h. jene Marktfaktoren, welche den Wert dieser Größe(n) signifikant beeinflussen. Hierbei kann es sich um Devisenkurse, Zinssätze, aber auch um Rohstoffpreise handeln. Sowohl die betrachteten Steuerungsgrößen als auch die Risikotreiber können und werden dabei unternehmensindividuell sein.

Ihr Einfluß auf die Erfolgsgrößen wird ebenfalls anhand der unternehmensspezifischen Strukturen (z. B. Kostenstruktur) modelliert, wobei gegebenenfalls an geeigneten Stellen Vereinfachungen vorgenommen werden müssen. Da das Modell somit weitgehend unternehmensindividuell geschneidert wird, gibt es grundsätzlich keine Einschränkungen bezüglich der Risikosichtweisen, so daß beispielsweise auch Translationsrisiken integriert werden können.

Im nächsten Schritt kann aufbauend auf dem Gerüst der kontrahierten Transaktionen sowie der vorhandenen Plandaten über z. B. Umsätze in verschiedenen Währungen, Lagerbestände, Investitionen etc. ermittelt werden, wie sich die gewählte Erfolgsgröße unter verschiedenen Szenarien verhält. Die Methodik ist dabei sehr ähnlich jener bei der Ermittlung der Verteilung des Portfoliowertes im Value-at-Risk-Ansatz, mit freilich dem bedeutsamen Unterschied, daß dieser gleich in die Wahrscheinlichkeitsverteilung einer Standardzielgröße des Unternehmenserfolges übersetzt wird. Aufgrund der Komplexität der Beziehungen und der in der Regel von einer Normalverteilung abweichenden Verteilung der Änderungen von Risikotreibern wird hierzu die Monte-Carlo-Simulation verwendet.

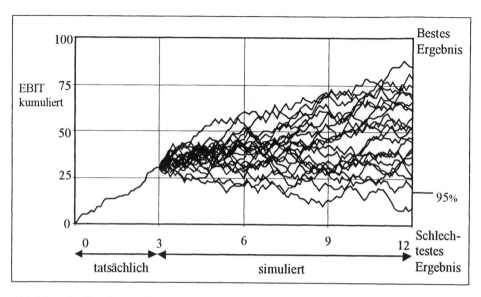

Abbildung 3: Simulation des EBIT

In Abbildung 3 sind beispielhaft für ein Unternehmen, das den kumulierten EBIT eines Jahres als Zielgröße gewählt hat, dessen mögliche Ausprägungen unter verschiedenen Marktpreisszenarien nach drei bereits vergangenen Monaten der zwölfmonatigen Betrachtungsperiode dargestellt. Jeder der dargestellten Pfade reflektiert dabei eine mögliche Entwicklung des EBIT. Die Ergebnisse wurden anschließend in die als durchgezogene Linie dargestellte Verteilungsfunktion in Abbildung 4 übersetzt (Ist-Risikoprofil).

Die Unternehmensleitung kann auf dieser Grundlage anhand ihrer eigenen Ziele wie Ertragsstabilität oder dem Erreichen bestimmter Mindestwerte entscheiden, ob diese Verteilung ihren Wünschen entspricht oder nicht. Ist sie z. B. an weniger Schwankungen des EBITs aufgrund von Marktpreisänderungen interessiert, wird sie eine entsprechende Sicherungsstrategie fordern. Mit zunehmender Sicherung nimmt dabei die Wahrscheinlichkeit sehr kleiner Gewinne oder von Verlusten ab, gleichzeitig verringert sich aber auch die Wahrscheinlichkeit extrem hoher Gewinne durch eine besonders günstige Entwicklung z. B. der Devisenkurse oder Zinsen. Ein als Ergebnis dieser Diskussion mögliches Zielrisikoprofil wurde in Abbildung 4 als gestrichelte Linie dargestellt. Deutlich ist zu erkennen, wie die Unternehmensleitung die Wahrscheinlichkeit ungünstiger Entwicklungen zu Lasten der Chancen auf eine sehr günstige Entwicklung des EBITs verringert hat. Sie hat somit definiert, wieviel Ergebnisrisiko sie aufgrund von Schwankungen der Marktfaktoren zu tolerieren bereit ist.[12]

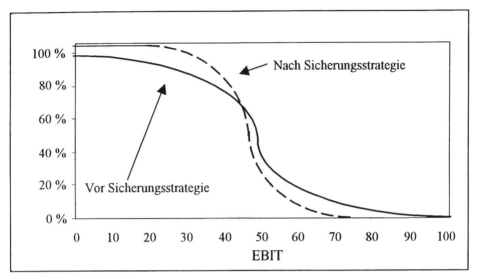

Abbildung 4: Verteilungsfunktion des EBIT vor und nach Sicherungsstrategie

Eine wichtige Voraussetzung für das von der Unternehmensleitung gewünschte Risikoprofil ist, daß es tatsächlich realisiert werden kann. Es muß also möglich sein, durch entsprechende Instrumente genau dieses Risikoprofil zu generieren. Dies heißt jedoch nicht, daß exakt dieses Profil in Form einer Handlungsanweisung auch umgesetzt werden muß, denn dies würde den Handlungs- und Verantwortungsbereich des Finanzbereiches in wenig sinnvoller Weise beschneiden und die Aufgabenteilung im Unternehmen ad absurdum führen. Vielmehr wird das definierte Risikoprofil als unternehmensweite Risiko-Benchmark verwendet, die insbesondere dem Finanzbereich als Leitlinie und Vergleichswert für die eigene Leistung dient. Dieser erhält damit einen Rahmen und Orientierungspunkt für sein Handeln und gibt der Unternehmensleitung die Möglichkeit, die Ergebnisse dieses Handelns sinnvoll und objektiv zu bewerten. So könnte die Unternehmensleitung ein Risikoprofil vorgeben, das auf einer Sicherung des Devisenrisikos zu 70 Prozent durch Termingeschäfte und einem Verhältnis von 60 Prozent Festzinsvereinbarung zu 40 Prozent variablen Zinsen bei einer Dauer von drei Jahren basiert. Eine diesen Vorgabedaten entsprechende Position wird dann vom System als Benchmark automatisch mitgefahren.

Normalerweise wird eine Unternehmensleitung freilich nicht aus dem Stand in der Lage sein, ihre gewünschte Risikoposition im Rahmen dieses Modells zu formulieren. Dies wird vielmehr häufig erst durch eine intensive Diskussion über verschiedene Ebenen im Unternehmen, unterstützt durch erfahrene Spezialisten, möglich sein. Dieser Prozeß fördert jedoch das Bewußtsein über Risiken und das Verständnis über die Möglichkeiten ihrer Beseitigung und entspricht damit in besonderem Maße den Anforderungen des

KonTraG. Auch ist er unerläßliche Ausgangsbedingung für ein konsistentes und damit effektives Risikomanagement. Als weiteres Ergebnis ist zudem regelmäßig eine Änderung oder Ergänzung der im Unternehmen verwendeten Kenn- und Steuerungsgrößen sowie der Planung zu erwarten. Bedeutet dies zu Beginn noch deutlichen Mehraufwand, kann davon ausgegangen werden, daß sich die Diskussion vereinfacht und beschleunigt, sobald das System unternehmensweit etabliert und akzeptiert wird. Hierbei dürfte das nun eindeutige und unternehmensweit nachvollziehbare Verständnis von Risiko eine besondere Rolle spielen.

Ist das Risikoprofil einmal definiert, steht es dem Treasurer frei, gemäß seiner Markteinschätzung und im Rahmen vordefinierter Limite von dieser Idealposition abzuweichen. Diese Limite können dabei produkt-, positions- oder laufzeitbezogen sein, aber beispielsweise auch einen maximal zulässigen VaR beinhalten. Jede Entscheidung des Treasurers wird in ihrem Ergebnis automatisch an der Benchmark gemessen. Hat der Treasurer daher keine vom Markt abweichende Meinung über die Entwicklung der Risikofaktoren oder ist er sich unsicher, sollte seine Position genau die Benchmark duplizieren. Er wählt damit automatisch das von der Unternehmensleitung als optimal angesehene Risikoprofil.

Baut der Treasurer hingegen eine vom Ideal abweichende Position auf, indem er mehr, weniger oder anders sichert als die Benchmark, werden seine Ergebnisse denen der Benchmark gegenübergestellt. In Abbildung 5 ist beispielhaft aufgezeigt, wie ein Report aussehen könnte, der die von der Treasury erzielten Ergebnisse mit denen der Benchmark vergleicht.

	Bis heute	Gesamtjahr Min.[*]	Gesamtjahr Max.[*]
EBIT			
Benchmark	53,1	36,7	78,2
Tatsächliche Position	55,3	35,2	85,3
Cash-flow			
Benchmark	120,7	87,3	138,9
Tatsächliche Position	117,9	93,7	132,4

[*] 5 % und 95 % Perzentile

Abbildung 5: Vergleich zwischen Benchmark und tatsächlicher Position

Man erkennt, daß der bislang von der Treasury erreichte EBIT im obigen Beispiel um 2,2 Millionen DM höher ist, als er bei strikter Anlehnung an die Benchmark gewesen wäre. Allerdings ist auch die mögliche Streuung über die Restperiode etwas größer. Die hier ebenfalls betrachtete Zielgröße Cash-flow ist von der Treasury hingegen unterschritten worden, bei jedoch geringerer erwarteter Streuung bis zum Ende der Periode.

Das Modell kann aber nicht nur genutzt werden, um die Entscheidungen des Treasurers ex post zu bewerten. Es erlaubt auch die Durchführung von „Was-wenn-Analysen" zur Überprüfung der Auswirkungen angedachter Strategien sowie Streß-Tests und die Analyse einzelner Szenarien. Dabei ist es möglich, Änderungen in der Verteilung der Zielgröße auf ihre Ursachen zurückzuverfolgen oder das Zustandekommen bestimmter Extremergebnisse zu analysieren. Dies gilt dabei sowohl für das Gesamtportfolio wie auch für z. B. nach Geschäftsbereichen oder Ländern definierte Teilportfolios. Das Verständnis für das Risiko des Unternehmens an sich sowie Ort und Ursache seiner Entstehung wird damit deutlich verbessert. Da diese Analysen in einem Modell und mit einer Datenbasis durchgeführt werden können, erhöhen sich zugleich die Konsistenz und Vergleichbarkeit der Ergebnisse.

Nicht verschwiegen werden sollen an dieser Stelle allerdings auch noch einige offene Punkte und Fragen beim Einsatz des Modells. So benötigt es für einen sinnvollen Einsatz eine rollierende Planung auf möglichst monatlicher Basis mit einem Zeithorizont nicht unter einem Jahr. Die Daten, die dabei verlangt werden, sind aufgrund der spezifischen Fragestellung überdies zum Teil andere, als jene, die in den heute etablierten Reportingsystemen standardmäßig abgefragt werden. Dabei müssen sie weltweit in vergleichbarer Weise erhoben und in hoher Qualität gemeldet werden, eine sicher nicht geringzuschätzende Herausforderung.

Auch das Black-Box-Problem konnte mit dem Modell nicht völlig gelöst werden. Zwar erlaubt es den Zugriff auf alle Eingangsdaten, und die Mitarbeiter werden in seine Struktur und Arbeitsweise intensiv eingewiesen. Doch müssen bestimmte Komponenten wie die Derivatrechner oder das Zufallsmodul von Spezialanbietern zugekauft werden und entziehen sich damit der direkten Kontrolle ihrer Arbeitsweise. Hier ist daher eine ausführliche Überprüfung dieser Elemente bereits vor dem Einsatz unerläßlich.

Schließlich ermöglicht der modulare Aufbau des Programms zwar jederzeit Ergänzungen, doch muß sich der Treasurer realistischerweise damit abfinden, daß sich sein „Instrumentenkasten" verkleinert. Er wird ein bestimmtes Derivat in Zukunft nicht einsetzen können, wenn es im Modell nicht korrekt abgebildet werden kann. Nur wenn der Einsatz häufiger geplant ist, wird es sich lohnen, eine Erweiterung durchzuführen.

Neben diesen eher technischen Aspekten gibt es auch solche, die direkt die Organisation des Unternehmens betreffen. So ist es wahrscheinlich notwendig, die Daten- und Programmpflege des Modells an einen Bereich außerhalb der Finanzabteilung zu vergeben, um auf diese Weise Manipulationen der Ergebnisse zu vermeiden. Dies wird dabei um so wichtiger sein, je gravierender die später an das Benchmarking geknüpften Konsequenzen sind. Auch ist das vorgestellte Konzept in seiner Grundidee zentralistisch, d. h. es geht von einem zentralen Risikomanagement aus. Eine Aufteilung zwischen zentralem und lokalem Risikomanagement ist zwar grundsätzlich möglich, doch muß hierfür jederzeit sichergestellt sein, daß man auf der gleichen Datenbasis arbeitet und erzielte Ergebnisse richtig zugeordnet werden.

4 Fazit und Ausblick

Mit dem hier vorgestellten Modell können Anforderungen an das Risikomanagement umgesetzt werden, die mit einem herkömmlichen VaR-Ansatz unerreichbar schienen und die Vorstellungen des KonTraG sicher voll erfüllen:

- Die Risikomessung und -bewertung beschränken sich nicht nur auf den Finanzbereich, sondern erfassen alle wesentlichen Marktrisiken im Unternehmen.
- Die Risikosteuerung erfolgt nach unternehmensindividuellen Zielgrößen und ist damit auch für Nichtfachleute problemlos nachvollziehbar. Zudem ist sie direkt mit anderen Planungs- und Kontrollinstrumenten kompatibel.
- Die Unternehmensleitung kann und muß ihre Risikopräferenz definieren, und diese wird dem Finanzbereich als Benchmark vorgegeben. Risikovorgaben und Risikomanagement werden damit deutlich enger zusammengeführt und folglich konsistenter.
- Der Risikomanagementprozeß bekommt einen klaren Rahmen, und es wird möglich, die Leistung des Finanzbereiches objektiv zu messen.
- Hedging-Strategien können über entsprechende Simulation direkt an den Unternehmenszielen gemessen werden.

Das Modell beweist damit, daß VaR auch im Industrieunternehmen sinnvoll eingesetzt werden kann. Seine konkrete Umsetzung zeigt aber ebenfalls, daß die für einen unternehmensweiten Einsatz notwendigen Daten häufig noch fehlen oder nicht in der richtigen Form vorliegen.

Die Konsequenz hieraus ist, daß sich eine Unternehmensleitung bei der Untersuchung eines möglichen Einsatzes von VaR im eigenen Unternehmen nicht zuerst und vorrangig mit technischen Aspekten beschäftigen sollte, sondern zuallererst mit der Frage des einzubeziehendes Portfolios und der dafür verfügbaren Datenbasis. Die technischen Probleme können von den Spezialisten gelöst werden. Ohne eine Anpassung und Ergänzung der Informationen aus Planung und Reporting jedoch wird ein Einsatz von VaR zwangsläufig auf das bereits heute meist gut überwachte, reine Finanzportfolio und damit auf nur einen Ausschnitt des tatsächlich vorhandenen Risikos beschränkt bleiben. Die wesentlichen Marktpreisrisiken, die bislang noch unbeachtet in Planungs- und Reportingsystemen schlummern, würden auf diese Weise weiter außen vor gelassen, und eine durch VaR heute gegebene, große Chance bliebe ungenutzt.

[1] Referentenentwurf vom 25. November 1996, S. 7.
[2] Gesetzentwurf der Bundesregierung vom 7.11.1997, S. 37.
[3] Risk 8, Dezember 1995, S. 27.
[4] In Deutschland findet sich diese Anforderung in den Mindestanforderungen an das Betreiben von Handelsgeschäften, die am 1. Januar 1997 in Kraft traten.
[5] Ein bedeutsamer Unterschied liegt allerdings darin, daß man sich bei einer Versicherung i.d.R. das Aufwärtspotential einer günstigen Entwicklung erhält.
[6] Grundsätzlich sind auch Portfolios denkbar, in denen der VaR des Gesamtportfolios *größer* ist als jener der Teilportfolios. Hierbei handelt es sich jedoch um eher theoretische Spezialfälle.
[7] Eine Anlage in einer US-Staatsanleihe mit zwei Jahren Restlaufzeit würde entsprechend aufgespalten in eine Barposition, die das Fremdwährungsrisiko widerspiegelt, sowie zwei USD-Zero-Coupons, die das Zinsrisiko reflektieren.
[8] So wären für eine vollständige Darstellung bereits bei der Betrachtung der Zinssätze von nur fünf Währungen und zehn möglichen Laufzeiten 50 Verteilungen und 1.225 verschiedene Korrelationen, insgesamt also 1.275 Werte, zu erfassen und zu pflegen.
[9] Für eine detaillierte Darstellung vgl. das Technical Document zu Risk Metrics, welches von J.P. Morgan kostenlos über das Internet bezogen werden kann.
[10] Eine vergleichende Analyse der verschiedenen Ansätze findet sich z. B. bei Bühler/Korn/ Schmidt: „Ermittlung von Eigenkapitalanforderungen mit Internen Modellen", in: DBW 58, 1998, S. 64–85.
[11] Vgl. hierzu z. B. Groß, Hermann/Knippschild, Martin: Risikocontrolling in der Deutsche Bank AG, in: Rolfes/Schierenbeck/Schüller: *Risikomanagement in Kreditinstituten*, Frankfurt/Main, 1995, S. 69–109.
[12] Wichtig an dieser Stelle ist, zu erkennen, daß der gewählte Ansatz auf einer Separation im Grunde interdependenter Risiken beruht, die eine Handhabung der komplexen Materie überhaupt erst möglich macht. Die Unternehmensleitung nimmt hierzu die Planung als gegeben an und betrachtet auf dieser Grundlage den Einfluß der definierten Marktfaktoren völlig isoliert, um so allein das Marktpreisrisiko zu ermitteln. Natürlich können sich später auch Abweichungen z. B. der tatsächlichen Umsätze von den Planumsätzen ergeben, doch handelt es sich hierbei a priori nicht um das Marktpreisrisiko, sondern um Planungs- oder andere Risiken. Planänderungen würden daher als Änderung der Datengrundlage zwar einfließen, jedoch wird hierüber keine Wahrscheinlichkeitsaussage getroffen.

Risikomanagement in Versicherungsgesellschaften

FRANK BRAUN[*], MARIE-LOUISE GÄNGER[**] UND PETER SCHMID[**],
[*] PwC DEUTSCHE REVISION AG, DÜSSELDORF,
[**] SWISS RE, ZÜRICH

1	Problemstellung und Vorgehensweise	232
2	Risikobegriffe	233
	2.1 Versicherungstechnisches Risiko	235
	2.2 Nichtversicherungstechnisches Risiko	237
3	Risikomanagementsystem	238
4	Risikomanagementprozeß	240
	4.1 Risikoidentifikation	240
	4.2 Risikoanalyse und -bewertung	240
	4.3 Risikobehandlung	243
5	Erfassung, Bewertung und Behandlung von Einzelrisiken	247
6	Risikopräferenz	249
7	Kapitalbedarf aufgrund der Risikopräferenz	250
	7.1 Eigenmittel	250
	7.2 Kapitalanlagen	251
	7.3 Sicherheitskapital	252
8	Rückversicherung als Risikomanagementinstrument für Versicherungsgesellschaften	254
	8.1 Ansatz der Swiss Re zum Risikomanagement	254
	8.2 Risk Adjusted Capital	255
	8.3 Optimierung von Risiken, Kapital und Rendite	256
	8.4 Value Proposition für Versicherungsgesellschaften	257
9	Zusammenfassung und Ausblick	258

1 Problemstellung und Vorgehensweise

Am 30. April 1998 wurde das Gesetz zur Kontrolle und Transparenz im Unternehmensbereich (KonTraG) verabschiedet. Es trat zum 1. Mai 1998 in Kraft und sieht Änderungen in verschiedenen Gesetzen vor, unter anderem im Aktiengesetz (AktG) und Handelsgesetzbuch (HGB).[1]

Der § 91 Abs. 2 AktG lautet nun: „Der Vorstand hat geeignete Maßnahmen zu treffen, insbesondere ein Überwachungssystem einzurichten, damit den Fortbestand der Gesellschaft gefährdende Entwicklungen früh erkannt werden." Hiermit soll – so die Gesetzesbegründung – die Verpflichtung des Vorstandes verdeutlicht werden, für ein angemessenes Risikomanagementsystem und für eine angemessene Interne Revision zu sorgen[2]. Um diese Verpflichtung auch zu dokumentieren, ist zukünftig im Lagebericht nach § 289 Abs. 1 HGB bzw. im Konzernlagebericht nach § 315 Abs. 1 HGB „auf die Risiken der künftigen Entwicklung einzugehen". Diese Vorschriften des deutschen Gesetzgebers sind spätestens auf nach dem 31. Dezember 1998 beginnende Geschäftsjahre anzuwenden. Sie legen eine Auseinandersetzung mit den Begriffen „Risikomanagementsystem" und „Überwachungssystem" nahe. Im folgenden wird auf die von den Änderungen betroffenen Unternehmen, besonders auf Versicherungsgesellschaften[3], eingegangen.

Wie das Überwachungssystem aussehen soll oder wie die Risiken zukünftiger Entwicklung definiert sind, ist im Gesetz nicht kodifiziert[4]. Im folgenden wird daher der in der Literatur gebräuchliche und in der Gesetzesbegründung aufgeführte Begriff Risikomanagement[5] erläutert und verwendet.

In der nächsten Zeit wird sich in der Praxis ein den gesetzlichen Vorgaben entsprechendes System entwickeln müssen. Dies ist der Anlaß, unabhängig von den Forderungen des Gesetzgebers ein praktikables und sinnvolles Risikomanagement für Versicherungsgesellschaften zu entwerfen und zur Diskussion zu stellen.

Ausgehend von einem versicherungsbezogenen Risikobegriff soll anhand eines allgemeinen Risikomanagements dargestellt werden, wie Einzelrisiken in Versicherungsgesellschaften erfaßt und bewertet werden können. Aus den einzelnen Risiken wird dann ein Gesamtrisiko ermittelt. Abschließend wird dargelegt, wie sich dieses Gesamtrisiko auf den Kapitalbedarf von Gesellschaften auswirkt.

Problematisch stellt sich insbesondere dar, daß der Gesetzgeber keine Erläuterung dazu abgegeben hat, welche Risiken bestandsgefährdende Risiken im Sinne des Gesetzes sind oder welche Grenzbeträge möglicherweise zu beachten wären. Insofern könnte man sich darauf beschränken, die gesetzlichen Vorgaben zur Solvabilität heranzuziehen und eine Bestandsgefährdung an der Solvabilitätsgrenze zu definieren. Dies erscheint jedoch aus Sicht der Berechnungsverfahren und einer möglichen Risikoexposition nicht angemessen.

Einen praktischen Ansatz zur Ermittlung sowohl der Risikobereitschaft als auch einer möglichen Bestandsgefährdung bietet die Ermittlung des Risk Adjusted Capital, wie es insbesondere von der Swiss Re betrieben und vorgestellt wird. Dieser Ansatz der Swiss Re wird im Rahmen vorliegenden Beitrags, neben grundsätzlichen Überlegungen zu einem ganzheitlichen, branchenspezifischen Risikomanagement für ein Versicherungsunternehmen, ausführlich vorgestellt.

2 Risikobegriffe

Ergebnisse wirtschaftlicher Handlungen, die die Zukunft betreffen, können nicht eindeutig vorhergesagt werden[6]. Nur die Wahrscheinlichkeitsverteilungen möglicher Ergebnisse können prognostiziert und mit Erwartungswert und Varianz gemessen werden. Hierbei können Zielabweichungen zwischen angenommener und eingetretener Wahrscheinlichkeitsverteilung auftreten. Negative Zielverfehlungen werden in der Literatur meist als Risiko bezeichnet, positive Zielabweichungen als Chance.[7] Im Rahmen eines Risikomanagements sind sowohl positive als auch negative Zielabweichungen zu erfassen, die Auswirkungen auf die zukünftige Entwicklung haben.[8] *Risiko* wird deshalb definiert als Potential der gesamten zukünftigen (positiven und negativen) Zielabweichungen.[9]

Das Gesamtrisiko einer Gesellschaft besteht nun darin, das von der Gesellschaftsführung gesteckte bzw. erwartete Gesamtziel nicht zu erreichen. Dieses Gesamtrisiko läßt sich in einzelne Teilrisiken differenzieren. Genauso läßt sich das Gesamtziel untergliedern, wobei Teilzielen Teilrisiken zugeordnet werden können. Hierbei sind das Erhaltungs- und das Gewinnziel meist anderen Zielen übergeordnet.

Die möglichen Interdependenzen zwischen Ziel und Risiko[10] sind in der folgenden Abbildung visualisiert. Zu berücksichtigen sind hierbei bestehende Beziehungen zwischen Teilzielen, zwischen Teilrisiken und von Teilzielen zu Teilrisiken.

234 Risikomanagement in Versicherungsgesellschaften

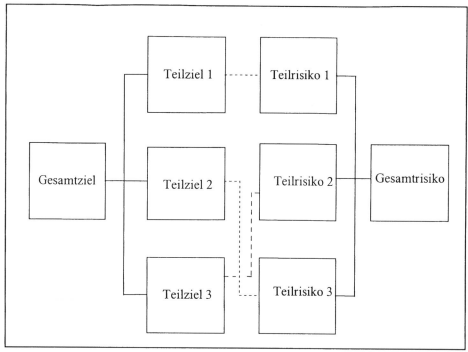

Abbildung 1: Ziel-Risiko-Beziehung

Innerhalb eines Risikomanagements für Versicherungsgesellschaften sind alle existierenden und potentiellen Risiken zu betrachten. Bei Versicherungsgesellschaften kann neben dem unternehmerischen Risiko zwischen dem – nur dieser Branche zugehörenden – versicherungstechnischen Risiko und dem nichtversicherungstechnischen Risiko unterschieden werden. Das versicherungstechnische Risiko wird als operatives Risiko definiert, das nichtversicherungstechnische Risiko kann sowohl strategische als auch operative Ursachen haben, darf aber nicht vernachlässigt werden. Das finanzielle Risiko kann je nach Definition sowohl dem versicherungstechnischen als auch dem nichtversicherungstechnischen Risiko zugerechnet werden. Diese Einordnung veranschaulicht nachfolgende Abbildung, wobei die gestrichelten Linien verdeutlichen sollen, daß eine eindeutige Abgrenzung der Risiken von der jeweiligen Risikodefinition abhängt[11], die im nächsten Abschnitt erfolgt.

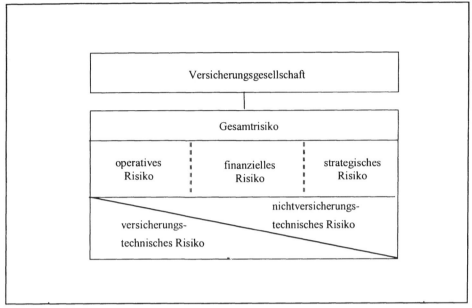

Abbildung 2: Risikoabgrenzungen

2.1 Versicherungstechnisches Risiko

Zur Erläuterung des versicherungstechnischen Risikos ist auf Versicherungsverträge einzugehen. Jeder Versicherungsvertrag beinhaltet die Möglichkeit, daß ein Schadensfall eintritt und die Versicherung die von ihr vertraglich festgelegte Leistung erbringen muß. Die Wahrscheinlichkeitsverteilungen von Schadenhöhen und Schadenzeitpunkten können ex ante nur prognostiziert, aber nicht vorher festgelegt werden.

Das versicherungstechnische Risiko beschreibt hierbei die Gefahr der „unerwarteten Abweichung des tatsächlichen Schadenaufwandes vom erwarteten Schadenbedarf".[12] Dies ist die Gefahr, „daß für einen bestimmten Zeitraum der Gesamtschaden des (eigenen[13]) versicherten Bestandes die ... für die reine Risikoübernahme zur Verfügung stehende Gesamtprämie und das vorhandene Sicherheitskapital übersteigt".[14] In dieser engen Risikodefinition wird nur auf den möglichen Schaden einer Periode abgestellt; sie wird in Anlehnung an die vorhergehende Risikodefinition erweitert.

Das *versicherungstechnische Risiko* wird damit als Gefahr definiert, daß innerhalb der betrachteten Periode der Gesamtaufwand für den eigenen versicherten Bestand die Gesamtbeiträge zuzüglich Sicherheitskapital übersteigt.[15] Alle Gefahren, die sich aus dem Abschluß von Versicherungsverträgen ergeben, einschließlich innerbetrieblicher

236 Risikomanagement in Versicherungsgesellschaften

Abläufe, werden nach dieser Definition dem versicherungstechnischen Risiko zugerechnet.[16]

Hauptursache für das Bestehen des versicherungstechnischen Risikos ist also, daß Schadenzeitpunkte, Schadenhöhen und Gesamtaufwendungen mit der ex ante festgesetzten Prämie einer Periode übereinstimmen sollen. Sowohl der Zeitpunkt des Schadeneintritts als auch die Schadenhöhe und Schadenzahl können jedoch zufallsabhängig sein, so daß der Gesamtaufwand erst am Ende der betrachteten Periode feststeht. Aufgrund seiner Entstehungsursachen kann das versicherungstechnische Risiko weiter unterteilt werden:

1. Beim *Irrtumsrisiko* übersteigt der Gesamtaufwand die Prämie und das Sicherheitskapital aufgrund des Ansatzes einer falschen Gesetzmäßigkeit des Schadenverlaufs für die Planperiode.[17] Es kann weiter differenziert werden in:
   - *Diagnoserisiko:* Unvollständige Information über die Schadengesetzmäßigkeit durch Fehler in der statistischen Analyse vergangener Perioden.[18]
   - *Prognoserisiko:* Ungewißheit, ob eine für die Vergangenheit festgestellte Schadengesetzmäßigkeit auch für die Zukunft Gültigkeit behalten wird (z. B. änderte sich durch den Zusammenbruch des Ostblocks die Kfz-Diebstahlhäufigkeit in Deutschland).

2. Das *Zufallsrisiko* tritt auf, wenn der Gesamtaufwand die Prämie und das Sicherheitskapital trotz Kenntnis der Schadengesetzmäßigkeit für die Planperiode übersteigt.[19] Das heißt es kommt zu Abweichungen des tatsächlichen vom kalkulatorisch erwarteten Aufwand. Dieses Risiko wird durch zunehmende Vertragszahlen innerhalb eines Risikokollektivs geringer (Gesetz der großen Zahl). Unterarten des Zufallsrisikos sind:
   - *Kumulrisiko*: Durch ein Ereignis werden mehrere versicherungstechnische Einheiten im Bestand eines Versicherers zugleich von einem Schaden betroffen (z. B. Hagel in München).
   - *Ansteckungsrisiko:* Ein Schadenereignis betrifft nacheinander mehrere versicherungstechnische Einheiten (z. B. Aids).

3. Vom *Änderungsrisiko* wird bei systematischen Abweichungen des tatsächlichen Aufwandes vom erwarteten Aufwand gesprochen (z. B. Änderungen in der Rechtsprechung).[20] Dieses Risiko wächst mit zunehmender Vertragsstückzahl bestandsproportional, da die Abweichungen gleichermaßen für jeden Vertrag zutreffen.

2.2 Nichtversicherungstechnisches Risiko

Das nichtversicherungstechnische Risiko beschreibt die Zielabweichungen, die sich innerhalb einer Versicherungsgesellschaft nicht direkt aus dem Bestand von Versicherungsverträgen ergeben. Unter das nichtversicherungstechnische Risiko fallen hiernach alle Risiken, die als Negativabgrenzung nicht bereits in der Definition des versicherungstechnischen Risikos enthalten sind.

Das nichtversicherungstechnische Risiko wird definiert als Gefahr, daß innerhalb der betrachteten Periode der Gesamtaufwand, der nicht direkt dem Versicherungsgeschäft zugeordnet werden kann, den Gesamtertrag, der nicht aus dem Versicherungsgeschäft resultiert, übersteigt. Dies ist z. B. das Risiko, das sich aus strategischen Entscheidungen wie Gesellschaftskäufen und aus sonstigen nicht versicherungsspezifischen Geschäften ergeben kann.

Weiterhin sind dem nichtversicherungstechnischen Risiko Zielabweichungen aus der Kapitalanlage sowie aus dem Kauf von Immobilien und aus dem Einsatz derivativer Finanzinstrumente zuzurechnen. Erinnert sei in diesem Zusammenhang an die Verluste von Versicherungsgesellschaften und den Ruin des Bankhauses Baring vor wenigen Jahren, verursacht jeweils durch den Einsatz derivativer Finanzinstrumente.

Nach der in Abbildung 2 vorgenommenen Einteilung fällt unter das nichtversicherungstechnische Risiko auch ein Teil des finanziellen Risikos.

Das finanzielle Risiko umfaßt das Zinsspannenrisiko und das Kapitalanlagerisiko.[21] Das Kapitalanlagerisiko beinhaltet die Risiken der Werterhaltung, der Liquidierbarkeit und der Wahrscheinlichkeitsverteilung der Aufwendungen und Erträge von Kapitalanlagen sowie das Zinsänderungsrisiko. Auf das Kapitalanlagerisiko wird im Zusammenhang mit dem Kapitalbedarf von Versicherungsgesellschaften noch weiter eingegangen.

Das Zinsspannenrisiko beschreibt als Wahrscheinlichkeitsverteilung das Verhältnis der durchschnittlichen Rendite der Kapitalanlagen zur versicherungsvertraglich festgelegten bzw. prognostizierten Sollverzinsung.[22] Es resultiert direkt aus Versicherungsverträgen und ist damit der Teil des finanziellen Risikos, der zum versicherungstechnischen Risiko zählt.

Die nachfolgende Darstellung eines Risikomanagements konzentriert sich auf das versicherungstechnische Risiko. Auf strategische Risiken, die sich z. B. aus der Akquisition von Unternehmen ergeben können, und die damit zusammenhängende, sicherlich interessante Fragestellung, ob und wie innerhalb eines Risikomanagements Entscheidungen der Gesellschaftsführung zu analysieren und zu bewerten sind, wird nicht eingegangen.

238 Risikomanagement in Versicherungsgesellschaften

3 Risikomanagementsystem

Ausgangspunkt für die Entwicklung von Risikomanagementsystemen waren Überlegungen amerikanischer Versicherungseinkäufer unter Einbeziehung verschiedener Möglichkeiten der Risikofinanzierung.[23]

Ein Risikomanagementsystem beschreibt ein systematisches Vorgehen bei der Behandlung von Risiken. Aufgabe des Risikomanagements ist es hierbei, das Gesamtrisiko, das für eine Gesellschaft besteht, zu ermitteln und zu bewerten sowie die hierfür notwendigen Risikokosten zu minimieren. Es werden nach dieser Definition also auch Risiken einbezogen, die am Markt nicht versicherbar sind. In ein solches System müssen daher Gesamtrisiko und Einzelrisiken, Sicherheitsziel und risikopolitische Instrumente einer Gesellschaft einfließen.[24]

Nach der Intention des deutschen Gesetzgebers muß ein Risikomanagementsystem so ausgestaltet sein, daß „den Fortbestand der Gesellschaft gefährdende Entwicklungen früh erkannt werden".[25] Hierzu zählen „insbesondere risikobehaftete Geschäfte".[26] Das Risikomanagementsystem soll damit sicherstellen, daß als bestandsgefährdende Entwicklungen definierte Risiken „zu einem Zeitpunkt erkannt werden, an dem noch geeignete Maßnahmen zum Unternehmensfortbestand ergriffen werden können".[27] Die Gesellschaftsführung hat dazu ein Risikomanagementsystem, ein Controlling und eine Interne Revision einzurichten.[28] Zusätzlich ist ein System zur Überwachung des Risikomanagementsystems aufzustellen.[29] Wie das Risikomanagementsystem ausgestaltet sein soll und welche Funktionen dabei Controlling und Interner Revision zukommen, wird nachfolgend kurz dargestellt. Der Gesetzgeber hat sich hierzu nicht geäußert.[30]

Die Gesellschaftsführung hat allgemein die Aufgabe, zukunftsorientierte Entscheidungen zu initiieren, die hieraus erwachsenden Chancen und Risiken zu erkennen, neue Ziele zu entwickeln und die Maßnahmen zur Zielerreichung zu koordinieren. Die Verantwortung für das Risikomanagement liegt daher bei der Gesellschaftsführung, da diese für die Einhaltung der Gesellschaftsziele sorgt. Ab einer gewissen Gesellschaftsgröße werden bestimmte Aufgaben des Risikomanagements jedoch delegiert.

Controlling ist die zielorientierte Koordination von Planung, Kontrolle und Steuerung einer Gesellschaft. Im Rahmen eines Risikomanagementsystems wird dem Controlling die Risikoerkennung und -überwachung zukommen. Dem Controlling obliegt damit die Festlegung von Planzielen und die Informationssammlung zur Analyse und Ermittlung von Zielabweichungen.[31] Hierzu müssen vom Controlling Planungs-, Kontroll- und Informationssysteme entwickelt und implementiert werden.[32]

Für die Überwachung des Risikomanagementsystems ist die Interne Revision – soweit existierend – gut geeignet. Die Interne Revision hat die Aufgabe, die Gesellschaftsführung durch Prüfung der Gesellschaftsaktivitäten in der allgemeinen Überwachung zu unterstützen. Die Interne Revision darf daher weder in interne Abläufe einbezogen noch für Ergebnisse überwachter Abläufe verantwortlich sein. Sie stellt die laufende Überprüfung der Funktionsfähigkeit des Risikomanagementsystems sicher.

Um die Funktionalität des Risikomanagements zu gewährleisten, ist ein Berichtswesen von Interner Revision und Controlling an die Gesellschaftsführung aufzubauen.[33] Die Risiken sind der Gesellschaftsführung im Rahmen einer risikoorientierten Berichterstattung zeitnah mitzuteilen. Vorhandene Datenverarbeitungssysteme sind hierzu genauso zu nutzen wie ein – bereits vorhandenes – Internes Kontrollsystem (IKS). Dem IKS kommt die Aufgabe zu, die Maßnahmen des Risikomanagementsystems zu überwachen. Das IKS kann daher nicht gleichzeitig das Risikomanagementsystem sein,[34] aber als Überwachungssystem dienen, wenn es entsprechend modifiziert wird.

Für den Aufbau und die Überwachung des Risikomanagementsystemes ist umfangreiches Fachwissen notwendig. Sowohl Betriebsblindheit als auch unklare Verantwortlichkeitstrennungen, z. B. zwischen EDV-Abteilung und Fachabteilung, müssen hierbei vermieden werden. Oft ist es deshalb sinnvoll, externe Spezialisten mit der Gestaltung des Risikomanagementsystems sowie dessen regelmäßiger Überprüfung und Überwachung im Sinne einer externen Revision zu beauftragen. Hierbei ist es hilfreich, auf Risikodaten und Risikomanagementsysteme von anderen Versicherungsgesellschaften oder von Banken zurückgreifen zu können. Für Versicherungsgesellschaften können sowohl Rückversicherungsgesellschaften als auch hierauf spezialisierte Beratungsgesellschaften die erforderlichen Daten und das Fachwissen zum Aufbau und zur Überwachung eines Risikomanagementsystems liefern.

Die Funktionsweise des Risikomanagementsystems ist schriftlich zu dokumentieren – zum einen aus Haftungsgründen für die Gesellschaftsführung, zum anderen als Grundlage, um dem Wirtschaftsprüfer die gesetzlich geforderte Überprüfung zu ermöglichen.[35] Als dritter Grund für die schriftliche Fixierung ist aufzuführen, daß auch für die Mitarbeiter der Gesellschaft die Risikoerfassung und -bewertung nachvollziehbar sein muß. Um Risiken behandeln zu können, müssen diese verstanden werden. Zur Dokumentation bieten sich entweder Arbeitsanweisungen, z. B. aufgrund von ISO-Zertifizierungen, oder Ablaufdiagramme an. Verantwortlichkeiten und Zuständigkeiten sollten hierbei eindeutig und überschneidungsfrei festgelegt werden.

Der Wirtschaftsprüfer hat nach § 321 HGB in seinem Prüfungsbericht darauf einzugehen, „ob Maßnahmen erforderlich sind, um das interne Überwachungssystem zu verbessern". Ein Wirtschaftsprüfer muß das nach § 91 Abs. 2 AktG vorgeschriebene Überwachungssystem also im Rahmen der Jahresabschlußprüfung beurteilen.

4 Risikomanagementprozeß

Zur Errichtung eines Risikomanagements ist zu definieren, wie Risiken erfaßt, bewertet und behandelt werden. Dieser Prozeß kann systematisiert und in drei Phasen eingeteilt werden.[36] Hierbei erfolgt der Prozeß von der Risikoidentifikation bis zur Risikobehandlung in einzelnen Gesellschaftsbereichen und im Controlling, die Überwachung des Risikomanagementsystems durch die Interne Revision.

4.1 Risikoidentifikation

Bei der *Risikoidentifikation* wird eine zielgerichtete Identifizierung und Aufnahme bestehender und zukünftiger Risiken durchgeführt. Bestehende Informations- und Frühwarnsysteme und das IKS werden auf ihre Möglichkeiten zur Risikoidentifikation hin untersucht. Neben dem Rückgriff auf bestehende Systeme stehen die Methoden der Besichtigungs-, Dokumenten- und Organisationsanalyse sowie der Mitarbeiterbefragung zur Risikoidentifikation zur Verfügung. Ziel ist die systematische Erkennung und Sammlung aller aktuellen und potentiellen Risiken.[37] Sollten bestehende Systeme hierzu nicht oder nicht ausreichend zur Verfügung stehen, sind sie zu erweitern und zu modifizieren.

Zur Risikoidentifikation muß ein Zielsystem vorhanden sein. Nur bei einer exakten Zielvorgabe kann eine Zielabweichung festgestellt und eine Ursachenanalyse formuliert werden. Das Gesamtziel ist deshalb zu definieren und in einzelne Teilziele aufzugliedern. Diese Teilziele sind einzelnen Gesellschaftsbereichen zuzuordnen. Eine klare Trennung von Aufgaben und Verantwortung für Teilziele ist zu gewährleisten.

Die Gesellschaftsziele sind meist die Existenzsicherung und Erfolgsmaximierung bei gleichzeitiger Reduzierung der Risikokosten.[38]

4.2 Risikoanalyse und -bewertung

In der *Risikoanalyse und -bewertung* sind identifizierte Zielabweichungen hinsichtlich ihres Aufwandes zu untersuchen. Dann ist zu klären, welche Risiken die festgelegten Ziele beeinflussen können.

Bei der Risikoanalyse sind Einzelrisiken abzugrenzen und einzelnen Gesellschaftsbereichen zuzuordnen. Dies wird durch vorhandene ISO-Zertifizierungen oder andere Arbeitsanweisungen erleichtert.

Bei Versicherungsgesellschaften wird diese Analyse durch die Aggregation verschiedener Einzelrisiken zu Risikokollektiven nach Sparten und Tarifen erschwert. Für die Zusammenstellung eines Gesamtrisikos sind hier sowohl Vertragsbestände als auch einzelne Gesellschaftsbereiche wie Vertrieb, Vertrag und Schadenabwicklung getrennt zu untersuchen.

So ist z. B. auf die Millenium-Problematik in älteren Vertragsbeständen der Elektronikversicherung zu achten. Fast alle Versicherungsgesellschaften gehen zwar davon aus, daß Schäden, die mit dem Datum 2000 zusammenhängen, in Sachverträgen nicht versichert sind.[39] Die in § 2 der Allgemeinen Bedingungen für die Elektronikversicherung (ABE) gewählte Formulierungen wie „Entschädigung für ... nicht *rechtzeitig vorhergesehene Ereignisse*" und „wenn eine versicherte Gefahr *nachweislich von außen* ... eingewirkt hat" lassen dies auch vermuten, da das Ereignis der Jahrtausendwende vorhersehbar innerhalb jedes Unternehmens auftreten wird. Im Industrie- und Großkundengeschäft und allen weiteren Verträgen wie z. B. All-Risks-, EDV-Haftpflicht- und Top-Manager-Rechtsschutz-Versicherungen sind Modifikationen der standardisierten Bedingungen innerhalb eines Risikomanagementsystems jedoch zu identifizieren und zu bewerten. Hierbei ist auf die Definition der „versicherten Sachen" besonders zu achten und bei neuen Verträgen eine Ausschlußklausel zu verwenden.

Die Risikobewertung stellt eine der größten Herausforderung innerhalb des Risikomanagements dar. Die Quantifizierung, d. h. betragsmäßige Bewertung aller Risiken einer Gesellschaft muß in das Berichtswesen des Controllings einfließen.[40] Das Ausmaß eines Risikos hängt dabei von den Faktoren Schadenhöhe und Schadeneintrittswahrscheinlichkeit ab.[41] Um Einzelrisiken quantifizieren zu können, müssen diese Faktoren meßbar sein. Hierzu sind vier Voraussetzungen zu erfüllen:[42]

- Ermittlung eines in Geldeinheiten meßbaren Betrages ist möglich,
- Aussage über Eintrittswahrscheinlichkeit kann getroffen werden,
- Interdependenzen zu anderen Einzelrisiken werden berücksichtigt,
- Risiko ist überhaupt steuerbar im Sinne von änderbar/beeinflußbar durch Unternehmen.

Ist eine genaue Quantifizierung nicht möglich, sind die Einzelrisiken betragsmäßig abzuschätzen.

Die Wirtschaftlichkeit des Aufwandes der Risikoanalyse und -bewertung ist genau zu prüfen. Es ist deshalb spätestens in der Risikobehandlung festzulegen, welche Risiken näher betrachtet werden, bei welchen dringend Handlungsbedarf besteht und welche vernachlässigt werden können.[43] Aufgrund der Faktoren Schadenhöhe und Eintrittswahrscheinlichkeit können Risiken quantifiziert werden. Dies kann anhand der in Abbildung 3 dargestellten Matrix erfolgen:

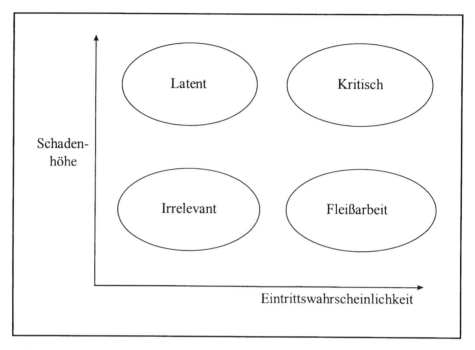

Abbildung 3: Risiko-Matrix

Die Risiken mit geringer Schadenhöhe und Eintrittswahrscheinlichkeit können dabei innerhalb vorher festgelegter Grenzen als unbedeutend identifiziert und vernachlässigt werden. Der Erfassungs- und Bewertungsaufwand ist zu hoch.

Latente Risiken bezeichnen Risiken mit hoher Schadenhöhe und geringer Eintrittswahrscheinlichkeit. Hier ist zu prüfen, welche Handlungsmöglichkeiten zur Risikoreduzierung bestehen.

Bei hoher Eintrittswahrscheinlichkeit und geringer Schadenhöhe kommt ein hoher Erfassungs-, Bewertungs- und Behandlungsaufwand auf die Gesellschaft zu. Es ist zu klären, ob dieser Aufwand aufgrund der Risikohöhe gerechtfertigt werden kann.

Den kritischen Risiken sollte hingegen besondere Beachtung geschenkt werden. Im Rahmen der im nächsten Abschnitt erläuterten Risikobehandlung sollte hier überprüft werden, inwieweit durch den Einsatz risikopolitischer Instrumente eine Risikoreduzierung möglich ist.

Der Grenznutzen ist spätestens dann erreicht, wenn die Kosten der Risikoidentifikation, -erfassung oder -behandlung die Risikohöhe betragsmäßig einholen. Meist ist der Grenznutzen schon früher erreicht, und zwar dann, wenn die Wirtschaftlichkeitsüberlegungen die Sicherheitsbestrebungen überwiegen. Insofern ist mit der Implementierung eines

Risikomanagementsystems von der Gesellschaftsführung zu entscheiden, wo genau im Prozeß eine Wirtschaftlichkeitsanalyse erfolgt – bereits bei der Identifikation oder erst bei der Behandlung.

4.3 Risikobehandlung

In der *Risikobehandlung* erfolgt die Festlegung konkreter risikopolitischer Ziele und risikopolitischer Instrumente.

Generell bestehen drei Möglichkeiten der Risikobehandlung:

1. *Vermeidung (Verminderung):* Bestehende Risiken werden – durch die im weiteren Verlauf erläuterten risikopolitischen Instrumente – gemindert. So können z. B. klare Funktionstrennungen in der Organisationsstruktur Entscheidungsrisiken vermeiden; durch Schulungen können Unfallhäufigkeiten gesenkt werden. Versicherungsgesellschaften können durch die Zeichnungspolitik im Neugeschäft bestimmte Risiken ganz oder teilweise vermeiden, z. B. durch kostenlose Fahrsicherheitstrainings für alle Fahranfänger in der Kfz-Versicherung.

2. *Überwälzung:* Transferierung des Risikos im Sinne von Versicherungslösungen, durch die Risiken an Versicherungsgesellschaften übertragen werden. Für Versicherungsgesellschaften sind hier die Möglichkeiten der Risikoübertragung an Versicherungsnehmer in Form von Selbstbehalten, z. B. zwingende Selbstbeteiligung in der Kfz-Teilkasko oder die Risikoübertragung an Rückversicherer gemeint.

3. *Selbst tragen:* Übernahme des Risikos durch Unternehmen. Diese Lösung wird meist sowohl bei Risiken gewählt, die als sehr gering eingeschätzt werden, als auch bei Risiken, für die es (noch) keine am Markt angebotene Lösung gibt. Versicherungsgesellschaften leben natürlich von der vertraglichen Übernahme von Risiken, für die der Versicherte/das versicherte Unternehmen Prämien erhält. Zweck eines Risikomanagements kann es daher nicht sein, keine Risiken mehr zu tragen. Für Unternehmen besteht jedoch die Möglichkeit, Captive-Systeme zu nutzen. Eine Captive-Insurance-Company bezeichnet die Bildung einer gesellschaftseigenen Versicherungsgesellschaft zur Übernahme bestimmter Risiken.

Für jedes Einzelrisiko wird eine der obigen drei Möglichkeiten oder eine nahezu beliebige Kombination aus den Einzelstrategien gewählt. Nur der Teil der Risikoverminderung und -überwälzung kann Unternehmen dabei von Versicherungsgesellschaften abgenommen werden. Hierbei werden jedoch – genauso wie gesellschaftsintern – immer die durch die Risikominderung verursachten Kosten im Vordergrund stehen.

Für die Behandlung des versicherungstechnischen Risikos stehen Versicherungsgesellschaften verschiedene risikopolitische Instrumente zur Verfügung:[44]

244 Risikomanagement in Versicherungsgesellschaften

- *Sicherheitsmittelpolitik*: Bestimmung der optimalen Höhe des Kapitals mit Haftungsfunktion, z. B. Eigenkapitalstärkung und/oder Rückstellungsbildung.
- *Bestandspolitik/Zeichnungspolitik:* Aktive Gestaltung der Gesamtschadenverteilung, d. h. alle Vorgehensweisen, die Größe und Mischung des Kollektivs beeinflussen. So können z. B. durch restriktive Annahmebedingungen im Bereich der Haftpflichtversicherung Verträge mit sogenannten schlechten Risiken (z. B. häufige Vorschäden) vermieden werden.
- *Risikoteilungs-/Rückversicherungspolitik:* Das Gesamtrisiko wird partiell auf Dritte übertragen. Dies können sowohl Erst- als auch Rückversicherer sein.
- *Prämien-/Preispolitik:* Partielle Risikoüberwälzung auf Versicherungsnehmer in Form von hohen Prämien oder Selbstbeteiligungen des Versicherungsnehmers, wie z. B. in der Kfz-Kaskoversicherung.
- *Schadenpolitik:* Alle Maßnahmen zur Beeinflussung der Schadenverteilung, z. B. Schadenverhütung, sorgfältige Schadenregulierung.

Damit ergeben sich folgende Möglichkeiten der Risikobehandlung:
1. Die irrelevanten Risiken werden von der Versicherungsgesellschaft selbst getragen, müssen aber nicht behandelt werden. Innerhalb des Risikomanagements können sie vernachlässigt werden.
2. Die Risiken mit hoher Eintrittswahrscheinlichkeit und geringer Schadenhöhe sind ebenfalls selbst zu tragen, z. B. das Maßengeschäft der Privathaftpflichtversicherung. Ebenso wie die latenten Risiken müssen sie jedoch mit risikopolitischen Instrumenten, z. B. durch die Prämienpolitik in Form von Selbstbehalten begrenzt werden.
3. Die kritischen Risiken müssen vermieden werden, z. B. durch eine restriktive Zeichnungspolitik in der Lebensversicherung. Ist dies nicht mehr möglich, weil diese Risiken bereits in bestehenden Verträgen vorhanden sind, sollte versucht werden, diese Risiken durch höhere Prämien an Versicherungsnehmer oder an Rückversicherungsgesellschaften zu überwälzen.

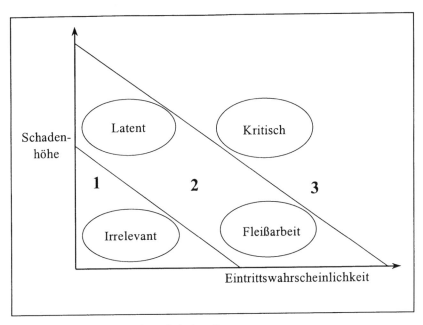

Abbildung 4: Risikomatrix und Risikobehandlung

Die Bewertung und Behandlung einzelner Risiken erfolgt nach den drei Dimensionen Risikoart, Risikobehandlung und Gesellschaftsbereich. Diese Kategorien lassen sich jeweils weiter aufgliedern, so daß ein dreidimensionaler Würfel entsteht:

246 Risikomanagement in Versicherungsgesellschaften

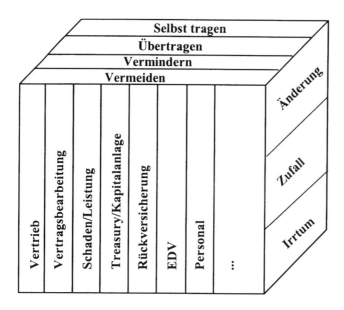

Abbildung 5: Dreidimensionale Ermittlung des versicherungstechnischen Risikos

Die Gesellschaftsbereiche können in Vertrieb, Vertrag und Schaden aufgeteilt werden. Eine tiefergehende Differenzierung der Gesellschaftsbereiche in Geschäftsprozesse kann anhand der Organisationsstruktur der jeweiligen Gesellschaft erfolgen, z. B. nach[45]:
- Geschäftspolitik,
- Berichtswesen,
- Aufbauorganisation,
- Ablauforganisation.

Einzelrisiken sind anhand des dargestellten Prozesses zu erfassen und zu bewerten. Für jedes Einzelrisiko ist gesondert festzustellen, welcher Risikoanteil vermieden, selbst getragen oder überwälzt wird. Hier bietet sich die Festlegung von Risikolimiten an. Erst bei Überschreiten der Limite werden Handlungen erforderlich.

Eine weitere Differenzierung der Bereiche in einzelne Versicherungssparten (Kfz, Unfall etc.) und Tarife ist jedoch erforderlich, um einzelne Risiken genau beurteilen und bewerten zu können.

Der Prozeß der Risikoidentifikation und -behandlung ist dabei immer als eine dynamische Funktion zu sehen. Änderungen rechtlicher, wirtschaftlicher und politischer Rahmenbedingungen sowie gesellschaftsinterne Änderungen erfordern eine zeitnahe Prozeßanpassung des Risikomanagements an die geänderten Gegebenheiten.

5 Erfassung, Bewertung und Behandlung von Einzelrisiken

Die Einzelrisikoermittlung sei an einem Beispiel erläutert: Eine Versicherungsgesellschaft ist auf dem deutschen Markt in verschiedenen Versicherungssparten, u. a. in der Kfz-Versicherung tätig. Im Januar 1997 erfolgte eine Tarifänderung in der Kfz-Haftpflichtversicherung und damit einhergehend eine Änderung der bisherigen Preise für bestimmte Pkw-Typenklassen. Für die Typenklassenänderung war für jeden einzelnen Vertrag die Zustimmung des jeweiligen Versicherungsnehmers notwendig. Nicht jeder Versicherungsnehmer hat von der Änderungsmöglichkeit Gebrauch gemacht.

Es gibt nun einen Bestand an Versicherungsverträgen mit den „alten" Typenklassen und einen Vertragsbestand mit neuen Typenklassen. Der Bestand an alten Klassen unterliegt beim versicherungstechnischen Risiko einer anderen Wahrscheinlichkeitsverteilung bezüglich Schadenhöhe und Schadeneintrittswahrscheinlichkeit als der Neubestand. Betrachten wir nun das Irrtumsrisiko im Bereich Schaden:

1. Risikoidentifikation: Für den Altbestand ist differenziert nach Schadenhöhe und Schadenzeitpunkten zu identifizieren, welche Irrtumsrisiken bestehen.
2. Es erfolgt eine Analyse und betragsmäßige Bewertung. Hierzu wird die bereits dargestellte Matrix verwendet. Sollte eine Bewertung nicht möglich sein, sind Schätzungen vorzunehmen, um einen Risikobetrag zu ermitteln.
3. Nun kann in der Risikobehandlung die Verwendung der bisher eingesetzten risikopolitischen Instrumente überprüft werden. Aus Gründen der Schadenpolitik wurden Anfang 1997 die neuen Typenklassen eingeführt. Wo sind weitere Verbesserungen bezüglich der Minimierung der Irrtumsrisikokosten möglich? Bei welchen Versicherungsnehmern würden z. B. die Irrtumsrisikokosten reduziert, wenn heute ein Wechsel zu der neuen Typenklasse erfolgt? Es ist festzulegen, welcher Teil des Irrtumsrisikos vermieden, welcher selbst getragen und welcher an Versicherungsnehmer oder Rückversicherung überwälzt wird. Dieses Vorgehen erfolgt getrennt für den Neubestand.

Dieser Prozeß hat ebenfalls für das Änderungs- und Zufallsrisiko, getrennt nach Neu- und Altbestand zu erfolgen. Es liegen dann in der Sparte Kfz-Haftpflicht im Bereich Schaden sechs Einzelbeträge für das versicherungstechnische Risiko vor:

248 Risikomanagement in Versicherungsgesellschaften

Versicherungstechnisches Risiko Kfz-Haftpflicht			
Risiko	Betrag	Risiko	Betrag
Irrtumsrisiko Altbestand		Irrtumsrisiko Neubestand	
Änderungsrisiko Altbestand		Änderungsrisiko Neubestand	
Zufallsrisiko Altbestand		Zufallsrisiko Neubestand	
Summe Altbestand		Summe Neubestand	
Summe versicherungstechnisches Risiko Kfz- Haftpflicht			

Abbildung 6: Ermittlung des versicherungstechnischen Gesamtrisikos

Aus den einzelnen versicherungstechnischen Risiken kann ein Gesamtbetrag für den Bereich Kfz-Haftpflicht ermittelt werden. Diese Beschränkung auf das versicherungstechnische Risiko reicht jedoch nicht aus. Vielmehr sind auch das finanzielle und das strategische Risiko in das Risikomanagement zu integrieren. Auch hier ist eine dreidimensionale Untergliederung der Risikoarten, der Arten der Risikobehandlung und der Gesellschaftsbereiche durchzuführen.

Die beschriebene Analyse und Bewertung wird nun für jeden Tarif und jede Versicherungssparte gesondert durchgeführt. Es läßt sich jeweils ein operatives, finanzielles und strategisches Risiko für die Versicherungsgesellschaft ermitteln. Diese ergeben das Gesamtrisiko. Interdependenzen zwischen Einzelrisiken und zwischen Risiken und Zielen sind zu berücksichtigen.

Wie detailliert die Aufgliederung der einzelnen Dimensionen erfolgt, sollte dabei zum einen von der Höhe der (bei Aufgliederung noch nicht bekannten) Einzelrisiken, zum anderen von der Höhe der Kosten der Risikoermittlung und -bewertung abhängig gemacht werden. Eine Unterteilung der einzelnen Versicherungssparten nach Tarifen sollte jedoch auf jeden Fall erfolgen.

Wie viele andere Märkte auch, ändert sich der Versicherungsmarkt zur Zeit ebenfalls. So ist z. B. im letzten Jahr erstmals der Kfz-Schutzbrief zusammen mit der Kfz-Haftpflichtversicherung angeboten worden. Einige Versicherungen haben diesen Schutzbrief inzwischen automatisch und kostenlos in ihre Kfz-Haftpflicht integriert. Ob dies ein zusätzliches versicherungstechnisches Risiko darstellt oder ob das versicherungstechnische Risiko hierdurch vermindert wird, hängt vom Bestand der jeweiligen Versicherungsgesellschaft ab.

Eine Anpassung bestehenden Risikomanagements an solche versicherungstechnischen Risiken, die aufgrund von Tarifveränderungen entstehen, ist laufend durchzuführen. Jede

Änderung von Marktbedingungen, Vertragsbedingungen und Tarifen erfordert einen neuen Risikomanagementprozeß.

6 Risikopräferenz

Aus den im vorhergehenden Abschnitt am Beispiel der versicherungstechnischen Risiken erläuterten Einzelrisiken läßt sich ein Gesamtrisiko für eine Gesellschaft errechnen. Die Gesellschaftsführung hat dabei über den Einsatz bestimmter risikopolitischer Instrumente zur Handhabung des Gesamtrisikos zu entscheiden.

Diese Risikohandhabung setzt die kontinuierliche Überwachung risikobezogener Maßnahmen voraus. Hierbei sollten mögliche Schwachstellen des Systems und des Prozesses aufgedeckt und kontinuierlich Verbesserungen vorgenommen werden. Bedingung ist ein regelmäßiges Reporting an die Gesellschaftsführung, damit diese über die Möglichkeiten der Risikobehandlung entscheiden kann.

Hier bietet es sich an, Risikogrenzen für einzelne Bereiche festzulegen. Erst bei Überschreiten dieser Grenzen sind risikopolitische Instrumente einzusetzen und die Gesellschaftsführung zu informieren. Kriterien können z. B. Marktanteilsverluste, Beitragsrückgänge oder die betragsmäßig bewerteten, versicherungstechnischen Risiken sein. Zu prüfen ist der Einsatz von gesellschaftsindividuell zu erstellenden Checklisten[46], in denen die Einhaltung bzw. Überschreitung von Risikogrenzen regelmäßig überprüft wird. Der Einsatz allgemeingültiger Checklisten ist sowohl aufgrund unterschiedlicher Bestände als auch aufgrund unterschiedlicher Zielsetzungen einzelner Versicherungsgesellschaften grundsätzlich nicht möglich. Jede Gesellschaft wird ihre eigenen Checklisten erstellen müssen, wobei einer Zusammenarbeit z. B. mit einer Rückversicherung oder anderen externen Beratern keine gesetzlichen Restriktionen entgegenstehen.

Bei der Ermittlung der Grenzen muß eine Risikopräferenz für die Gesellschaft festgelegt werden. Die Risikoneigung wird sich nach der individuellen Risikobereitschaft der Mitglieder der Gesellschaftsführung richten. Die Risikoneigung kann auch für einzelne Bereiche unterschiedlich ausfallen, wenn z. B. der Leiter der Sparte Kfz-Versicherung eine andere Risikopräferenz als der Leiter der Krankenversicherungssparte hat. Es kann jedoch nur ein Gesamtrisiko und einen Gesamtrisikobetrag geben, der sich aus den ermittelten Einzelrisiken zusammensetzt.

7 Kapitalbedarf aufgrund der Risikopräferenz

Versicherungstechnische Risiken in der engen Definition negativer Zielabweichungen werden bereits heute analysiert und bewertet. Zum einen geschieht dies, um Rückstellungen im Jahresabschluß angemessen bilden zu können, zum anderen, um zu entscheiden, ob und in welcher Form und Höhe Bestände rückversichert werden. Bei der Rückversicherung ist zwischen der fakultativen Rückversicherung von Einzelrisiken und der obligatorischen Rückversicherung von Portefeuilles auszuwählen, wobei jeweils eine weitere Differenzierung in proportionale und nichtproportionale Rückversicherungen möglich ist. Auf Grundlage des vorgestellten Risikomanagements läßt sich jedoch nicht nur ein versicherungstechnisches Risiko, sondern ein Gesamtrisiko ermitteln.

Um zu beurteilen, wieviel Kapital benötigt wird, um das Gesamtrisiko abzudecken, bietet sich eine Orientierung an gesetzlichen Vorschriften bezüglich Eigenmittelausstattung und Kapitalanlagen von Versicherungsgesellschaften an. Ob eine tägliche betragsmäßige Risikoermittlung, wie sie z. B. bei der Bank J. P. Morgan seit 1991 erfolgt[47], oder eine z. B. nur monatlich stattfindende Ermittlung ausreicht, ist jedoch nicht vom Gesetzgeber vorgeschrieben und daher von jeder Versicherungsgesellschaft selbst zu beurteilen.

7.1 Eigenmittel

Es gibt keine allgemeingültigen Grundsätze, wie sicher eine Versicherungsgesellschaft sein soll bzw. muß.[48] Die europäischen Richtlinien zur Kapitalausstattung von Versicherungsgesellschaften wurden vom deutschen Gesetzgeber in das Versicherungsaufsichtsgesetz (VAG) transferiert. Der Gesetzgeber geht davon aus, daß „die Verpflichtungen aus den Versicherungen ... als dauernd erfüllbar dargetan sind".[49] Hierzu sind nach § 53 c I VAG „freie unbelastete Eigenmittel mindestens in Höhe einer Solvabilitätsspanne zu bilden, die sich nach dem gesamten Geschäftsumfang bemißt". Der Gesetzgeber will mit diesen Vorschriften sicherstellen, daß Versicherungsgesellschaften imstande sind, ihren Zahlungsverpflichtungen nachzukommen.[50] Sämtliche Vorschriften des VAG gelten jedoch nicht für Rückversicherungsgesellschaften.

Unter Eigenmitteln sind neben dem Eigenkapital, welches meist nur 5 % der Passiva ausmacht,[51] das Genußrechtskapital und nachrangige Verbindlichkeiten zu erfassen.[52] Hiervon sind aktivierte immaterielle Vermögensgegenstände abzuziehen, um die expliziten Eigenmittel zu erhalten. Unter implizite Eigenmittel fallen stille Reserven und bei Lebensversicherungen freie Rückstellungen für Beitragsrückerstattung sowie nichtgezillmerte Abschlußkosten.[53] Die Summe aus expliziten und impliziten Eigenmitteln ergibt die Eigenmittel einer Versicherungsgesellschaft.

Der Begriff *Solvabilität* bezeichnet die Eigenmittelausstattung einer Versicherung. Hierbei wird zwischen Ist- und Soll-Solvabilität differenziert:

Die Soll-Solvabilität kann als erforderliche Mindesthöhe an Eigenmitteln bezeichnet werden,[54] da sie aus der gesetzlichen Definition heraus die tatsächlich nachweisbaren Eigenmittel darstellt.

Die Ermittlung der Soll-Solvabilität ist gesetzlich dreifach definiert:
- Als Solvabilitätsspanne, abgeleitet als relative Größe aus dem Versicherungsgesamtbestand. Die Solvabilitätsspanne bezeichnet den Betrag der erforderlichen Eigenmittel,
- als Garantiefonds, definiert als ein Drittel der Solvabilitätsspanne,
- als Mindestgarantiefonds mit absolutem Betrag in Abhängigkeit vom Risiko der betriebenen Versicherungssparten.

Bei Lebensversicherungen ist in der Solvabilitätsspanne neben dem versicherungstechnischen Risiko auch das Kapitalanlagerisiko enthalten.[55] Aufsichtsrechtliche Folgen nach VAG ergeben sich, wenn die Ist-Solvabilität unter die Soll-Solvabilität sinkt.[56] Diese gesetzlichen Forderungen werden von den Gesellschaften bereits weit übertroffen: So beträgt für das Geschäftsjahr 1996 die Eigenmittelquote für deutsche Lebensversicherungsgesellschaften 194,5 %.[57] Die Kennzahl drückt aus, daß die Soll-Solvabilität um das Zweifache übererfüllt wird.

Zielabweichungen im Sinne eines Risikos können den Eigenmittelbestand einer Versicherungsgesellschaft im Rahmen der jährlichen Ergebnisfeststellung periodisch beeinflussen. Um diese Zielabweichungen zu berücksichtigen, sind von Versicherungsgesellschaften Rückstellungen zu bilden. Die Höhe des Eigenmittelbestandes und seine jährliche Veränderung sind wesentlich für die zukünftige Entwicklung einer Versicherung. Der Eigenmittelbestand einer Versicherungsgesellschaft hängt jedoch nicht nur von versicherungstechnischen Zielabweichungen ab, sondern auch – und zwar wesentlich – von Erträgen aus Kapitalanlagen.[58]

7.2 Kapitalanlagen

Versicherungsgesellschaften sind verpflichtet, Kapitalanlagen „unter Berücksichtigung der Art der betriebenen Versicherungsgeschäfte"[59] zu bilden.[60] Die Kapitalanlagen von Versicherungsgesellschaften haben damit nicht nur das Ziel der Rentabilität, sondern auch die Ziele der Liquidierbarkeit und des Fortbestandes der Gesellschaft zu erfüllen, um den Verpflichtungen aus ihrem Versicherungsbestand nachkommen zu können.[61]

Die gesetzlichen Vorschriften setzen den Versicherungsgesellschaften bezüglich der Wahl der Kapitalanlagen deshalb gewisse Grenzen. Die Vorschriften des § 54 a VAG unterscheiden nun bei den Kapitalanlagen drei Blöcke:

252 Risikomanagement in Versicherungsgesellschaften

- *Deckungsstock*: Sondervermögen, auf das nur die zugreifen können, für die der Deckungsstock gebildet wurde; dies entspricht der Deckungsrückstellung auf der Passivseite der Bilanz.
- *Übriges gebundenes Vermögen*: Versicherungstechnische Rückstellungen ohne Deckungsrückstellungen sowie sich aus dem Versicherungsbestand ergebende Verbindlichkeiten und Rechnungsabgrenzungsposten.
- *Freies bzw. restliches Vermögen*: Hierzu zählen sämtliche Aktiva, die nicht dem gebundenen Vermögen zugerechnet werden.

Die ersten beiden Blöcke werden als gebundenes Vermögen bezeichnet. Sie hängen von den versicherungstechnischen Risiken des Versicherungsbestandes ab. Das Kapitalanlagevolumen folgt hier dem Volumen des Versicherungsbestandes.[62] Zusätzlich wird durch die § 54 a–c VAG und weitere Vorschriften[63] vorgeschrieben, welche Arten von Kapitalanlagen unter Beachtung der Anlagegrundsätze Sicherheit, Rentabilität, Liquidität und Mischung sowie Streuung[64] gewählt werden dürfen.

Versicherungstechnische Risiken beeinflussen damit den Teil der Kapitalanlagen, der als gebundenes Vermögen bezeichnet wird. Die Fristigkeit dieser Kapitalanlagen sollte sich damit fristenkongruent nach den versicherungstechnischen Risiken des Versicherungsbestandes richten, um jederzeit möglichen Zahlungsverpflichtungen aus versicherungstechnischen Risiken nachkommen zu können.

Neben dem versicherungstechnischen Risiko, welches die Kapitalanlagen beeinflußt, besteht das Kapitalanlagerisiko. In Anlehnung an den verwendeten Risikobegriff wird das Kapitalanlagerisiko als Zielabweichung von den Kapitalanlagezielen Rentabilität, Liquidierbarkeit und Fortbestand der Gesellschaft definiert. Ähnlich dem versicherungstechnischen Risiko ist eine Risikoidentifikation, -analyse und -bewertung für einzelne Kapitalanlagen durchzuführen. Auch hier ist zu prüfen, ob Grenzen festgelegt und individuelle Checklisten eingesetzt werden.

Die Erträge aus den Kapitalanlagen beeinflussen ebenso wie die versicherungstechnischen Risiken die Eigenmittel einer Versicherungsgesellschaft und damit den betriebsnotwendigen Kapitalbedarf.

7.3 Sicherheitskapital

Die gesetzlichen Vorschriften des VAG können im Sinne eines Risikomanagements nur als Minimalanforderungen angesehen werden, da sie zum einen nur auf die Zahlungsfähigkeit abstellen, zum anderen für die Zahlungsfähigkeit auch Fremdkapital in Form der Rückstellungen für Beitragsrückerstattung vorsehen.[65] Ein Risikomanagement soll jedoch zum einen den Fortbestand der Gesellschaft sicherstellen, zum anderen das Gesamtrisiko berücksichtigen.[66] Zur Ermittlung des Gesamtrisikos ist das operative, finanzielle und strategische Risiko zu ermitteln. Das strategische Risiko wurde aufgrund der Schwierigkeiten seiner Ermittlung und Bewertung jedoch aus der vorliegenden Betrachtung ausgeklammert.

Periodische Eigenmittelveränderungen sind auf das versicherungstechnische Risiko und das Kapitalanlagerisiko zurückzuführen. Im Rahmen eines Risikomanagementsystems müssen diese Eigenmittelveränderungen erfaßt und beurteilt werden. Hierzu bietet sich eine Anlehnung an die jährlich im Rahmen des Jahresabschlusses stattfindende Ergebnisermittlung an.

Ergibt sich ein positiver Saldo aus versicherungstechnischen Aufwendungen einerseits und Prämieneinnahmen und Kapitalanlageerträgen andererseits, kann dieser Saldo zur Erhöhung der Eigenmittel genutzt werden.[67] Ein negativer Saldo muß hingegen gedeckt werden, und zwar entweder durch Kapitalanlageerträge oder durch anderes verfügbares Kapital. Dieses Kapital zur Deckung eines negativen Saldos soll nachfolgend als Sicherheitskapital bezeichnet werden. Hierzu können gezeichnetes Kapital, Kapital- und Gewinnrücklage, Schwankungsrückstellungen und Drohverlustrückstellungen sowie, unter bestimmten Umständen, stille Reserven gerechnet werden.[68]

Die Höhe dieses Sicherheitskapitals wird neben der Risikoneigung der Gesellschaftsführung durch die Schwankungsträchtigkeit des jeweiligen Versicherungsbestandes und die damit verbundenen Risiken bestimmt. Der Versicherungsbestand ist um so volatiler, je kleiner die Zahl voneinander unabhängiger Risiken und je inhomogener deren Größe ist. Weitere Volatilität ergibt sich aus der gegenseitigen Abhängigkeit von Risiken.

Die Volatilität einzelner Versicherungsbestände kann nun dadurch minimiert werden, daß eigene Bestände der Versicherungsgesellschaft rückversichert werden. Die Nettovolatilität (nach Rückversicherung) sollte kleiner sein als die Bruttovolatilität (vor Rückversicherung). Hierdurch sinkt die Höhe der betriebsnotwendigen Eigenmittel bei der Versicherungsgesellschaft. Beim Rückversicherer steigt die Höhe der betriebsnotwendigen Eigenmittel. Der Kapitalbedarf, der beim Rückversicherer für die Übernahme bestimmter Risiken von Versicherungsgesellschaften entsteht, ist deutlich kleiner als der Eigenmittelbetrag, den die Versicherungsgesellschaft durch die Rückversicherung einspart. Bei der Versicherungsgesellschaft werden betriebsnotwendige Eigenmittel freigesetzt.

Bei realistischer Risikoneigung der Gesellschaftsführung wird der so ermittelte Sicherheitskapitalbedarf zwar eine andere Höhe aufweisen als das Gesamtrisiko, die gesetzlichen Solvabilitätsregelungen jedoch übertreffen.

8 Rückversicherung als Risikomanagementinstrument für Versicherungsgesellschaften

Das Gesetz zur Kontrolle und Transparenz im Unternehmensbereich (KonTraG) verlangt von den Versicherungsunternehmen, daß diese Überwachungssysteme zur Früherkennung gefährdender Entwicklungen einrichten. Generell werden solche Maßnahmen unter dem Begriff „Risikomanagement" erfaßt, wobei es noch keine Auslegung dieses Gesetzes gibt, die festhält, welche Risiken wie zu prüfen und zu erfassen sind.

Die Swiss Re hat in den letzten fünf Jahren ihr internes Risikomanagement um eine Komponente ergänzt, welche einen wichtigen Schritt in Richtung einer gesamtheitlichen Beurteilung der finanziellen Geschäftsrisiken aus Versicherung und Anlagen darstellt. Ausgangspunkt ist die Überlegung, daß das Risikomanagement das Ziel hat, abzuschätzen, ob das Unternehmen mit genügend Kapital ausgerüstet ist, um außerordentlich schlechte Resultate aus Extremsituationen (Versicherung und Anlagen) abzufangen. Werden die betreffenden Kapitalberechnungen betriebswirtschaftlich umgesetzt, führen sie zu einer Ergebnismessung, die einerseits einen risikogerechten Vergleich zwischen Produkten und Profit-Center erlaubt und andererseits auf Unternehmensstufe einen Benchmark etabliert, an dem gemessen werden kann, ob das zur Verfügung stehende Kapital optimal genutzt wird – bezogen auf die Risiken – und ob eine für die Aktionäre risikogerechte Rendite erzielt wird.

Nachdem die Swiss Re dieses Risikomanagement für die Steuerung des eigenen Unternehmens eingeführt hatte, hat sie dieses Gedankengut zur Wertschöpfung bei ihren Kunden weiterentwickelt („Value Proposition"), denn die Themen Risiko, Kapital und Rendite interessieren auch die Erstversicherer im Zusammenhang mit ihrer Rückversicherung als Teil ihres Risikomanagements. Wir haben ein Instrumentarium entwickelt, um diese Wertschöpfung für den Kunden transparent zu machen. Im Rahmen eines solchen Projektes gewinnt der Erstversicherungskunde wertvolle Erkenntnisse über die Struktur seiner Risiken und kann diese für eine Überprüfung seines Risikomanagements nutzen, darunter auch die Gestaltung seines Rückversicherungsprogrammes.

Nachfolgend wird im ersten Abschnitt das Kernstück des Risikomanagements der Swiss Re skizziert. Im zweiten Abschnitt wird kurz darauf eingegangen, wie die Swiss Re ihre Kunden mit diesen Erkenntnissen unterstützt, soweit es das Rückversicherungsprogramm des Kunden und damit sein Risikomanagement betrifft.

8.1 Ansatz der Swiss Re zum Risikomanagement

Die Unternehmensführung sucht grundsätzlich eine Balance zwischen Sicherheit, Risiko und Rendite. Das Geschäft des Versicherungsunternehmens ist das Geschäft mit dem

Risiko. Das Versicherungsunternehmen soll jene Risiken behalten, die es – im Verhältnis zu seiner Kapitalbasis – besser steuern kann als andere und jene vermeiden, die Dritte besser bewältigen können, sei dies der Kapitalmarkt (Absicherung der Anlagerisiken oder seit kurzem vorwiegend in den USA auch Absicherung von Versicherungsrisiken) oder der Rückversicherungsmarkt.

Ein zumeist beschränktes Risikomanagement ist bei vielen Versicherungsunternehmen schon seit einiger Zeit eingeführt, nämlich die Zuteilung und Überwachung von Zeichnungslimiten im Versicherungsgeschäft und die Festlegung und Überwachung von Anlagerichtlinien.

Ein Risikomanagement, das alle Risiken in einem einheitlichen methodischen Modell und operativen System zusammenfaßt, wird es vermutlich noch nicht geben. Ein erster wichtiger Schritt ist aber, wenn jene Risiken, die sich quantifizieren lassen, nicht nur in einer einzelnen, stückweisen Betrachtung, sondern in ihrer Gesamtheit und in ihrer finanziellen Auswirkung erfaßt und modelliert werden können.

Ausgangspunkt für die Swiss Re ist die Überlegung, daß die oberste und wichtigste Aufgabe einer jeden Geschäftsleitung ist, mit ihrer Führung den Wert des Unternehmens zu erhöhen. Das Kapital eines Unternehmens soll so eingesetzt werden, daß mittel- und langfristig eine optimale Wertschöpfung erzielt wird. Den damit beteiligten wirtschaftlichen Subjekten ist so am besten gedient: hoher Produktnutzen für Kunden, adäquate Dividende für Aktionäre, sichere und gute Vergütung für Arbeitnehmer.

Ist ein Unternehmen überkapitalisiert, geht die Geschäftsführung ineffizient mit den zur Verfügung stehenden Eigenmitteln um, da – gemessen an den Risiken und dem durchschnittlich möglichen Resultat (Erwartungswert des Resultats) – die Kapitalbasis überdotiert ist. Das Kapital kann nicht die von den Eigentümern erwartete Rendite erzielen, und diese werden ihre Investitionen in konkurrenzfähigere Anlagen plazieren. Ist das Unternehmen unterkapitalisiert, setzt es sich einem zu hohen Insolvenz-, im Extremfall dem Ruinrisiko aus. In der internen Steuerung muß das vorhandene Kapital also in jenen Sparten und geographischen Bereichen eingesetzt werden, wo es mittel- und langfristig eine risikogerechte Rendite und damit eine optimale Wertschöpfung erreicht.

8.2 Risk Adjusted Capital

Den Schlüssel, den die Swiss Re für die Lösung dieser Fragestellung gefunden hat, ist das „Risk Adjusted Capital" (RAC). Mit RAC werden die Risiken, die aus der Versicherungs- und Anlagetätigkeit entstehen, quantifiziert und in einer finanziellen Größe ausgedrückt. Diese finanzielle Größe ist das betriebswirtschaftlich notwendige Kapital. Die Fragen, die sich die Geschäftsleitung dabei stellt, sind:

256   Risikomanagement in Versicherungsgesellschaften

- Welchen Risiken ist das Unternehmen ausgesetzt?
- Wieviel Kapital braucht es, um diese Risiken zu tragen?
- Wie kann das betriebswirtschaftlich notwendige Kapital dem effektiv vorhandenen Kapital angeglichen werden?
- Wie soll das effektiv vorhandene Kapital eingesetzt werden, damit es eine risikogerechte Rendite erzielt?

Im Konzept der Swiss Re besteht das RAC aus zwei Teilen: jenem Teil des Kapitals, den die Unternehmensführung bereit wäre, im Extremfall eines außerordentlich schlechten Geschäftsjahres auszuschöpfen (mögliches Verlustkapital), und jenem Teil des Kapitals, der auch nach einem extrem schlechten Jahr noch vorhanden sein soll, damit die Geschäfte unverändert weitergeführt werden können. Die Höhe dieses Kapitalstocks wird von der Geschäftsleitung unabhängig von der nachfolgend erklärten Resultatsverteilung bestimmt.

Zur Bestimmung des möglichen Verlustkapitals wird eine Jahresresultatsverteilung errechnet, ausgehend von den Schadenverteilungen der einzelnen Sparten und ergänzt um Prämien, Kosten und Zinsertrag. Neben historischen Daten werden auch Bedrohungsszenarien modelliert, um nicht nur den effektiven Schadenverlauf zu erfassen, sondern auch, um Bedrohungen mit sehr geringer Frequenz, aber hoher Schadenlast zu erfassen.

Zur Bestimmung dieses Kapitalteiles benötigt man neben der Resultatsverteilung noch die Risikoneigung (=Risikopräferenz): Wie schlecht darf ein „außerordentlich schlechtes Geschäftsjahr" werden, und mit welcher Wahrscheinlichkeit kann es eintreffen? Die Resultatsverteilung gibt Auskunft darüber, wieviel Kapital durch ein „Jahrhundert-Resultat" oder ein „Fünfzig-Jahr-Resultat" im betroffenen Unternehmen vernichtet wird.

Diese systematischen Untersuchungen zu Bedrohungsszenarien und zur Risikolandschaft, welche die Experten zu Händen der Geschäftsleitung vornehmen, und die geschäftspolitischen Entscheide, welche die Unternehmensleitung über ihre Risikobereitschaft fällen, werden zu einem essentiellen Teil des Risikomanagements.

8.3 Optimierung von Risiken, Kapital und Rendite

Ist das RAC bestimmt[69], kann die Geschäftsleitung dieses betriebswirtschaftlich notwendige Kapital mit dem effektiv vorhandenen Kapital vergleichen. Davon ausgehend können dann die nötigen Maßnahmen getroffen werden, welche zur Angleichung von RAC an das vorhandene Kapital führen. Bei Überkapitalisierung wären dies zum Beispiel: Erhöhung der Risikobereitschaft auf Versicherungs- und Anlagenseite, Übernahme eines anderen Unternehmens, Rückzahlung von Kapital an die Aktionäre.

Intern wird das RAC so auf die Produkte und Profit-Center aufgebrochen, daß jeder Einheit jener Anteil an RAC unterlegt wird, der den Risiken dieser Einheit entspricht. Vergleicht die Geschäftsleitung im Rahmen der betriebswirtschaftlichen Ergebnismessung dann die Rendite der verschiedenen Einheiten, muß eine mit hohen Risiken behaftete Einheit einen höheren Ertrag erzielen als eine weniger riskante Einheit. Die Geschäftsleitung kann also eine risikogerechte Ergebnismessung mit direktem Renditevergleich vornehmen.

8.4 Value Proposition für Versicherungsgesellschaften

Ein Teil des Konzeptes, welches die Swiss Re für ihr eigenes Risikomanagement anwendet, findet auch Anwendung in der „Value-Proposition"-Beratung der Swiss Re für ihre Kunden. Mit einem Software-Instrument, das die Schweizer-Rück-Methode auf vereinfachende Weise anwendet, kann für einen Kunden das RAC vor und nach Rückversicherung berechnet werden. Das Ziel ist, abzuschätzen, inwieweit das bestehende Rückversicherungsprogramm des Kunden seiner Risikoexponierung, seiner Risikopräferenz und seiner bestehenden Kapitalbasis entspricht.

Der Ansatz der Swiss Re geht dabei von folgender Erkenntnis aus:

Die Höhe des RAC im Vergleich zum Gesamtrisiko illustriert auch das Maß der Diversifikation eines Versicherungsunternehmens, d. h. den Risikoausgleich, den die Portefeuilles in sich und untereinander erbringen. Aus dieser Diversifikation ergibt sich auch der inhärente Vorteil der Rückversicherung: große, weltweit tätige (Rück-) Versicherer haben den Vorteil, daß sie besser diversifiziert sind als lokal oder regional tätige Erstversicherungsunternehmen. Dies bedeutet, daß ein Rückversicherer a priori für dasselbe Gesamtrisiko relativ weniger Eigenkapital braucht als ein Erstversicherer. Gesamtwirtschaftlich werden also Kapital und damit Kapitalkosten gespart, wenn ein Erstversicherer Risiken an einen Rückversicherer transferiert. Ein aus finanzieller Sicht gestaltetes Rückversicherungsprogramm optimiert die Kapitalkosten.

Daß Rückversicherungen die Risikoexponierung, die Volatilität des Resultats, die Kapitalanforderungen und damit die Kapitalkosten eines Erstversicherers reduzieren, sind längst bekannte Vorteile. Neu ist, daß die Swiss Re diese Vorteile auch quantitativ transparent machen kann, d. h. die eingesparten Kapitalkosten des Erstversicherers können mit den Kapitalkosten des Rückversicherers beim Risikotransfer verglichen werden. Proportionale und nichtproportionale Rückversicherung wirken sich verschieden auf die Kapitalbasis aus; dieser unterschiedliche Effekt kann ebenfalls illustriert werden.

Somit kann das Rückversicherungsprogramm auf die Risikoexponierung und die Kapitalbasis des Erstversicherers und damit auf die Risikoneigung seiner Geschäftsleitung besser abgestimmt werden. Damit bietet die Swiss Re eine Möglichkeit, das Rückversicherungsprogramm als Instrument des Risikomanagements besser zu nutzen.

9 Zusammenfassung und Ausblick

Die Einrichtung eines Risikomanagements für Versicherungsgesellschaften erscheint nicht nur vor dem Hintergrund der Einführung des KonTraG, sondern vor allem zur Beurteilung der Risikoneigung und des Sicherheitskapitalbedarfs einer Versicherungsgesellschaft sinnvoll.

Je detaillierter die Analyse bestehender und potentieller Risiken durchgeführt wird, desto eher ergeben sich Optimierungspotentiale in den einzelnen Risikoarten und damit im Sicherheitskapitalbedarf der Versicherungsgesellschaft.

Solange der Aufwand zur Einrichtung und Pflege eines Risikomanagementsystems niedriger ist als der aus der Optimierung resultierende Ertrag, wird niemand etwas gegen die Einführung eines solchen Risikomanagementsystems einzuwenden haben.

Die Ausgestaltung eines solchen Risikomanagementsystems hängt jedoch von der Größe, der Branche, der Struktur und dem Kapitalmarktzugang der jeweiligen Versicherungsgesellschaft ab und ist daher für jede Gesellschaft individuell verschieden.[70] Das gleiche gilt für das zu erwartende Optimierungspotential.

Für Versicherungsgesellschaften folgt durch das beschriebene Risikomanagement zum einen eine exaktere Kenntnis der eigenen eingegangenen Risiken, zum anderen ergeben sich Herausforderungen für die Weiterentwicklung neuer Versicherungsdienstleistungen.[71] Die Übernahme bisher nichtversicherbarer Risiken erscheint dabei ebenso möglich wie die Erweiterung der im industriellen Bereich bereits angebotenen Verträge, die unterschiedliche Risiken einer Gesellschaft individuell in einem Vertag zusammenfassen.

---

[1] Vgl. hierzu Bundesdrucksache 13/9712. Betroffen sind neben Aktiengesetz und Handelsgesetzbuch die in den Artikeln 3 bis 14 des KonTraG bezeichneten Gesetze.

[2] Vgl. Bundesdrucksache 13/9712, S. 15.

[3] Versicherungsgesellschaften sind nicht immer Aktiengesellschaften. Für Versicherungsgesellschaften wird deshalb nachfolgend von der Gesellschaftsführung ausgegangen und nicht wie im AktG vom Vorstand.

[4] Vgl. Bundesdrucksache 13/9712, S. 27: In der Begründung zum Gesetzentwurf fordert der Gesetzgeber jedoch ein „angemessenes Risikomanagementsystem" um mit diesem „möglichst frühzeitig Risiken und Fehlentwicklungen zu erkennen, um Gefährdungen des Fortbestandes des Unternehmens zu vermeiden".

[5] Vgl. Bundesdrucksache 13/9712, S. 15 sowie Farny, Dieter: „Risikomanagement in der Produktion", in: *Handwörterbuch der Produktionswirtschaft*, 2. Aufl., Stuttgart 1996, S. 1798–1906; Mensch, Gerhard: *Risiko und Unternehmensführung: Eine systemorientierte Konzeption zum Risikomanagement*, Frankfurt/Main 1991; Weitekamp, Katja: „Chancen-/Risikomanagement als Führungsaufgabe aus Sicht der Internen Revision", in: Versicherungswirtschaft, 52. Jg. (1997), S. 1756–1763.

[6] Vgl. Mensch, a.a.O. S. 1.

[7] Vgl. Weitekamp, a.a.O., S. 1756; Albrecht, Peter; Schwake, Edmund: „Versicherungstechnisches Risiko", in: *Handwörterbuch der Versicherung*, Karlsruhe 1988, S. 652.

[8] Vgl. Mensch, a.a.O., S. 8.

[9] Vgl. Bittl, Andreas; Müller, Bernd: „Das versicherungstechnische Risiko im Zentrum versicherungswirtschaftlicher Betätigung", in: Zeitschrift für die gesamte Versicherungswirtschaft, 87. Band, Heft 3 (1998), S. 386; Karten, Walter: „Versicherungstechnisches Risiko – Begriff, Messung und Komponenten (II)", 18. Jg. (1989), S. 107f.

[10] Vgl. Scharpf, Paul: „Die Sorgfaltspflichten des Geschäftsführers einer GmbH", in: Der Betrieb, 50. Jg. (1997), S. 741.

[11] Vgl. hierzu z. B. Farny, Dieter: *Versicherungsbetriebslehre*, 2. Aufl. 1995 Karlsruhe, S. 450 sowie Weitekamp, a.a.O., S. 1756f.

[12] Vgl. Fürstenwerth, Frank von; Weiß, Alfons: *Versicherungsalphabet*, Karlsruhe 1997, S. 553 sowie ähnlich Janott, Horst: „Zufallsrisiko – Änderungsrisiko", in: *Festschrift für Reimer Schmidt*, Karlsruhe 1976, S. 408.

[13] Anmerkung des Verfassers.

[14] Vgl. Albrecht, a.a.O., S. 652. Dieser geht in einer engeren Betrachtungsweise nur vom Gesamtschaden aus. Vgl. fast wörtlich in Koch, Peter; Weiss, Wieland: *Gabler Versicherungslexikon*, Wiesbaden 1994, S. 953.

[15] Vgl. Bittl, a.a.O., S. 385f.

[16] Vgl. Bittl, a.a.O., S. 386.

[17] Vgl. Albrecht, a.a.O., S. 653.

[18] Vgl. Koch, a.a.O., S. 427.

[19] Vgl. Albrecht, 1988, S. 653.

[20] Vgl. Koch, a.a.O., S. 47.

[21] Vgl. Farny, a.a.O., 1995, S. 450f. Farny differenziert zwischen Risiken aus dem Versicherungsgeschäft und Risiken aus dem Kapitalanlagegeschäft. Das Zinsspannenrisiko subsumiert er unter Risiken aus dem Versicherungsgeschäft.

[22] Vgl. Farny, a.a.O., 1995, S. 450.

[23] Vgl. Hitzig, Rudolf: „20 Jahre Risiko Management", in: *Festschrift für Dieter Farny zur Vollendung seines 60. Lebensjahres von seinen Schülern*, Karlsruhe 1994, S. 285.

[24] Vgl. Farny, a.a.O. 1996, Sp. 1799.

[25] Vgl. § 91 Abs. 2 AktG.

[26] Vgl. Bundesdrucksache 13/9712, S. 15. Weitere, dort aufgeführte bestandsgefährdende Entwicklungen sind Unrichtigkeiten der Rechnungslegung und Verstöße gegen gesetzliche Vorschriften, die sich auf die Vermögens-, Finanz und Ertragslage der Gesellschaft wesentlich auswirken.

[27] Vgl. Bundesdrucksache 13/9712, S. 15.

[28] Vgl. Bundesdrucksache 13/9712, S. 11 und S. 15.

[29] Vgl. Bundesdrucksache 13/9712, S. 15 sowie Giese, Rolf: „Die Prüfung des Risikomanagementsystems einer Unternehmung durch den Abschlußprüfer gemäß KonTraG", in: Die

Wirtschaftsprüfung, 51. Jg. (1998), S. 451; Brebeck, Frank; Herrmann, Dagmar: „Zur Forderung des KonTraG-Entwurfs nach einem Frühwarnsystem und zu den Konsequenzen für die Jahres- und Konzernabschlußprüfung", in: Die Wirtschaftsprüfung, 50. Jg. (1997), S. 387; Lück, Wolfgang: „Elemente eines Risiko-Managementsystems", in: Der Betrieb, 51. Jg. (1998), S. 8.

[30] Vgl. hierzu die Begründung zum KonTraG. in: Bundesdrucksache 13/9712, S. 11ff.
[31] Vgl. Brebeck, a.a.O., S. 386.
[32] Vgl. Scharpf, a.a.O. 1997, S. 741.
[33] Vgl. hierzu ausführlicher Scharpf, a. a. O., S. 741.
[34] Vgl. Giese, a.a.O., S. 451.
[35] Vgl. § 317 Abs. 4 HGB und hierzu Giese, a.a.O., S. 453; Brebeck, a.a.O., S. 391.
[36] Vgl. Berger, Ralf: „Passive und aktive Selbsttragung betrieblicher Risiken", in: Versicherungswirtschaft, 53. Jg. (1998), S. 14; Haller, Matthias: „Risiko-Management und Versicherung", in: Große, Walter: *Gabler Versicherungsenzyklopädie*, 4. Aufl., Wiesbaden 1991, S. 526.
[37] Vgl. Weitekamp, a.a.O., S. 1759.
[38] Vgl. Mensch, a.a.O., S. 15f.
[39] Vgl. Lier, Monika: „Die Tücken der Technik: Das Jahr-2000-Problem", in: Versicherungswirtschaft, 53. Jg. 1998, Heft 12, S. 838f.
[40] Vgl. Bittl, a.a.O., S. 388.
[41] Vgl. Scharpf, a.a.O., S. 741. Dieser erwähnt zusätzlich den Faktor Schadenhäufigkeit pro Zeiteinheit.
[42] Vgl. Wieandt, Paul: „Riskmanagement bei Finanzinstituten", in: Zeitschrift für das gesamte Kreditwesen, 46. Jg. (1993), S. 604.
[43] Vgl. Scharpf, a.a.O., S. 740. Dieser geht bereits in der Risikoanalyse von der Festlegung von Schwerpunktrisiken aus.
[44] Vgl. Albrecht, a.a.O., S. 655.
[45] Vgl. Weitekamp, a.a.O., S. 1758ff.
[46] Vgl. Lück, a.a.O., S. 14: Allgemeine Checkliste zur Errichtung eines Risikomanagementsystems.
[47] Vgl. Balzer, Arno: „Angst vor dem Tag X", in: managermagazin, Heft 5 (1995), S. 148f.
[48] Vgl. Farny, a.a.O., 1995, S. 449.
[49] Vgl. § 8 Abs. 1 Nr. 3 VAG.
[50] Vgl. Albrecht, a.a.O., S. 785.
[51] Vgl. Süchting, Joachim: „Zur Risikoposition von Banken und Versicherungen – auch ein Beitrag zur Diskussion ihrer Aufsichtssysteme", in: *Dieter Farny und die Versicherungswirtschaft*, Karlsruhe 1994, S. 541.
[52] Vgl. § 53 VAG.
[53] Vgl. Süchting, a.a.O., S. 545 und Farny, Dieter: *Buchführung und Periodenrechnung im Versicherungsunternehmen*, Wiesbaden 1992, S. 181.
[54] Vgl. Süchting, a.a.O., S. 548.
[55] Vgl. Süchting, a.a.O., S. 548f.
[56] Vgl. § 81 b VAG und Farny, a.a.O., S. 181.
[57] Vgl. Versicherungsreport, Karlsruhe 19. Jg. 1997, sowie hierzu die Ausführungen von Farny, Dieter, et al. in: Die Geschäftsergebnisse der Lebens- und Krankenversicherung im Jahr 1996 (Beilage zu Versicherungswirtschaft, 53. Jg.) (1998), Heft 6, S. II.
[58] Vgl. Bittl, a.a.O., S. 389.
[59] Vgl. § 54 Abs. 1 VAG.

[60] Vgl. Kalbaum, Günter; Mees, Jürgen: „Kapitalanlagen", in: *Handwörterbuch der Versicherung*, Karlsruhe, 1988, S. 332.
[61] Vgl. Farny, a.a.O., 1995, S. 458.
[62] Vgl. Farny, a.a.O., 1995, S. 539.
[63] Z. B. durch die Grundsätze für den Einsatz derivativer Finanzinstrumente, die vom Gesamtverband der deutschen Versicherungswirtschaft in Zusammenarbeit mit dem Bundesaufsichtsamt für Versicherungswesen erarbeitet wurden.
[64] Vgl. BAV-Rundschreiben R 15/58 sowie hierzu Kalbaum; Mees, a.a.0, S. 232ff.
[65] Vgl. hierzu die Ausführungen von Süchting, a.a.O., S. 546.
[66] Vgl. Bundesdrucksache 13/9712, S. 15.
[67] Vgl. Bittl, a.a.O., S. 389.
[68] Vgl. Bittl, a.a.O., S. 394ff.
[69] Für die Anlagenseite wird ein Value-at-Risk berechnet, das mit der Versicherungsseite kombiniert wird.
[70] Vgl. Bundesdrucksache 13/9712, S. 15.
[71] Vgl. Haller, a.a.O., S. 526.

Risikomanagement im liberalisierten Energiemarkt

KLAUS-MICHAEL BURGER UND KLAUS GRELLMANN,

PwC DEUTSCHE REVISION AG, LEIPZIG UND BERLIN

1	Auswirkung der Liberalisierung der Energiewirtschft auf die Marktstruktur	264
2	Spot- und Futuresmärkte im liberalisierten Energiemarkt – eine Vision?	267
3	Die Entwicklung von Spot- und Futuresmärkten in der Energiewirtschaft	268
4	Handels- und Finanzderivate zur innovativen Erweiterung der Angebotsmöglichkeiten für die Kunden	269
5	Neue Instrumente und Techniken zur Absicherung vor Marktpreisrisiken	270
	5.1 Forwards	270
	5.2 Fixed-for-floating-Swaps	271
	5.3 Futures	272
	5.4 Optionen	273
	5.5 Zero Cost Collar	275
6	Risikomanagement bei Einsatz von Handels- und Finanzderivaten	276
	6.1 Der Entscheidungsbaum des Risikomanagements	276
	6.2 Risikomanagement	276
	6.3 Risikomanagement und internes Überwachungssystem	277
	6.4 Risikoarten	278
	6.5 Risikomessung und -analyse	279
	6.6 Risikomanagementinfrastruktur	280
7	Ausblick	281

1 Auswirkungen der Liberalisierung der Energiewirtschaft auf die Marktstruktur

Die Unternehmen der öffentlichen Elektrizitätsversorgung sehen sich mit einem grundlegenden Wandel ihres Umfeldes konfrontiert. Dieser wird einen Umbruch der gesamten Branchenstruktur zur Folge haben und die Unternehmen zum kritischen Überdenken ihrer Position im künftigen Strommarkt, ihrer unternehmerischen Ziele und Strategien veranlassen. Unter den so veränderten Rahmenbedingungen sind Kostensenkungen und Preisanpassungen, die Ausrichtung auf Kunden und Märkte, also eine grundlegende strategische Neuausrichtung der Unternehmen erforderlich.

Die bisherige Struktur läßt sich mit folgenden Stichworten skizzieren:

- Stromabnahmegebiete als lokale, natürliche Energiemonopole,
- Demarkationsabkommen mit Gemeinden,
- hohe Energiepreise im internationalen Vergleich,
- „Cost-plus"-Preiskalkulation,
- Mangelnde Preistransparenz, Mischkalkulation der verschiedenen Dienstleistungen (Produktion, Transport, Verteilung, Vertrieb).

Bisher war der energiewirtschaftliche Ordnungsrahmen in den meisten Staaten als wettbewerblicher Ausnahmebereich gestaltet. In Zukunft werden nur noch die Transport- und Verteilungsnetze als Monopolbereiche betrachtet. Erzeugung und Vermarktung von Elektrizität werden als Wettbewerbsmärkte gesehen. Dies wird zu einer einschneidenden Veränderung der gesamten Strombranche führen. Als Märkte in der Wertschöpfungskette bilden sich neben dem Rohstoffmarkt für Primärenergieträger ein „Großhandelsmarkt" und ein „Einzelhandelsmarkt" für das Produkt Strom. Gleichzeitig entstehen viele Märkte, die Dienstleistungen in den Bereichen Erzeugung Übertragung/Verteilung und im Vertrieb „rund um den Strom" bedienen.

Die Erfahrung aus liberalisierten Märkten zeigt, daß die alten Strukturen wesentlich schneller aufgebrochen wurden als von allen Marktteilnehmern prognostiziert. Auch in Deutschland sind bereits erhebliche Wandlungsprozesse zu erkennen, die insbesondere bei Großkunden zu nachhaltigen Strompreissenkungen geführt haben.

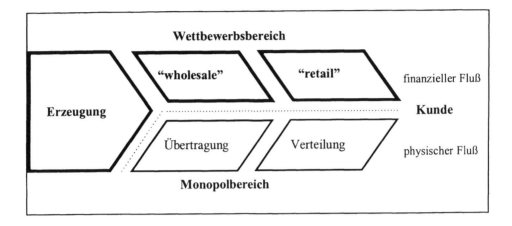

Abbildung 1:Die Liberalisierung des Energiemarktes führt zu einer Neugestaltung der wirtschaftlichen Lieferbeziehungen

Zum einen wird das derzeitig vertikal integrierte Elektrizitätsunternehmen nach dem in der EU-Richtlinie vorgeschriebenen „Unbundling" in die Bereiche des im Monopol verbleibenden Geschäftsbereiches Übertragung und Verteilung von den sich im Wettbewerb befindlichen Geschäftsfeldern des Elektrizitätsunternehmen getrennt. Zum anderen geben die neu entstehenden Marktstrukturen im Bereich Stromhandel und Marketing/Vertrieb eine Trennung zwischen physischen und finanziellen Strömen vor, so daß sich die Wertschöpfungskette der Elektrizitätswirtschaft in Zukunft wesentlich ausdifferenzierter darstellen wird.

Charakteristisch ist für neu entstehende Märkte häufig eine fehlende Transparenz, geringe Liquidität und ein unvollkommener Informationsfluß. Im Strommarkt kommen noch die Besonderheiten des Produkts Strom wie fehlende Speicherbarkeit, Zeitgleichheit zwischen Erzeugung und Verbrauch (keine Lagermöglichkeit) hinzu, so daß eine extrem hohe Volatilität der Preise auf bereits liberalisierten Strommärkten zu beobachten ist.

Die externen Marktentwicklungen müssen im Unternehmen nachvollzogen und abgebildet werden. Die Änderungen betreffen insbesondere die finanziellen Ströme. Stromhandel und Marketing/Vertrieb werden als entscheidende Wertschöpfungsstufen erkannt, die neu konzipiert werden müssen. Die vorherige enge Bindung an die zugrundeliegenden physischen Besonderheiten wird aufgelöst, Instrumente und Methodologien anderer Wirtschaftszweige werden übernommen, Wettbewerbsvorteile durch neue Strategien und Produkte erarbeitet.

Die größte Veränderung der Elektrizitätswirtschaft stellt das Risiko der Teilnehmer auf den neuen Märkten dar. Waren die Risiken bedingt durch Konzessionsverträge (ge-

266 Risikomanagement im liberalisierten Energiemarkt

sicherter Absatz) und Cost-plus-Kalkulationen bisher durch die Allgemeinheit gut abgesichert, stehen nun einzelne Geschäftsfelder der Elektrizitätsunternehmen typischen Marktrisiken, wie sie aus Finanz- und anderen Warenmärkten bekannt sind, gegenüber. Die extrem hohe Preisvolatilität ist hier die entscheidende Einflußgröße, die die Ergebnisse der Marktteilnehmer nachhaltig beeinflussen kann. Beobachtete Preissprünge von mehreren 100% können sogar zum Marktaustritt führen.

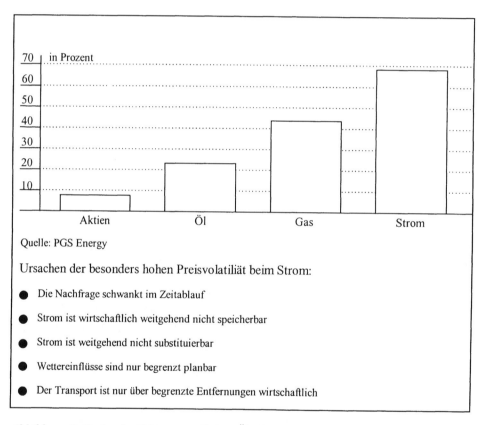

Abbildung. 2: Preisvolatilitäten von Aktien, Öl, Gas und Strom in den USA (1997)

Zur Beherrschung dieser Preissprünge auf dem Strommarkt ist ein funktionierendes Risikomanagement überlebensnotwendig. Offene Positionen am Markt müssen mit Hilfe derivativer Finanzinstrumente gemanaged werden. Auf der einen Seite der Wertschöpfungskette tragen Kraftwerke ein inhärentes Risiko in sich, weil aufgrund der langen Investitionszyklen Risiken in der zukünftigen Vermarktung liegen. Auf der anderen

Seite der Wertschöpfungsstufe stellen langfristige Kundenverträge eine ständige Unsicherheitskomponente dar, ob zu dem vereinbarten Preis die notwendige Menge kostendeckend beschafft werden kann. Denn zum Wettbewerb zwischen Erzeugungskapazitäten kommen die freie Wahl des Stromlieferanten und die Bündelung von Nachfragepotentialen auf Kundenseite.

Die Stromkunden werden ihren Lieferanten in Zukunft grundsätzlich frei wählen können. Die Elektrizitätsunternehmen werden sich dementsprechend intensiv um ihre Kunden zu bemühen haben und Abschied nehmen müssen von „Stromabnehmern". Besonders zu behandeln sind vor allem attraktive Großkunden mit hohem Absatzpotential und maßgeblichen Deckungsbeiträgen. Aber auch kleinere Kunden können durch Nachfragebündelung ihre Marktstellung verbessern. Eine enge Kundenbindung zu erreichen, wird deshalb die entscheidende Aufgabe für die Unternehmen im veränderten energiewirtschaftlichen Umfeld sein.

2 Spot- und Futuresmärkte im liberalisierten Energiemarkt – eine Vision?

Im Zuge der Strukturveränderungen am Energiemarkt werden sich zunehmend Spot- und Terminmärkte für Energie entwickeln, ein Trend, der sich bereits in den USA, in Skandinavien und Großbritannien abzeichnet. Langfristige Abnahmeverträge werden zwar weiterhin fortbestehen, kurzfristigere, vor allem flexiblere und an die Bedürfnisse der Kunden angepaßte Verträge werden jedoch an Bedeutung gewinnen.

Die Gas- und Strompreise werden stärkeren Schwankungen unterlegen sein. Der Wettbewerb im Energiemarkt wird nicht zuletzt durch den Zugang internationaler Global Player am deutschen Energiemarkt beeinflußt. Seine Dynamik wird damit spürbar steigen. Die natürlichen Energiemonopole werden schneller als erwartet abgebaut, und die zu erzielenden Energiepreise werden stark fallen. Viele Energieversorger werden daher nach neuen, gewinnträchtigen Geschäftsfeldern Ausschau halten. Gerade der Strom- und Gashandel wird für sie ein interessantes Betätigungsfeld werden. Zudem ist eine stärkere Verzahnung der Strom- und Gasmärkte zu erwarten. Gerade der Strom- bzw. Gashandel wird Handels- und Finanzinstrumente als Risikomanagement- und Arbitrageinstrument einsetzen. Unkonventionelle, flexiblere Verträge werden möglich, und neue Strategien zur Sicherung der Absatzmargen werden entwickelt.

Dies bedeutet allerdings auch, daß eine höhere Preisvolatilität, die Entflechtung von Schlüsselbereichen in eigenständige Sparten und der Einsatz von Derivaten neue Risiken bringen, die gesteuert und überwacht sein wollen. Dem Risikomanagement in Energieunternehmen wird deshalb in Zukunft – insbesondere auch vor dem Hintergrund des

Gesetzes zur Kontrolle und Transparenz im Unternehmensbereich (KonTraG) – in einem liberalisierten und entflochtenen Markt eine hohe Bedeutung zukommen.

3 Die Entwicklung von Spot- und Futuresmärkten in der Energiewirtschaft

Spot- und Futuresmärkte für Strom und Gas sind bereits heute Realität. Einige Börsenplätze sind noch in Planung. Zu erwähnen sind insbesondere die Amsterdamer Power Exchange (APX) und die Warenterminbörse in Hannover, die die Einführung eines Future auf Strom plant. Strombörsen bestehen bereits in Norwegen (Nordpool) wie auch in Kalifornien. Die International Petroleum Exchange (IPE) und die New York Mercantile Exchange bieten Futures auf Gas an. Es ist zu erwarten, daß in den nächsten Jahren Energiebörsen über alle Zeitzonen der Welt verteilt sein werden.

Die Entwicklung dieser Spot- und Futuresbörsen zeigt durchaus eine gewisse Parallelität zur Entwicklung der Finanzbörsen. In den 80er Jahren, als die Finanzmärkte hohen Währungs- und Zinsschwankungen ausgesetzt waren, wurden Finanzderivate entwickelt, die vor diesen Schwankungen schützen bzw. zu Arbitragegewinnen verhelfen sollten. Neben den Finanzinstituten nutzten auch zunehmend Industrieunternehmen wie Siemens, Mercedes Benz, BMW oder VW diese Instrumente. Zusätzlich sorgten sogenannte Market Maker und Spekulanten für die notwendige Liquidität an den Börsen.

Die Spot- und Futuresmärkte für Commodities können in zwei Segmente unterteilt werden: Zum einen gibt es die Börsen mit standardisierten Produkten und geringem Ausfallrisiko durch eine neutrale Clearingstelle als Vertragspartner. Um andererseits maßgeschneiderte Handels- und Finanzprodukte zu erhalten, muß man sich an den sogenannten Over-the-counter-Markt wenden. Hier versuchen Energiebroker, den Kunden mit einem Vertragspartner mit unterschiedlichen Interessen und Risikoprofil zusammenzubringen. Dafür geht man in Abhängigkeit vom Kreditrating des Kontrahenten ein mehr oder weniger hohes Ausfallrisiko ein.

Derivate zielen dabei nicht nur auf einen physischen Warenaustausch ab, sondern können auch auf den rein monetären Austausch von Gewinnen oder Verlusten gegenüber einem Referenzpreis abstellen Dies erklärt sich vor allem aus dem Zweck der Derivate als Preissicherungsinstrument. Man spricht hier vom sogenannten Papiermarkt, an dem insbesondere Swaps, Options und Futures eingesetzt werden.

4 Handels- und Finanzderivate zur innovativen Erweiterung der Angebotsmöglichkeiten für den Kunden

Zunächst stellt sich die Frage, wie ein Energieunternehmen seinen Kunden durch die Nutzung von Derivaten ein Added Value anbieten kann, um sich von der Konkurrenz abzuheben. Die nachfolgende Abbildung soll daher einen Überblick über mögliche innovative Angebote geben bei gleichzeitiger Aufzählung der notwendigen Kompetenzen, die hierfür entwickelt werden müssen (vgl. Abbildung 3).

Mögliche Angebote	Vorteile für den Kunden	Erforderliche Kompetenzen
Wahl zwischen zeitlich fixem oder variablen Preis	Kunde kann von Preisänderungen profitieren oder abgesichert sein	Prognose und Handel
Preisdeckel (Cap)	Sicherung eines Höchstpreises	Prognose und Handel sowie Optionsbewertungstechniken und Risikomanagement
Preisband (Collar)	Sicherung eines Höchstpreises, billiger als Preisdeckel	Prognose und Handel sowie Optionsbewertungstechniken und Risikomanagement
Strompreisanbindung an den Preis der vom Kunden produzierten Ware (Spread)	Kunde sichert Marge für seine Produktion	wie oben plus Spreadingtechniken
Preisgarantie für den Beschaffungskorb des Kunden (Integrated Hedge)	Gleichzeitige Absicherung gegenüber mehreren Beschaffungspreisen	alle genannten plus Portfoliomanagement

Abbildung 3: Innovative Angebotsmöglichkeiten von Energieversorgern

Swaps, Caps, Collars oder ein sogenanntes Integrated Hedge helfen den Energiekunden, das Risiko schwankender Energiebezugspreise kalkulierbar zu machen oder seine Gewinnmarge abzusichern. Dazu sind neue Kompetenzen in Prognose und Handel, in bestimmten Bewertungstechniken oder im Portfoliomanagement notwendig. Die Marktteilnehmer werden sich Know-how in der Modellierung von Prognoseinstrumenten und ökonometrischen Modellen wie z. B. Value-at-Risk aneignen müssen.

Derartige innovative Angebote werden bereits z. B. von Enron gemacht: ein langfristiger Energieabnahmevertrag für Rentner, der mit einer Lebensversicherung mit Enron als Begünstigtem gekoppelt ist. Dieser gesicherte Vertrag ist dabei für den Rentner günstiger als ein Vertrag mit kürzerer Laufzeit, da die zusätzliche Versicherungsprämie niedriger ist als der Preisunterschied zu einem kurzfristigen Abnahmevertrag. Aufgrund solcher innovativen Angebotsgestaltungen können neue Kundenkreise erschlossen werden. Den Innovationen sind dabei fast keine Grenzen gesetzt.

5 Neue Instrumente und Techniken zur Absicherung vor Marktpreisrisiken

5.1 Forwards

Als Einstieg in die Welt der Handels- und Finanzderivate sollen im folgenden die Forwards- bzw. Termingeschäfte erläutert werden (vgl. Abbildung 4).

Forwards sind Warengeschäfte, die auf den Kauf bzw. Verkauf von Commodities zu einem bestimmten Zeitpunkt in der Zukunft, d. h. auf Termin, gerichtet sind. Die Abbildung soll die Entwicklung des Kontraktwertes bei unterschiedlicher Entwicklung des Energiepreises aufzeigen. Steigt der Beschaffungspreis am Spotmarkt, erhöht sich der Wert des Terminkaufgeschäftes und gleicht die ungünstige Preissteigerung für den geplanten Energiebezug aus (Hedge). Umgekehrt verschenkt man durch einen Terminkauf die Chance auf Minderung des Energiebezugspreises in der Zukunft. Dem Vorteil aus einer Preisabsenkung stehen dann Verluste aus dem Termingeschäft kompensierend gegenüber.

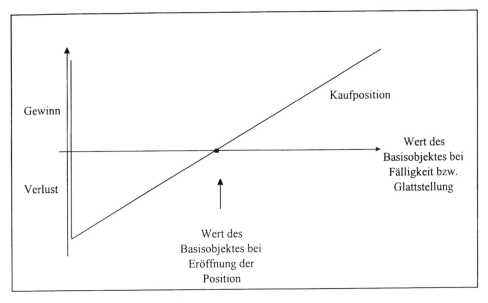

Abbildung 4: Forward (Kauf auf Termin)

5.2 Fixed-for-floating-Swaps

Eine andere Möglichkeit, sich vor Preisschwankungen und damit vor Verlusten zu schützen, ist durch den Austausch von Zahlungsströmen unterschiedlicher Fristigkeit mittels eines sogenannten Fixed-for-Floating-Swap (vgl. Abbildung 5).

272 Risikomanagement im liberalisierten Energiemarkt

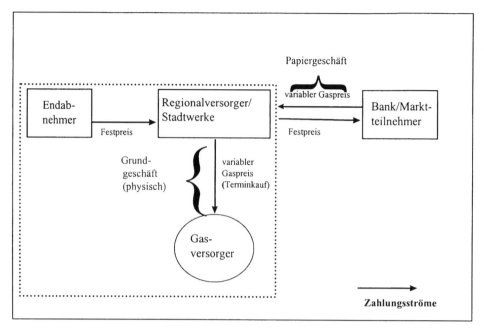

Abbildung 5: Fixed-for-Floating-Swap

Die Abbildung soll deutlich machen, daß ein Stadtwerk in der Ausgangssituation Gas zu einem variablen Preis bezieht, den daraus erzeugten Strom allerdings zu einem Festpreis an den Kunden weitergibt. Steigen nun die Gasbeschaffungspreise, mindert sich im günstigsten Fall die Marge des Stadtwerks. Diese „offene Position" kann durch einen Fixed-for-Floating-Swap geschlossen werden, indem die variablen Einzahlungsströme des Stromkunden mit einer Bank oder einem Unternehmen mit gegensätzlichem Risikoprofil gegen feste Einzahlungsströme over-the-counter getauscht werden.

5.3 Futures

Über die Börse werden sogenannte Futures gehandelt. Futures sind an der Börse gehandelte Termingeschäfte, nur daß über eine Clearingstelle, dem sogenannten Margen-Konto, der börsentägliche Gewinn oder Verlust gutgeschrieben oder abgezogen wird (vgl. Abbildung 6). Im Gegensatz zu Forwards fließen Zahlungen über die gesamte Laufzeit des Futures. Der Kontrakterwerber hat eine Sicherheitsleistung auf das Konto, die sogenannte Initial Margin, zu leisten. Unterschreitet das Konto eine festgelegte Untergrenze (Maintenance Margin), so hat der Kontraktinhaber unverzüglich einen Nachschuß bis zur Höhe der Initial Margin zu leisten. Wird der Nachschuß nicht geleistet, wird der Kontrakt durch die Clearingstelle liquidiert.

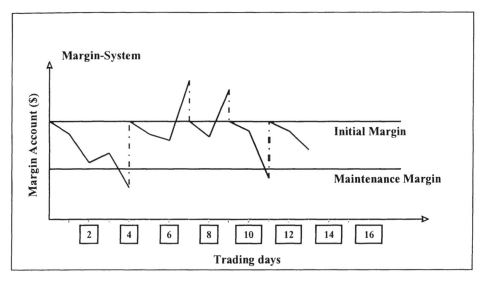

Abbildung 6: Das Margin-System

Die Verpflichtung des Margin-Systems, Nachschüsse zu leisten, waren mithin der Grund für die finanzielle Krise der Metallgesellschaft AG, deren Kreditlinie es schließlich nicht mehr erlaubte, weiteren Nachschußverpflichtungen aus Erdöl-Futureskontrakten nachzukommen.

5.4 Optionen

Options werden zumeist an Börsen gehandelt. Über den Kauf einer sogenannten Call-Option erwirbt man sich das Recht, zu einem bestimmten Preis, zu einem bestimmten Zeitpunkt oder während einer bestimmten Periode eine bestimmte Menge an Commodities zu erwerben. Man ist jedoch nicht dazu verpflichtet, die Option auszuüben, sondern kann sie verfallen lassen. Abbildung 7 stellt die Entwicklung des Wertes einer Call-Option bei unterschiedlicher Entwicklung des zugrundeliegenden Commodity-Preises dar.

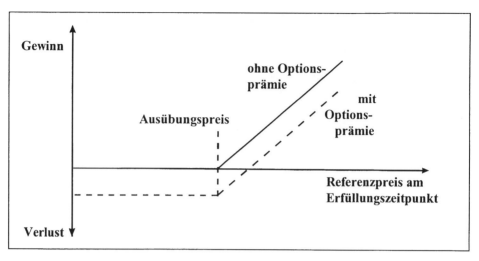

Abbildung 7: Kauf einer Call-Option

Sinkt der Commodity-Preis unter den Optionsausübungspreis, wird der Käufer der Call-Option die Option nicht ausüben und einen Verlust in Höhe der Optionsprämie erleiden. Steigt der Commodity-Preis über den Optionsausübungspreis (plus Optionsprämie), ist die Optionsausübung vorteilhaft, und der Inhaber der Call-Option kann die Commodity zu einem Preis erwerben, der unter dem aktuellen Marktpreis liegt.

Die Asymmetrie des Risikoprofils einer Option wird besonders anhand der Position eines Stillhalters deutlich, der eine Call-Option verkauft. Er erhält zwar für den Verkauf der Option eine Prämie, erfüllt sich aber seine Erwartung auf sinkende Beschaffungspreise nicht, muß er einen Verlust in Höhe der Differenz zwischen Optionsausübungspreis (abzüglich Optionsprämie) und dem höheren aktuellen Beschaffungspreis realisieren. Insofern ist sein Verlustrisiko über den Optionszeitraum unbegrenzt – es sei denn, er schließt die Position zwischenzeitlich durch den Kauf einer Call-Option – im Gegensatz zum Käufer einer Call-Option, dessen Verlust auf die Optionsprämie begrenzt ist.

Man könnte sich auch den Kauf bzw. Verkauf von sogenannten Put-Optionen (das Recht, eine bestimmte Commodity zu einem bestimmten Preis und zu einem bestimmten Erfüllungszeitpunkt zu verkaufen) vorstellen. Durch die Kombination von Kauf und Verkauf von Call- und Put-Optionen (sogenannte Straddles bzw. Strangles) können unterschiedliche Sicherungsstrategien gegen Volatilität und Preisbewegungen am Energiemarkt gefahren werden.

5.5 Zero Cost Collar

Ein Beispiel, wie man durch Kombination von Optionen eine kostengünstige Strategie entwickeln kann, ist der sogenannte Zero Cost Collar (vgl. Abbildung 8). Die Stadtwerke Lemgo z. B. standen vor der Entscheidung, in ein Blockheizkraftwerk zu investieren. Bei festen Strom- und Wärmeabnahmepreisen war diese Investition nur bis zu einem bestimmten Gasbeschaffungspreis lohnend. Der Gasbeschaffungspreis war jedoch variabel gestaltet mit dem Risiko, daß bei entsprechendem Anstieg des Brennstoffpreises die Investition unrentabel werden konnte.

Durch Abschluß eines Zero Cost Collar mit einer Schweizer Großbank partizipieren die Stadtwerke bis zu einer definierten Untergrenze an Preissenkungen. Bei einem Preisanstieg über die vereinbarte Obergrenze hinaus gleicht die Bank den Differenzbetrag aus. Im Gegenzug profitiert die Bank von Preissenkungen unter die Untergrenze.

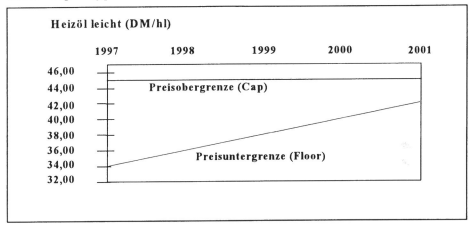

Abbildung 8: Zero Cost Collar

Die Preisobergrenze liegt am Rentabilitätspunkt des Kraftwerks, so daß der Collar die Rentabilität der langfristigen Investition sichert.

6 Risikomanagement bei Einsatz von Handels- und Finanzderivaten

6.1 Der Entscheidungsbaum des Risikomanagements

Wie entwickelt man nun wirksame Sicherungsstrategien? Auf der Einzeltransaktionsebene stellt sich immer die Frage, bin ich Marktpositionen eingegangen – z. B. über Abnahme- bzw. Beschaffungsverträge oder durch den Aufbau von Energieerzeugungskapazitäten, die mein Unternehmen finanziellen Risiken aussetzen – und welche Arten von Risiken bin ich eingegangen? Und stehen diesen offenen, risikobehafteten Positionen andere, gegenläufige Positionen im Unternehmen gegenüber? Oder muß ich ein Sicherungsgeschäft eingehen, um die offene Position zu schließen? Ist es zielgerichtet und kostengünstig, mit meinen konventionellen Instrumenten – wie z.B mit langfristigen Verträgen, durch Einsatz von verschiedenen Energieerzeugungsinstrumenten wie Kernkraft-, Blockheizkraft- oder Kohlekraftwerk – offene Marktpositionen zu hedgen, oder kann ich nicht auch über innovative Instrumente meine Sicherungsstrategie optimieren?

Dieser kontinuierliche Entscheidungsablauf ist grundsätzlich in drei Phasen einzuteilen: Die Identifizierung und Analyse der eigenen Marktpositionen (offen, geschlossen), die Entscheidung über Glattstellung oder Aufbau einer Position sowie die Optimierung des Risikomanagements durch Auswahl der geeigneten Sicherungsinstrumente.

6.2 Risikomanagement

Generell sprechen wir von Risikomanagement als einem Bündel von abgestimmten Maßnahmen zur Minimierung eines Bündels verschiedener Risiken. Risiken gehen wir als Unternehmer ein, um Chancen wahrzunehmen. Jeder Unternehmenschance steht ein Bündel von Risiken gegenüber. Wollte man alle Risiken sichern, würde jedes unternehmerische Handeln sterben. Risikomanagement besteht daher nicht nur aus der Steuerung und Überwachung finanzieller und operativer Risiken, sondern schließt insbesondere auch strategische Risiken mit ein.

Auf der strategischen Risikoebene liegen z. B. die Risiken, die im Zuge der Liberalisierung der Energiemärkte aus einer möglichen Privatisierungswelle und Neupositionierung der Unternehmen am Markt entstehen. Der Shareholder-Value-Gedanke wird an Bedeutung gewinnen und damit die Kenntnis der Risiken, die Wertetreiber in ihrer Entfaltung begrenzen könnten. Auf der anderen Seite entstehen aus „Unbundling" und Umstrukturierungen neue operative Risiken in den Unternehmensprozessen und ihren Schnittstellen. Stromhandel als Chance der Liberalisierung ist in seiner ganzen Ambivalenz einerseits Organ des Risikomanagements, kann aber gleichzeitig auch finanzielle Risiken auslösen.

Daher sind gerade im Zuge der Liberalisierung ein professionelles, umfassendes Risikomanagement und internes Überwachungssystem besonders wichtig. Gerade der Einsatz von Handels- und Finanzderivaten im Energiehandel kann bei Mängeln im internen Überwachungssystem zu existenzbedrohenden Unternehmensschieflagen führen, wie beispielsweise die Krisen bei der Barings Bank, Metallgesellschaft AG und Orange County deutlich gezeigt haben.

In diesem Zusammenhang kann das Gesetz zur Kontrolle und Transparenz im Unternehmen (KonTraG) nicht unerwähnt bleiben. Das Gesetz legt ausdrücklich die Verantwortung für ein angemessenes Risikomanagement und internes Überwachungssystem in die Hände der Unternehmensleitung. Danach ist sie verpflichtet, ein Frühwarnsystem einzurichten, das in der Lage ist, bestandsgefährdende Entwicklungen, risikobehaftete Geschäfte, Unrichtigkeiten in der Rechnungslegung sowie Verstöße gegen gesetzliche Vorschriften frühzeitig zu entdecken. Darüber hinaus müssen börsennotierte Aktiengesellschaften spätestens für das nach dem 31. Dezember 1998 beginnende Geschäftsjahr die Angemessenheit ihres Risikomanagements und internen Überwachungssystems durch einen Wirtschaftsprüfer überprüfen lassen. Allerdings läßt das KonTraG die genauen Anforderungen an solche Systeme offen. Es liegt daher nahe, die Mindestanforderungen beim Einsatz von Handels- und Finanzderivaten aus den aufsichtsrechtlichen Regelungen für Kreditinstitute abzuleiten. Wie ein solches System aussehen könnte, wird daher im folgenden gezeigt.

6.3 Risikomanagement und internes Überwachungssystem

Bei der Einrichtung eines Risikomanagements und internen Überwachungssystems sollte man sich auf drei Hauptaktivitäten konzentrieren:

- Die Festlegung der Unternehmensziele und des Grades der Risikobereitschaft,
- die Einrichtung eines kontinuierlichen Risiko-Zyklus und
- den Aufbau einer Risikomanagementinfrastruktur.

Für den Risikomanager ist es wichtig, zu verstehen, welche Ziele und Strategien das Unternehmen treiben und wie diese Strategien in Prozesse und Strukturen umgesetzt werden. Dazu gehört auch ganz im Sinne des Shareholder-Value-Konzeptes die Kenntnis der Wertetreiber des Unternehmens bzw. der Geschäftsbereiche, das Wissen um Chancen-Nutzen-Relationen. Dies schließt eine Abstimmung der strategischen Risiken mit den operativen und finanziellen Risiken ein. Als Faustregel gilt: Je riskanter die

Geschäfte bzw. eingegangenen Marktpositionen sind, desto ausgefeilter und umfassender muß das Risikomanagement eines Unternehmens sein.

Der Risikomanagementkontrollzyklus (besser Controlling-Zyklus) beginnt damit, daß das Unternehmen bzw. der Geschäftsbereich die bestehenden Risikoarten identifiziert, analysiert und bewertet sowie bestimmte Risikolimits setzt. Diese Informationen dienen dazu, diese Risiken zu steuern und zu überwachen, und zwar in einem kontinuierlichen Prozeß. Dies geht natürlich nur, wenn Ihr Unternehmen eine entsprechende Risikomanagementinfrastruktur hat.

Letztendlich geht es darum, daß wir hier nicht alle Unternehmensrisiken sichern, sondern ein optimiertes Chancen-Risiko-Verhältnis aufrechterhalten, und zwar nicht nur für einzelne Transaktionen oder einzelne Geschäftsfelder, sondern über die gesamte Wertschöpfungskette des Unternehmens hinweg. Gerade bei entflochtenen Unternehmen, bei denen nicht mehr wie bisher die einzelnen Glieder der Wertschöpfungskette (Erzeugung, Transport, Verteilung, Vertrieb und Handel) aufeinander abgestimmt sind und Sparten aus einem Profit-Center-Denken heraus vielleicht unabgestimmte Eigenstrategien fahren, wird Risikomanagement über alle Sparten hinweg notwendig.

6.4 Risikoarten

Am Anfang steht die Identifizierung der Risiken. Die hier betrachteten Risiken gliedern sich im wesentlichen in energiespezifische Marktrisiken wie Preisrisiko, Basisrisiko und Kurvenrisiko sowie in die Adressenausfallrisiken:

- *Preisrisiko:* Risiko, daß Preisschwankungen von Commodities bzw. von Derivaten zu Verlusten führen.

- *Basisrisiko:* Risiko, daß die Wertentwicklung des physischen Grundgeschäftes und des Sicherungsgeschäftes nicht vollständig korreliert, z. B. aufgrund unterschiedlicher Produktions- oder Lieferorte.

- *Kurvenrisiko:* Risiko, daß die Terminpreisstrukturkurve (= Serie von Warenterminpreisen), die gegenüber dem Spotpreis einen nach oben oder unten gerichteten Verlauf haben kann, sich im Zeitablauf verändert und damit den Wert von physischen und derivativen Positionen beeinflußt; beispielsweise das historische Kurvenverhalten der Erdölterminpreise, die sogenannte „Backwardation", bei der die Terminkurve eine Zeitlang nach unten ausgerichtet war, d. h. am Terminmarkt zu niedrigeren Preisen Erdöl eingekauft werden konnte als am Spotmarkt.

- *Wiedereindeckungsrisiko:* Risiko, daß bei Ausfall des Kontrahenten die zuvor gesicherte Position nur zu ungünstigeren Konditionen wieder geschlossen werden kann (insbesondere over-the-counter).

- *Vorleistungsrisiko:* der Teil des Adressenausfallrisikos, der sich dadurch ergeben kann, daß eine Partei Leistungen vor der anderen Partei zu erbringen hat (z. B. im Fall eines Fixed-for-Floating-Swaps).

6.5 Risikomessung und -analyse

Die Meinung, daß quantitative Modelle der Risikomessung und -bewertung nicht notwendig seien, wenn man das Geschäft und die Risiken kenne, ist weit verbreitet.

Problematisch wird diese Meinung insbesondere dann, wenn das Unternehmen einen physischen und derivativen Eigenhandel mit Strom betreibt. Wie könnte das Unternehmen z. B. die Leistungen zweier Stromhändler beurteilen? Dies wird an folgendem Beispiel deutlich: Zwei Händler sichern Risikopositionen ab und betreiben Arbitragegeschäfte. Beide erwirtschaften durch Einsatz verschiedener Strategien und Instrumente einen Gewinn in Höhe von 200 000 DM; der eine war dabei ein Risiko von 2 Mio. DM und der andere dagegen nur von 500 000 DM eingegangen. Welche Strategie und welche Instrumente waren besser? Hätte man diesen Wertunterschied ohne Quantifizierung der Risiken ermitteln können?

Gerade beim physischen und derivativen Energiehandel sind daher quantitative Konzepte der Risikomessung und -analyse notwendig. Diese ersetzen zwar nicht die langjährige Erfahrung und das Gefühl für den Markt des Energiewirtschaftlers, sind aber eine wichtige Ergänzung.

Heutzutage werden ökonometrische Modelle wie z. B. das durch J. P. Morgan entwickelte Value-at-Risk durch führende Energieunternehmen in den USA eingesetzt. Dieses statistische Konzept nutzt historische Daten, um die Wahrscheinlichkeit eines maximal zu erwartenden Verlustes aus Preisschwankungen unter normalen Marktbedingungen für ein bestimmtes Konfidenz- und Zeitintervall abzuschätzen. Damit können die erwarteten Preisschwankungsrisiken nicht nur für Einzelpositionen, sondern für ein ganzes Portfolio unter Ausnutzung von Korrelationen verschiedener Commodities bestimmt werden. Die Value-at-risk-Methodologie macht verschiedene Schwankungsrisiken gleichnamig. Dadurch werden sie in die Lage versetzt, ein risikooptimiertes Portfolio aus verschiedenen Typen von Kraftwerken, aus Derivaten sowie aus Energielieferverträgen zu modellieren. Umgekehrt kann Value-at-Risk auch als Controlling-Instrument genutzt werden, z. B. zur Überwachung und Steuerung der Risikolimitierung.

6.6 Risikomanagementinfrastruktur

Wie bereits verdeutlicht, gehören zu einer angemessenen Risikomanagementinfrastruktur neben dem Controlling und einem umfassenden Berichtswesen auch entsprechende EDV-Systeme und eine Interne Revision. Die Infrastruktur ist das Fundament des Risikomanagements und für einen wirksamen Risikomanagementkontrollzyklus unerläßlich.

Gerade beim Einsatz von Handels- und Finanzderivaten im Energiehandel sind für eine optimale Trennung unvereinbarer Funktionen die autorisierenden, vollziehenden, verwaltenden, überwachenden und verbuchenden Teilaufgaben sachlich und personell zu trennen. Dabei empfiehlt es sich, u.a. folgende Funktionsbereiche aufzubauen:

- Disposition – der eigentliche Handel (front office),
- Abwicklung und Kontrolle (back office),
- Finanzcontrolling und -strategie (middle office).

Bei der anfallenden Datenmasse aus allen Sparten müssen die Unternehmen zusätzlich über entsprechende EDV-Systeme verfügen, die sicherstellen, daß die Daten integriert werden, sämtliche physischen Warengeschäfte und Derivate müssen vollständig erfaßt und unmittelbar verarbeitet sowie die offenen Risikopositionen waren- und standortübergreifend ermittelt werden. Dies ist zumeist nur mit einer integrierten Risikomanagement- und Treasurysoftware zu realisieren.

Der Internen Revision kommt daneben eine ganz besondere Rolle für die Gewährleistung der Funktionsfähigkeit des Risikomanagements und internen Überwachungssystems zu. Die traditionelle Ordnungsmäßigkeitsprüfung ist gerade beim Einsatz von Derivaten unzureichend. Vor dem Hintergrund des KonTraG muß die Interne Revision ihre Tätigkeit auf umfassende Wirtschaftlichkeits- und Systemprüfungen bei komplexer werdenden, EDV-gestützten Risikomanagementsystemen ausweiten, da bei börsennotierten Aktiengesellschaften künftig auch die Interne Revision Gegenstand der Jahresabschlußprüfung durch den Wirtschaftsprüfer ist.

Die Liberalisierung wird daher auch neue Anforderungen an das Profil der Internen Revision stellen. Zudem werden gerade beim Aufbau eines Energiehandels neben den energiewirtschaftlichen gerade auch Kenntnisse abverlangt werden, die üblicherweise bei Finanzinstituten anzutreffen sind.

7 Ausblick

Die künftigen Möglichkeiten, Strom- und Gasbezugsverträge nicht mehr nur über mehrere Jahre und in intensiven Verhandlungen, sondern in Minuten, über Börsen oder over-the-counter abzuschließen, die fortschreitende Verzahnung der Strom-, Gas- und Erdölmärkte sowie die steigende Volatilität der Bezugspreise werden dazu führen, daß Handels- und Finanzderivate zum Einsatz kommen.

Die Vorteile dieser für die Strom- und Gaswirtschaft neuen derivativen Instrumente wie der Schutz vor Preisschwankungen sind unbestritten. Gleichzeitig verlangt aber die Verwendung dieser Instrumente erhöhte Anforderungen an ein Risikomanagement und internes Überwachungssystem. Dies wiederum ist eine große Herausforderung für die Organisation, das Personal und die Informationstechnologie der Energieversorger.

Die europäische Energiewirtschaft wird einen deutlichen Wandel der tradierten Marktstrukturen beobachten können. Und nur das Unternehmen wird in einem liberalisierten Energiemarkt langfristig Erfolg haben, das sich diesen neuen Herausforderungen aktiv und mit Initiative stellt: „Denn wer zur Liberalisierung zu spät kommt, den bestraft der Wettbewerb."

Neue Gestaltungsmöglichkeiten durch den Erwerb eigener Aktien und Optionspläne

ROLF SCHMIDT-DIEMITZ UND EVA-KATRIN BRAUN,

SOZIETÄT CMS HASCHE SIGLE ESCHENLOHR PELTZER, STUTTGART

1	Übersicht	285
2	Erwerb eigener Aktien	285
	2.1 Einleitung	285
	2.2 Gesetzliche Regelungen im Zusammenhang mit § 71 Abs. 1 Nr. 8 AktG	286
	2.2.1 § 71 Abs. 1 Nr. 8 AktG	286
	2.2.2 Sonstige zu beachtende Vorschriften	287
	2.3 Ablauf des Aktienrückkaufs	288
	2.4 Motive für den Erwerb eigener Aktien	289
3	Optionspläne	290
	3.1 Einleitung	290
	3.2 Rechtsgrundlagen für Aktienoptionspläne	292
	3.2.1 §§ 192 Abs. 1 Nr. 1, 221 Abs. 4, 186 Abs. 3 AktG	292
	3.2.2 §§ 192 Abs. 2 Nr. 3, 193 Abs. 2 Nr. 4 AktG	293
	3.2.3 § 71 Abs. 1 Nr. 8 AktG	294
	3.3 Gestaltungsmöglichkeiten von Aktienoptionsplänen	296
	3.3.1 Börsenkurs	296
	3.3.2 „Benchmarking"	297
	3.3.3 Dividendenhöhe	297
	3.3.4 „Weiche Kriterien"	298
	3.3.5 Ausübungsfristen	298

3.3.6 Haltefristen		299
3.3.7 Aufsichtsratsmitglieder		299
3.3.8 Schutz vor Verwässerung oder Untergang der Optionsrechte		300
3.3.9 Bewertung		300
3.4 Insiderproblematik		300
3.4.1 Zuteilung der Aktienoptionen		301
3.4.2 Erwerb eigener Aktien durch das Unternehmen		301
3.4.3 Ausübung der Aktienoptionen		301
3.4.4 Veräußerung der Aktien		303
3.4.5 Zusammenfassung		305
3.5 Steuerliche Aspekte von Aktienoptionsplänen		305
3.5.1 Handelbare Aktionoptionen		305
3.5.2 Nichthandelbare Optionsrechte		306
3.5.3 Phantom Stocks		308
3.5.4 Zusammenfassung		308

1 Übersicht

Mit Einführung des KonTraG wurden die Möglichkeiten zum Erwerb eigener Aktien erweitert und die Einführung von Aktienoptionsplänen erleichtert sowie gesetzlich genauer geregelt. Die beiden Themenbereiche hängen insoweit formal zusammen als Aktienoptionspläne für Führungskräfte nunmehr auch mit zuvor von der Gesellschaft erworbenen eigenen Aktien bedient werden können. Materieller Hintergrund beider Neuregelungen sind kapitalmarktpolitische Erwägungen: Sowohl der Erwerb und die Veräußerung eigener Aktien als auch Aktienoptionspläne sind Instrumente, die für eine Wertsteigerung der Aktien eines Unternehmens eingesetzt werden können. Die Praxis zeigt, daß ein Unternehmen, das – insbesondere am internationalen Kapitalmarkt – um Aktionäre wirbt, diese nur gewinnt und halten kann, wenn es einen hohen „Shareholder Value" bietet. Insofern dienen die beiden im folgenden dargestellten Instrumente der Steigerung der Wettbewerbsfähigkeit von Unternehmen und erhöhen die Attraktivität des Wirtschaftsstandorts Deutschland.

2 Erwerb eigener Aktien

2.1 Einleitung

Die Neuregelung des § 71 Abs. 1 Nr. 8 AktG erweitert die Möglichkeiten des Erwerbs eigener Aktien beträchtlich. Bisher stand man in Deutschland dem Erwerb eigener Aktien aufgrund der historischen Erfahrungen der Wirtschaftskrise vor dem Zweiten Weltkrieg negativ gegenüber: Damals war der spekulative Handel in eigenen Aktien Grund für zahllose Unternehmenszusammenbrüche. Dementsprechend ließ das Gesetz bisher nur in eng begrenzten Ausnahmefällen gemäß § 71 Abs. 1 Nr. 1–7 AktG den Handel mit eigenen Aktien zu. Mit der Neuregelung des § 71 Abs. 1 Nr. 8 AktG wird der Handel mit eigenen Aktien grundsätzlich zugelassen.

Motiv dieser Gesetzesänderung war es, entsprechend der international üblichen Praxis den deutschen Gesellschaften die Möglichkeit des Erwerbs eigener Aktien als Finanzierungsinstrumentarium zur Verfügung zu stellen. Die Begründung des Regierungsentwurfes sieht die Vorteile der Neuregelung darin, daß der Eigenerwerb zur Belebung des Börsenhandels, zur Steigerung der Akzeptanz der Aktie als Anlageform, zu erhöhter Emissionsneigung und damit zur Attraktivität des deutschen Finanzplatzes beiträgt.[1] Außerdem wird mit der Neuregelung Art. 19 der zweiten Richtlinie zur Vereinheitlichung des Gesellschaftsrechts vom 13. Dezember 1976 teilweise umgesetzt.

2.2 Gesetzliche Regelungen im Zusammenhang mit § 71 Abs. 1 Nr. 8 AktG

2.2.1 § 71 Abs. 1 Nr. 8 AktG

§ 71 Abs. 1 Nr. 8 AktG sieht vor, daß die Hauptversammlung den Vorstand zum Erwerb eigener Aktien ermächtigen kann. Dieser Hauptversammlungsbeschluß kann grundsätzlich mit einfacher Mehrheit gefaßt werden. Eine Dreiviertelmehrheit ist dagegen erforderlich, wenn die einmal erworbenen Aktien unter Verstoß gegen das Gleichbehandlungsrecht der Aktionäre nach § 71 Abs. 1 Nr. 8 Satz 3 i.V.m. § 53 a AktG wieder veräußert werden sollen. Dies ist z. B. dann der Fall, wenn die Wiederveräußerung nicht über die Börse, sondern frei oder an bestimmte Dritte erfolgen soll (was wirtschaftlich dem Ausschluß des Bezugsrechts der Aktionäre im Falle einer Kapitalerhöhung entspricht) oder wenn die Aktien für ein Aktienoptionsprogramm verwendet werden sollen (zu letzterem siehe 3.2.3). Der Hauptversammlungsbeschluß hat im Falle des § 71 Abs. 1 Nr. 8 AktG folgenden Inhalt:

- Der Vorstand wird ermächtigt, eigene Aktien der Gesellschaft zu erwerben. Die Ermächtigung kann für höchstens 18 Monate erteilt werden. Diese Frist ist jedoch nur für den Erwerb, nicht für das Halten eigener Aktien zu beachten.[2]

- Der Beschluß muß den niedrigsten und höchsten Gegenwert festsetzen, zu dem die Aktien erworben werden dürfen. Nach der Begründung des Regierungsentwurfes kann hierbei auch eine relative Anbindung an einen künftigen Börsenkurs bestimmt werden.[3] Indem der höchste Wert festgesetzt werden muß, zu dem das Unternehmen die Aktien erwerben kann, wird verhindert, daß der Aktienkurs schon allein aufgrund der Ankündigung eines Rückkaufs eigener Aktien steigt.[4]

- Weiterhin muß der Beschluß eine Erwerbsgrenze festsetzen, die zehn Prozent des Anteils am Grundkapital nicht übersteigen darf. Es handelt sich hierbei um eine Erwerbsgrenze und nicht um eine Bestandsgrenze im Sinne von § 71 Abs. 2 Satz 1 AktG. Dies bedeutet, daß das Unternehmen aufgrund der Ermächtigung insgesamt nicht mehr als zehn Prozent des Grundkapitals ankaufen darf. Es ist nicht gestattet, unbeschränkt mit eigenen Aktien zu handeln, und es ist darauf zu achten, daß die Gesellschaft zu keinem Zeitpunkt einen höheren Bestand an Aktien als zehn Prozent des Grundkapitals hält.

- Die Hauptversammlung kann einen bestimmten Zweck festsetzen, ist jedoch nicht dazu verpflichtet. Im letzteren Falle ist die Zweckbestimmung Aufgabe der Geschäftsführung.[5] Bei der Bestimmung oder Festsetzung des Zwecks sind Hauptversammlung und Geschäftsführung fast völlig frei. Das Gesetz schreibt lediglich in § 71 Abs. 1 Nr. 8 Satz 2 AktG vor, daß als Zweck der Handel in eigenen Aktien ausgeschlossen ist. Diese Einschränkung wird in der Literatur zu Recht heftig kritisiert, da sie zu erheblicher Rechtsunsicherheit führt. Denn was mit „Handel in eigenen Aktien" gemeint ist, wird auch durch die Begründung des Regierungsentwurfes nicht hinreichend geklärt. Danach wird unter „Handel in eigenen Aktien" ein fortlaufender Kauf und Verkauf eigener Aktien und der Versuch, Trading-Gewinne zu machen, verstanden.[6] Hintergrund der Regelung ist, daß eine massive Marktbeeinflußung[7] und eine kontinuierliche Kurspflege[8] verhindert werden sollen. Aber auch diese Zielsetzungen können nur das Motiv des Gesetzgebers erklären, nicht jedoch klare Abgrenzungskriterien liefern.[9] Zudem wird in der Literatur zu Recht die Berechtigung einer derartigen Einschränkung als solche angezweifelt: Der Vorstand ist gemäß § 71 Abs. 3 Satz 1 AktG der Hauptversammlung berichtspflichtig, so daß die Hauptversammlung es in der Hand hat, die Handhabung des Aktienrückkaufs zu überwachen und bei mißbräuchlicher Verwendung der Ermächtigung diese nicht zu verlängern.[10]

Der Praxis bleibt bis zu einer Konkretisierung dieses unbestimmten Tatbestandsmerkmals durch die Rechtsprechung nichts anderes übrig, als Transaktionen zu vermeiden, die den Anschein eines „Handels in eigenen Aktien" erwecken könnten. Beispielsweise sollten mehrfache, kurzfristig aufeinanderfolgende Verkäufe von nur kurze Zeit gehaltenen eigenen Aktien mit einem erheblichen Gewinn unterbleiben.

2.2.2 Sonstige zu beachtende Vorschriften

Beim Erwerb eigener Aktien nach § 71 Abs. 1 Nr. 8 AktG sind außerdem noch einige andere gesetzliche Vorschriften zu beachten:

- Die Bestandsgrenze von zehn Prozent des Grundkapitals ist auch im Zusammenhang mit den in Folge einer Ermächtigung gemäß § 71 Abs. 1 Nr. 8 AktG erworbenen Aktien maßgeblich, § 71 Abs. 2 AktG.
- Nach § 71 Abs. 2 Satz 2 AktG dürfen eigene Aktien nur dann erworben werden, wenn für sie aus ausschüttbaren Mitteln Rücklagen nach § 272 Abs. 4 HGB gebildet werden können. So werden die Kapitalerhaltung des Unternehmens und der Schutz der Gläubiger gewährleistet.[11] Denn für die Gläubiger spielt es keine Rolle, ob eine Gewinnausschüttung an die Aktionäre oder ein Aktienrückkauf erfolgt, solange hierfür weder das Grundkapital noch nicht ausschüttbare Rücklagen angegriffen werden.[12] Falls die Aktien zur Einziehung erworben werden oder ihre spätere Veräußerung von einem Beschluß der Hauptversammlung entsprechend § 182 Abs. 1 Satz 1 AktG abhängig gemacht werden, gelten die neu eingefügten § 272 Abs. 1 Satz 4 bis 6 HGB. Danach müssen eigene Aktien in diesen Fällen in der Vorspalte offen von dem Posten „gezeichnetes Kapital" als Kapitalrückzahlung abgesetzt werden. Der Unterschiedsbetrag zwischen dem Nennwert und dem Kaufpreis dieser Aktien wird mit den anderen Gewinnrücklagen verrechnet.

288 Neue Gestaltungsmöglichkeiten durch Erwerb eigener Aktien und Optionspläne

- Der Erwerb ist gemäß § 71 Abs. 2 Satz 3 AktG nur zulässig, wenn es sich um voll eingezahlte Aktien handelt.

- Aus eigenen Aktien stehen der Gesellschaft keine Rechte zu (§ 71 b AktG). Das Unternehmen kann also weder für die eigenen Aktien Stimmrechte ausüben noch erhält es eine Dividende.[13]

- Die Publizität des Erwerbs eigener Aktien ist durch verschiedene Vorschriften gewährleistet: Die Absicht, eigene Aktien zu erwerben, ist mit der Tagesordnung bekanntzumachen (§ 124 AktG). Eigene Aktien und die hierfür gebildete Rücklage müssen in der Bilanz ausgewiesen werden (§ 266 Abs. 2 HGB). Im Anhang zum Jahresabschluß sind Angaben über den Bestand an eigenen Aktien der Gesellschaft zu machen (§ 160 Abs. 1 Nr. 2 AktG), ebenso im Zwischenbericht amtlich börsennotierter Gesellschaften (§ 55 Börsenzulassungsverordnung). Auf die Berichtspflicht des Vorstandes gemäß § 71 Abs. 3 Nr. 1 AktG wurde bereits hingewiesen.

- Der Beschluß, eigene Aktien anzukaufen oder zu veräußern, kann zu einer wesentlichen Kursbeeinflußung führen. In diesem Fall muß die Ad-hoc-Publizität des § 15 WpHG beachtet werden. Nach der Neuregelung des § 25 Abs. 1 WpHG muß ein Unternehmen innerhalb von neun Tagen in einem Börsenpflichtblatt veröffentlichen, wenn ein An- oder Rückkauf von Aktien die Schwellenwerte des § 21 WpHG überschreitet.

- Zusätzlich zu den Veröffentlichungspflichten muß immer auch das Insider-Handelsverbot im Auge behalten werden. Hierzu wird auf 3.4.2 verwiesen.

2.3 Ablauf des Aktienrückkaufs

Wie der Aktienrückkauf in der Praxis im einzelnen ablaufen soll, ist gesetzlich nicht geregelt. Es kommen verschiedene Möglichkeiten in Betracht, die zulässig sind, solange der Gleichbehandlungsgrundsatz des § 53 a AktG beachtet wird.

In den USA sind zwei verschiedene Formen des Aktienrückkaufs gängig: Zum einen wird der Erwerb der Aktien öffentlich angekündigt, später jedoch anonym über die Börse abgewickelt („open market repurchase"[14]). Zum anderen kann das Unternehmen den Rückkauf im Wege einer öffentlichen Offerte ankündigen und den Aktionären ein Kaufangebot unterbreiten („Tender-Verfahren"). Hierbei ist es denkbar, daß die Gesellschaft einen bestimmten Festpreis offeriert oder aber anbietet, die Aktien innerhalb einer bestimmten Preisspanne zu erwerben.[15] Das Kaufpreisangebot wird regelmäßig einen Aufschlag gegenüber dem aktuellen Marktpreis enthalten, wenn die Aktie nach Einschätzung des Unternehmens am Markt unterbewertet ist.[16]

Weiterhin ist denkbar, daß die Gesellschaft „Put-Optionen" ausgibt, also Verkaufsrechte, die den Inhaber berechtigen, Aktien zu einem bestimmten Festpreis der Gesellschaft

Neue Gestaltungsmöglichkeiten durch Erwerb eigener Aktien und Optionspläne 289

innerhalb einer bestimmten Frist an die ausgebende Gesellschaft zu verkaufen.[17] Möglich ist es natürlich auch, die eigenen Aktien im normalen Börsenhandel zu erwerben.[18]

2.4 Motive für den Erwerb eigener Aktien

Der Erwerb eigener Aktien kann aus verschiedenen Gründen sinnvoll sein:
- Oftmals fallen die Kurse am Kapitalmarkt generell, ohne daß dies etwas mit Faktoren des Unternehmens selbst zu tun hat. In diesem Fall liegt es nicht nur im Interesse des Unternehmens, sondern auch im Interesse der Gesamtwirtschaft, den Fall des Börsenkurses durch Verknappung der Aktien auf dem Markt abzubremsen.[19]
- Der Erwerb eigener Aktien ist ein Mittel, Aktien des Unternehmens endgültig einzuziehen. Dies ist dann sinnvoll, wenn das Eigenkapital einer Gesellschaft dauerhaft zu hoch ist. Der Weg über § 71 Abs. 1 Nr. 8 AktG bietet gegenüber dem bisherigen Weg über § 71 Abs. 1 Nr. 6 AktG eine größere Flexibilität: Die Ermächtigung zur Einziehung der Aktien kann bereits mit der Zweckbestimmung gegeben werden, die erworbenen eigenen Aktien später einzuziehen. Falls dies von der Hauptversammlung so beschlossen wird, kann die eigentliche Einziehung zu einem späteren Zeitpunkt ohne einen neuen Hauptversammlungsbeschluß gemäß § 237 Abs. 3 bis 5 AktG erfolgen. Die mit der Einziehung erfolgte Herabsetzung des Grundkapitals muß danach lediglich beim Registergericht zur Eintragung angemeldet werden, hier gilt § 239 AktG.[20]
- Möchte ein Unternehmen überschüssige Liquidität an die Aktionäre ausschütten, gleichzeitig jedoch seine kontinuierliche Dividendenpolitik wahren, ist ein Aktienrückkauf ein ideales Mittel, um den Aktionären im Rahmen eines Rückkaufprogramms die überschüssige Liquidität in Form des erhöhten Rückkaufpreises zukommen zu lassen.[21]
- Von dem Rückkaufprogramm profitieren nicht nur die Aktionäre, die an ihm teilnehmen, sondern auch die übrigen: Da das Unternehmen nicht berechtigt ist, für eigene Aktien eine Dividende zu beziehen (§ 71 b AktG), erhöht sich die auf die nicht zurückgekauften Aktien entfallende Dividende.[22]
- Der Rückkauf von Aktien kann auch zu einer Erhöhung des Eigenkapitals eingesetzt werden.[23]
- Bei geschlossenen Aktiengesellschaften kann der Aktienrückkauf als Mittel eingesetzt werden, um einvernehmlich die Anteile ausscheidungswilliger Aktionäre zu übernehmen und neu zu verteilen.[24]

3 Optionspläne

3.1 Einleitung

Aktienoptionsprogramme dienen dazu, üblicherweise der ersten und zweiten Führungsebene eines Unternehmens eine variable Vergütung zu gewähren und einen besonderen Leistungsanreiz zu geben. Der Inhaber einer Aktienoption erhält das Recht, innerhalb einer bestimmten Frist Aktien zu einem vorab festgelegten Basispreis zu erwerben. Oft handelt es sich hierbei um den Börsenkurs an dem Tag, der der Hauptversammlung folgt, die über den Aktienoptionsplan beschließt.[25] Schon hierdurch hat der Inhaber der Option ein Interesse daran, daß der Börsenkurs der Aktie zum Ausübungszeitpunkt möglichst hoch ist. Denn die Differenz zwischen dem Basispreis und dem Preis zum Zeitpunkt der Ausübung der Option geht zu seinen Gunsten. Um diesen Anreiz für das Unternehmen optimal auszunutzen, werden in einem Aktienoptionsprogramm bestimmte Hürden und Bedingungen für die Ausübung der Aktienoptionen festgelegt: So wird ein bestimmtes Erfolgsziel definiert, bei dessen Erreichen die Option erst ausgeübt werden darf, beispielsweise die Steigerung des Börsenkurses um eine bestimmte Prozentzahl. Außerdem dürfen die Aktienoptionen oft erst nach einer gewissen Zeit ausgeübt werden. Dadurch wird gewährleistet, daß die Führungskräfte des Unternehmens alles daran setzen, um den Unternehmenswert langfristig zu steigern.

Aktienoptionspläne gewinnen in Deutschland immer mehr an Stellenwert. Deutsche Unternehmen werden im Rahmen zunehmender Internationalisierung dazu angehalten, über diese Möglichkeit einer variablen Vergütung nachzudenken: Vor allem in den USA, aber auch in England und Frankreich sind Aktienoptionspläne ein Bestandteil von Managergehältern, und Führungskräfte aus diesen Ländern haben eine gewisse Erwartungshaltung. Internationales Management kann man aber nur gewinnen, wenn man die Vergütung internationalen Standards anpaßt.[26] Außerdem verlangt der internationale Kapitalmarkt eine Auseinandersetzung mit dem „Shareholder-Value-Konzept", zu dem auch Aktienoptionspläne gehören.[27]

Für Aktienoptionspläne wird eine Vielzahl von Argumenten aufgeführt:

- Aktienoptionen sind ein Instrument, um die Interessen von Aktionären und Managern gleichzuschalten: Die Führungsebene ist dann nicht nur verpflichtet, den Wert des Unternehmens zu mehren, sondern hat ein erhebliches Eigeninteresse, dieser Verpflichtung nachzukommen.[28]

- Die Vergütung der Führungsebene kann insgesamt mittelfristig erhöht werden.[29]

- Als Vergütungsform schonen Aktienoptionspläne die Liquidität des Unternehmens.[30] Denn bei Gewährung der Aktienoptionen entstehen keine Aufwendungen, und auch

Neue Gestaltungsmöglichkeiten durch Erwerb eigener Aktien und Optionspläne

bei Ausübung der Optionen wird die Gewinn- und Verlustrechnung nicht belastet. Der Preis besteht in einer – meist vernachlässigbaren[31] – Verwässerung des Eigenkapitals.[32]

- Deutsche Unternehmen, die Aktienoptionsprogramme anbieten, sind auf dem internationalen Markt der Führungskräfte wettbewerbsfähig.[33]

- Für junge oder sanierungsbedürftige Unternehmen sind Aktienoptionspläne eine besonders wirksame Methode, den Erfolg des Unternehmens zu unterstützen: Trotz der geringen Liquidität dieser Unternehmen können teure Führungskräfte gewonnen werden.[34] Außerdem geben ihnen Aktienoptionen in diesen Fällen einen sehr hohen Anreiz, sich für das Unternehmen einzusetzen. Denn die variable Vergütung, die hier möglicherweise erreicht wird, kann – wie einige Beispiele aus den USA belegen – besonders hoch sein.[35]

- Mittelfristig erreicht man mit der Steigerung des Aktienkurses eine Steigerung der Ertrags- und Wettbewerbsfähigkeit des Unternehmens.[36]

- Der Kapitalmarkt gewinnt bei Einführung eines Aktienoptionsplans Vertrauen in eine entsprechende Motivation der Führung eines Unternehmens.[37] Dies belegt bereits die Tatsache, daß allein die Ankündigung eines Aktienoptionsplanes zu Kurssteigerungen führen kann.[38]

- Aktienoptionspläne sind eine Methode, Führungskräfte an ein Unternehmen zu binden. Hierzu muß man den Plan allerdings dementsprechend ausgestalten, also beispielsweise eine Regelung aufnehmen, nach der die Aktienoptionen verfallen, wenn der jeweilige Mitarbeiter aus dem Unternehmen ausscheidet.[39]

Den dargestellten Vorteilen stehen jedoch auch gewisse Gefahren gegenüber, die nachfolgend bei den Gestaltungsmöglichkeiten von Aktienoptionsplänen behandelt werden. Diese Gefahren kann man durch eine sinnvolle Ausgestaltung von Aktienoptionsplänen wenigstens vermindern. Insgesamt stellt die derzeitige Diskussion den Anfang einer Entwicklung dar, die sicherlich von den praktischen Erfahrungen mit Aktienoptionsplänen in den nächsten Jahren stark beeinflußt werden wird.

292 Neue Gestaltungsmöglichkeiten durch Erwerb eigener Aktien und Optionspläne

3.2 Rechtsgrundlagen für Aktienoptionspläne

Nach dem Inkrafttreten des KonTraG gibt es nunmehr drei Wege zur Aufstellung und Durchführung eines Aktienoptionsplanes (abgesehen von dem wenig praktikablen Weg über die Schaffung eines genehmigten Kapitals gemäß §§ 302ff. AktG):

3.2.1 §§ 192 Abs. 1 Nr. 1, 221 Abs. 4, 186 Abs. 3 AktG

Vor Inkrafttreten des KonTraG wurden Aktienoptionspläne üblicherweise mit Hilfe von Wandelschuldverschreibungen durchgeführt. Dieser Weg soll durch die jetzt bestehende Möglichkeit, den Begünstigten direkte Bezugsrechte auf Aktien zu gewähren, nicht abgeschnitten werden.[40] Da nach der neuen unter 3.2.2 dargestellten Regelung Aufsichtsratsmitglieder und Aktionäre nicht durch Optionspläne begünstigt werden können, kann diese Alternative auch weiterhin praktische Bedeutung behalten.[41]

- Die Hauptversammlung faßt mit einer Dreiviertelmehrheit (§ 193 I 1 AktG) einen Beschluß mit folgendem Inhalt:
    - Der Vorstand oder der Aufsichtsrat wird gemäß § 221 Abs. 2 AktG mit Zustimmung des Aufsichtsrates zur Ausgabe von Wandelschuldverschreibungen ermächtigt, wobei die Ermächtigung für höchstens fünf Jahre erteilt werden kann.
    - Es wird über ein bedingtes Kapital nach § 192 Abs. 2 Nr. 1 AktG zur Bedienung der künftig ausgegebenen Bezugs- und Umtauschrechte beschlossen.
    - Das Bezugsrecht der Aktionäre auf die Wandelschuldverschreibungen, das den Aktionären gemäß § 221 Abs. 4 AktG zusteht, wird gemäß § 186 Abs. 3 AktG ausgeschlossen.

Der Ausschluß des Bezugsrechts hat zur Folge, daß der Vorstand gemäß § 186 Abs. 4 Satz 2 AktG i. V. m. § 221 Abs. 4 Satz 2 AktG der Hauptversammlung einen Vorstandsbericht vorlegen muß. Dies bedeutet, daß die Hauptversammlung in die Lage versetzt werden muß, die Vor- und Nachteile eines Aktienoptionsprogrammes abzuwägen. Deshalb müssen die Eckdaten des Programms, wie die Anzahl der vom Optionsrecht umfaßten Aktien, der Basispreis und das Erfolgsziel, mitgeteilt werden.[42]

In Rechtsprechung und Literatur ist außerdem anerkannt, daß der Bezugsrechtsausschluß sachlich gerechtfertigt und verhältnismäßig sein muß[43]. Beides wurde bei den Aktienoptionsplänen der Deutschen Bank AG und der Daimler-Benz AG bejaht.[44]

Neue Gestaltungsmöglichkeiten durch Erwerb eigener Aktien und Optionspläne

- Nach dem Hauptversammlungsbeschluß gewährt der Vorstand den Führungskräften in einer Vereinbarung die Möglichkeit, zu einem genau bestimmten Zeitpunkt die Wandelschuldverschreibungen zu einem genau bestimmten Preis zu erwerben. Der Vorstand übernimmt also die technische Ausgestaltung der von der Hauptversammlung festgelegten Eckpunkte.

  Falls Vorstandsmitglieder Begünstigte sein sollen, muß die Vergütungskompetenz des Aufsichtsrates gemäß §§ 86, 87 AktG gewahrt werden. Hierfür kann die Hauptversammlung den Aufsichtsrat direkt ermächtigen. Von der Rechtsprechung wird es jedoch auch als zulässig erachtet, daß der Vorstand nur mit Zustimmung des Aufsichtsrates handeln kann.[45]

- Bei Ausübung der Option erhält der Begünstigte die Wandelschuldverschreibung, die er dann in Aktien, die aufgrund des Beschlusses über das bedingte Kapital emittiert werden, umtauschen kann.

3.2.2 §§ 192 Abs. 2 Nr. 3, 193 Abs. 2 Nr. 4 AktG

Da der in 3.2.1 dargestellte Weg allgemein als kompliziert und rechtlich nicht völlig gesichert galt[46], hat der Gesetzgeber mit der Neuregelung des § 192 Abs. 2 Nr. 3 AktG die Möglichkeit geschaffen, „nackte" Optionsrechte ohne den Umweg über Wandelschuldverschreibungen zu gewähren. Diese voraussichtlich in Zukunft gängige Methode, Aktienoptionspläne aufzustellen und durchzuführen, läuft folgendermaßen ab:

- Die Hauptversammlung faßt mit einer Dreiviertelmehrheit (§ 193 Abs. 1 AktG) einen Beschluß mit folgendem Inhalt:

  - Der Vorstand oder der Aufsichtsrat wird ermächtigt, an Arbeitnehmer und Mitglieder der Geschäftsführung (also nicht Aufsichtsräte oder Aktionäre) der Gesellschaft oder eines verbundenen Unternehmens Bezugsrechte zu gewähren. Möglich ist auch ein Zustimmungsbeschluß zu einem schon in den konkreten Einzelheiten ausgearbeiteten Aktienoptionsplan.

  - § 193 Abs. 2 Nr. 4 AktG schreibt vor, daß die wesentlichen Eckdaten des Aktienoptionsplanes festgesetzt werden, nämlich die genaue Aufteilung der Bezugsrechte auf Mitglieder der Geschäftsführungen und Arbeitnehmer, Erfolgsziele, Erwerbs- und Ausübungszeiträume und die Wartezeit für die erstmalige Ausübung (mindestens zwei Jahre).

  - Ein ausdrücklicher Ausschluß des Bezugsrechtes der Aktionäre und damit auch ein Vorstandsbericht gemäß § 186 Abs. 4 Satz 2 AktG sind nicht erforderlich.[47] Nach der Begründung des Regierungsentwurfes versteht es sich auch ohne ausdrückliche Verpflichtung zu einem Vorstandsbericht von selbst, daß der Vorstand der Hauptversammlung eine ausführliche Begründung zu dem vorgeschlagenen Aktienoptionsplan gibt und Fragen beantwortet. Die Hauptversammlung wird das Programm nur bewilligen, wenn sie der Ansicht ist, daß die vorgesehene Unternehmenswertsteigerung positiver zu bewerten ist als der negative Kapitalverwässerungseffekt, so daß der Vorstand schon deshalb zu einer ausführlichen Begründung gezwungen ist.[48]

- Der Vorstand oder Aufsichtsrat übernimmt die faktische Ausgestaltung des Aktienoptionsplanes und vereinbart mit den Begünstigten die Gewährung der Bezugsrechte.[49] Die Begründung des Regierungsentwurfes zählt als weitere mögliche Bedingungen außer der von § 193 Abs. 2 Nr. 4 AktG geforderten folgende auf: Mindesthaltefristen und Bindungsfristen für Mitarbeiter, Fragen der technischen Abwicklung, das Verfahren der Zeichnung und Ausübung, die Fragen der Einrichtung eines Stock-Option-Kontos mit Depot, die Bankprovisionen, die Anpassungen bei zwischenzeitlichen Kapitalerhöhungen, die Unübertragbarkeit der Optionen, ihre Verpfändbarkeit, die Dividendenberechtigung, die Möglichkeiten einer Kreditfinanzierung, Einzelfragen bei Ausscheiden, Eintritt in den Ruhestand und Todesfall des Bezugsberechtigten sowie die Kündbarkeit durch die Gesellschaft.[50]

- Wenn die Bedingungen des Aktienoptionsplanes und der im einzelnen mit dem Begünstigten ausgehandelten Vereinbarung eingetreten sind, kann dieser sein Bezugsrecht ausüben und erhält hierfür direkt neue Aktien der Gesellschaft.

3.2.3 § 71 Abs. 1 Nr. 8 AktG

Bisher konnten lediglich Arbeitnehmerbeteiligungsprogramme nach § 71 Abs. 1 Nr. 2 AktG mit von der Gesellschaft erworbenen eigenen Aktien bedient werden. Über den neu geschaffenen § 71 Abs. 1 Nr. 8 AktG ist dies nach dem Inkrafttreten des KonTraG auch für Vorstandsmitglieder, Aufsichtsratsmitglieder und Aktionäre möglich.

- Die Voraussetzungen des Hauptversammlungsbeschlusses über den Erwerb eigener Aktien nach § 71 Abs. 1 Nr. 8 AktG wurden bereits oben dargestellt (2.2.1). Als Zweck legt die Hauptversammlung in diesem Falle dann fest, daß die erworbenen eigenen Aktien der Gesellschaft für die Bedienung eines Aktienoptionsprogrammes verwendet werden sollen. Gleichzeitig ermächtigt die Hauptversammlung den Vorstand oder Aufsichtsrat, Bezugsrechte auf die in Folge der Ermächtigung erworbenen eigenen Aktien zu gewähren.

Die Voraussetzungen des § 193 Abs. 2 Nr. 4 AktG sind in diesem Falle ebenfalls einzuhalten, § 71 I Nr. 8 S. 5 AktG. Damit wird das Sicherheitsniveau an die Beschaffungsform des bedingten Kapitals angeglichen.[51] Dies ist deshalb erforderlich, weil an sich die Aktionäre bei Verkauf der eigenen Aktien der Gesellschaft nicht benachteiligt werden dürfen, § 71 Abs. 1 Nr. 8 Satz 3 i.V.m. § 53 a AktG. In dieses Gleichbehandlungsrecht wird aber eingegriffen, wenn die Aktien bei Ausübung des

Optionsrechtes dem Begünstigten zugewendet werden. Die Hauptversammlung muß deshalb auch hier zumindest die Aufteilung der Bezugsrechte auf Mitglieder der Geschäftsführungen und Arbeitnehmer, Erfolgsziele, Erwerbs- und Ausübungszeiträume und Wartezeit für die erstmalige Ausübung (mindestens zwei Jahre) festlegen.

Nach dem Regierungsentwurf sollte vermieden werden, daß der Vorstand erst durch den Rückerwerb die Bezugsrechte ins Geld bringt. Die Hauptversammlung sollte deshalb auf einen deutlichen Abstand zwischen dem Ende des Ermächtigungszeitraums zum Erwerb der eigenen Aktien und dem Zeitpunkt für die erstmalige Ausübung der Option achten.[52] Daran ist zwar richtig, daß es zu einer beachtlichen Kurssteigerung führen kann, wenn die Gesellschaft kurzfristig sämtliche für den Aktienoptionsplan vorgesehenen Aktien am Markt einkauft. Die gesetzlichen Vorschriften sind jedoch so ausgestaltet, daß zwischen dem Erwerb der eigenen Aktien und der erstmaligen Ausübung der Option durch den Berechtigten mindestens sechs Monate liegen: Die Ermächtigung zum Erwerb eigener Aktien kann gemäß § 71 Abs. 1 Nr. 8 AktG für höchstens 18 Monate erteilt werden, während nach § 193 Abs. 2 Nr. 4 AktG bei Aufstellung des Aktienoptionsplanes eine mindestens zweijährige Wartefrist für die Ausübung der Option festgelegt werden muß.

Der Beschluß bedarf zu seiner Wirksamkeit ebenfalls, wie in den anderen beiden dargestellten Fällen, der Dreiviertelmehrheit. Dies erfordert § 186 Abs. 2 Satz 2 AktG, der gemäß § 71 Abs. 1 Nr. 8 Satz 5 AktG entsprechend anwendbar ist.

- Auch hier übernimmt der Vorstand oder der Aufsichtsrat die konkrete Ausgestaltung der Vereinbarung mit dem Begünstigen, der ein Bezugsrecht erhalten soll.

- Innerhalb der von der Hauptversammlung gewährten Ermächtigungsfrist muß der Vorstand die eigenen Aktien der Gesellschaft erwerben, also spätestens nach 18 Monaten. Genau hierin ist der Nachteil der Bedienung von Aktienoptionsplänen mit eigenen Aktien der Gesellschaft zu sehen: Die Aktien müssen von der Gesellschaft zunächst einen gewissen Zeitraum gehalten werden, so daß wertvolles Kapital der Gesellschaft gebunden wird.[53] Denn zum einen fordert § 193 Abs. 2 Nr. 4 AktG eine Wartefrist von mindestens zwei Jahren, bevor von der Option Gebrauch gemacht werden kann. Zum anderen wird in den meisten Fällen eine über zwei Jahre hinausgehende Wartefrist sinnvoll sein. Denn die Führungsriege soll ja gerade zu langfristigen Unternehmensentscheidungen angeregt und auch langfristig an das Unternehmen gebunden werden.

- Bei Ausübung der Option erhält der Begünstigte dann die bereits von der Gesellschaft vorgehaltenen eigenen Aktien.

3.3 Gestaltungsmöglichkeiten von Aktienoptionsplänen

Nur eine sinnvolle Ausgestaltung der Aktienoptionspläne, die auf die konkreten Bedürfnisse und Ziele eines Unternehmens abgestimmt ist, kann die in der Einleitung skizzierten positiven Effekte auslösen. Ein Patentrezept gibt es hierfür nicht. Im folgenden werden aus der gegenwärtigen Diskussion einige wichtige Gestaltungsmöglichkeiten dargestellt, die man bei der Aufstellung eines Aktienoptionsplanes bedenken sollte. Die zur Vermeidung von Insidergeschäften bestehenden Möglichkeiten werden dabei unter 3.4 behandelt.

3.3.1 Börsenkurs

Oftmals wird die Ausübung der Option daran geknüpft, daß der Aktienkurs zum Zeitpunkt der Optionsausübung eine bestimmte Prozentzahl über dem Kurs zum Zeitpunkt der Gewährung der Option liegt.[54] Da bei Nichterreichen dieses Erfolgsziels die Option verfällt, wird ein besonderer Anreiz zur Erreichung des Zielkurses gesetzt.[55]

Die Begründung des Bundesregierungsentwurfes sieht in dem Börsenkurs einen Parameter, in dem sich die Einschätzung des Kapitalmarktes über den Wert eines Unternehmens und seine Zukunftschancen auf dem Markt widerspiegelt. So könne sichergestellt werden, daß die Unternehmensführung beispielsweise mit Investitionen im Forschungsbereich eine Politik der langfristigen Wertsteigerung verfolgt.[56] Dem ist grundsätzlich zuzustimmen. Der Vorteil einer Orientierung am Börsenkurs liegt darin, daß er nicht lediglich eine Abbildung der Vergangenheit ist, wie dies bei Bilanzparametern der Fall ist, sondern idealerweise auch die Zukunftschancen eines Unternehmens berücksichtigt[57]. Bei der Erstellung von Bilanzen gibt es außerdem zahlreiche Ansatz- und Bewertungswahlrechte, so daß nicht gewährleistet ist, daß die Bilanz den realen Wert des Unternehmens abbildet.[58] Aufgrund dieser Tatsache können die Führungskräfte die Bilanzgrößen leicht in ihrem Sinne manipulieren.[59]

Problematisch ist die Anknüpfung an einem bestimmten Börsenkurs als alleinigem Erfolgsziel insofern als die Gefahr von „windfall profits" besteht: Hierzu kann es kommen, wenn aufgrund der allgemeinen günstigen wirtschaftlichen Lage oder anderer externer Faktoren, die auf den Markt Einfluß haben, die Börsenkurse insgesamt steigen und damit auch der Kurs des in Rede stehenden Unternehmens.[60] Mit der Managerleistung hat der Erfolg des Unternehmens an der Börse dann im schlimmsten Falle überhaupt nichts zu tun. Beispielsweise hat die Führungsriege eines Unternehmens keinen Einfluß auf die Veränderung der Leitzinsen oder auf den Ausgang der Bundestagswahl. Spiegelbildlich hierzu besteht das Risiko, daß die Börsenkurse insgesamt aufgrund einer allgemein schlechten wirtschaftlichen Lage sinken, und das jeweilige Unternehmen zwar aufgrund guter Leistungen der Führungsriege einen relativ guten Kurs hält, jedoch nicht das im Aktienoptionsplan festgelegte Kursziel erreicht.[61]

Als Manko des Börsenkurses als Erfolgsparameter wird darüber hinaus angesehen, daß er nicht die Leistung eines einzelnen widerspiegelt. Für Führungskräfte ohne Gesamtverantwortung sind deshalb Aktienoptionspläne keine ideale erfolgsbezogene Vergütungsform.[62]

3.3.2 „Benchmarking"

Wegen der oben dargestellten „windfall profits" als negativem Aspekt einer Bindung des Aktienoptionsprogramms allein an den Börsenkurs, schlägt unter anderem auch der Entwurf der Bundesregierung vor, als Erfolgsziel zusätzlich an die relative Performance eines Unternehmens anzuknüpfen.

In Betracht kommt eine Verknüpfung mit einem Gesamtmarktindex oder auch mit einem Branchenindex. So können „windfall profits", die sich aus der allgemeinen Kapitalmarkt- oder Branchenentwicklung ergeben, größtenteils ausgeschaltet werden.[63]

Beide Möglichkeiten der Indexierung sind jedoch keine Sicherheit, „windfall profits" völlig zu verhindern. Denn interne Faktoren, die nichts mit der Managementleistung zu tun haben (beispielsweise ein Ölfund) und dennoch zu einer Steigerung des Börsenkurses führen, können bei der Betrachtung nicht ausgeschaltet werden.[64] Auf der anderen Seite kann für die Leitung eines Unternehmens die unglückliche Situation entstehen, daß die gesamte Branche oder die Wirtschaft allgemein boomt und deshalb der Branchen- oder Gesamtmarktindex sprunghaft steigt. In diesem Falle wird es auch bei herausragender Managementleistung nur sehr schwer sein, das Erfolgsziel des Optionsplanes zu erreichen.[65] Außerdem dürfte es nicht immer gelingen, einen passenden Branchenindex zu finden, der der Geschäftstätigkeit des Unternehmens gerecht wird, insbesondere wenn es sich um ein internationales oder in vielen Bereichen tätiges Unternehmen handelt.[66]

3.3.3 Dividendenhöhe

Teilweise wird angeregt, als Erfolgsziel nicht nur den Anstieg des Aktienkurses, sondern auch die Steigerung der Aktienrendite festzusetzen.[67] Begründet wird dies mit der Befürchtung, daß das Management eine restriktive Ausschüttungspolitik verfolgen wird, um den Börsenkurs zu steigern. Andere sehen diese Gefahr nicht mit der Begründung, daß deutsche Anleger ihre Investitionsentscheidung sehr stark von der Dividendenpolitik eines Unternehmens abhängig machen. Eine großzügige Dividendenpolitik würde danach auch zu einer Steigerung des Aktienkurses führen. Außerdem erhalten viele Führungskräfte selbst unabhängig von einem Aktienoptionsprogramm eine dividendenabhängige Vergütung.[68] Welche der beiden Einschätzungen richtig ist, werden die praktischen Erfahrungen mit Aktienoptionsplänen in der Zukunft zeigen.

3.3.4 „Weiche Kriterien"

Denkbar wäre es, die Ausübung der Optionen an „weiche" Erfolgsziele zu knüpfen, wie Kundenzufriedenheit oder die Bewertung des Unternehmens in der öffentlichen Meinung. Dabei stellt sich jedoch das Problem, daß nach § 193 Abs. 2 Nr. 4 AktG die Erfolgsziele von der Hauptversammlung festgelegt werden müssen. Es muß also auch bei „weichen" Kriterien ein Maßstab bestimmt werden, anhand dessen man das Erreichen des Erfolgsziels messen kann. Beispielsweise könnte man eine Marktstudie durchführen lassen und bei Aufstellung des Aktienoptionsprogrammes verlangen, daß diese Marktstudie nach einem gewissen Zeitraum unter den gleichen Bedingungen wiederholt wird, und dann als Erfolgsziel eine bestimmte prozentuale Steigerung von Parametern dieser Marktstudie setzen. Ob es sich hierbei um eine praktikable Alternative zu einer Steigerung des Börsenkurses handelt, wird sich zeigen.

3.3.5 Ausübungsfristen

Das Gesetz geht in § 193 Abs. 2 Nr. 4 AktG von einer Haltefrist von mindestens zwei Jahren aus. Dahinter steht die Überlegung, daß ein Aktienoptionsplan nur dann dem Unternehmen zugute kommt, wenn sein Unternehmenswert langfristig gesteigert wird. Das Management könnte andernfalls dazu verleitet werden, mit kurzfristig gewinnbringenden Maßnahmen den Aktienkurs zu steigern und nach Ausübung der Optionen die Aktien zu veräußern.[69] So geht auch die Begründung des Regierungsentwurfes von einer sinnvollen Regelerstausübungsfrist von drei Jahren aus. Die Mindestfrist von zwei Jahren wurde im Aktiengesetz deshalb festgeschrieben, um den Unternehmen die Möglichkeit zu geben, auf Sondersituationen flexibel reagieren zu können, beispielsweise bei Unternehmen mit sehr kurzen Produktzyklen.[70]

Neben dem Anreiz, den Unternehmenserfolg langfristig abzusichern, ist eine Erstausübungsfrist auch deshalb sinnvoll, um die Führungskräfte an das jeweilige Unternehmen zu binden. Der Aktienoptionsplan kann so ausgestaltet werden, daß die Option verfällt, sobald der Mitarbeiter aus dem Unternehmen ausscheidet. In den USA gibt es in diesem Zusammenhang Bindungsfristen von bis zu zehn Jahren oder auch die Verpflichtung, bei Beendigung des Arbeitsverhältnisses die Optionen zu einem ungünstigen Preis an das Unternehmen zurückzuverkaufen.[71] Aber auch wenn es in Deutschland nicht zu derartigen extremen Ausgestaltungen kommen wird, muß bei weniger schwerwiegenden Anbindungen gefragt werden, ob diese noch zulässig sind oder ob eine sittenwidrige Kündigungsbeschränkung vorliegt. Dies wird in der künftigen Praxis ausbalanciert werden müssen. Hierbei dürfte es auf das Verhältnis der variablen Vergütung zu der festen Vergütung der Führungskraft sowie die Bindungsdauer ankommen.

3.3.6 Haltefristen

Um die Führungskräfte möglichst lange für ihre Unternehmenspolitik haften zu lassen, wird die Festsetzung von Haltefristen für sinnvoll erachtet: Danach dürfen die nach Ausübung der Optionen erhaltenen Aktien während dieser Frist nicht verkauft werden.[72]

3.3.7 Aufsichtsratsmitglieder

Begünstigte eines Aktienoptionsplanes waren bislang in Deutschland Vorstände und andere Führungskräfte, nicht jedoch Aufsichtsräte.[73] Gesetzlich möglich wäre dies zwar nicht durch die nun grundsätzlich erlaubte Gewährung „nackter" Optionsrechte nach §§ 192 Abs. 2 Nr. 3, 193 Abs. 2 AktG, wohl aber auf den beiden anderen in 3.2 aufgezeigten Wegen. Allerdings könnte nach der gegenwärtigen Gesetzeslage die Hauptversammlung den Vorstand nicht mit der konkreten Ausgestaltung des Aktienoptionsplanes ermächtigen, da nach § 113 Abs. 1 AktG die Vergütung des Aufsichtsrates nur durch die Satzung oder durch die Hauptversammlung bestimmt werden kann. Eine konkrete Ausgestaltung des Aktienoptionsplanes durch die Hauptversammlung wäre zwar aufwendig und war vom Gesetzgeber nicht unbedingt beabsichtigt[74], ist aber rechtlich zulässig.

Gegen die Einbeziehung von Aufsichtsratsmitgliedern in Aktienoptionspläne wird geltend gemacht, daß es nicht die Aufgabe des Aufsichtsrates ist, eine Steigerung des Unternehmenswertes zu erreichen. Der Aufsichtsrat sei allein dazu verpflichtet, die Geschäftsführung des Vorstandes zu überwachen.[75]

Auf der anderen Seite wird eine leistungsgerechtere Vergütung des Aufsichtsrates gefordert und in diesem Zusammenhang auch ein Aktienoptionsprogramm als eine Möglichkeit hierfür genannt.[76] Gerade in kleineren und jungen Aktiengesellschaften gehe der Erfolg des Unternehmens oft zu einem nicht unerheblichen Maße auf die Arbeit des Aufsichtsrates zurück, der in Deutschland in der Regel nur ein sehr geringes Entgelt erhalte.[77]

Man sollte bei dieser Diskussion bedenken, daß es bisher auch durchaus üblich war, Aufsichtsratsmitgliedern eine variable Vergütung zu gewähren. Das Gesetz geht hiervon in § 113 Abs. 3 AktG ausdrücklich aus. Der dort vorgesehene Jahresgewinn spiegelt den Unternehmenserfolg wider. Man kann wohl auch kaum einen Parameter finden, an dem sich der Erfolg der Überwachungstätigkeit des Aufsichtsrates in allen Facetten genau ablesen läßt. Aufgabe des Vorstandes ist es unter anderem, den Unternehmenswert zu vergrößern, und dieses Ziel hat der Aufsichtsrat bei seiner Überwachung ebenfalls zu verfolgen. Wenn man dies anerkennt, dürfte der Aktienkurs auch hier der bessere Anhaltspunkt für den Unternehmenserfolg als der in der Vergangenheit erzielte Bilanzgewinn sein.

3.3.8 Schutz vor Verwässerung oder Untergang der Optionsrechte

Optionsrechte können im Falle der Kapitalerhöhung oder Ausgabe weiterer Optionsrechte der ausgebenden Gesellschaft verwässert werden, wenn den Inhabern der Optionsrechte kein Bezugsrecht eingeräumt wird.[78] Hierzu sollte der Optionsplan eine Regelung enthalten; ebenso sollte er die Optionsrechte im Falle von Verschmelzungen und Umwandlungen absichern.[79]

3.3.9 Bewertung

Die über die einzelnen Gestaltungsmöglichkeiten geführte Diskussion bestätigt, daß es *den* Aktienoptionsplan nicht gibt. Vor der Einführung eines solchen ist zunächst eine genaue Analyse vorzunehmen, wo das Unternehmen zum jetzigen Zeitpunkt steht und wo es zu einem zukünftigen Zeitpunkt stehen will. Anhand dieser ermittelten Ziele muß man dann versuchen, aus den verschiedenen Gestaltungsmöglichkeiten den erfolgversprechendsten Aktienoptionsplan zusammenzustellen. Beispielsweise könnte sich ein Unternehmen zum Ziel setzen, erfolgreicher als ein Konkurrenzunternehmen zu sein. Dann könnte als Erfolgsziel eine bestimmte prozentuale Steigerung des Börsenkurses gegenüber dem Basispreis definiert und zusätzlich für einen bestimmten Zeitraum ein höherer Börsenkurs als der des Konkurrenzunternehmens verlangt werden.

Dennoch wird auch bei einem noch so ausgeklügelten System von Erfolgszielen immer die Gefahr bestehen, daß das Erreichen eines Zieles eines Aktienoptionsplanes nicht allein auf die Leistung des einzelnen Optionsinhabers zurückgeht. Hierfür ist der Kapitalmarkt ein von zu vielen Faktoren abhängiges Gebilde. Außerdem kann die Leistung eines einzelnen nicht allein den Erfolg eines Unternehmens garantieren. Entscheidend ist immer die Motivation und das Zusammenwirken sämtlicher Mitarbeiter. Dies sollte jedoch kein Hinderungsgrund für die Einführung eines Aktienoptionsplanes sein: Entscheidend ist, daß die Führungskräfte und Mitarbeiter durch einen Aktienoptionsplan motiviert werden, ihr Bestes zum Erreichen der festgesetzten Erfolgsziele zu tun, was zumindest zu einem Teil kausal für den Unternehmenserfolg sein wird.

3.4 Insiderproblematik

Da die Begünstigten eines Aktienoptionsplans in den meisten Fällen gemäß § 13 Abs. 1 Nr. 1 oder Nr. 3 WpHG Primärinsider sein werden, müssen bei der Aufstellung und Durchführung eines Aktienoptionsplans insbesondere zu den folgenden Zeitpunkten insiderrechtliche Vorschriften beachtet werden.

3.4.1 Zuteilung der Aktienoptionen

Die im Rahmen eines Aktienoptionsplanes eingeräumten Aktienoptionen sind in der Regel nicht fungibel. Andernfalls würde man die Begünstigten nämlich nicht dazu anhalten, die Erfolgsziele des Optionsplanes zu erreichen. Auch die erwünschte Mitarbeiterbindung bliebe aus, wenn die Begünstigten die Optionen frei veräußern könnten, ohne daß diese verfielen.

Nach § 12 Abs. 2 Nr. 1 WpHG werden zwar auch Rechte auf den Bezug von Wertpapieren von den insiderrechtlichen Vorschriften erfaßt, weitere Voraussetzung ist jedoch, daß sie zum Wertpapierhandel zugelassen sind, was bei nichtfungiblen Optionen gerade nicht der Fall ist. Im Regelfall besteht deshalb bei Zuteilung der Aktienoption nicht die Gefahr eines unzulässigen Insidergeschäftes nach § 14 WpHG.[80]

Falls jedoch ausnahmsweise fungible Optionsrechte ausgegeben werden sollten, fallen diese grundsätzlich unter § 14 WpHG.

3.4.2 Erwerb eigener Aktien durch das Unternehmen

Erwirbt der Vorstand eines Unternehmens im Rahmen einer nach § 71 Abs. 1 Nr. 8 AktG gegebenen Ermächtigung eigene Aktien für die Bedienung eines Aktienoptionsplanes, muß § 14 WpHG beachtet werden. Es ist einem Vorstand deshalb zu raten, unmittelbar vor Durchführung des Erwerbs sämtliche insiderrelevanten Informationen des Unternehmens zu sammeln und zu veröffentlichen.

3.4.3 Ausübung der Aktienoptionen

Für die Frage, ob die Ausübung einer Aktienoption ein unzulässiges Insidergeschäft sein kann, ist nach der Beschaffungsart der Aktien zu unterscheiden:

- Erhält der Inhaber bei Ausübung seiner Option Aktien, die aufgrund eines genehmigten bedingten Kapitals neu ausgegeben werden, wird teilweise angenommen, daß § 14 WpHG nicht einschlägig ist. Die aus einem bedingten Kapital entstehenden Aktien seien eine Neuausgabe und noch gar nicht auf dem Kapitalmarkt eingeführt. Bei einem Erwerb dieser Aktien sei die Funktionsfähigkeit des Kapitalmarktes nicht berührt. Das Wertpapierhandelsgesetz schütze nur den Erwerb vom Sekundärmarkt.[81]

  Diese Ansicht übersieht den Wortlaut des § 12 Abs. 2 S. 2 WpHG. Danach steht es der Marktzulassung gleich, wenn der Antrag auf Zulassung gestellt oder öffentlich angekündigt ist. Erfaßt werden soll also auch der Handel „per Erscheinen".[82]

Baums kommt deshalb zu dem Schluß, daß die §§ 12 Abs. 1, 14 Abs. 1 Nr. 1 WpHG nach derzeitiger Gesetzeslage solange nicht einschlägig sind, solange beispielsweise wegen einer vereinbarten Haltefrist ein Zulassungsantrag bis zur Ausübung der Option nicht gestellt wurde.[83]

Aber auch dem kann so nicht zugestimmt werden: Ein Zulassungsantrag ist öffentlich angekündigt, wenn in einer Erklärung des Emittenten oder eines anderen öffentlichen Anbieters von Wertpapieren gegenüber einem unbestimmten Personenkreis darauf hingewiesen wird, daß die Notierung der betreffenden Wertpapiere in einem der genannten Marktsegmente beabsichtigt ist.[84] In den meisten Fällen wird eine Kapitalmaßnahme, mit der die Aktien für das Aktienoptionsprogramm beschafft werden sollen, nach § 15 WpHG publikationspflichtig sein. Nur in wenigen Ausnahmefällen wird man annehmen können, daß die Maßnahme nicht geeignet ist, den Kurs zu beeinflussen und deshalb eine Publizitätspflicht entfällt.[85] Allein in diesen Ausnahmefällen sind die §§ 12 Abs. 1, 14 Abs. 1 Nr. 1 WpHG dem Wortlaut nach nicht einschlägig, solange der Zulassungsantrag bei Ausübung der Option nicht gestellt ist. In allen anderen Fällen ist mit der Publikation nach § 15 WpHG der Antrag auf Zulassung der für das Aktienoptionsprogramm bestimmten Aktien öffentlich angekündigt. § 14 WpHG wird also in den allermeisten Fällen nicht schon deshalb ausgeschlossen sein, weil kein Handel am Sekundärmarkt vorliegt.

- Wenn das Aktienoptionsprogramm mit eigenen Aktien der Gesellschaft bedient wird, die diese am Sekundärmarkt erworben hat, greift grundsätzlich § 14 WpHG, da diese Aktien offensichtlich bereits zum Handel auf dem Wertpapiermarkt zugelassen sind.

- Die Gefahr eines unzulässigen Insiderhandelsgeschäftes besteht also bei Ausübung der Option unabhängig davon, ob diese durch neu ausgegebene oder von der Gesellschaft selbst erworbene Aktien bedient werden. Sie wird jedoch überwiegend als unerheblich angesehen:

So wird die Ansicht vertreten, daß die Aktienoptionen regelmäßig dann ausgeübt werden, wenn dies nach den Optionsbedingungen möglich ist. Insidertatsachen seien dann nicht ursächlich für die Ausübung, sondern könnten die ohnehin schon bestehende Ausübungsabsicht lediglich bestärken. Um den Verdacht des Insiderhandels zu umgehen, wird vorgeschlagen, den Ermessensspielraum für den Berechtigten weitestmöglichst einzuschränken, nämlich durch klare Kriterien und limitierte Zeitvorgaben für die Ausübung der Optionsrechte.[86]

Sodann wird argumentiert, daß der Begünstigte die Option ausüben wird, wenn sie „im Geld" ist. Dies geschehe überwiegend unabhängig davon, ob er Kenntnis von positiven oder negativen Insidertatsachen habe. Lediglich aus Sicherheitsgründen und um den Anschein eines unzulässigen Insiderhandels zu verhindern, wird ebenfalls vorgeschlagen, den Ermessensspielraum des Optionsinhabers weitgehend zu reduzieren.[87]

Bei der Diskussion, wie man Verstöße gegen § 14 WpHG bei der Ausübung von Aktienoptionen vermeiden kann, sollte man zwischen der Verwirklichung des Tatbestandes und dem bloßen Verdacht auf Vorliegen eines Insidergeschäftes unterscheiden. Wie oben dargestellt, scheitert die Anwendung von § 14 WpHG in den meisten Fällen nicht daran, daß die in Ausübung der Option erworbene Aktie noch kein Wertpapier im Sinne von § 12 WpHG ist.

Ein unzulässiges Insidergeschäft liegt nicht vor, wenn beide Seiten, also der Berechtigte und die die Option ausgebende Aktiengesellschaft, einen gleichen Informationsstand haben. Denn Schutzzweck des Wertpapierhandelsgesetzes ist die Funktionsfähigkeit der institutionalisierten Märkte.[88] Der Kapitalmarkt wird jedoch von einem Kaufgeschäft zwischen zwei sich unmittelbar gegenüberstehenden Vertragsparteien (Face-to-face-Geschäft), die beide den gleichen Informationsstand haben, nicht tangiert. Ein Face-to-face-Geschäft wird bei Ausübung der Aktienoption der Normalfall sein, da der Vorstand, der die Erklärung der Optionsausübung entgegennimmt, meist über den gleichen Informationsstand wie die optionsausübende Führungskraft verfügen wird.

Nur wenn ausnahmsweise allein der Aktienoptionsinhaber Kenntnis von der Insidertatsache hat und diese ausnutzt, greift § 14 WpHG bei Ausübung der Option. In diesem Fall kann dies auch nicht durch noch so klare Ausübungskriterien und limitierte Zeitvorgaben negiert werden. Es sind durchaus Fälle denkbar, in denen der Aktienoptionsinhaber eine Insidertatsache kennt, die nicht publizitätspflichtig ist. Wenn dies Ursache für die Ausübung der Option ist, erfüllt er den Tatbestand des § 14 WpHG, auch wenn einen Tag zuvor bei der jährlichen Hauptversammlung andere Informationen publiziert wurden.

3.4.4 Veräußerung der Aktien

Nach Ausübung der Option hält der Begünstigte frei handelbare Aktien und hat – unter Wahrung von Haltefristen und sonstigen Vorgaben des Aktienoptionsplanes – die Möglichkeit, diese frei zu veräußern. Allerdings kommen Vorstandsmitglieder und Führungskräfte viel häufiger als „normale" Aktionäre mit Insidertatsachen in Berührung. Es besteht deshalb immer die Gefahr, daß sich der Begünstigte eines Aktienoptionsplans bei der Veräußerung der Aktien eines Verstoßes gegen § 14 WpHG schuldig macht. Insofern wird eine Veräußerung von Aktien durch Vorstandsmitglieder und Führungskräfte immer den Verdacht auslösen, sie sei durch die Kenntnis von negativen Insidertatsachen verursacht und deshalb ein unzulässiges Insidergeschäft.[89] Dies ist zum einen für das Unternehmen selbst ungünstig, das in den Ruf geraten kann, unzulässige Insidergeschäfte seiner Mitarbeiter mit dem Aktienoptionsplan zu fördern. Zum anderen wird sich auch eine Führungskraft unter diesem Gesichtspunkt genau überlegen, an einem Aktienoptionsprogramm teilzunehmen. Denn dies kann darauf hinauslaufen, daß

304 Neue Gestaltungsmöglichkeiten durch Erwerb eigener Aktien und Optionspläne

die Aktien entweder faktisch unveräußerlich sind oder die Führungskraft sich bei jeder Veräußerung von Aktien der kritischen Begutachtung durch die Öffentlichkeit oder gar strafrechtlichen Ermittlungen aussetzen muß. Zur Vermeidung dieser Nachteile wird folgendes diskutiert:

- Die Gesellschaft kann bei Aufstellung des Aktienoptionsplanes sogenannte „trading windows" festlegen. Dies sind einige kurz bemessene Zeiträume unmittelbar nach Veröffentlichung der Regelpublizität.[90]

  Ebenso wie bereits unter 3.4.3 dargestellt, gilt auch hier, daß selbst eine noch so eng begrenzte Bestimmung des Zeitraumes, in dem Aktien veräußert werden können, ein unzulässiges Insidergeschäft nicht verhindern kann. Es wird lediglich der Anschein eines unzulässigen Insidergeschäftes vermindert. Denn es gibt durchaus Tatsachen, die nicht veröffentlicht werden müssen und dennoch geeignet sind, im Falle ihres öffentlichen Bekanntwerdens den Aktienkurs erheblich zu beeinflussen (§ 13 Abs. 1 WpHG). Das Festsetzen von „trading windows" ist also insofern vorteilhaft als ein Verkauf von Aktien in den meisten Fällen nicht so kritisch beleuchtet wird wie ein Verkauf ohne jegliche Zeitvorgaben. Allerdings sollte sich die Führungskraft bewußt sein, daß auch negative Insidertatsachen, die nicht kurz zuvor veröffentlicht wurden, zu einer Strafbarkeit führen, wenn sie ausgenutzt werden.

- In der Literatur wird die Möglichkeit der Errichtung von „Chinese Walls" angesprochen, jedoch als kaum praktikabel angesehen. Denn ein erfolgreiches Arbeiten von Führungskräften eines Unternehmens setzt voraus, daß sie Zugang zu einer Vielzahl von Informationen haben.[91]

- Als weitere Möglichkeit kommt in Betracht, die Aktien, die nach Ausübung der Option gehalten werden, von einem weisungsfreien Dritten verwalten zu lassen.[92] Dies ist vor allem dann sinnvoll, wenn sie in ein Wertpapierdepot zusammen mit anderen Aktien gegeben werden können. Sobald der Treuhänder nur die aufgrund des Aktienoptionsplanes erworbenen Aktien erhält, besteht die Gefahr, daß der Begünstigte den Treuhänder mit nicht öffentlich zugänglichen Informationen versorgt oder der Treuhänder sich unzulässigerweise anweisen läßt, die Aktien zu einem bestimmten Zeitpunkt zu verkaufen. Gleichzeitig wird in der Öffentlichkeit immer der Verdacht eines unzulässigen Zusammenwirkens zwischen dem Treuhänder und dem Begünstigten entstehen, wenn dieser die Aktien zu einem Zeitpunkt verkauft, nach dem zufälligerweise das Bekanntwerden von Negativ-Insidertatsachen zu Kursverlusten führt.

- Die insiderrechtliche Problematik wird bei folgender, in den USA vorkommender Form der Mitarbeiterbeteiligung vermieden: Mit Hilfe eines „Phantom-Stock-Plans" wird die Führungskraft lediglich schuldrechtlich so gestellt, als ob sie eine bestimmte Anzahl von Aktien des Unternehmens halten würde. Jeweils zu einem bestimmten Stichtag werden Kursgewinne an die Mitarbeiter ausgeschüttet. Der „Phantom-Stock-Plan" kann dabei so ausgestaltet werden, daß der Bezug der Kursgewinne an bestimmte Erfolgsziele gekoppelt ist („Stock Appreciation Rights") oder daß die Mitarbeiter auch an Kursverlusten teilhaben. Der Teilnehmer eines derartigen Programmes gerät nicht in die Gefahr, gegen insiderrechtliche Vorschriften zu verstoßen, da er keine Aktien in Händen hält und diese deshalb auch nicht veräußern muß, um Wertzuwächse zu realisieren.

Aufgrund der steuerlichen Behandlung von „phantom stocks" im Gegensatz zu den gängigen Aktienoptionsplänen (siehe hierzu unter 3.5.3) werden sie sich aller Voraussicht nach in Deutschland nicht durchsetzen, falls es nicht zu Gesetzesänderungen kommt. Im übrigen entstehen bei der Ausschüttung von Wertzuwächsen Aufwendungen für das Unternehmen, was bei der Ausübung von Aktienoptionen gerade nicht der Fall ist. Aus diesen Gründen kann die insiderrechtliche Problematik wohl auch künftig nicht durch die Einführung von „phantom stocks" vermieden werden.

3.4.5 Zusammenfassung

Eine Patentlösung, Insidergeschäfte im Zusammenhang mit Aktienoptionsplänen völlig auszuschließen und auch für die Begünstigten einen Weg zu finden, der jeglichen Verdacht von Insidergeschäften ausschließt, gibt es nicht. Strenge Ausübungskriterien und enge Zeitfenster für die Ausübung der Option und den Verkauf der aufgrund der Option erworbenen Aktien sind grundsätzlich anzuraten. Auch die Verwaltung der Wertpapiere von einem neutralen Dritten ist sinnvoll. Zusätzlich sollten jedoch die Begünstigten in der Vereinbarung mit dem Unternehmen über die Gewährung von Aktienoptionen darauf hingewiesen werden, daß diese Vorsichtsmaßnahmen kein unzulässiges Insidergeschäft ausschließen können.

3.5 Steuerliche Aspekte von Aktienoptionsplänen

Aktienoptionen werden nach derzeitiger Gesetzeslage steuerlich wie folgt behandelt:

3.5.1 Handelbare Aktienoptionen

Fungible Aktienoptionen werden wahrscheinlich auch in Zukunft im Zusammenhang mit Aktienoptionsplänen für Führungskräfte keine große praktische Bedeutung haben, da die freie Veräußerlichkeit eines Optionsrechtes zwei entscheidenden Zielsetzungen der Einführung eines Aktienoptionsprogrammes widerspricht: Zum einen wird eine Führungskraft nach Veräußerung der Aktienoption nicht mehr durch diese an das Unternehmen gebunden. Zum anderen besteht nach Veräußerung der Aktienoption kein Anreiz mehr – jedenfalls nicht gerade durch die Aktienoption –, die in dem Aktienoptionsplan festgelegten Erfolgsziele zu erreichen. Falls trotz dieser beiden negativen Aspekte fungible Aktienoptionen gewährt werden, werden diese folgendermaßen besteuert:

- Werden derartige Aktienoptionen unentgeltlich oder unter dem Marktpreis gewährt, ist die Differenz zu dem Markpreis ein geldwerter Vorteil und damit als Einkommen aus nichtselbständiger Arbeit gemäß §§ 19 Abs. 1 Nr. 1, 8 Abs. 1 EStG zu versteuern.

- Die Ausübung einer frei veräußerlichen Aktienoption ist unabhängig von dem aktuellen Börsenkurs zum Ausübungszeitpunkt steuerneutral.[93]

- Wird das verbriefte Optionsrecht anstelle der Ausübung veräußert und hierbei ein Gewinn erzielt (wobei der Marktpreis zum Zeitpunkt des Optionserwerbs als Anschaffungskosten berücksichtigt wird, um eine Doppelbesteuerung zu vermeiden[94]), so ist dieser Gewinn dann zu besteuern, wenn er innerhalb der sechsmonatigen Spekulationsfrist gemäß §§ 22 Nr. 2, 23 Abs. 1 Nr. 1 b EStG erzielt wird.

- Nach Ausübung der Option beginnt die Spekulationsfrist nach §§ 22 Nr. 2, 23 Abs. 1 Nr. 1 b EStG erneut zu laufen. Werden also die Aktien innerhalb von sechs Monaten nach Ausübung der Option veräußert und hierbei ein Veräußerungsgewinn erzielt (wobei der Marktpreis zum Zeitpunkt des Optionserwerbs sowie der Bezugspreis der Aktie bei Ausübung der Option als Anschaffungskosten berücksichtigt werden müssen), so ist dieser zu versteuern. Nach Ablauf der sechs Monate können die Aktien steuerneutral veräußert werden.

3.5.2 Nichthandelbare Optionsrechte

Wie bereits oben dargestellt, wird in einem Aktienoptionsplan im Normalfall festgelegt, daß die gewährten Optionsrechte nicht handelbar sind. Sie werden deshalb zuweilen auch als „unechte" Optionsrechte bezeichnet.[95] Derzeit werden diese Optionsrechte in der Praxis teilweise unter starker Kritik folgendermaßen behandelt:

- Nach herrschender Meinung fallen bei Gewährung einer nichthandelbaren Aktienoption keine Steuern an.[96] Begründet wird dies damit, daß eine nichthandelbare Option keinen selbständigen Geldwert hat und lediglich eine Chance auf einen Vermögenserwerb darstellt, die sich nicht notwendigerweise realisieren muß.[97]

In der Literatur wird hieran kritisiert, daß tatsächlich mit Optionsrechten gehandelt werde und es deshalb auch möglich sei, den Marktwert dieser Rechte zu ermitteln.[98] Folge dieser Auffassung ist es, daß das Optionsrecht lediglich bei Gewährung, nicht jedoch bei Ausübung versteuert wird, die Besteuerung also ebenso wie bei fungiblen Optionsrechten erfolgt (siehe hierzu 3.5.1).

Wie zutreffend feststellt wurde, gehen herrschende Meinung und die Gegenmeinung in der Literatur von dem selben Grundsatz aus, wonach eine Aktienoption bei Gewährung dann zu versteuern ist, wenn sie einen ermittelbaren Wert hat.[99] Den Marktwert eines nichthandelbaren Optionsrechtes wird man jedoch in der Tat kaum ermitteln können, da die Nichthandelbarkeit der Optionen des maßgeschneiderten Optionsprogrammes einen bestimmten Marktwert schon logischerweise ausschließt. Eine Aktienoption, die einem Führungsmitglied gewährt wird und die im Fall ihrer Veräußerung verfallen würde, hat eben nur für dieses bestimmte Führungsmitglied und nicht für den Kapitalmarkt einen Wert, nämlich die Aussicht auf einen Vermögenserwerb. Man kann den Wert dieser Optionsrechte auch nicht mit ähnlichen, handelbaren Aktienoptionen des ausgebenden Unternehmens vergleichen.[100] Ein Aktienoptionsprogramm, das nichthandelbare Optionen vorsieht, wird als erfolgsversprechender eingeschätzt als ein Aktienoptionsprogramm mit handelbaren Optionen. Dieser Vorteil würde sich nicht in der Bewertung der nichthandelbaren Optionen niederschlagen, wenn man sich für die Wertbestimmung an ähnlichen, handelbaren Optionen des ausgebenden Unternehmens orientieren würde. Es handelt sich auch nicht um persönliche Verfügungsbeschränkungen im Sinne von § 9 Abs. 2 Satz 3 BewG, da die Nichthandelbarkeit den Aktienoptionen, so wie sie wohl auch zukünftig gewährt werden, immanent ist[101]

Ohnehin dürften sich bei einer Besteuerung der Aktienoptionen bei Gewährung und nicht bei ihrer Ausübung keine entscheidenden Vorteile für die Führungskräfte ergeben, denn selbst wenn sich ein Vermögenswert ermitteln ließe, würde dieser nicht notwendigerweise stark von dem später realisierten Vermögenszuwachs abweichen. Demgegenüber steht im Falle einer Besteuerung bei Gewährung der Option das Risiko, daß diese sich später nicht realisiert, weil die Erfolgsziele des Aktienoptionsplanes nicht erreicht werden können. Die Führungskräfte müßten bei ihrer Entscheidung, an einem Aktienoptionsprogramm teilzunehmen, also auch das Risiko berücksichtigen, für eine Chance Steuern zu bezahlen, die sich später nicht verwirklicht.

- Bei Ausübung der Aktienoptionen ist nach der oben dargestellten herrschenden Meinung die Differenz zwischen dem Bezugspreis und dem Börsenkurs zum Zeitpunkt der Ausübung zu versteuern.

- Für die nach Ausübung der Option gehaltenen Aktien gelten wiederum §§ 22 Nr. 2, 23 Abs. 1 Nr. 1 b EStG. Falls also die Aktien erst nach Ablauf einer sechsmonatigen Haltefrist veräußert werden, fallen keine Steuern an. Innerhalb der sechs Monate ist die Differenz zwischen dem erzielten Börsenkurs und dem Kurs zum Zeitpunkt der Ausübung der Option dagegen als Spekulationsgewinn zu versteuern.

3.5.3 Phantom Stocks

Die in 3.4.4 dargestellte Form der Mitarbeiterbeteiligung über Phantom-Stock-Pläne führt zu einer Besteuerung der im Rahmen dieses Planes ausgeschütteten Wertzuwächse. Denn derartige leistungsabhängige Zahlungen sind Einkünfte aus nichtselbständiger Arbeit und deshalb voll zu versteuern. Hierin liegt ein entscheidender Unterschied zu herkömmlichen Aktienoptionsplänen, da der Begünstigte bei diesen die nach Ausübung der Option gehaltenen Aktien nach Ablauf der sechsmonatigen Spekulationsfrist steuerfrei veräußern kann. Die Verwendung und zunehmende Verbreitung von „phantom stocks" in den USA erklärt sich dagegen daraus, daß dort Gewinne aus der Veräußerung von Aktien grundsätzlich, also nicht nur innerhalb einer Spekulationsfrist, versteuert werden müssen. In den USA macht es steuerrechtlich deshalb keinen Unterschied, ob der Begünstigte tatsächlich Aktien erhält oder nur so gestellt wird, als ob er Aktien halten würde.

3.5.4 Zusammenfassung

Aller Voraussicht nach wird es auch künftig bei nichtfungiblen Optionsrechten von der Finanzverwaltung so gehandhabt werden, daß der Gewinn bei ihrer Ausübung versteuert wird. Gerade weil Aktienoptionspläne auf die speziellen Bedürfnisse des Unternehmens abgestimmt sein müssen, kann man keinen allgemeinen Marktwert der ausgegebenen Aktienoptionen ermitteln. Wenn man jedoch bedenkt, daß die Begünstigten nach Ablauf der sechsmonatigen Spekulationsfrist die aufgrund der Ausübung der Option erhaltenen Aktien steuerfrei veräußern können, dann stellen Aktienoptionspläne trotz der Besteuerung bei Ausübung der Option eine steuerlich interessante, erfolgsbezogene Vergütungsform dar.

---

[1] Begründung Regierungsentwurf, Bundesratsdrucksache 872/97, S. 30.
[2] ebenda.
[3] ebenda, S. 31.
[4] Kraft/Altvater: „Die zivilrechtliche, bilanzielle und steuerliche Behandlung des Rückkaufs eigener Aktien", in: NZG, 1998, S. 448f.
[5] Begründung Regierungsentwurf Bundesratsdrucksache 872/97, S. 31.
[6] ebenda.
[7] So die Vermutung von Kraft/Altvater: NZG,1998, S. 448, 450.
[8] Begründung Regierungsentwurf, Bundesratsdrucksache 872/97, S. 30.

[9] So auch Kraft/Altvater: NZG,1998, S. 448, 450; Wiese: „KonTraG: Erwerb eigener Aktien und Handel in eigenen Aktien", DB 1998, S. 609; Claussen: „Wie ändert das KonTraG das AktG?", in: DB 1998, S. 177, 180.
[10] Kraft/Altvater: NZG, 1998, S. 448, 450.
[11] Begründung Regierungsentwurf, Bundesratsdrucksache 872/97, S. 33; Kraft/Altvater: NZG, 1998, S. 448, 451.
[12] Eberstadt: „Rückkauf eigener Aktien – Ein wichtiges Element zur Stärkung des Finanzplatzes Deutschland", 1996, WM, S. 1809; Claussen: DB 1998, S. 177, 179.
[13] Begründung Regierungsentwurf, Bundesratsdrucksache 872/97, S. 34.
[14] Eberstadt: WM 1996, S. 1809.
[15] Regierungsentwurf, Bundesratsdrucksache 872/97, S. 32; Kraft/Altvater: NZG, 1998, S. 448f.
[16] Kraft/Altvater: ebenda.
[17] Ebenda.
[18] Regierungsentwurf, Bundesratsdrucksache 872/97, S. 32.
[19] Kraft/Altvater: NZG,1998, S. 448.
[20] Begründung Regierungsentwurf, Bundesratsdrucksache 872/97, S. 31f.
[21] Eberstadt: WM 1996, S. 1809.
[22] ebenda; Kraft/Altvater: NZG 1998, S. 448.
[23] ebenda.
[24] Begründung Regierungsentwurf, Bundesratsdrucksache 872/97, S. 32.
[25] So der Aktienoptionsplan der Daimler-Benz AG, Bundesanzeiger 1997, S. 5066 und der Böwe-Systek AG, Bundesanzeiger 1997, S. 4779.
[26] Schwarz/Michel: „Aktienoptionspläne: Reformvorhaben in Deutschland – Erfahrungsvorsprung in Frankreich",in: BB 1998, S. 489f.
[27] Aha: „Ausgewählte Gestaltungsmöglichkeiten bei Aktienoptionsplänen", in: BB 1997, S. 2225.
[28] Fuchs: „Aktienoptionen für Führungskräfte und bedingte Kapitalerhöhung", in: DB 1997, S. 661.
[29] Kohler: „Stock-Options für Führungskräfte aus der Sicht der Praxis", ZHR 161 (1997), S. 246, 254.
[30] Bredow: „Mustervereinbarung zu Aktienoptionsplänen für das Management und leitende Angestellte (Stock-Option Plans)", DStR 1998, S. 380.
[31] Kohler: ZHR 161 (1997), 246, 262ff.
[32] Schwarz/Michel: DB 1998, S. 489f.; Bredow, DStR 1996, S. 2033.
[33] Kohler: ZHR 161 (1997), S. 246, 254.
[34] Kohler: ZHR 161 (1997), S. 246, 256; Feddersen: „Aktienoptionsprogramme für Führungskräfte aus kapitalmarktrechtlicher und steuerlicher Sicht", in: ZHR 161 (1997), S. 269, 273.
[35] Kohler: ZHR 161 (1997), S. 246, 255.
[36] ebenda.
[37] Begründung Regierungsentwurf, Bundesratsdrucksache 872/97, S. 60.
[38] Kohler: ZHR 161 (1997), S. 246, 249; Schwarz/Michel: BB 1998, S. 489f.
[39] Begründung Regierungsentwurf, Bundesratsdrucksache 872/97, S. 60.
[40] Begründung Regierungsentwurf, Bundesratsdrucksache 872/97, S. 61.
[41] Claussen: DB 1998, S. 177, 186.
[42] OLG Stuttgart, ZIP 1998, S. 1482, 1490.
[43] OLG Stuttgart, ZIP 1998, S. 1482, 1486.
[44] LG Frankfurt, ZIP 1997, S. 1030, 1033; LG Stuttgart, DB 1997, S. 2421, 2423; OLG Stuttgart, ZIP 1998, S. 1482, 1486ff.

[45] OLG Stuttgart, ZIP 1998, S. 1482, 1485.
[46] Begründung Regierungsentwurf, Bundesratsdrucksache 872/97, S. 61.
[47] ebenda, S. 64.
[48] ebenda, S. 64.
[49] Siehe hierzu Muster bei Bredow: DStR 98, S. 380ff.
[50] Begründung Regierungsentwurf, Bundesratsdrucksache 872/97, S. 63.
[51] ebenda, S. 33.
[52] ebenda, S. 33.
[53] Claussen: DB 1998, S. 177, 180.
[54] Im Falle des Aktienoptionsplans der Deutschen Bank, der dem LG Frankfurt, ZIP 97, S. 1030, zugrunde lag, 10 %; im Falle des Aktienoptionsplans der Daimler-Benz AG, der dem Urteil des LG Stuttgart, DB 1997, S. 2421 ff., zugrunde lag, 15 %.
[55] Baums: „Aktienoptionen für Vorstandsmitglieder", in: FS Claussen 1997, S. 3, 8.
[56] Begründung Regierungsentwurf, Bundesratsdrucksache 872/97, S. 59 f.
[57] Kohler: ZHR 161 (1997), S. 246, 259; Fuchs: DB 1997, S. 661.
[58] Baums: FS Claussen 1997, S. 3, 11.
[59] Fuchs: DB 1997, S. 661.
[60] Schneider: „Aktienoptionen als Bestandteil der Vergütung von Vorstandsmitgliedern", in: ZIP 1996, S. 1769, 1771.
[61] Baums: FS Claussen 1997, S. 3, 12f.
[62] Baums: FS Claussen 1997, S. 3, 12.
[63] Kohler: ZHR 161 (1997), S. 246, 260; Schneider: ZIP 1996, S. 1769, 1771; Schwarz/Michel: DB 1998, S. 489, 491.
[64] Baums: FS Claussen 1997, S. 3, 13; Kohler: ZHR 161 (1997), S. 246, 260.
[65] Aha: BB 1997, S. 2225, 2227; Baums gibt in FS Claussen 1997, S. 3, 13 hierfür ein eindrucksvolles Beispiel.
[66] ebenda.
[67] Baums: FS Claussen 1997, S. 3, 17.
[68] Aha: BB 1997, S. 2225, 2228.
[69] ebenda; Baums: FS Claussen 1997, S. 18.
[70] Begründung Regierungsentwurf, Bundesratsdrucksache 872/97, S. 62.
[71] Feddersen: ZHR 161 (1997), S. 269, 272.
[72] Fuchs: DB 1997, S. 661; Baums: FS Claussen 1997, S. 3, 10.
[73] Kohler: ZHR 161 (1997), S. 246, 265.
[74] Hüffer: „Aktienbezugsrechte als Bestandteil der Vergütung von Vorstandsmitgliedern und Mitarbeitern – Gesellschaftsrechtliche Analyse", in: ZHR 161 (1967), S. 214, 244.
[75] Kohler: ZHR 161 (1997), S. 246, 265.
[76] Feddersen: ZHR 161 (1997), S. 269, 273f.
[77] Claussen: DB 1998, S. 177, 185.
[78] Baums: FS Claussen 1997, S. 3, 19.
[79] Formulierungsvorschlag hierfür bei Bredow: DStR 1998, S. 380, 382.
[80] Baums: FS Claussen 1997, S. 3, 46f.
[81] Schneider: ZIP 1996, S. 1769, 1774f.
[82] Assmann/Schneider: § 12 WpHG, Rdnr. 2; Erläuterungen zu § 12 Abs. 1 WpHG in Bundesratsdrucksache 12/6679, S. 45.
[83] Baums: FS Claussen 1997, S. 3, 46.

[84] Assmann/Schneider: § 12 WpHG, Rdnr. 2; Erläuterungen zu § 12 Abs. 1 WpHG in Bundesratsdrucksache 12/6679, S. 45.
[85] Feddersen: ZHR 161 (1997), S. 269, 289.
[86] Ebenda, S. 269, 291f.
[87] Fürhoff, „Insiderrechtliche Behandlung von Aktienoptionsprogrammen und Management-Buy-Outs", in: AG 1998, S. 83, 85.
[88] Kümpel: „Bank- und Kapitalmarktrecht" 1995, Rdnr. 14, S. 86; Schmidt-Diemitz: „Pakethandel und das Weitergabeverbot von Insiderwissen", in:DB 1996, S. 1809, 1818f.
[89] In der Literatur wird hierzu vertreten, es stelle sich bei einer derartigen Veräußerung eher die Frage, wann kein Insidergeschäft vorliege als umgekehrt, Feddersen: ZHR 161 (1997), S. 269, 291.
[90] Fürhoff: AG 1998, S. 83, 85; Feddersen: ZHR 161 (1997), S. 269, 294.
[91] Fürhoff: AG 1998, S. 83, 86.
[92] Fürhoff: AG 1998, S. 83, 85; Feddersen, ZHR 161 (1997), S. 269, 295.
[93] Bredow: DStR 1996, S. 2033; Feddersen: ZHR 161 (1997), S. 269, 277.
[94] Feddersen: ZHR 161 (1997), S. 269, 277.
[95] ebenda, S. 269, 278.
[96] Schmidt: § 19 EStG, Rdnr. 50 „Ankaufrecht".
[97] FG Baden-Württemberg, EFG 1982, S. 299.
[98] Peltzer: „Steuer- und Rechtsfragen bei der Mitarbeiterbeteiligung und der Einräumung von Aktienoptionen (Stock Options)", in: AG 1996, S. 307, 314.
[99] Feddersen: ZHR 161 (1997), S. 269, 279f.
[100] So aber Peltzer: AG 1996, S. 307, 314.
[101] So auch Feddersen: ZHR 161 (1997), S. 269, 280, der die Verfügungsbeschränkungen als Ausdruck des individuellen Zuschnitts der Optionsrechte sieht.

Neue Herausforderungen an das Risikomanagement durch Electronic Commerce

BURKHARD PETIN* UND ANGELO TOSI**,

*PwC DEUTSCHE REVISION AG, FRANKFURT/MAIN

**PRICEWATERHOUSE COOPERS, ZÜRICH

1	Die zukünftige Bedeutung von Electronic Commerce im Geschäftsverkehr	314
	1.1 Das Entwicklungspotential	314
	1.2 Electronic Commerce – eine Definition	316
	1.2.1 Definitionen	316
	1.2.2 Beispiele für Electronic Commerce	317
2	Neue Chancen bergen auch neue Risiken	317
	2.1 Risikoklassifikation	318
	2.2 Szenario 1: Reservierungssysteme	320
	2.3 Szenario 2: Virtuelles Geld	321
	2.4 Szenario 3: Media on Demand	323
3	Zukünftige Anforderungen an ein ganzheitliches Risikomanagement	324

1 Die zukünftige Bedeutung von Electronic Commerce im Geschäftsverkehr

Dem Electronic Commerce werden für die kommenden Jahre enorme Wachstumsraten prognostiziert. Dies gilt insbesondere für den elektronischen Geschäftsverkehr zwischen Unternehmen (Business-to-business-Electronic-Commerce). Für die meisten Unternehmen stellt sich daher heute nicht mehr die Frage, ob Lösungen für den elektronischen Geschäftsverkehr eingesetzt werden sollen, sondern eher, wie solche Lösungen möglichst schnell implementiert werden können.

Dabei ist – nicht nur vor dem Hintergrund gesetzlicher Rahmenbedingungen wie etwa dem KonTraG, sondern auch im Sinne einer qualitativ hochwertigen Implementierung der zugrundeliegenden Geschäftsprozesse – die Integration des elektronischen Geschäftsverkehrs in ein unternehmensweites Risikomanagement ein kritischer Erfolgsfaktor für den Erfolg des Electronic Commerce.

1.1 Das Entwicklungspotential

Zahlreiche Analysen belegen das Entwicklungspotential des Electronic Commerce. So wird einem nahezu linearen Wachstum der Anzahl der Internet-Nutzer ein exponentielles Wachstum der mit Electronic Commerce umgesetzten Waren und Dienstleistungen gegenüberstehen. Nach einer Studie von Forrester Research werden danach im Jahr 2002 rund 2,3 % des gesamtwirtschaftlichen Umsatzvolumens mittels Electronic Commerce generiert werden, im Bereich Handel werden es sogar mehr als drei Prozent sein.

Noch optimistischere Studien prognostizieren in den nächsten fünf Jahren gar ein Anwachsen des Handelsumsatzvolumens durch Electronic Commerce auf 20 %.

Solche Wachstumsraten sind nur erreichbar, wenn die Verbreitung von Electronic Commerce in den Unternehmen ebenfalls stark ansteigt. So geht die Gartner Group davon aus, daß die Anzahl derjenigen Unternehmen, die Electronic Commerce einsetzen, von 100 000 im Jahr 1998 auf 600 000 im Jahre 2000 ansteigen wird. Forrester Research prognostiziert einen weiteren – wenn auch gebremsten – Anstieg auf 750 000 im Jahre 2002. In diesen Zahlen sind die klassischen EDI-Verfahren noch enthalten; allerdings ist davon auszugehen, daß in den nächsten Jahren eine verstärkte Migration von EDI auf Internet-Technologien erfolgen wird.

Neue Herausforderungen an das Risikomanagement durch Electronic Commerce 315

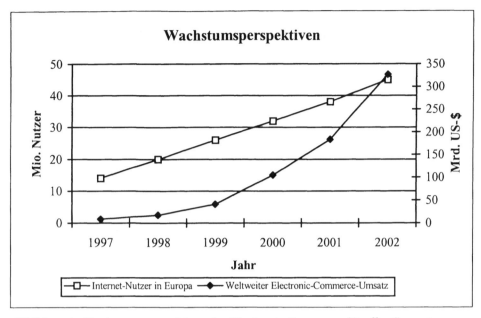

Abbildung 1: Wachstumsperspektiven des Electronic Commerce (Quelle: Forrester Research)

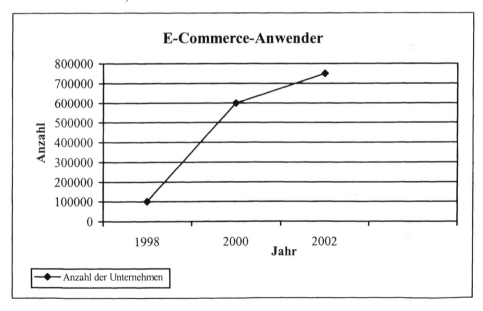

Abbildung 2: Anzahl der Unternehmen, die Electronic Commerce nutzen (Quellen: Gartner Group, Forrester Research)

1.2 Electronic Commerce – eine Definition

Historisch hat sich Electronic Commerce aus einer Vielzahl unterschiedlicher Technologien entwickelt. Dazu zählen unter anderem der Electronic Data Interchange (EDI) Standard, Mailing-Systeme und elektronische Zahlungssysteme. Einige der dort verwendeten Technologien finden auch im Electronic Commerce Anwendung, allerdings werden heute meist das Internet und nicht geschlossene Benutzergruppen oder abgeschlossene VANs (Value added networks) für die Kommunikation eingesetzt.

1.2.1 Definitionen

Im Rahmen dieses Beitrags wollen wir die folgende Definition von Electronic Commerce adaptieren, die auf die Gartner Group zurückgeht:

Electronic Commerce ist eine dynamische Zusammenfassung von

- Technologien,
- integrierten Applikationen und
- unternehmensübergreifenden Geschäftsprozessen,

welche Unternehmen miteinander verbinden. Dies beinhaltet die Verwendung von

- Messaging-Systemen (wie z. B. EDI),
- Networking und
- Anwendungen, die die Kommunikation von Geschäftsinformationen ermöglichen – einschließlich Beschaffung, Auftragserfassung, Transaktionsverarbeitung, Zahlung, Produktion, Lagerhaltung, Erfüllung und Support –

sowohl innerhalb von Unternehmen als auch unternehmensübergreifend.

Im traditionellen Electronic Commerce nach dem Vorbild des Electronic Data Interchange beruhten die auszuführenden Geschäftstransaktionen zwischen Unternehmen stets auf strikten, formalen Abkommen über einzusetzende Applikationen, Systeme und Schnittstellen. Moderne Electronic-Commerce-Anwendungen basieren dagegen auf weitestgehend offenen Standards und sollten nur sehr bedingt Anforderungen an Anwendungen, Betriebssysteme oder Schnittstellen stellen. So kann etwa durch qualitätssichernde Maßnahmen die Darstellung von HTML-Seiten mit allen gängigen Web-Browsern gewährleistet werden.

Bei der Interaktion zwischen zwei Applikationen sprechen wir von Application-to-application-Electronic-Commerce. Das wohl am meisten verbreitete Beispiel für die Interaktion zwischen einem Anwender und einer Applikation dürfte die Kommunikation des Anwenders mittels eines Web-Browsers mit einem Web-Server sein.

Erfolgt eine Transaktion nicht zwischen zwei Unternehmen (Business-to-business), sondern zwischen einem Unternehmen und einem Verbraucher, so sprechen wir von Business-to-consumer-Electronic-Commerce.

1.2.2 Beispiele für Electronic Commerce

Klassische Beispiele für Electronic Commerce sind etwa miteinander verbundene Business-Systeme, wie sie an anderer Stelle[1] bereits besprochen worden sind.

Zu den neueren Applikationen lassen sich dagegen etwa die Bereitstellung von Diensten wie Videokonferenzen oder Media-on-demand aufzählen, aber auch das Marketing mittels sogenannter Push-Technologien oder virtuelle Aktionärsversammlungen, wie sie bereits in einigen Unternehmen durchgeführt worden sind. Auf alle diese Applikationen und Technologien trifft die oben gegebene Definition zu.

Allen hier aufgeführten Beispielen ist eines gemein: sie stellen anspruchsvolle Anforderungen an die Authentizität und Integrität von Nachrichteninhalten und erfordern darüber hinaus sichere Zahlungsmechanismen. Dies alles sind jedoch nur Teilaspekte, die innerhalb eines gesamtheitlichen Risikomanagements zu betrachten sind.

2 Neue Chancen bergen auch neue Risiken

Gerade durch das rapide Wachstum von Electronic Commerce ergeben sich neue Risiken für Unternehmen, so etwa das Risiko, die neuen Marktchancen zu verpassen, indem Electronic-Commerce-Lösungen zu spät implementiert werden. Andererseits kann ein – nicht zuletzt durch den starken Wettbewerb bedingter – verfrühter Einsatz zu einer Nichtberücksichtigung anderer Risiken führen.

Daneben ergeben sich aus einer mangelnden Normierung derzeit verfügbarer Sicherheitsstandards potentielle Risiken einer verfehlten Produktstrategie.

2.1 Risikoklassifikation

Im folgenden klassifizieren wir die spezifischen Risiken, die im Zusammenhang mit Electronic Commerce zu berücksichtigen sind, und stellen exemplarisch Möglichkeiten für ein effizientes Risikomanagement vor:

- Risiko 1 – Warten auf den Markt

    Wartet ein Unternehmen zu lange mit dem Einsatz, so sind wesentliche Marktanteile bereits verteilt, und die Chance, eine führende Marktposition zu erreichen, ist verpaßt. Dies gilt insbesondere im Business-to-consumer-Electronic-Commerce, der von einem starken weltweiten Wettbewerb zwischen Anbietern von Waren und Dienstleistungen bestimmt ist.

    Diesem Risiko kann etwa durch eine frühzeitige Identifikation der Marktchancen und einer entsprechend hochpriorisierten Verfolgung von Electronic-Commerce-Projekten begegnet werden.

- Risiko 2 – Vernachlässigung der internen Geschäftsprozesse

    Die Nutzung des Potentials von Electronic Commerce für ein Unternehmen hängt wesentlich von der Anpassung der Geschäftsprozesse an die neue Form des Geschäftsverkehrs ab. Exemplarisch sei hier die zeitnahe Kommunikation mit den Geschäftspartnern genannt. Nur wenn die Geschäftsprozesse auf schnelle Reaktionsmöglichkeiten abgestimmt sind, lassen sich die Vorteile des Electronic Commerce auch effektiv nutzen.

    Bei der Entwicklung von Electronic-Commerce-Lösungen sollten daher die unterstützenden Geschäftsprozesse einer detaillierten Analyse und gegebenfalls einer grundlegenden Neugestaltung unterzogen werden.

- Risiko 3 – Initiierung durch IT

    Die Auslöser für die Umsetzung einer Electronic-Commerce-Strategie sind in aller Regel durch den Unternehmenszweck bestimmt. Kommt der Anstoß dagegen ausschließlich aus dem Bereich der internen IT-Organisation, so besteht das Risiko, daß die eigentliche Zielrichtung, neue Märkte zu erschließen oder effizientere Geschäftsbeziehungen zu erreichen, hinter der informationstechnischen Ausrichtung zurücksteht.

    Daher sollten Electronic-Commerce-Strategien stets mit der Unternehmensstrategie in Einklang stehen. In Konsequenz bedeutet dies, daß die Unternehmensführung die Electronic-Commerce-Strategie maßgeblich bestimmen sollte.

- Risiko 4 – Fokussierung auf Technologie

Eine zu starke Fokussierung auf die Technologie kann bewirken, daß der Electronic Commerce sein Ziel verfehlt. Komplexe technische Details erhöhen nur selten den eigentlichen Wert einer Electronic-Commerce-Anwendung. Zudem haben sie häufig Performanceeinbußen oder Unverträglichkeiten auf seiten der Endgeräte des potentiellen Geschäftspartners zur Folge, was die Akzeptanz der Anwendung negativ beeinflußt.

Electronic Commerce hat den Anspruch, eine einfache, effiziente Abwicklung von Geschäftsbeziehungen zu ermöglichen. Daher sollte die Abstimmung der Anwendungen auf die Geschäftsstrategie Vorrang vor technischen Details haben. So ist es etwa im Business-to-consumer-Electronic-Commerce von fundamentaler Bedeutung, daß die Anwendung auf allen Plattformen (Betriebssysteme, Browser ...) in gleicher Weise funktioniert.

- Risiko 5 – Konzentration auf die eigenen Vorteile

Die Akzeptanz einer Electronic-Commerce-Anwendung seitens der Kunden und Lieferanten hängt nicht nur von der Anwendungsperformance ab, sondern wird maßgeblich durch den Grad des Nutzens bestimmt, den sie von einer solchen Lösung haben. Konzentriert sich ein Unternehmen bei einer Electronic-Commerce-Lösung nur auf die eigenen Vorteile, so besteht das Risiko, daß die Anwendung nicht durch seine Kunden und Lieferanten angenommen wird.

Electronic Commerce sollte allen Geschäftsbeteiligten klare Vereinfachungen und eine signifikante Erhöhung der Effizienz bei der Abwicklung von Geschäftstransaktionen bieten. Dazu zählen übersichtliche und eingängige Benutzerschnittstellen ebenso wie eine klare und umfangreiche Benutzerführung.

- Risiko 6 – Vernachlässigung der Rechtslage

Electronic Commerce kennt keine nationalen Grenzen. Dem Vorteil, Produkte und Dienstleistungen weltweit vermarkten zu können, stehen Risiken hinsichtlich der Rechtssituation gegenüber. So sollte eine Electronic-Commerce-Anwendung stets Hinweise auf die zugrundeliegenden Geschäftsbedingungen und gegebenenfalls weiteren rechtlichen Rahmenbedingungen beinhalten. Weitere Risiken in diesem Umfeld leiten sich etwa aus steuerlichen Regelungen ab oder ergeben sich – im Zusammenhang mit der Sicherheit von Electronic Commerce – aus den nationalen rechtlichen Bestimmungen zur Verwendung von Kryptographie.

All diesen Risiken kann durch eine umfassende Prüfung der rechtlichen Rahmenbedingungen begegnet werden. Aufgrund der vielschichtigen Fragestellungen werden hier von Fall zu Fall die unterschiedlichsten Maßnahmen zum Risikomanagement zum Einsatz kommen.

- Risiko 7 – Mangelhafte Kontrollmechanismen

Electronic Commerce stellt äußerst hohe Anforderungen an die Kontrollmechanismen. Neben den klassischen IT-Kontrollen spielen aufgrund der Kommunikation über potentiell unsichere Netze Fragen der Authentizität, der Nachrichtenintegrität und der Unabstreitbarkeit von Transaktionen eine zentrale Rolle.

Außerdem greifen unternehmensfremde Personen oder Institutionen, deren Kontrollmechanismen meist außerhalb der Einflußsphäre eines Unternehmens stehen, in die Prozesse und IT-Systeme des Unternehmens ein.

Neben anwendungsinternen Kontrollen sind technische Hilfsmittel wie Firewalls oder Kryptographie geeignete Werkzeuge für das technische Risikomanagement.

Auf die eingesetzten kryptographischen Hilfsmittel und Methoden werden wir im Rahmen der Beispiele noch genauer eingehen.

2.2 Szenario 1: Reservierungssysteme

Zahlreiche Firmen und Organisationen bieten heutzutage entsprechende Produkte und Dienstleistungen im Internet an. Dabei erfolgt die Buchung in den meisten Fällen online, die Zahlung offline. Das Internet dient als Medium zur Produktauswahl und zum Vergleich des Preis-Leistungs-Verhältnisses zwischen den Anbietern. Für die Abwicklung der Zahlung ist die Kreditkarte noch immer das am häufigsten benutzte Zahlungsmittel.

Ein klassisches Beispiel von Business-to-consumer-Diensten sind Online-Reservierungen von Flügen. Der Benutzer wählt den gewünschten Flug – eventuell mit der Unterstützung einer automatischen Applikation wie z. B. einem „intelligenten Agenten" oder Broker – und reserviert einen Platz im Flugzeug. Anschließend werden seine Kreditkartendaten abgefragt. Die Reiseagentur bucht den Flugsitz, nachdem das Clearing der Kreditkartentransaktion in der üblichen Weise erfolgt ist.

Anstelle von Kreditkarten könnten auch andere Zahlungsmittel eingesetzt werden, etwa elektronisches Geld oder Electronic Wallets.

Im Vergleich zur Reservierung in einer Reiseagentur sind Transaktionen im Internet von zusätzlichen Risiken betroffen:

Neue Herausforderungen an das Risikomanagement durch Electronic Commerce 321

1. Wie kann der Käufer sicher sein, daß sein Geschäftspartner in der Tat der Reiseanbieter ist, mit dem er sich verbunden glaubt?
2. Wie kann er sicherstellen, daß der Vertrag, den er unterzeichnet, auch der Vertrag ist, den er eingehen möchte, d. h. der, den er auf seinem Bildschirm sieht?
3. Wie kann die Transaktion stattfinden, so daß beide Teilnehmer jederzeit gleich und fair behandelt werden, d. h. daß weder die Reservierung noch die Zahlung erfolgt, ohne daß die andere Partei die Gegenleistung erbringt?
4. Wenn ein Geschäftspartner seinen Teil des Vertrags nicht einhält, wie kann der andere Geschäftspartner diese Tatsache vor einem Gericht beweisen?

Da das Internet keine integrierten Sicherheitsmechanismen anbietet, ist es sehr einfach für einen Dritten, sich als potentieller Geschäftspartner auszugeben. Das Problem der gegenseitigen Identifizierung kann durch den Einsatz kryptographischer Authentifizierungsmechanismen erfolgen, z. B. der Zertifizierung öffentlicher Schlüssel im Rahmen einer Public-Key-Infrastruktur.

Wie kann sichergestellt werden, daß genau der Vertrag digital unterschrieben wird, der unterschrieben werden soll? Meist kann sich eine Vertragspartei nicht einmal auf die eigene Hard- und Software verlassen. Einen wesentlichen Beitrag zu dieser Problematik leisten unsichere Web-Browser, aus dem Internet heruntergeladene Applikationen von nicht nachweisbar vertrauenswürdiger Herkunft und unsichere Betriebssysteme. Die Entwicklung sicherer mobiler Endgeräte für digitale Unterschriften und Zahlungen sowie sicherer Benutzerschnittstellen sind geeignete Mittel, um die Sicherheit der Anwendersysteme zu erhöhen.

Die faire Behandlung beider Geschäftspartner kann durch den Einsatz sogenannter Fair-Exchange-Protokolle gewährleistet werden. Diese sollen sicherstellen, daß entweder beide Teilnehmer einer Transaktion zustimmen müssen, bevor sie ausgeführt wird, und können auch ein eingebettetes Zahlungsprotokoll enthalten. Mehrere Fair-Exchange-Protokolle sind vorgeschlagen worden, der praktische Einsatz befindet sich aber noch in der Anfangsphase.

Hält ein Vertragspartner einen Vertrag nicht ein, so benötigt der andere Vertragspartner genügendes Beweismaterial, um vor Gericht die Gültigkeit des Vertrags nachzuweisen. An dieser Stelle kommen in aller Regel *trusted third parties* ins Spiel, die die Authentizität einer Transaktion oder eines Vertrages bestätigen. Auch in diesem Zusammenhang kommen kryptographische Verfahren zum Einsatz.

2.3 Szenario 2: Virtuelles Geld

Bei der elektronischen Abwicklung von Geschäftstransaktionen zwischen Unternehmen und Endverbrauchern wird der eigentliche Zahlungsvorgang meist auf traditionelle

Weise, d. h. per Lastschrift oder Überweisung durchgeführt. Die Authentizität und Unabstreitbarkeit der Transaktion und des Zahlungsvorgangs wird dabei durch kryptographische Verfahren sichergestellt.

Eines der bekanntesten Zahlungsprotokolle für Electronic Commerce basiert auf dem gemeinsam von VISA und Mastercard entwickelten SET-Standard (Secure Electronic Transaction). Dieser Standard verwendet komplexe kryptographische Verfahren zur Gewährleistung der Vertraulichkeit, Integrität und Unabstreitbarkeit von Zahlungsvorgängen.

Diesen Verfahren, die in erster Linie den traditionellen, bargeldlosen Zahlungsverkehr auf die Bedürfnisse des Electronic Commerce abzubilden versuchen, steht der Ansatz gegenüber, sogenanntes virtuelles Geld für die Bezahlung von Waren und Dienstleistungen zu verwenden. Im folgenden werden wir auf diesen letzten Ansatz eingehen und die damit verbundenen Risiken ansprechen.

Unter virtuellem Geld verstehen wir Geld, das nur als eine Menge von Informationen existiert, welche auf einem Speichermedium aufbewahrt und von IT-Systemen zur Geldübertragung genutzt werden können. In aller Regel wird virtuelles Geld auf einer lokalen Festplatte gespeichert und über das Internet an einen Empfänger gesendet.

Ein Anwender erteilt seiner Bank einen Abhebungsauftrag und erhält im Gegenzug von der Bank eine Anzahl virtueller (elektronischer) Banknoten. Diese bewahrt der Benutzer lokal auf seinem Computer[2] auf – der Computer übernimmt damit die Funktion einer Geldbörse.

Jede virtuelle Banknote besteht aus einer Wertangabe und zusätzlichen sicherheitsrelevanten Daten, die u.a. ihre Authentizität und Einmaligkeit sicherstellen. Eine solche Banknote kann zur einmaligen Zahlung[3] an einen Händler verwendet werden, dieser kann sie jedoch nur bei einer Bank einlösen und nicht zur weiteren Zahlung verwenden.

Durch eine Modifikation des Verfahrens läßt sich die Anonymität des Käufers gegenüber dem Verkäufer gewährleisten. Damit unterscheidet sich virtuelles Geld von Bargeld nur noch durch das Trägermedium.

Die Risiken für den Kunden, den Händler und die beteiligten Banken sind im wesentlichen auf die Gewährleistung von Authentizität sowohl der beteiligten Parteien als auch des Zahlungsmittels, Integrität einschließlich Kopierschutz sowie Vertraulichkeit der Transaktion gegenüber Dritten konzentriert. Diesen Risiken kann durch den Einsatz kryptographischer Techniken wie etwa Public Key Cryptography und digitale Signatur Rechnung getragen werden.

Auf die Risiken, die sich für das Geldsystem als Ganzes ableiten lassen, soll an dieser Stelle nicht näher eingegangen werden – wohl wissend, daß virtuelles Geld neue Kontrollinstrumente zur Geldwertstabilität erforderlich macht.

2.4 Szenario 3: Media-on-Demand

Die stets wachsende Netzwerkbandbreite und Leistungsfähigkeit der Rechner ermöglichen neue Applikationen und erschließen neue Marktpotentiale.

Ein Beispiel dafür ist der Versand multimedialer Informationen über das Internet. Derzeit werden in mehreren Ländern Pilotprojekte mit experimentellen Gigabitnetzwerken durchgeführt; eine der interessantesten Applikationen ist das *Video-on-Demand*. Unter diesem Begriff versteht man die Übertragung eines Video-Streams zu einem Empfänger zum von ihm bestimmten Zeitpunkt. Eine Variante ist das Video-quasi-on-Demand, in dem der Video-Stream periodisch zu bestimmten Zeitpunkten an eine IP-Multicasting-Adresse versendet wird. Der Empfänger kann sich jederzeit der entsprechenden Multicasting-Gruppe anschließen und auf die Ausstrahlung des Video-Streams warten.

Der Anbieter eines solchen Dienstes stellt den Empfängern die Dienstleistung in Rechnung. Es bieten sich verschiedene Preismodelle an:

- eine monatliche Nutzungsgebühr,
- eine Festgebühr pro Film, die unabhängig von der Zeit, die der Dienst beansprucht wurde, erhoben wird,
- ein Preis auf der Basis der tatsächlichen Nutzungszeit des Dienstes.

Risiken aus der Sicht des Dienstanbieters sind:

- Unberechtigte nutzen den Dienst, ohne dafür zu bezahlen.
- Der Anbieter ist nicht in der Lage, die Nutzung des Dienstes zu beweisen.

Diesen Risiken kann durch den Einsatz geeigneter Verschlüsselungsmechanismen begegnet werden, die die Authentizität der Nutzer sowie die Datenvertraulichkeit und Unabstreitbarkeit der Nutzung des Dienstes gewährleisten können.

In dem besprochenen Projekt wurde das Verschlüsselungsverfahren von TriStrata eingesetzt. Der Empfänger muß sich bei einem zentralen Server authentifizieren, um den verschlüsselten Video-Stream entschlüsseln zu können. Dadurch wird die unberechtigte Nutzung des Dienstes verhindert. Gleichzeitig ermöglicht eine auf der Authentifizierung des Empfängers basierende, vollständige Protokollierung eine auf der tatsächlichen Benutzung basierende, verursachungsgerechte Kostenermittlung.

3 Zukünftige Anforderungen an ein ganzheitliches Risikomanagement

Die neuen Risiken, die Electronic Commerce mit sich bringt, sind in ein unternehmensweites Risikomanagement zu integrieren. Die Vielzahl der zum Einsatz kommenden neuen Technologien stellt neue Anforderungen an das Risikomanagement. Exemplarisch seien hier die Firewall-Technologie oder kryptographische Verfahren genannt, die sicheren Electronic Commerce erst ermöglichen.

Der hohe Integrationsgrad von Electronic Commerce, der durch die enge Einbindung externer Personen oder Organisationen in die unternehmensinternen Prozesse bedingt ist, legt dabei eine ganzheitliche Sicht der zugrundeliegenden Risiken nahe. Im Sinne eines effizienten Risikomanagements sollte eine unternehmensweite Sicherheitsinfrastruktur die Anforderungen des Electronic Commerce unter Einbeziehung bestehender Anwendungen abdecken.

---

[1] Z. B. in den Verlautbarungen und Ankündigungen der SAP AG zu SAP R/3.

[2] Prinzipiell sind als Speichermedien auch Chipkarten oder sogenannte Electronic Wallets einsetzbar. Für die Kommunikation der Handelspartner über ein Netzwerk wie etwa das Internet, könnten diese dann über eine entsprechende Schnittstelle mit den Computern der Handelspartner verbunden werden.

[3] Mehrfach verwendbares, virtuelles Geld ist technisch ebenfalls realisierbar. Allerdings stellen sich weitere Herausforderungen an die Systemsicherheit durch komplexere Verfahren beim Echtheitsnachweis der virtuellen Banknoten.

Die Herausgeber und Autoren

Herausgeber

Frank Braun ist Senior Manager bei der PwC Deutsche Revision AG in Düsseldorf. Er gehört dem Bereich Global Risk Management Solutions an und arbeitet mit Schwerpunkt in der Prüfung und Beratung von Versicherungsunternehmen. Gemeinsam mit Bernd Saitz war er sowohl in der Grundlagenarbeit als auch bei der Durchführung entsprechenden Projekte bei großen und sehr großen Unternehmen tätig. Darüber hinaus referierte er bei einer Reihe von Seminaren und Konferenzen zum Thema und zu den Auswirkungen des KonTraG auf Versicherungsunternehmen.

Bernd Saitz, Wirtschaftsprüfer und Steuerberater, ist Mitglied der Geschäftsleitung der PwC Deutsche Revision AG in Frankfurt/Main und im Bereich Global Risk Management Solutions tätig. Neben der Prüfung internationaler Technologie-Konzerne liegen seine Beratungsschwerpunkte in der Entwicklung und Implementierung von Risikomanagementsystemen sowie entsprechender EDV-Unterstützung. Er ist Vorstandsmitglied im Verband Deutscher Treasurer e. V. und gehört dort dem Arbeitskreis „KonTraG" an.

Die Herausgeber freuen sich über Ihre Anregungen und Kommentare via E-Mail:

KONTRAG@DE.PWCGLOBAL.COM

Informationen zum Risikomanagement können Sie zusätzlich über die PwC-Homepage abrufen:

http://www.pwcglobal.com/de

Autoren

Eva-Katrin Braun ist seit Anfang 1998 als Rechtsanwältin bei der Kanzlei CMS Hasche Sigle Eschenlohr Peltzer in Stuttgart tätig. Neben Heidelberg, wo sie auch ihr Referendariat absolvierte, studierte sie ein Jahr an der Universität Uppsala/Schweden mit dem Abschluß eines „Master in International and Comparative Law".

Frank Brebeck, Wirtschaftsprüfer und Steuerberater, ist als Vorstandsmitglied der PwC Deutsche Revision AG verantwortlich für den Bereich Global Risk Management

Solutions in Deutschland. Nach einer kaufmännischen Ausbildung und einem betriebswirtschaftlichen Studium an der Universität Köln ist er seit 1976 im wirtschaftsprüfenden Beruf schwerpunktmäßig in den Bereichen Maschinenbau, Automobilzulieferanten und Handel tätig. Einen weiteren seiner Tätigkeitsschwerpunkte stellt die methodische Umsetzung der Anforderungen an Risikofrüherkennungssyteme nach den Bestimmungen des KonTraG dar.

Klaus-Michael Burger, Wirtschaftsprüfer, ist Senior Manager der PwC Deutsche Revision AG in Leipzig und betreut multinationale Mandanten in den Bereichen Prüfung, US-GAAP und Due Diligence bei Unternehmensübernahmen. Seine Beratungsschwerpunkte im Bereich Global Risk Management Solutions sind die Auswirkungen der Marktliberalisierung und des KonTraG auf die Risikomanagementsysteme von Industrieunternehmen, insbesondere in der Energiewirtschaft.

Dr. Gerhart Förschle, Wirtschaftsprüfer und Steuerberater, ist Mitglied der Geschäftsleitung sowie Leiter der Fachabteilung Rechnungslegung und Prüfung der PwC Deutsche Revision AG in Frankfurt/Main. Dr. Förschle gehört mehreren Facharbeitskreisen zur nationalen und internationalen Rechnungslegung sowie zu aktuellen Fragen der Abschlußprüfung an. Darüber hinaus ist er Lehrbeauftragter der Johann Wolfgang Goethe-Universität in Frankfurt/Main.

Marie-Louise Gänger übernahm nach ihrem Studium in Genf und Boston, USA, eine Tätigkeit im Bereich Corporate Finance einer Schweizer Großbank. Nach ihrem Wechsel zur Swiss Re war sie als Leiterin des Controllings bei der Swiss Re verantwortlich für die Umsetzung des Konzeptes „Risikogerechte Ergebnismessung". Heute ist sie Leiterin des Bereichs Value Proposition und zuständig für alle Dienstleistungen der Swiss Re in diesem Bereich.

Dr. Klaus Grellmann ist als Manager bei der PwC Deutsche Revision AG, Berlin, im Bereich Corporate Finance zuständig für Beratungsdienstleistungen. Als Mitglied des World Energy Teams der PwC leitet er Projekte im Liberalisierungsprozeß von Energieversorgungsunternehmen, wie z. B. die Einführung von Stromhandelseinheiten und die Konzipierung neuer Marketing- und Vertriebsstrategien.

Dr. Pär Johansson ist Rechtsanwalt und Partner der Sozietät Heuking Kühn Lüer Heussen Wojtek in Köln. Er berät schwerpunktmäßig in- und ausländische Unternehmen im Bereich des Gesellschaftsrechts sowie bei Unternehmens- und Beteiligungskäufen und Fusionen.

Dr. Hubertus W. Labes ist seit 1997 Consultant bei der Chiltington International GmbH, einer international tätigen Beratungsgesellschaft für die Erst- und Rückversicherungsindustrie. Zuvor war er Wissenschaftlicher Mitarbeiter am Lehrstuhl für Internationales Wirtschaftsrecht der Universität zu Köln. Seit 1993 als Rechtsanwalt zugelassen, ist Dr. Labes inzwischen auch Partner der Sozietät Eilers Hussmann Labes mit Sitz in Schleswig-Holstein und Hamburg.

Dr. Thomas Meyding ist Partner der Anwalts- und Notarskanzlei CMS Hasche Sigle Eschenlohr Peltzer mit Büros in Stuttgart, Frankfurt, Berlin, Leipzig und Chemnitz. Er beschäftigt sich ausschließlich mit gesellschaftsrechtlichen Fragestellungen. Der Schwerpunkt seiner Tätigkeit liegt in der Beratung von Unternehmen bei Unternehmens- und Beteiligungskäufen sowie Umstrukturierungen.

Dr. Roland Mörsdorf, Rechtsanwalt, studierte Rechtswissenschaft an der Universität Mannheim und der Universität Antwerpen/UFSIA. Im Anschluß promovierte er am Lehrstuhl für Öffentliches Recht und Steuerrecht der Universität Mannheim. Seit 1997 arbeitet er in der Anwalts- und Notarskanzlei CMS Hasche Sigle Eschenlohr Peltzer in Stuttgart.

Dr. Burkhard Petin ist Manager der PwC Deutsche Revision AG in Frankfurt/Main. Er ist im Bereich Global Risk Management Solutions tätig und verfügt über eine mehrjährige Erfahrung in den Bereichen IT-Sicherheit und Electronic Commerce. Nach seinem Studium der Mathematik an der Rheinischen Friedrich-Wilhelms-Universität Bonn wirkte er am Max-Planck-Institut für Mathematik in Bonn. Bevor er zur PwC Deutsche Revision AG wechselte, ging Dr. Petin im Rechenzentrum einer Bankenorganisation seiner Arbeit nach in den Bereichen IT-Sicherheit, Systemplanung und Dezentrale Systeme.

Bernd Pritzer ist seit 1995 Leiter des Bereichs Risk Management und Versicherungsmanagement der Deutsche Telekom AG in Bonn. Nach dem Studium der Elektrotechnik und Betriebswirtschaft war er im Finanzbereich des Bundesministers für Post und Telekommunikation tätig. Mit der Marktliberalisierung in der Telekommunikation übernahm er Aufgaben in verschiedenen Konzerneinheiten der Telekom.

Dr. Stefan Schmale ist Abteilungsleiter Finanzen bei der VIAG AG in München. Nach seiner Banklehre und dem Studium der Betriebswirtschaftslehre an der WHU in Koblenz

328 Herausgeber und Autoren

war er einige Jahre in der Beratung und Schulung tätig. Parallel hierzu promovierte er in Kapitalmarkttheorie. Vor seiner jetzigen Position war er für die VIAG AG zunächst im Finanzbereich der Holding in Bonn tätig und verbrachte einige Zeit bei der Tochtergesellschaft VAW Aluminium AG.

Peter Schmid ist seit 1973 bei der Swiss Re tätig. Nach verschiedenen leitenden Aufgaben übernahm er als Chief Risk Officer den Aufbau des Corporate Integrated Risk Management für die Swiss Re. Er ist Mitglied der Geschäftsleitung der Division Europa der Swiss Re, im Rahmen dessen er die Marktverantwortung für den deutschen Markt der Swiss Re inne hat und Leiter des Underwriting Committees der Division Europa ist.

Dr. Rolf Schmidt-Diemitz ist Senior-Partner der Anwalts- und Notarkanzlei CMS Hasche Sigle Eschenlohr Peltzer. Der Schwerpunkt seiner Tätigkeit liegt im gesellschaftsrechtlichen Bereich.

Dr. Ulrich Seibert, Ministerialrat, hat als Leiter des Referats für Gesellschaftsrecht im Bundesministerium der Justiz die Aktienrechtsnovelle 1998 (KonTraG) und andere gesellschaftsrechtliche Vorhaben betreut (Stückaktie, EuroEG etc.). Seit 1986 ist er im Bundesministerium der Justiz in verschiedenen Bereichen und Funktionen tätig (Kabinettreferent, Arbeitsrecht, Verbraucherkreditgesetz, Partnerschaftsgesellschaft, kleine AG u.v.a.) und ist darüber hinaus Lehrbeauftragter für Wirtschaftsrecht an der Universität Düsseldorf.

Reiner Soll ist Vorsitzender des Vorstandes der Hamburger Internationale Rückversicherung AG in Rellingen/Hamburg und Board Member der Chiltington International Consulting Group. Davor war er viele Jahre als Wirtschaftsprüfer und Steuerberater im internationalen Beratungssektor tätig sowie Leiter der Konzernrevision in zwei großen Versicherungsgruppen. Seit 1998 ist er Panel-Mitglied bei der United Nations Compensation Commission in Genf.

Dr. Angelo E. Tosi ist Manager der PricewaterhouseCoopers AG in Zürich/Schweiz. Er ist in dem Bereich Global Risk Management Solutions tätig und verfügt über eine mehrjährige Erfahrung als Sicherheitsberater im In- und Ausland mit Schwerpunkt in den Bereichen Netzwerksicherheit und Electronic-Commerce. Nach dem Ingenieurdiplom am Politecnico di Milano, Italien, promovierte er an der Eidgenössischen Technischen Hochschule (ETH) in Zürich. Bevor er zu PricewaterhouseCoopers wechselte, arbeitete Dr. Tosi beim IBM Forschungslaboratorium in Rüschlikon, Schweiz, und bei Credit Suisse.

Hans Gisbert Ulmke ist Generalbevollmächtigter Finanzen der VIAG Aktiengesellschaft in München. Er war mehrere Jahre für die Desdner Bank AG im Kredit- und Auslandsgeschäft u.a. in Fernost tätig und begann als Sachbearbeiter für das Kundenkreditmanagement bei der VIAG AG. Von dort aus übernahm er verschiedene Verantwortungen im Finanzbereich des Konzerns und wurde bei Schmalbach-Lubeca Treasurer, zuständig für Finanzen, Investor Relations und Steuern. Er hat sich auf die Themen Risikomanagement und Kapitalmarkttheorie spezialisiert und ist an der Entwicklung von innovativen Derivatstrukturen wesentlich beteiligt.

Dr. Edgar Wittmann ist Leiter der Abteilung Corporate Risk Management bei der Siemens AG in München. Seine berufliche Laufbahn begann er 1989 bei Siemens als Unternehmensanalyst in der Abteilung Unternehmensstrategien innerhalb der Zentralabteilung Unternehmensplanung und –entwicklung. Von 1993 an war er als Bereichsreferent für das strategische Controlling der Bauelemente-Bereiche von Siemens und für Siemens Solar zuständig. In seiner jetzigen Aufgabe ist er seit 1997 tätig. In diesem Zusammenhang ist er u.a. auch Mitglied des Arbeitskreises „Externe und Interne Überwachung der Unternehmung" der Schmalenbach-Gesellschaft für Betriebswirtschaft e.V..

Joachim Wolbert, Wirtschaftsprüfer, ist Mitglied der Geschäftsleitung der PwC Deutsche Revision AG und im Bereich Corporate Finance in Frankfurt/Main tätig. Seine Erfahrungsschwerpunkte liegen in der Bewertung von Unternehmen, vornehmlich im Zusammenhang von M&A-Transaktionen, Privatisierungen und Börsengängen. Darüber hinaus hat er sich auf die Unterstützung von Unternehmen bei der Implementierung wertorientierter strategischer Führung spezialisiert.

Die spannendsten Seiten der Wirtschaft

400 Seiten
gebunden
78,00 DM

Das Strategie- und Leadership-Vorbild ABB und sein weltweit bewunderter Weg von der Fusion zum Global Player.

Erfolgsstories junger Unternehmer, die als „Entrepreneure des Jahres" geehrt wurden. Das Buch über ihre Visionen, ihre Fehler und wie daraus Erfolge wurden.

224 Seiten, gebunden
58,00 DM

288 Seiten
gebunden
78,00 DM

Umsatz mit E-Commerce. Online-Shops sind der Wachstumsmarkt Nummer eins. Das Buch zeigt Lösungen, Konzepte und Anleitungen für Ihren Erfolg im Online-Business.

Erhältlich im Buchhandel oder beim Verlag.
Änderungen vorbehalten. Stand: Oktober 1999.
Gabler Verlag, 65173 Wiesbaden
www.gabler.de

Gleichzeitig bestelle ich zur Lieferung über meine Buchhandlung:

322 99 001

Expl.	Autor und Titel		Preis

Informationen zum aktuellen Programmangebot auch im Internet – mit Bookshop:
http://www.gabler-online.de

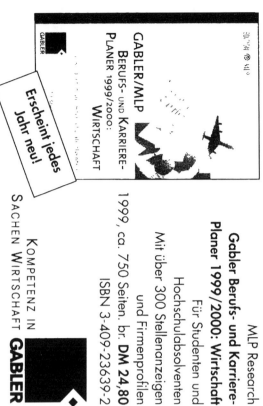

MLP Research
Gabler Berufs- und Karriere-Planer 1999/2000: Wirtschaft
Für Studenten und Hochschulabsolventen
Mit über 300 Stellenanzeigen und Firmenprofilen
1999, ca. 750 Seiten, br. **DM 24,80**
ISBN 3-409-23639-2

Erscheint jedes Jahr neu!

KOMPETENZ IN SACHEN WIRTSCHAFT
GABLER

Antwort

GABLER Verlag
Buchleser-Service/LH
Abraham-Lincoln-Str. 46

65189 Wiesbaden

Bitte mit Postkarten-porto freimachen.

Ich interessiere mich besonders für die Themen:
- Allgem. Betriebswirtschaftslehre
- Volkswirtschaftslehre
- Wirtschaftsrecht
- Steuern
- Management/Unternehmensführung und -planung/Organisation
- Planung
- Mathematik/Statistik
- Organisation/EDV
- Rechnungswesen/Wirtschaftsprüfung
- Kostenrechnung/Controlling
- Investition und Finanzierung
- Produktion/Materialwirtschaft/Logistik
- Marketing/Absatz
- Personal/Mitarbeiterführung
- Forschung und Entwicklung/Innovationsmanagement
- Umweltmanagement
- Spezielle Betriebswirtschaftslehren
- Quantitative Methoden
- Wirtschaftsinformatik/Informationswirtschaft

Ich interessiere mich für folgende Produkte:
- Bücher
- Loseblattwerke
- Newsletter
- Zeitschriften
- Neue Medien
- Seminare
- Online-Dienste

- Bitte senden Sie mir regelmäßig Informationen über die angekreuzten Themen und Produkte Ihres Verlages.

Ich wurde auf dieses Buch aufmerksam durch:
- Empfehlung des Buchhändlers
- Empfehlung Kollegen, Bekannte
- Buchbesprechung/Rezension
- Anzeige/Beilage
- Werbebrief

Ich bin:
- Praktiker/in
- Dozent/in
- Student/in
- sonstiges:

GABLER

Bitte in Druckschrift ausfüllen. Danke!   322 99 001

Hochschule/Firma	Institut/Abteilung
Vorname	Name/Titel
Straße/Nr	PLZ/Ort
Telefon	Fax
Branche	Geburtsjahr
Funktion im Unternehmen	Anzahl der Mitarbeiter im Unternehmen

Wir speichern Ihre Adresse, Ihr Interessengebiet unter Beachtung des Datenschutzgesetzes.

Printed by Publishers' Graphics LLC USA